TOM BOWER
BERNIE ECCLESTONE

FÜR LEO UND BEN

INHALT

DANKSAGUNG

Der Mann, der den Anstoß zu diesem Buch gab, möchte anonym bleiben. Er spielt in der Formel 1 eine wichtige Rolle und drängt mich seit einigen Jahren, Bernie Ecclestone als den unehrlichen Makler zu dekuvrieren, der er nun einmal sei. Gerissen, skrupellos und zwielichtig sind Attribute, mit denen er häufig bedacht wird, und seine Karriere ist nicht frei von Skandalen und Korruptionsvorwürfen. Aber was davon ist wahr? Bei unserem ersten Treffen in Knightsbridge Ende 2009, das John Bloom arrangiert hatte, versicherte ich Ecclestone auf sein Kooperationsangebot, dass ich alle Beweise für ein Fehlverhalten seinerseits veröffentlichen würde. Er lächelte. »Tom, ich bin kein Engel«, war seine Antwort. Im Lauf der monatelangen Recherchen hatte ich unbeschränkten Zugang zu Ecclestone, den meisten führenden Persönlichkeiten der Formel 1 und seinen privaten Freunden. Viele fragten Ecclestone: »Was soll ich sagen?« »Die Wahrheit«, erwiderte er. »Mach dir um mich keine Sorgen.« Das Ergebnis ist ein tiefer Einblick in Großbritanniens erfolgreichsten Tycoon.

Um dieses Portrait schreiben zu können, habe ich mit vielen Leuten gesprochen. Die meisten wollten nicht namentlich genannt werden. Aus der Gruppe der anderen würde ich gerne den folgenden danken:

Pino Allievei, John Blake, Herbie Blasch, John Bloom, Michel Boeri, Flavio Briatore, Aleardo Buzzi, Alistair Caldwell, John Coombs, Don Cox, Ron Dennis, Patrick Duffeler, Ed Gorman, Gerhard Gribkowsky, Katja Heim, Alan Henry, Damon Hill, John Hogan, John Howett, Johnny Humphries, Alexandra Irrgang,

Eddie Jordan, Scott Lanphere, Niki Lauda, Stefano Lei, Anne Lodge, Terry Lovell, Jon McEvoy, Patrick McNally, Luca Montezemolo, Max Mosley, Gordon Murray, John O'Connor, Adam Parr, Marco Piccinini, Nelson Piquet senior, Brian Powers, Stuart Pringle, Tony Purnell, Bernard Rey, Peter Rix, Tamas Rohonyi, Tom Rubython, Robin Saunders, Joe Saward, Tony Scott Andrews, Monty Shadow, Ron Shaw, Brian Shepherd, Jackie Stewart, Rachel Sylvester, Tuana Tan, Walter Thoma, Alice Thomson, Tom Walkinshaw, David Ward, Peter Warr, Frank Williams, Richard Williams, Richard Woods, Allan Woolard und John Young.

Bernie Ecclestones Angestellte waren besonders hilfreich, darunter Lucy Hibberd, Enrica Marenghi, Pasquale Lattuneddu, Ross Mercer, Mike Lawson und vor allem Sacha Woodward-Hill.

Wie immer danke ich David Hooper, der das Manuskript mit den Augen eines Juristen las, für seine rückhaltlose Unterstützung und Jonathan Lloyd von Curtis Brown für seine Loyalität. Bei Faber and Faber stehe ich in der Schuld von Julian Loose, der vor dem Projekt nicht zurückschreckte, während andere Verlage in London deutlich schwächelten, und danke Kate Murray-Browne und Paula Turner für ihr sorgfältiges Lektorat.

Besonderen Dank schulde ich David Cornwell, dessen Einsicht in die conditio humana von unschätzbarem Wert ist, und meiner Frau Veronica, weil sie die Flamme am Brennen hält.

Und zum Schluss bedanke ich mich bei Bernie Ecclestone selbst. Bis wir uns kennen lernten, schien er die Einstellung zu haben: »Ich muss mit meinem Leben klarkommen, ich will nichts davon wissen.« Aber als die Monate ins Land zogen, sagte er manchmal: »Ich bin gespannt auf das Buch. Ich will wissen, was ich in meinem Leben gemacht habe.« Er ist ein Risiko eingegangen. Für mich war es eine spannende Fahrt. Ich finde es verlockend, mir vorzustellen, was er davon hält – ob er zu dem Ergebnis kommt, den Jackpot eingesackt oder eine Niete gezogen zu haben.

1 MONACO, SONNTAG, 16. MAI 2010

»Bernie! Bernie! Darling!« Eine hochgewachsene, wunderschöne Schwarze überschüttet den kleinen Mann mit Küssen. Der 79-Jährige, der mit dem Rücken gegen die Wand des klapprigen Metallkäfigs gepresst wird, lächelt zu dem Model hoch, ohne dass dies sich bremsen lassen würde. »Hallo, Naomi.« Aus der Ecke des nach unten fahrenden provisorischen Aufzugs schaut ein Mann mit einem von tiefen Falten durchzogenen Gesicht schweigend zu, sein Gesicht von Sonnenbrille und Baseballkappe halb verdeckt. Sekunden später öffnet sich scheppernd die Tür. 30 Kameramänner begrüßen Mick Jagger, Naomi Campbell und Bernie Ecclestone mit Geschrei, während sie in das Sonnenlicht Monacos hinaustreten. »Wo können wir das Rennen sehen, Bernie?«, ruft Jagger. »In meinem Wohnmobil«, erwidert der alte Mann mit lausbübischem Lächeln und schubst stämmige Kameramänner aus dem Weg. Ein Bodyguard von drei Zentnern steht hilflos daneben. Von den Kameras verfolgt, steuert die Gruppe auf das Sicherheitstor am Eingang des Fahrerlagers zu, hinter dem das »Wohnmobil« steht. Der graue, schallgedämpfte Reisebus ist mit schwarz getönten Fenstern, Klimaanlage, Lederpolstern und versteckten Kameras ausgerüstet, die jeden Winkel des exklusiven, zwischen einen Berg und das Meer eingequetschten Hafengeländes erfassen, das den wichtigsten Akteuren der Formel 1 vorbehalten ist. Ecclestone, der wegen seines jugendlichen Haarschnitts 20 Jahre jünger aussieht, genießt die Unberechenbarkeit. »Wasser?«, fragt er seine Gäste, die sich zurücklehnen, um sich den Beginn vom 68. Großen Preis von Monaco anzuschauen.

40 Minuten zuvor war Bernie Ecclestone vor dem Lift in ein größeres Gedränge geraten. »Hierher, Jennifer!«, schrien die Paparazzi. »Jennifer, wir lieben dich!«, brüllte die Menge auf dem Hügel und den Tribünen oberhalb der Rennstrecke. Jennifer Lopez war überraschend hereingeschneit, um Bernie zu besuchen. »Jennifer möchte die Wagen sehen«, erklärte Sir Philip Green, der Kaufhaus-König, auf dessen in der Nähe vertäuter 63-Meter-Jacht *Lionheart* Lopez zu Gast war. In drei Tagen würde Green ein Warenhaus in Knightsbridge eröffnen, und jede Publicity an der Seite des Hollywoodstars bei der Formel 1 war wertvoll. »Okay, ich kümmere mich darum«, sagte Ecclestone und ließ den Hummer stehen, den er sich persönlich am Morgen in einem Supermarkt Monacos zum Mittagessen gekauft hatte. Nebeneinander waren Ecclestone, Lopez und Green hinter einer Wand rückwärts taumelnder Fotografen zu den Boxen gegangen, wo zwölf Gruppen von Mechanikern die Wagen für das Rennen am Nachmittag vorbereiteten.

»Die sind so klein«, gurrte Lopez und starrte auf die nackten Radachsen von Robert Kubicas Renault. »Wo sind die Räder?« »Die sind verkauft worden«, scherzte Ecclestone. »Ich würde da nicht reinpassen«, sagte J-Lo lachend. »Der Fahrersitz ist ja winzig.« »Vielen Dank für die Publicity, Bernie«, sagte der Renault-Chef. Ecclestone und Lopez gingen nach nebenan zur Ferrari-Box. Fotos von J-Lo neben dem roten Wagen waren der Traum des Presseagenten, eine glänzende Rechtfertigung der 400 Millionen Dollar, die Ferrari in einem Jahr für 19 Rennen ausgab.

20 Minuten vor dem Startschuss war die Stimmung angespannt. Normalerweise waren Besucher unerwünscht, aber dem Mann, der alle reich gemacht hatte, wurden natürlich gern Sonderrechte eingeräumt. »Hallo, Bernie«, grüßte der weißhaarige Mann in der Menge vor der Ferrari-Box. »Schön, dich zu sehen, Michael«, erwiderte Ecclestone. »Wie geht's deiner Tochter, Bernie?« »Toll«, antwortete Ecclestone, bevor er weiter geschoben wurde.

»Michael Douglas ist ein netter Mann«, sagte Ecclestone Sekunden später; er bedauerte, nicht mehr Zeit mit dem Schauspieler verbracht zu haben, der vom Filmfestival in Cannes herübergeflogen war.

Lopez war wieder auf dem Weg zum Hafen, während Ecclestone seine Wanderung durch die 22 Wagen antrat, die sich zum Start fertigmachten. Während ihn laute »Bernie«-Rufe von den Tribünen begrüßten, ergriff der wahre Star dieser Veranstaltung die ihm entgegen gestreckten Hände. »Du siehst entspannt aus«, sagte Ecclestone zu Nico Rosberg, der neben seinem Mercedes stand.

»Innerlich bin ich ein nervöses Wrack«, antwortete der deutsch-finnische Fahrer.

Fürst Albert rauschte vorbei. Ecclestone war gestern Abend nicht zu der Feier gekommen, die der regierende Fürst von Monaco im Palast gegeben hatte. Am Ende der Startaufstellung ging Ecclestone an den beiden Virgin-Wagen vorbei.

»Ein Billigunternehmen«, kommentierte Ecclestone Richard Bransons Versuch, sich auf die Schnelle ins Rampenlicht der Formel 1 zu drängen. »Er bezahlt Touristenklasse und sollte in der Ersten sitzen. Er wird sich nicht lange halten.« Nur die Schwerreichen können sich die Formel 1 leisten.

»Das ist Lakshmi Mittal«, murmelte er, als er den indischen Stahl-Magnaten, dessen Vermögen auf mehr als 20 Milliarden Pfund geschätzt wurde, neben zwei Wagen des Rennstalls Force India im Gespräch mit Vijay Mallya erblickte, dem Inhaber der Kingfisher-Brauerei. Zwei Tage zuvor hatte Ecclestone Mallyas große Jacht besucht, die neben der Philip Greens im Hafen lag. Die Verwirklichung des Plans, Formel-1-Rennen in Indien zu veranstalten, hing von Ecclestones Verhandlungen mit der indischen Regierung ab. Die riesigen Diamantstecker in Mallyas Ohrläppchen glitzerten, als sie kurz über seine Pläne sprachen, der erste Grand-Prix-Maestro des Subkontinents zu werden.

»Bernie, Bernie«, brüllten Hunderte von britischen Zuschauern von den mit dem Union Jack beflaggten Tribünen. Sie zielten mit ihren Fotoapparaten auf Ecclestone, der sie aber kaum zur Kenntnis nahm. »Heute bejubeln sie mich, und morgen buhen sie mich aus«, bemerkte der Antiheld.

Auf Terrassen und Balkonen jenseits der Tribünen richteten Tausende von extravaganten Partygästen mit Champagnerkelchen in der Hand ihre Ferngläser auf die Gestalt im weißen Hemd, die mitten auf der Straße ging. In ihren glänzenden Rolls-Royces, Bentleys und Ferraris war der Club der Megareichen seit 1929 jedes Jahr in das Mekka der Formel 1 zurückgekehrt – wie um Somerset Maughams Gemeinplatz zu bestätigen, dass Monaco »ein sonniger Ort für lichtscheue Menschen« sei. Für die Mitglieder dieses Clubs ist Ecclestone ein Held.

Im Laufe von 36 Jahren hatte Ecclestone die Formel 1 aus einem Sport für wenige Enthusiasten in eine der größten Zugnummern im Unterhaltungsgeschäft verwandelt. Die Pfiffe – und die hatte es im Lauf der Jahre immer wieder gegeben – kamen von den ursprünglichen Besitzern der Teams, die Ecclestone so reich gemacht hatte, dass sie sich Jachten, Privatflugzeuge und zahllose Häuser kaufen konnten. Nur Eingeweihte wussten, dass die Wunden der jüngsten internen Kämpfe seit dem Großen Preis von Monaco letztes Jahr noch nicht verheilt waren. Wenn er mit den Stars flanierte, wusste der Milliardär, zeigte er, wie unentbehrlich er war. Während der Rezession waren die günstigen Gelegenheiten in Monaco schließlich dünn gesät.

An jenem Morgen hatte eine Prozession den »Kreml«, Ecclestones Wohnmobil, besucht, um Deals abzuschließen. Jeder war von ihm in seinem Süd-Londoner Dialekt begrüßt worden, bevor ihm seine Verhandlungsposition zugewiesen wurde, oft mit den abschließenden Worten: »Tu's einfach. Die Einzelheiten regeln wir später.« Draußen hatte Flavio Briatore, der diskreditierte italienische Geschäftsmann, etwas anderes arrangiert. Um seinen Ruf in der Formel 1 wiederherzustellen, posierte Briatore mit Ecclestone für Fotos. 40 Kameras surrten, als die beiden Michael Schumacher entdeckten, der Interviews gab. Wie der Italiener versuchte der Deutsche ein Comeback. Derweil bemerkte niemand Richard Branson, der auf dem Weg zu seinem dunklen Wohnmobil an dem Ecclestones vorbeikam.

Minuten vor dem Start des Rennens nahmen Ecclestone, Mick Jagger und Naomi Campbell auf den tiefen Lederpolstern Platz, wo sie das ohrenbetäubende Aufheulen der 22 hochdrehenden Motoren nicht hören mussten, mit denen die Wagen Geschwindigkeiten von mehr als 300 Stundenkilometern erreichten. Der schmale Straßenkurs ist die höchste Herausforderung für einen Rennfahrer. Innerhalb der ersten Minuten des Rennens, das sich um Europas teuerste Immobilien herum windet, krachte ein Williams-Wagen gegen eine Absperrvorrichtung aus Metall. Ein Rad und ein Flügel flogen durch die Kurve.

»Der hat's hinter sich«, sagte Mick Jagger und bat einen Freund, ein Foto von sich und Ecclestone vor dem Fernseher zu machen. Ein paar Minuten später drang Rauch aus dem Motor von Jenson Buttons McLaren. Der Weltmeister des Vorjahres war von einem nachlässigen Mechaniker aus dem Rennen geworfen worden.

»In den ersten fünf Minuten passiert 'ne Menge«, murmelte Jagger.

»Hier herrscht viel Nervosität, und der Kurs ist nicht einfach«, stimmte Ecclestone ihm zu. Zwei Prominente, beide in Dartford, südlich von London, aufgewachsen, waren sich einig: Das Leben konnte hart sein. »Monaco ist eine unglaubliche Herausforderung«, sagte Mark Webber, der australische Fahrer, unmittelbar vor dem Rennen. »Die Strecke hat ihre eigenen Gesetze, weil es hier keinen Unterschied zwischen einem kleinen und einem großen Fehler gibt. Das Ergebnis ist dasselbe – ein demolierter Wagen.«

Beide, Jagger und Ecclestone, liebten die Herausforderung. »Irgendwelche Tourneen geplant?«, fragte der Formel-1-Chef den Rock-König. »Nee«, antwortete der ausgemergelte 65-Jährige, einen Blick auf L'Wren Scott, seine 1,90 Meter große Freundin, werfend. »Wenn du am Mittwoch noch hier bist, Bernie«, fuhr Jagger fort, »komm nach Cannes und sieh dir unseren neuen Film an. Danach gibt's eine Party.« Ecclestone nickte knapp. In der Regel vermied er es, auf Partys zu gehen.

»Darling, ich ruf dich an, wenn ich wach bin«, sagte Naomi Campbell gedehnt in ihr Handy. Das Model saß am anderen Ende des Wohnmobils und lehnte einen Job ab. »Und dann werde ich entscheiden, ob ich zu dir kommen kann. Ich will dich nicht hängen lassen.« Nachdem das Gespräch beendet war, wandte sie sich an einen Freund. »Ich habe Hunger. Ich möchte was zu Mittag essen.« Inzwischen wartete Jaggers Gruppe auf eine Barkasse, die sie zur *Lionheart* bringen sollte.

»Das Boot ist hier«, sagte ein ungewöhnlich dicker Laufbursche, der dafür bekannt war, dass er sich gern Prominenten anschloss. Die *Lionheart* war nur 50 Meter weiter festgemacht. Campbell schob sich durch den Bus, um sich zu verabschieden. »Du bist nur sechs Boote von der *Force Blue* entfernt«, sagte Ecclestone lachend. »Ich weiß.« Sie lächelte. »Ich werde nicht hingehen.« Für Eingeweihte bestand der Witz darin, dass die *Force Blue* Flavio Briatore gehörte. Sieben Jahre zuvor waren Briatore und Campbell ein Paar gewesen. Zu der Zeit gehörte er zur Formel-1-Prominenz. Seither ist er im Automobilsport eher eine zweifelhafte Größe.

Ecclestone verbrachte das Wochenende auf Briatores glänzender Luxusjacht, die von Multimillionären wie der Schriftstellerin Danielle Steele für 250.000 Euro pro Woche gechartert wurde, Verpflegung, Sprit und Trinkgeld nicht inbegriffen. Als sie vier Tage zuvor in Ecclestones Falcon 7X, einem der schnellsten Privatjets der Welt, gemeinsam von Biggin Hill, dem privaten Flughafen Ecclestones im Süden Londons, nach Nizza flogen, hatten die beiden sich darüber unterhalten, wie Briatores angeschlagenes Renommee in der Formel 1 wieder aufpoliert werden könnte. Nachdem er zunächst als Chef des Renault-Teams große Erfolge gefeiert hatte, war er 2009 unter skandalösen Vorwürfen umso härter abgestürzt. Sein Ankläger und Richter war Max Mosley, der ebenfalls von Skandalen umwittert war. Die gegenseitigen Beschuldigungen von Mosley, Briatore und Ecclestone während der vergangenen zwei Jahre hatten für die Medien den Unterhaltungswert eines besseren Shakespeare-Dramas. »Max ist auf mich neidisch«, beklagte sich Briatore bei Ecclestone. »Obwohl ich sogar Alexander eingestellt habe.« Damit war Mosleys älterer Sohn gemeint, der im Mai 2009 an einer Überdosis Kokain gestorben war. Beide waren sich einig, dass Mosley es genoss, Macht auszuüben, aber sie waren verschiedener Ansicht, was den Mann selbst betraf. Ecclestone und Mosley hatten sich Ende der 1960er Jahre in der Formel 1 gefunden und waren trotz gewisser Meinungsverschiedenheiten durch ihren außergewöhnlichen Erfolg aneinander gekettet. Flavio Briatore war erst später hinzu gestoßen, und sein Reichtum verdankte sich zu einem großen Teil Ecclestone. Trotzdem wurde ihm 2009 von allen Seiten der Vorwurf gemacht, er versuche seinen Mentor als Formel-1-Oberboss zu verdrängen. Ihre Versöhnung stellte alle vor ein Rätsel. »Die Leute sagen, ich sollte mich von Flavio und Betrügern generell fernhalten«, war Ecclestones Kommentar. »Das ist mir völlig egal. Ich weiß, was ich weiß. In der Formel 1 betrügt jeder jeden, und er hätte sich nicht erwischen lassen dürfen. Er hat mehr gelitten, als er hätte leiden müssen.«

Die spärliche Bewirtung in Ecclestones 48-Millionen-Dollar-Jet spiegelte die Enthaltsamkeit seines Besitzers wider. Briatore bekam Wasser oder Kaffee angeboten. Mittags gab es nichts zu essen. Ecclestone schaute in einen Schrank und entdeckte eine Rolle Smarties. Er bot sie seinen beiden Passagieren an. Nachdem er noch ein bisschen herumgestöbert hatte, fand er eine Schachtel Hula Hoops. Briatore, dem das Londoner Restaurant *Cipriani* und Wohnungen in London, New York und auf Sardinien gehörten, lehnte die knusprigen Kartoffelringe ab. Bevor das Flugzeug in Nizza landete, hatte Briatore sich bereit erklärt, Mosley zu einer Dinnerparty auf die *Force Blue* einzuladen. Am Vorabend des Grand Prix würden die beiden versöhnt werden. Ecclestone hat viele ehrgeizige Attentäter überlebt, aber er war auch vor den Selbstgerechten auf der Hut: »Du glaubst nicht gerne jemandem, der dir sagt, er meint es ehrlich mit dir.«

Vom Flugzeug wurden Ecclestone und Briatore zu Nizzas Hubschrauberlandeplatz gefahren. Ecclestone bezahlte den Flugpreis mit Scheinen aus einem Bündel 500-Euro-Noten. Zum Glück für den Mann, der ihm die Tickets verkaufte, nimmt Ecclestone kein Wechselgeld an. Nach einem Flug von sechs Minuten stiegen die beiden Männer von dem Hubschrauber in eine wartende Barkasse um und wurden kurz darauf von der aus 17 Mann bestehenden Crew der *Force Blue* willkommen geheißen.

Drei Tage später hatten Flavio Briatore und seine 30-jährige Frau Elisabetta Gregoraci, das frühere Wonderbra-Model, am Tag vor dem Rennen 70 Leute zum Abendessen gebeten. Die Formel 1 hatte Briatore reich gemacht, und er wollte wieder an der Show teilnehmen. Mehrere der Gäste waren Klatschkolumnisten nicht unbekannt, unter ihnen Boris Becker, Tamara Beckwith, Nick

Candy und Goga Ashkenazi. Mit Wohlgefallen nahm Briatore zur Kenntnis, dass der Renault-Fahrer Robert Kubica in seinem Rennanzug zum Aperitif eintraf. Mosley dagegen hatte kurzfristig abgesagt.

»Flavio hat einer italienischen Zeitung ein Interview gegeben, in dem er Dinge über mich sagt, die nicht sehr hilfreich sind«, erklärte er in seiner Wohnung in Monaco. »Er hat einem Journalisten mitgeteilt, er hätte mir verziehen.« Briatore wollte sich nicht für seine Gehässigkeit entschuldigen. Er glaubte, Mosley habe sein Ansehen zerstört und ihn finanziell ruinieren wollen. Mosley besuchte stattdessen eine Dinnerparty, die Jean Todt, sein Nachfolger als Leiter der FIA (Fédération Internationale de l'Automobile mit Sitz in Paris), für 80 Gäste auf der *Maltese Falcon* gab, der größten privaten Segeljacht, die in der Nähe vor Anker lag. Zu Todts Gästen gehörten Michael Schumacher und andere Formel-1-Stars. Um Mitternacht führte Briatore eine handverlesene Elite in seinen Billionaire Club in Monte Carlo. Ein Tisch kostete bis zu 10.000 Euro pro Abend, und der Club war fast voll, was zur Zeit der Rezession eine Leistung ist. Eine Woche später wurde die *Force Blue* auf ihrer Fahrt durch italienische Gewässer von der Polizei beschlagnahmt. Briatore wurde beschuldigt, mit der Zahlung von 4,5 Millionen Pfund Steuern im Rückstand zu sein. Mosley brachte kein Bedauern zum Ausdruck. Ecclestone war pragmatisch. Verletzte Egos waren in seinem Gewerbe keine Seltenheit. Während seines Aufenthalts in Monaco vermittelte er die ganze Zeit in Konflikten, löste Probleme und stellte zwischenzeitlich auch noch die Versorgung mit Reifen für die nächste Saison sicher.

Sieg oder Niederlage in einem Rennen können von der Qualität der Reifen abhängen. Während der vergangenen zwölf Jahre hatte Bridgestone, der japanische Reifenhersteller, die Formel-1-Teams mit bis zu 30.000 Reifen pro Jahr – im Wert von rund 40 Millionen Dollar – versorgt, und das umsonst. Im Gegenzug hatte die regelmäßige Fernsehwerbung in mehr als hundert Ländern während der Rennen Bridgestone zu einem Welterfolg gemacht. Angesichts dieses Marketing-Triumphs hatte Bridgestone 2009 beschlossen, den Vertrag zu kündigen. Drei Fabrikanten – Michelin, Pirelli und

Avon – boten an, den Teams Reifen zur Verfügung zu stellen, aber gegen eine Kostenbeteiligung. Ein paar Wochen zuvor hatte Jean Todt Michelin, einem französischen Unternehmen, versprochen, dass jedes Team pro Saison für seine Reifen drei Millionen Dollar bezahlen würde. Ecclestone hatte den Verdacht, Todt könne Michelin nicht zuletzt aus dem Grund begünstigt haben, weil sein Sohn einen neuen Rennstall zu etablieren hoffte. Ecclestone verhielt sich Todt gegenüber kühl und hatte seiner Wahl widersprochen. Während er in Monaco war, hatte er Avon dazu bestimmt, ihre Reifen für 1,5 Millionen Dollar anzubieten, und gleichzeitig Pirelli ermutigt, ein besseres Angebot zu machen. »Die Teams werden entscheiden, nicht Todt«, erklärte Ecclestone den Managern der Formel-1-Mannschaften. »Überlasst das mir«, sagte er in seinem vertrauten Süd-Londoner Tonfall. Das war ein Kampf, den er gewinnen würde. »Ich werde nicht gegen Todt verlieren«, gelobte er.

Seit 1974 war Ecclestone für die Geschäfte der Formel 1 zuständig. Das Handeln lag ihm im Blut, und wenige waren ihm in dieser Hinsicht gewachsen. Ein Geschäft über 200 Reifensätze pro Rennstall abzuschließen war für ihn eine so lästige wie unwichtige Arbeit, aber der erfolgreiche Abschluss war für ihn ein Lebenselixier. Bevor Ecclestone Monaco verließ, war ihm der Unterhändler von Michelin mit dem Preis um 50 Prozent entgegengekommen. Bei einem Besuch in seinem Wohnmobil hatte Norbert Haug, der Teamchef von Mercedes, dem Arrangement zugestimmt. Aber Ecclestone wollte mehr. Jeder noch so kleine Erfolg bestätigte seine Überlegenheit. Jeden Tag hielt ein einziger Mann die Forderungen von zwölf Teams, 19 Rennstrecken, zahllosen Sponsoren, 18 Regierungen, mehr als 100 Fernsehsendern und der sportlichen Aufsichtsbehörde im Gleichgewicht, um nahtlose Unterhaltung zu produzieren. Aber Ecclestone blieb selten lange genug bei einem Rennen, um sich das Ende anzusehen.

Diesmal verließ er bereits nach der Hälfte sein Wohnmobil, verabschiedete sich von denen, die sich mit Niki Lauda in seiner Privatkantine drängten, und fuhr zum Hubschrauberlandeplatz. 20 Minuten später saß er in seiner Falcon, ließ sich in den tief gepolsterten Ledersessel zurücksinken und las im *Observer* die Vorschau auf das Rennen von Monaco. Unter der Schlagzeile »Auf den Straßen, wo Helden gemacht werden, ist die Katastrophe nicht weit« war ein körniges Schwarz-Weiß-Foto des Grand Prix von 1957 zu sehen. Im ersten von acht Wagen saß Juan Manuel Fangio, der legendäre argentinische Rennfahrer. »Ich habe diese zwei Ferraris, den Maserati da und den Lancia«, sagte Ecclestone und zeigte stolz auf das Foto der alten Boliden, die um vor vielen Jahren abgerissene Häuser herumfahren. Voller Nostalgie sprach er von den »alten Tagen« und seiner Sammlung von 80 Formel-1-Oldtimern, die wie Museumsstücke in einem Hangar in Biggin Hill ausgestellt sind.

Als die Falcon über dem Mündungsgebiet der Themse zum Landeanflug ansetzte, schaute er auf Dartford hinunter. »Bin nie wieder da gewesen«, sagte er. »Kein Interesse.« Nach einer kurzen Pause drückte er das Gesicht näher ans Fenster. »Das Haus dort hat mir gehört, und das da auch …« Er verstummte allmählich. Wenige Augenzeugen, die zu Beginn seines persönlichen Rennens an die Spitze dabei waren, leben noch, aber die Überlebenden sprechen flüsternd von den Opfern, die sein triumphaler Fortschritt nach sich zog. »Ich bin kein Engel«, gibt er zu. Im Lauf der Zeit sind die harten Kanten abgeschliffen worden, aber der stählerne Kern bleibt bestehen.

Auf der Fahrt vom Flughafen Biggin Hill nach Knightsbridge dachte Ecclestone, der selbst am Steuer saß, an das nächste Rennen in Istanbul. Sein Wohnmobil, erinnerte er sich, sollte mit dem Schiff quer durch das Mittelmeer transportiert werden. »Das ist Verschwendung«, bemerkte er leise. Der auf dem Rücksitz seines Geländewagens sitzende Pasquale Lattuneddu, sein von Slavica, seiner Ex-Frau, engagierter Mann für alle Fälle, verstand die Botschaft. Innerhalb weniger Sekunden sprach er mit Karl-Heinz Zimmermann, dem österreichischen »Hausherrn« von Ecclestones Wohnmobil. »Der Bus sollte von Italien nach Istanbul verschifft werden«, sagte Zimmermann. »Das möchte Mr. E. rückgängig machen«, sagte Lattuneddu. In Bernie Ecclestones sorgfältigem Umgang mit Geld zeigen sich seine Wurzeln.

2 GLÜCKSSPIEL

Feiern waren für Bernard Ecclestones Eltern ungewohnt. Sie machten sich zu Weihnachten weder Geschenke noch versammelten sie sich zum traditionellen Mittagessen um den Tisch, und Bertha Ecclestone organisierte nie eine Geburtstagsfeier für ihren Sohn. Das änderte sich an seinem achten Geburtstag, als sie in den Südosten Londons umgezogen waren. Am 28. Oktober 1938 buk Tante May, die Schwester seiner Mutter, einen Kuchen, schmierte Sandwiches und lud Nachbarn ein. Fassungslos lief Bernard aus dem Haus und irrte bis zum Einbruch der Dunkelheit in Dartford herum.

»Sie haben sich Sorgen um mich gemacht«, wurde ihm erst klar, als er schließlich nach Hause zurückkehrte. Im Lauf der folgenden 72 Jahre, in denen er handelte, kämpfte und oft alles auf eine Karte setzte, um sein Vermögen zu vermehren, das sich auf mindestens vier Milliarden Dollar in bar beläuft, hat Bernard Charles Ecclestone es immer vermieden, seine Geburtstage oder seine Erfolge mit einem Fest zu begehen.

Bei einem regelmäßigen Treffen zum Kaffee am Samstagmorgen bei Fortnum & Mason am Piccadilly stellten seine ältesten Freunde aus Dartford – ein Buchmacher, ein Schneider, ein Pferdetrainer und ein Bauunternehmer – Vermutungen darüber an, ob ihr Gastgeber jemals wahrhaft glücklich war. Trotz der Privatjets, der Luxusjacht, der Villen in Chelsea und anderswo in Europa und trotz all seiner Milliarden suchte die Clique hinter dem verschmitzten Geplänkel nach Anzeichen für eine Gefühlsregung auf dem von einer getönten Brille und einem grauen Pony halb verborgenen

Jungensgesicht. Übereinstimmend waren sie der Meinung, dass er seine Herkunft nicht verleugnet, aber von Glück nie gesprochen habe.

Die Verhältnisse, in die er am 28. Oktober 1930 hineingeboren wurde, waren nicht gerade rosig. Sidney Ecclestone, ein kleiner, stiller Fischer von 27 Jahren, verdiente mühsam den Lebensunterhalt seiner Familie auf der *Elnet*, einem klapprigen Fischdampfer, der von Lowestoft aus mit dem Schleppnetz Heringe und Makrelen in der Nordsee fing. Seine 23-jährige Frau Bertha führte den Haushalt zusammen mit ihrer Mutter Rose Westley, die in der Nähe wohnte. Sie verlangte von Sidney, dass er ihr seinen Lohn am Zahltag aushändigte. Was Geld, Sauberkeit und Moral betraf, herrschte in Hawk House, ihrem dickwandigen Heim ohne Toilette und fließendes Wasser, strenge Disziplin. Wer damals in den kleinen Dörfern im Umkreis von South Elmham wohnte, die nur durch schmale Pfade zwischen den Weizenfeldern Suffolks miteinander verbunden waren, lebte naturgemäß äußerst isoliert. Bis zu Bernards Geburt war das einzige bemerkenswerte Ereignis im Leben der Ecclestones der Sturm, der die *Elnet* 1928 auf einen Strand warf. Seitdem versuchte Sidney, dem rauen Leben eines Seemanns zu entkommen.

Um die Jahrhundertwende war Sidney Ecclestones Familie von Kent nach Norwich gezogen, um dort in der aufkommenden Druckindustrie zu arbeiten, aber Sidney mangelte es an Selbstvertrauen, um eine Tätigkeit als Facharbeiter anzunehmen. Kurz nachdem Bertha anfing, sich über die Gesundheit ihres Sohnes Sorgen zu machen, hängte er sogar seinen Beruf als Fischer an den Nagel, um als Knecht auf einem Bauernhof zu arbeiten. Um Bernards zweiten Geburtstag herum gewann sie die Überzeugung, dass mit dem Sehvermögen des Jungen etwas nicht stimmte. Das Baby auf den Rücken geschnallt, fuhr sie dreißig Kilometer mit dem Rad zum Krankenhaus in Norwich. Die Diagnose war grausam. Ihr Sohn war auf dem rechten Auge fast blind, und der Schaden konnte nicht behoben werden.

Drei Jahre später wurde der Junge mit einem pferdebespannten Milchwagen zur Spielschule in Wissett gebracht, ein Dorf in der

Nähe. An den Nachmittagen erledigte er unter den Augen von Mutter und Großmutter, die ihm »den Unterschied von Gut und Böse« beibrachten, gehorsam Hausarbeiten, wozu auch das Sammeln von Pferdemist für den Garten seiner Mutter gehörte. »Keine Verschwendung«, wies Sidney ihn an, »aber kauf immer das Beste, was du dir leisten kannst. « Das war so ziemlich die einzige Predigt, die sein Vater ihm hielt. Im Rückblick begreift Ecclestone inzwischen, dass es während seiner Kindheit kaum ein Familienleben gab. Seine Eltern sprachen selten miteinander, außer wenn seine Mutter wütend wurde, und sie fuhren nie in Ferien, nicht mal zu den Stränden in der Nähe. Dass Ecclestone immerhin zweimal das Meer sah, war dem Einsatz einer netten Nachbarin zu verdanken.

Mitte der 1930er Jahre sahen Bertha und ihre Familie ein, dass es für ihren Sohn in St. Peter keine Zukunft gab. Mit der Wasserpumpe im Hinterhof, schlechten Bildungs- und Gesundheitseinrichtungen und ohne berufliche Aussichten war das Leben zu schwierig. Im Jahr 1935 zog Berthas Schwester May mit ihrem Mann, einem Fischhändler, nach Dartford in Kent, und ihre Mutter folgte ihnen. 1938 beschloss Bertha, die mit ihrem zweiten Kind schwanger war, sich dem Exodus anzuschließen. Sie mieteten einen Bungalow in Priory Close, Sidney fand einen Job als Kranführer in einer Maschinenfabrik vor Ort, und Bernard ging auf die Vorschule West Hill, die 800 Meter von ihrem Zuhause entfernt war. In diesem Jahr wurde Berthas zweites Kind, eine Tochter mit Namen Marion, geboren. Sie spielte im Leben ihres Bruders keine große Rolle. Ein Jahr später begann der Zweite Weltkrieg, und die Ecclestones hatten allen Grund, den Entschluss zu bedauern, ihre sichere Zuflucht in Suffolk gegen ein Leben unter der Flugroute der deutschen Bomber auf ihrem Weg nach London eingetauscht zu haben. »Heute Nacht werden sie Bomben auf uns abwerfen«, verkündete Sidney am 3. September 1939. Bernie beobachtete, wie seine Eltern die Fenster verklebten, damit sie nicht von herumfliegenden Glassplittern getroffen wurden, und die Verdunkelungsvorhänge anbrachten. In dieser Nacht ertönte eine Fliegersirene, ein falscher Alarm.

Trotz der Gefahr weigerte sich Bertha, Bernard mit der Mehrheit der Londoner Kinder aufs Land zu evakuieren. Sie beschloss, dass ihre Familie durch einen nicht sonderlich soliden Anderson-Bunker im Garten hinreichend gesichert sei, und traf damit eine wichtige Entscheidung, die den Charakter und die berufliche Laufbahn ihres Sohnes prägen sollte. Eher durch ihr Beispiel als durch ihre Predigten erlaubte sie ihrem Sohn, sein Leben selbst in die Hand zu nehmen. Zwischen ihm und seinen Eltern wurden nicht viele Worte gemacht. Die Familienbande waren nicht von Emotionen bestimmt. Gefühle wurden nicht bekundet oder analysiert. Bertha war anspruchsvoll und unterstützte ihren Sohn, was ihn selbstkritisch und ehrgeizig machen sollte. Am wichtigsten war es wohl, dass sie nie an einer Entscheidung zweifelte, auch nicht an der, in Dartford zu bleiben.

Als die britische Armee im Juni 1940 aus Dünkirchen evakuiert wurde, begannen die Bomber der deutschen Luftwaffe mit ihren Angriffen auf die Munitionsfabriken in der Nähe von Ecclestones Haus, bevor sie sich auf den Weg zu den Londoner Docks an der Themse machten. Während der Bombenangriffe konnte Ecclestone jede Nacht die Londoner Skyline von hochschießenden Flammen illuminiert sehen, und tagsüber beobachtete er die Luftkämpfe, die die vom nahe gelegenen Flughafen Biggin Hill aufsteigenden Spitfires den deutschen Flugzeugen lieferten. In den Kriegsjahren spielte Bernard mit Freunden auf den Trümmergrundstücken, vor allem in der ausgebrannten örtlichen Arbeitsvermittlung; die Jungen sammelten scharfe und gebrauchte Munition, bewarfen sich gegenseitig mit Granatsplittern und untersuchten die Überreste zerbombter Büros und Privathäuser.

Der Krieg unterbrach die Ausbildung aller Schulkinder. Die meisten englischen Lehrer waren zum Militärdienst eingezogen worden und wurden von Flüchtlingen ersetzt. Die 30 Kinder in Ecclestones Klasse in West Hill wurden von Polen und Belgiern unterrichtet. Unter den rigorosen Zuchtmeistern war ein hervorragender Mathematiklehrer, ein wichtiger Faktor im Schicksal des ungewöhnlich kleinen, aber selbstbewussten Jungen auf dem Spielplatz. In einer Zeit voller Armut, Lebensmittelknappheit und -rationierung wurde es für die Schuljungen normal, ihre Besitztümer zu tauschen. »Tauschen« entwickelte für Ecclestone eine besondere Anziehungskraft. Zunächst tauschte er die Milch und die Kekse, die von der Schule verteilt wurden. Dann begann er seine Spielsachen zu tauschen. Zur Überraschung seines Freundes Don Cox tauschte Ecclestone sogar seine Geburtstagsgeschenke. »Hat deine Mutter nichts dagegen?«, fragte Cox. »Nee«, lautete die Antwort.

Zu Hause hatte Bertha ihrem Sohn, den sie »Bungay« nannte, erlaubt, einen Holzschuppen mit Beschlag zu belegen, der neben dem Bombenbunker am hinteren Ende des Gartens stand. Trotz der muffigen Atmosphäre, die darin herrschte, verbrachte Ecclestone Stunden damit, Motoren und alte Fahrräder auseinanderzunehmen. Sidney, der selbst unermüdlich an Motoren herumbasteln konnte, brachte ihm bei, wie man Kugellager, Ketten und Räder säuberte, und wenn sein Sohn wieder etwas zusammengesetzt hatte, suchte er nach der nächsten Herausforderung. »Tu dein Bestes mit dem, was dir zur Verfügung steht«, so das Motto der Mutter.

Als Ecclestone 1941 mit elf Jahren auf das Gymnasium Dartford West Central kam, bedeutete dies einen einschneidenden Wechsel seiner Lebensumstände. Weil es zu Hause nicht viel Geld gab und er unabhängig sein wollte, trug er jeden Morgen vor der Schule zwei verschiedene Zeitungen aus. Man konnte ihn schon von weitem hören, weil seine Schuhe auf Sidneys Anweisung mit Eisen beschlagen waren, damit die Sohlen länger hielten. Nach den Zeitungsrunden kaufte er auf dem Weg zur Schule bei einem Bäcker mit dem verdienten Geld Kekse und Teilchen, die er auf dem Pausenhof mit einem Aufschlag von 25 Prozent verkaufte. Der »Knirps«, wie Ecclestone genannt wurde, begriff, dass Überleben, auch in finanzieller Hinsicht, von seinem Einfallsreichtum abhing. Weil er auf dem Schulhof schikaniert wurde – »Ich bin ziemlich oft angerempelt worden«, gibt er zu –, befreundete er sich mit größeren, kräftigen Jungs, denen er auch Geld gab, damit sie ihn und sein Geschäft beschützten. »Kleine Leute müssen kämpfen, um zu überleben. Ich habe gelernt, die Schlachten zu schlagen, die ich gewinnen konnte. Sonst habe ich Fersengeld gegeben.« Er hatte sich in den Kopf gesetzt, ein Fahrrad zu kaufen.

»Ich wollte meine Eltern nicht damit behelligen, mir etwas zu kaufen«, erklärte er. »Ich wollte mein eigenes Geld verdienen. Außerdem wusste ich ja, dass sie keins hatten. Wenn ich irgendwas haben wollte, habe ich mich abgerackert, bis ich es hatte. Ich war ein unabhängiger Mistkerl.«

Um sein Einkommen in den Ferien aufzubessern, erntete er Gemüse auf einem Bauernhof in Kent. Und 1942 kaufte er sich endlich das Fahrrad. Nach der Schule fuhr er mit seinem Freund Don Cox Rennen in Herne Hill, und am Wochenende fuhren sie an einem Tag nach Brighton und zurück, eine Strecke von mehr als 100 Kilometern. Wenn er mit Ecclestone nach Hause zum Tee kam, war Cox immer wieder von Mrs. Ecclestones Angewohnheit überrascht, auf den Tisch zu hauen und sich über die Regierung zu beklagen. »Deine Mom ist sehr politisch«, kommentierte Cox, der sich nach dem Tod seines Vaters auf einem Minensuchboot näher an Ecclestone anschloss, dieses Benehmen. »Du hast deinen Dad immer hier«, sagte Cox, der Ecclestone dankbar war, dass er seine Trauer teilte. Sein Vater hatte sich dem Kriegsdienst entzogen. »Er wollte nicht in den Krieg ziehen«, erklärte Ecclestone. Statt in die Armee zu gehen, wurde Sidney Luftschutzwart. Sein Sohn schloss sich den Seepfadfindern an, aber nur für kurze Zeit. »Zu viel Disziplin«, beklagte er sich. »Zelten und im Freien schlafen gefällt mir nicht. Ich verstehe nicht, was das soll.« Zum Ausgleich stellte Tante May ihrem Neffen und Cox »eine Belohnung in London« in Aussicht. Als sie vor Hamley's standen, dem Spielzeuggeschäft in der Regent Street, sagte sie zu den beiden: »Sucht euch etwas aus.« Bezeichnenderweise entschied Ecclestone sich für einen roten Rennwagen. Das Blechspielzeug von Dinky wurde nie auf dem Schulhof zum Tausch angeboten.

Im Lauf dieses Sommers radelten die Schulfreunde zu dem Seedeich, der als Schmugglerversteck aus dem 18. Jahrhundert berühmt war und jetzt in der Nähe eines Schießübungsplatzes der Army lag. Sie bauten sich ein Floß aus leeren Ölfässern und Treibholz. Zwangsläufig fiel der »Knirps« ins Wasser und wurde von Cox herausgezogen.

Während der folgenden Monate fuhren Ecclestone und Cox mit dem Rad durch Bexleyheath und hielten häufiger außerhalb der Lager für die amerikanischen GI, die sich auf die Invasion Europas vorbereiteten. Bei Gesprächen durch den Zaun erklärten sich die Jungs dazu bereit, im Austausch für Kaugummi den Freundinnen der Soldaten Nachrichten zukommen zu lassen. Ecclestone war schnell mit seinem Kaugummi fertig und verlangte von Cox, dass dieser ihm von seinem abgab. Cox, der daran gewöhnt war, mit Ecclestone Comics und Murmeln zu tauschen, weigerte sich. Seine misstrauische Mutter hatte ihm geraten: »Mach nicht zu viele Geschäfte mit Bernard. Er haut dich immer übers Ohr.«

Im Sommer 1944 verdiente Ecclestone Geld bei der Kartoffelernte. Plötzlich hörte er, wie der Motor einer V1-Raketenbombe aussetzte, die Richtung London zielte. Als er nach oben schaute, sah er, wie das Geschoss auf das Feld zuschlingerte. Er rannte wie der Blitz davon und warf sich kurz vor der Explosion in den Matsch. Als er zurückging, lagen die Kartoffeln ordentlich auf der Erde. Und noch ein zweites Mal hatten die Ecclestones Glück. An einem Samstagvormittag lief Cox in den Garten, um eine V1 niedrig über sein Haus fliegen zu sehen. Sekunden später setzte der Motor aus, und die Bombe fiel senkrecht in die Richtung von Ecclestones Bungalow. Nach der Explosion rannte Cox nach Priory Close und stellte fest, dass es das Haus eines Freundes in der Nachbarschaft erwischt hatte. Der Junge, der auf dem Dachboden geschlafen hatte, krabbelte unversehrt aus den Trümmern. Seine Mutter war tot. Cox hörte dennoch nie, dass die Ecclestones einmal ihrer Erleichterung Ausdruck verliehen.

Als der Krieg zu Ende war, hatte die Familie Ecclestone ihn unbeschadet überstanden. Keiner von ihnen war getötet oder auch nur verletzt worden, und im Haus, erinnerte sich Ecclestone, »gab es einen Schrank voller Schachteln mit Schokolade und Zucker und all den Sachen, die man nirgendwo bekam.« Ecclestones Eltern hatten sich auf dem Schwarzmarkt eingedeckt. Am V-E-Day war ihre Straße für eine Jubelfeier mit Ballons und Union Jacks geschmückt. Aber die Ecclestones feierten nicht mit. Stattdessen konnten sie nach einer gewissenhaften Sparaktion in ein größeres Haus in der nahe gelegenen Marcet Road umziehen. Mit 15 machte Bernard seine Immatrikulationsprüfungen und fiel in allen Fächern durch, Mathematik ausgenommen. Seine Schulzeit tat er später als irrelevant ab, und bewahrte auch keine Zeugnisse auf. Trotzdem wurde er 1946 für ein Studium der Physik und Chemie an der Technischen Hochschule Woolwich zugelassen. Da er wenig Lust zum Studieren hatte, verbrachte er den Sonntagmorgen auf dem Markt an der Petticoat Lane, wo er Füllfederhalter kaufte, um sie anderen Studenten zu verkaufen, und sich nach einer interessanteren Beschäftigung umsah.

Cyril Clisby, ein Kommilitone, fuhr Motorradrennen in Brands Hatch im Südosten Londons und schlug Ecclestone vor, ihn am Samstagmorgen zu begleiten. Dieser war bereits von Motorrädern fasziniert und während des Kriegs häufig im Beiwagen des väterlichen Motorrads mitgefahren. Die Leidenschaft dafür lag also in der Familie. Obwohl er keinen Führerschein hatte und auf dem einen Auge fast blind war, nahm er an improvisierten Wettrennen teil, kletterte auf eine – wegen der Benzin-Rationierung – mit Alkohol betankte Velocette-Maschine und raste über die Hügel und durch die Wälder Kents, bevor er sich den besser organisierten Rennen in Brands Hatch zuwandte.

Ecclestone, dessen Ehrgeiz sich seiner geringen Körpergröße und den damit verbundenen Hänseleien verdankte, fuhr Rennen, um zu gewinnen. »Zeig mir einen guten Verlierer«, pflegte er später zu sagen, »und ich zeige dir einen Verlierer.« Um jeden Preis zu gewinnen wurde eine Tugend, vermutlich die wichtigste Quelle seines Glücks. Jedes Wochenende fuhr Sidney seinen Sohn, das Motorrad und die Ausrüstung in einem kurz zuvor angeschafften Transporter nach Brands Hatch. Nach dem Rennen gingen die Ecclestones nicht mit den anderen Fahrern in den örtlichen Pub. Sie fuhren einfach nach Hause, und in der Küche putzten Ecclestone und seine Mutter das Motorrad, bis es wieder funkelte.

Am Karfreitag 1946 hatte er bei einem Rennen einen Unfall, ohne einen Sturzhelm zu tragen, und wurde mit einer Gehirnerschütterung nach Fawkham ins Krankenhaus gebracht. Auf der Unfallstation hatte er eine wichtige Erkenntnis: Sein Studium war reine Zeitverschwendung, und er beschloss die TH mit 16 zu verlassen. Sein Vater gab nur widerwillig seine Zustimmung, unter der Bedingung, dass er im Labor von Mr. Richardson arbeiten würde, einem Chemiker im Gaswerk, der in der Nachbarschaft wohnte. Ecclestone bekam 15 Shilling (75 Pence) pro Woche, um die Reinheit des Gases zu überprüfen, und besaß keinerlei Qualifikation für eine erfolgreiche Karriere. Er war ungebildet und naiv, und seine besten Eigenschaften waren sein Verstand und sein Wille, reich zu werden. Sein Arbeitsplatz im Gaswerk war sein erstes Büro, und er verbrachte die meiste Zeit damit, die Kleinanzeigen der Lokalzeitungen nach angebotenen Motorrädern und Ersatzteilen zu durchsuchen. Das Telefon des Gaswerks benutzte er, um Besuchstermine mit Verkäufern und potenziellen Käufern zu verabreden. Wenn er nicht am Telefon saß, nahm Richardson seine Nachrichten entgegen. Nach der Arbeit flitzte Ecclestone durch Londons Südosten, fuhr die Motorräder von Verkäufern zu Käufern und stellte zwischenzeitlich Maschinen, die er nicht verkaufte, im Geräteschuppen unter. Seine Geschäfte begannen zu laufen.

1947 stand Jack Surtees vor Ecclestones Haustür. Der britische Motorrad-Champion der 1930er Jahre war mit seinem zwölf Jahre alten Sohn John gekommen und an einer Excelsior Manxman mit 250 ccm interessiert. Selbst Auto- und Motorradhändler mit einem Geschäft in Forest Hill, war Surtees erstaunt, dass Ecclestone die makellos saubere Maschine in der Küche reparierte. Nachdem er sich mit dem 17-jährigen auf einen Preis geeinigt und bar bezahlt hatte, lud Jack Surtees die Manxman in seinen Lieferwagen.

Inzwischen bestand kein Zweifel mehr an Ecclestones Kompetenz. Als er mehr Geld mit seiner Nebenbeschäftigung als im Labor des Gaswerks verdiente, wandte er sich auf Jobsuche an Les Crocker, den Inhaber von Harcourt Motor Cycles in einem Einkaufszentrum in Bexleyheath unweit von Dartford. Zur Verblüffung des Vaters gab sein Sohn die Sicherheit des Gaswerks auf und begann mit seiner Arbeit an Crockers Seite: Nach dem Studium der Kleinanzeigen in den Zeitungen fuhren die beiden Männer in einem Kombi durch London und kamen mit bis zu fünf Motorrädern zum Ausstellungsraum zurück. Crocker war von Ecclestones Manieren und Methoden beeindruckt, aber er bemerkte auch, dass sein neuer Mitarbeiter sich oft die Hände wusch, seine Krawatte richtete und darauf achtete, dass kein Staubkörnchen auf den Maschinen zu sehen war, bevor er sie in einer absolut geraden Reihe ausrichtete. Er war so penibel, dass sogar die Typenschilder jedes Motorrads genau in die gleiche Richtung zeigten.

Jack Surtees gehörte zu den Ersten, die bestätigten, dass Ecclestone frischen Wind in Crockers Geschäft gebracht hatte. »Dieser Ecclestone trickst sie alle aus«, sagte er eines Abends zu seinem Sohn. »Er kauft ganze Ausstellungsräume leer. Die Verkäufer glauben, sie bekommen einen guten Preis, und begreifen erst später, dass sie auf die einzelne Maschine umgerechnet den Kürzeren ziehen.« Bevor Ecclestone beiläufig in dem Verkaufsraum auftauchte und einen Preis aus dem Handgelenk schüttelte, hatte er sich die einzelnen Motorräder gut angesehen und ihren Wert sorgfältig berechnet.

Nach einem Jahr beschloss er, Crockers Geschäft sei zu klein für ihn. Auf der anderen Straßenseite lag Compton & Fuller, eine große Werkstatt, die Gebrauchtwagen verkaufte. Ecclestone fragte Fred Compton, ob er den Außenbereich mieten könne, um gebrauchte Motorräder zu verkaufen. »Nein«, erwiderte Compton, da er keine Motorräder auf seinem Hof stehen haben wollte und zudem nicht wusste, was von Ecclestone zu halten war – einem 18-Jährigen, der gerade seinen Einberufungsbescheid bekommen hatte. »Ich hatte einen guten Geschäftssinn, und ich sah nicht ein, was ich da sollte«, sagte Ecclestone im Rückblick. Mit seiner Sehschwäche waren seine Verwendungsmöglichkeiten beim Militär beschränkt, aber seine Zurückstellung war besiegelt, als er über »starke Magenschmerzen« klagte. Kurz nach der ärztlichen Untersuchung berichtete er seiner Mutter: »Sie haben sich dafür entschieden, dass sie mich nicht haben wollen.« Der gut gekleidete Teenager ging in Anzug und Krawatte zurück zu Fred Compton und wiederholte sein Angebot. Diesmal schien es Compton eines von denen zu sein, die man nicht ablehnen konnte: Er würde von Ecclestone nicht nur eine Miete, sondern auch eine prozentuale Gewinnbeteiligung erhalten. Ecclestone bekam den Außenbereich und ein schäbiges Büro. »Ich gehe rüber zu Fred«, sagte er zu Crocker. Und dachte bei sich, »Vermutlich denkt er, ich kaufe ihm eines Tages den Laden ab«. Am Jahresende war Compton angenehm überrascht. Der Profit von Ecclestones Motorrädern unterstützte das schleppende Geschäft mit den Gebrauchtwagen. Ohne Widerspruch war Compton damit einverstanden, dass Ecclestone in den Ausstellungsraum umzog. Wenige Tage später war sein Bereich picobello und mit neuen Maschinen vollgestellt, die er anderen Händlern abgekauft hatte. »Sein Gehirn funktionierte wie eine Rechenmaschine«, bemerkte Compton, den eine andere Neuerung Ecclestones ebenfalls beeindruckte. Er pflegte Kunden zu sagen: »Sie brauchen keine Probefahrt zu machen. Diese Motorräder unterliegen meiner persönlichen Garantie.« Comptons Wagenverkäufe zogen spürbar an.

Brands Hatch war DER Londoner Treffpunkt für Leute geworden, die an Autos und Motorrädern interessiert waren – sowohl Händler als auch Rennfahrer. Zu Bernards neuen Freunden gehörten Ron Shaw, ein Motorradhändler, der ein Geschäftspartner werden würde, und Jimmy Oliver, ein Autohändler aus Peckham. »Ich höre, Sie sind im Autogeschäft tätig«, sagte der junge Mann, der eine nagelneue Lederkombi anhatte, zu Oliver. »Ich habe einen Kunden, der einen amerikanischen Wagen kaufen möchte. Haben Sie was für ihn?« »Kommen Sie in meinen Ausstellungsraum«, erwiderte Oliver. Auf der üblichen Kommissionsbasis, ohne Anzahlung oder irgendwas Schriftliches in der Hand, sah Oliver zu, wie Ecclestone einen Hudson Straight Eight aus dem Verkaufsraum fuhr und mit Bargeld zurückkam.

In der Nachkriegszeit lag das Londoner Zentrum des Gebrauchtwagenhandels in dem Netz von Nebenstraßen westlich der Tottenham Court Road. Die gerissensten Händler oder »Ganoven« der Stadt hatten ihre Wagen am Bordstein geparkt und standen auch bei Nebel und Regen mit verschwörerischen Mienen auf den trostlosen Bürgersteigen der Warren Street, die Taschen voller Fahrtenbücher und Geldscheine, und erhofften sich von ein bisschen Unehrlichkeit eine Veränderung ihrer Lebensumstände. Sich zwischen diesen Figuren aufzuhalten, die Gaunereien mit ehrlichen Geschäften vermischten, war eine Erziehung im Schnelldurchgang, die Straßenkämpfer in Spitzenhändler verwandelte.

Ecclestone, der von Derek Wheeler, einem altgedienten Gebrauchtwagenhändler, eingeführt worden war, schlenderte durch die Straße, machte zwar einen Bogen um abgebrühte Verbrecher und gestohlene Wagen, verzog aber keine Miene, wenn er selbst in diesem Umfeld kaufte oder verkaufte, das für Bluff und Brutalitäten bekannt war. Während er die Guten und die Bösen in einer Welt auseinander hielt, in der Lügen Konjunktur hatten, lernte Ecclestone den wichtigen Unterschied zwischen Preis und Wert. Sein oberster Grundsatz war, einen Wert festzulegen, bevor er zu verhandeln begann, und sich den Gewinn von selbst ergeben zu lassen. Nachdem er erfahrenen Händlern zugehört hatte, perfektionierte er seinen Verhandlungsstil in Basta-Manier, durch den er der Gegenseite den schwarzen Peter zuschob. Eine entscheidende Regel war, die Frage nach dem Preis zu ignorieren und den anderen Händler einen Preis nennen zu lassen. Genauso wichtig wie das Timing war, sich keine Blöße zu geben und »den anderen zuerst blinzeln zu lassen«. Eiskalt musste man sein und die Willenskraft des Kontrahenten bezwingen. Ohne Gewinn kein Spaß, lautete sein Credo. Der von Rivalen wegen seiner Schnelligkeit »Windhund« genannte Ecclestone genoss das Feilschen, wich der latenten Aggression aber aus. Das leiseste Interesse zu zeigen verringerte den Gewinn. Gleichgültigkeit war der Schutz vor der alltäglichen Doppelzüngigkeit. In dieser düsteren Welt hatte Vertrauen Priorität. Schecks wurden ausgestellt, aber nie bei einer Bank präsentiert. Abgerechnet wurde schließlich mit Bargeld. Zu den zwielichtigen Typen, denen Ecclestone in den zerbombten Straßen begegnete, gehörte Stanley Setty, der mit gestohlenen Wagen handelte und dessen Leiche von seinem Mörder 1949 aus einem Flugzeug in den Ärmelkanal geworfen wurde. Und er lernte Victor White und Harry O'Connor kennen, zwei deutlich ältere Händler aus Blackpool, die zwar nicht sonderlich begabt, dafür aber zuverlässig waren und ihn in ein riskanteres, lukrativeres Geschäft einführten.

Im Midland Hotel in Manchester wurden in regelmäßigen Abständen Gebrauchtwagenauktionen veranstaltet, die die ganze Nacht dauerten. »Wenn du mit diesen Jungs mithalten willst«, warnte O'Connor Ecclestone, »musst du ganz früh aufstehen.«

Keiner der Bieter, die nur ab und zu bei den Auktionen erschienen, wusste, dass sie von zwölf Händlern manipuliert waren. Wagen wurden nicht einzeln gehandelt, sondern in Paketen von drei oder vier. Den nicht Eingeweihten war nicht klar, dass es manche der Wagen in diesen Paketen nicht gab – sie mussten daher am Ende der Auktion zu einem Preis, der unter dem ursprünglichen Verkaufspreis lag, »zurückgekauft« werden. Wenn man bei diesem verwegenen Spiel gewinnen wollte, brauchte man ein Pokerface, Nerven aus Stahl und einen Hang zum Glücksspiel. »Du hast einen Wagen zu wenig«, murmelte ein gewiefter Händler Ecclestone einmal am Ende eines heftigen Bietgefechts zu. Und das, obwohl Ecclestone es hasste, ertappt zu werden: bloß keine Schwächen zeigen! Wer hier überleben wollte, durfte kein Mitleid zeigen, besonders nicht mit sich selbst.

Zwischen Bexleyheath, Warren Street und Manchester wechselnd entwickelte sich Ecclestone innerhalb weniger Monate zu einem Händler der Spitzenklasse. Elegant angezogen und gerissen, wie er war, hatte er sich schnell Respekt als Kaufmann erarbeitet – dies war der Grundstein für sein späteres Image, jemand zu sein, mit dem man Ärger bekommen konnte. »Er ist der Mann, der das Autogeschäft im Griff hat«, sagte ein Händler von der Warren Street zu Jimmy Oliver. Ecclestone hatte seine Lektion gelernt. Nach jedem Deal war er zufrieden mit seinem Gewinn, machte sich aber nie über seinen Kontrahenten lustig.

»Ich mag es nicht, dass mich andere für schlau halten«, erklärte er. »Dann sind sie vorsichtiger, und das ist ein Nachteil für mich. Ich möchte von jemandem kaufen, der sich für klug hält, und an jemand verkaufen, der nicht besonders klug ist. Ich bin vor allem dann glücklich, wenn die Gegenseite glücklich ist – dann ist es ein guter Deal für beide Seiten, aber solange es mir in den Kram passt, ist mir egal, was andere denken.« Wenige können von sich sagen, sie hätten gegen Ecclestone Punkte gemacht. Der Händler, der sich zur Entspannung am liebsten Schwarz-weiß-Western aus Hollywood anschaute, in denen Sheriffs Jagd auf Verbrecher machten, machte sich den Grundsatz zu eigen: »Solange niemand schneller zieht als ich, bleibe ich am Leben.« Er galt als »Draufgänger«, der »sein

Letztes gab«, und suchte die Gesellschaft von Männern, die sich dem Wehrdienst entzogen hatten oder zu jung waren, um im Krieg gekämpft zu haben. Zusammen taten sie die Entbehrungen der Nachkriegszeit ab, indem sie sich in waghalsige Abenteuer stürzten.

Sein Leben in Wettrennen aufs Spiel zu setzen hatte für Ecclestone den Reiz echter Gefahr. 1950 trat er mit einer Manx Norton auf der neu asphaltierten Rennstrecke von Brands Hatch gegen John Surtees an, der erst 15 Jahre alt war und am Beginn seiner Karriere stand. 1956 würde er die erste von sieben Motorradweltmeisterschaften gewinnen, 1964 Formel-1-Weltmeister werden. Kurz nachdem Ecclestone das Rennen in Brands Hatch gegen Surtees verloren hatte, beschloss er, sich zu »verbessern«.

Die Partnerschaft mit Compton war einseitig geworden. Während Ecclestone das Geschäft umgestaltete, ging Compton Golf spielen. »Das ist gut für die Partnerschaft«, sagte Ecclestone. »Das heißt, es gibt keinen Streit.« Ecclestones Ehrgeiz war profitabel für Compton, aber der 21-Jährige wollte, dass seine Leistung anerkannt wurde. Ende des Jahres 1951 erwarb Ecclestone Derek Fullers Anteil und modernisierte als Partner den Ausstellungsraum. Die Firma hieß jetzt Compton & Ecclestone. Zur gleichen Zeit kaufte er eine baufällige Industrieanlage in Greenwich, sein erstes Immobiliengeschäft, und wurde Mitglied der Freimaurerloge Ideal Endeavour in Kent. Seine letzte »Verbesserung« war, von Motorrad- auf Autorennen umzusteigen.

Italienische, deutsche und französische Autofabrikanten hatten damit begonnen, schnittige Formel-1-Wagen herzustellen. In Großbritannien hatten Motorsport-Begeisterte den Stützpunkt der Royal Air Force in Silverstone mit seinen drei Start- und Landebahnen zu einer Rennstrecke umgebaut. Im Mai 1950 luden sie die europäischen Autohersteller zur ersten Weltmeisterschaft des Grand Prix in England ein, zu deren 100.000 Zuschauern auch König George VI. und die Königin gehörten. Alfa Romeo gewann. Ecclestone war begierig darauf mitzumachen und überredete Compton, dass seine Teilnahme an den Formel-3-Rennen von ihrer Firma als Werbungskosten finanziert werden solle, bevor er sich auf den Weg zur Cooper Car Company nach Surbiton machte, dem Mekka für aufstrebende Fahrer. Von Enthusiasten aufmerksam beobachtet, bauten Charles und John Cooper Motorradmaschinen auf Fahrgestelle aus Metall. Ecclestone ließ sich von den Coopers einen Norton-Manx-Motor installieren und mit einer blauen Karosserie ausstatten. 1951 traf er in einem neuen Lederanzug, das gegelte Haar aus der Stirn gekämmt, am Steuer einer amerikanischen Fordlimousine mit dem Rennwagen im Schlepptau in Silverstone ein. Compton folgte ihm in einem Lieferwagen, der den Namen der Firma auf der Seite trug. »An Autorennen teilzunehmen«, bestätigte Compton, »war eine Methode, unseren Namen bekannt zu machen. Es funktionierte. Im Süden Englands kannte uns jeder. Wenn es nach Bernard ging, musste alles so sein – gut organisiert und professionell.« Ecclestone, der mit Stirling Moss, Mike Hawthorn, dem legendären Juan Manuel Fangio und anderen verwegenen Kerlen verkehrte, gewann mit beharrlichem Wagemut mehrere Vorläufe, aber er schaffte es nicht, Stirling Moss zu schlagen. Außerdem hatte die Sache ihren Preis.

Am 8. April 1951 gewann Ecclestone die Jugendmeisterschaft von Brands Hatch in einem Cooper MK5/JAP mit einem Schnitt von 100 Stundenkilometern. Später im gleichen Jahr gewann er seinen Vorlauf im Brands Open Challenge Final. Im Finale kämpfte Ecclestone gegen drei andere Fahrzeuge, als ein Wagen vor ihm ins Schleudern geriet: Ecclestone riss das Steuer nach rechts herum, und einer Lokalzeitung zufolge »stieg sein Cooper die Überhöhung hinauf und landete auf dem geparkten Riley eines Besuchers, wobei er leider einem anderen Zuschauer das Bein brach«. Es wurden auch andere verletzt, aber die Zeitungen konnten berichten: »Das Rennen wurde ohne Unterbrechung fortgesetzt. Die furchtlosen Sanitäter der Johanniter und die Mechaniker räumten auf.«

Ecclestone kam sich reich vor. Fünf Jahre, nachdem er die Schule verlassen hatte, fuhr er in einem teuren Sportwagen von Austin Healey durch Bexleyheath, und seine Taschen waren voller Geldscheine. Er war gut gekleidet, galt unter gleichgesinnten Autohändlern als guter Kumpel und war als »mutigster Mann im Autogeschäft« bekannt. Jetzt wollte er seine Unabhängigkeit.

Zu Hause ausziehen konnte er nur, wenn er heiratete. Durch einen Rennfreund und Nachbarn hatte er Ivy Bamford kennengelernt, eine freundliche junge Frau mit braunem Haar, die zwei Jahre älter war als er und im örtlichen Fernsprechamt arbeitete. Jeden Tag verband Ivy, die Tochter eines Schreiners, die nur wenig Interesse an Autorennen hatte, Anrufer miteinander, indem sie die Stecker am Ende der Telefonleitungen in die Steckdosen stöpselte. Obwohl die beiden wenig gemeinsam hatten, gefiel Ecclestone der Gedanke, in ein eigenes Haus zu ziehen. Wenn er Ivy heiratete, so hoffte er, würden sie drei Jahre nach der Verlobung endlich aufhören, sich zu streiten. Ivy hatte ihrerseits allen Grund, die materiellen Vorteile zu ergreifen, die Ecclestone ihr bot – inzwischen hatte er auch Fred Comptons Doppelhaushälfte in Pickford Close, Bexleyheath, für 1.000 Pfund gekauft –, zudem wollte sie seine Affäre mit einer Frisöse aus dem Ort endlich beendet sehen.

Die Zeremonie war für den 5. September 1952 im Dartforder Standesamt geplant. Aber ein paar Tage vorher plagte Ecclestone die Ungewissheit. »Warum vergessen wir die Sache nicht einfach und holen es an einem anderen Tag nach«, schlug er vor. Ivy ließ sich nicht umstimmen. Sie beachtete seine Nervosität nicht und erschien mit ihrer Mutter und einer Tante zum vereinbarten Termin. Alle drei weinten, so kam es Ecclestone vor. »Bist du sicher, dass du das durchziehen willst?«, fragte er. »Du musst nicht.« Ecclestone wartete mit Fred Compton und seiner Frau Jean, die sich bereit erklärt hatten, als Trauzeugen zu fungieren. Obwohl er später behaupten würde, dass seine Eltern nicht dabei waren – »Ich habe ihnen nichts davon erzählt«, sagte er –, waren sie bei der Zeremonie anwesend und stellten fest, dass er verärgert war, weil eine Frau die standesamtliche Trauung vornahm. Sobald die Formalitäten vorüber waren, wandte sich Ecclestone zum Gehen. Auf halbem Weg zur Tür fragte ihn die Standesbeamtin: »Haben Sie nichts vergessen, Mr. Ecclestone?« »Was denn?«, fragte er zurück. »Ihre Braut.« Es gab keinen Fotografen, der den Augenblick festgehalten hätte, keine Getränke und kein Essen nach der Trauung. Selbst eine Hochzeitsfeier war für Ecclestone nicht denkbar. Die einwöchige Hochzeitsreise verbrachten sie zusammen mit den Comptons in Newquay, an der Nordküste der Grafschaft Cornwall.

Ivy Ecclestone war sich nicht bewusst, dass die regelmäßigen Wettrennen ihres Mannes in Brands Hatch immer gefährlicher wurden. Durch seine Sehschwäche behindert und nicht mit den Fahrkünsten eines Stirling Moss begabt, war er nicht imstande, die primitiv konstruierten Kurven bei hoher Geschwindigkeit sicher zu nehmen. Irgendwann geschah das Unvermeidliche. 1953 kollidierte er mit seinem Freund Bill Whitehouse und fuhr durch einen Zaun in die Zuschauer hinein. Whitehouse traf als Erster bei ihm ein und fand ihn betäubt in dem zertrümmerten Wagen über das Lenkrad gebeugt. »Alles in Ordnung mit dir, Bernard?«, rief Whitehouse. Ecclestone murmelte eine Antwort. »Gut«, sagte Whitehouse. »Jetzt gib keinen Mucks mehr von dir, du hast nämlich jemand von den Zuschauern getötet, und die wollen dir an den Kragen.« Ecclestone erstarrte. Erst nach und nach begriff er, dass er Opfer eines Streichs geworden war, wie er ihn schon vielen anderen gespielt hatte. Aber als er wenig später in der Unfallstation eines Krankenhauses lag und an die Decke starrte, dachte er über seine Situation nach. Er genoss das Leben, verdiente reichlich Geld und sah ein, dass er in den vergangenen Jahren »vier oder fünf Mal im Krankenhaus aufgewacht war, aber sich zum Glück nie etwas gebrochen oder auch nur eine blutende Wunde zugezogen hatte«. Harry Epps, ein Ford-Händler, hatte kürzlich einen Unfall gebaut und einen Teil seines Arms verloren. Tödliche Unfälle waren ziemlich häufig. »Mir wurde klar, dass ich nicht das Risiko eingehen wollte, den Rest meines Lebens im Bett zu liegen, weil ich mir das Rückgrat gebrochen hatte, und deshalb beschloss ich, mich auf das Geschäft zu konzentrieren.«

Als er sich wieder dem Autohandel zuwandte, musste noch eine Rechnung beglichen werden. Die Gelegenheit dazu ergab sich, als er in einem silbernen Mercedes-Coupé mit überhöhter Geschwindigkeit durch Bexleyheath fuhr und mit einem Omnibus zusammenstieß. Mit einem verletzten Arm verließ er die Unfallstelle und wies jede Verantwortung von sich. »Der Wagen da gehört Bill Whitehouse«, beschied er Schaulustige. »Er ist weggelaufen.«

Whitehouse, der den gleichen Wagen besaß, wurde die Nachricht von seinem Unfall rasch zugetragen. Er eilte zu seiner Garage und riss die Tür auf. Da wurde ihm alles klar.

Risiko verstärkte Bernards Hunger nach ernsthaftem Reichtum. Er liebte das Glücksspiel. Wenn er Freunden abends einen Besuch abstattete, spielt er regelmäßig Roulette, Gin Rummy und Monopoly um Geld. Doch es gab eine größere Herausforderung. Durch ältere Händler an der Warren Street hörte er von Crockfords, einem der wenigen Casinos Londons. In der Nachkriegszeit war noch keine Mitgliedschaft erforderlich. Ecclestone reservierte einen Tisch für eine Galashow und erschien im Smoking, Ivy in einem teuren Cocktailkleid. Beide waren von dem opulenten Ambiente überwältigt. »Das ist echter Glamour«, sagte Ecclestone zu seiner Frau. Hauptattraktion waren die mit Billardtuch bezogenen Tische. Gruppen von Männern spielten Chemin de Fer, Blackjack und Roulette. Bis zu diesem Zeitpunkt hatte Ecclestone seine ernsthaften Wetten auf Pferde und Windhunde bei Tony Morris, seinem Freund und Buchmacher, platziert. Crockfords war eine andere Liga, nicht nur in gesellschaftlicher Hinsicht, sondern auch aufgrund der Höhe der Einsätze. Das Glücksspiel wurde Ecclestones Leidenschaft, nicht weil es für ihn zum Zwang oder zur Sucht wurde, sondern weil Zufall, Risiko und das Abwägen der Chancen zu seiner Lebensphilosophie passten. Die Menschen konnten seiner Ansicht nach nicht davor bewahrt werden, Fehler zu begehen, sie konnten nicht vor den Konsequenzen ihrer Irrtümer beschützt werden und mussten sich um sich selbst kümmern. Der Unterlegene wurde mit einem enervierenden Mangel an Mitleid ausrangiert. »Ich bin ein Glücksspieler«, sagte er, »und wir spielen, um zu beweisen, dass wir recht haben.« Das Glücksspiel hatte viel mit dem Autohandel gemeinsam.

»Bei Autos war es so«, erklärte er. »Ich konnte den Wert aller Wagen in einem Ausstellungsraum im Kopf addieren, ohne es hinzuschreiben. Das war keine Überschlagsrechnung. Bei Crockfords habe ich die Wahrscheinlichkeit berechnet. Ich hatte kein System. Ich liebe es, Bankhalter zu sein, wenn jemand glaubt, er hat ein System. Ich habe begriffen, dass meine beste Chance darin lag, nach Spielern zu suchen, die kein Glück hatten. Ich spiele gern gegen Leute, die kein Glück haben.« Doch verlor er regelmäßig 2.000 Pfund und bat Ivy, den Schlamassel für ihn auszugleichen. In dieser Gesellschaft musste man viel Geld haben, um anerkannt zu werden. Als Jimmy Oliver ihn 1954 zum Mittagessen in den Poole Jacht Club in Dorset einlud, entdeckte Ecclestone Sir Bernard und Lady Docker, berühmte Millionäre mit einem aufwändigen Lebensstil. »Ich nehme an, wenn man nur hunderttausend hat, gilt man hier als armer Schlucker?«, fragte er ein bisschen neidisch.

In dem Jahr gab er seine Doppelhaushälfte an seine Eltern weiter und kaufte in der Nähe ein freistehendes Haus in der Danson Road. Nachdem das Haus nach seinen akribischen Plänen entkernt und renoviert worden war, hielt er nach dem nächsten Ausschau. Mit Häusern zu handeln war wiederum dem Autohandel ähnlich. Bernard hatte kein Bedürfnis nach Beständigkeit. Im September des folgenden Jahres wurde seine Tochter Deborah Anne geboren. Der begeisterte Vater kam regelmäßig mit Kleidung und Spielzeug nach Hause, aber von einem zufriedenen Familienleben war wenig zu spüren. Es gab Streit, wenn er entdeckte, dass etwas kaputtgegangen, schmutzig oder unordentlich war. Seine peinliche Genauigkeit bei der Arbeit bekam Ivy auch zu Hause zu spüren. Ivy gefiel es zudem nicht, dass er so lange arbeitete; er nahm ihr übel, dass sie sich nicht für seine Arbeit interessierte. Er war verärgert, als sie von ihm verlangte, er solle aufhören zu arbeiten, um mit ihr und Deborah Weihnachten zu feiern. Trotzdem wurden seine Eltern am ersten Weihnachtstag zum Truthahnessen eingeladen, und es gab auch Geschenke. Er freute sich darüber, dass Debbie häufig bei seinen Eltern übernachtete, während er, Ivys Klagen ignorierend, nach London fuhr, um ins Kino zu gehen oder Crockfords einen Besuch abzustatten. Seine Frau wusste nicht, dass er sich in den Kopf gesetzt hatte, Millionär zu werden.

Fred Compton war das erste Hindernis – und das erste Opfer. Es kam oft zu Auseinandersetzungen. »Ich konnte mit Ecclestone und seinen Geschäftsmethoden nicht leben«, gab Compton zu. »Schließlich bin ich gar nicht mehr in den Laden gegangen. Es war nicht seine Schuld, aber ich war nutzlos geworden.« Ecclestone wollte seinen Partner loswerden. Er ging gewollt beiläufig an die Sache heran. »Entweder zahle ich dich aus, oder du kannst mich auszahlen«, sagte Ecclestone. »Entscheide du.« Obwohl Compton ebenfalls Gebrauchtwagenhändler war, traf ihn der Vorschlag seines Partners unvorbereitet: »Schreib einfach deinen Preis auf ein Blatt Papier.« Compton würde davon ausgehen, wie sich Ecclestone überlegt hatte, dass er keinen hohen Preis zahlen könnte. Ganz wie Ecclestone plante, war Comptons Preis niedriger, als er wollte, aber für seinen Partner, wie er dachte, unbezahlbar. Stattdessen akzeptierte Ecclestone auf der Stelle und führte den überraschten Compton zu dem Rechtsanwalt nebenan, um den Kauf perfekt zu machen. »Das ist der Preis der Freiheit«, sagte sich Ecclestone, nachdem er sich von Compton verabschiedet hatte.

Als alleiniger Inhaber des Geschäfts handelte Ecclestone aggressiver. Er kaufte die Barnhurst-Werkstatt in Bexleyheath von Ron Frost und erwarb eine Option auf das Firmengelände der Strood Motor Company in Kent, die er später mit Gewinn verkaufte. Sogar Compton war beeindruckt: »Es war eine große Immobilie an einem prima Standort, aber es gehörte eine Menge Mumm dazu, das durchzuziehen.« Mit Ron Shaw zusammen machte er ein Angebot, Brands Hatch für 46.000 Pfund zu kaufen, aber im letzten Moment wurde ihnen die Rennstrecke vor der Nase weggeschnappt. 1956 verkaufte er sein Haus mit einem Wagen in der Garage und einem angrenzenden Grundstück zur Erschließung, um in Barn Cottage einzuziehen, ein größeres Haus in der Parkwood Road. Wie in früheren Fällen wohnte die Familie während der notwendigen Umbauten bereits im Haus. Er hatte es nicht gekauft, weil es »schöner«, sondern weil »es billig und ein gutes Geschäft« war. Der elegant gekleidete Autohändler, der mit seiner englischen Bulldogge durch Bexleyheath spazierte, hatte immer Spaß daran, ein Geschäft zu machen: »Kaufen und verkaufen ist eine Art Geisteszustand. Die Leute kaufen normalerweise Dinge, die sie nicht brauchen, und man muss Menschen davon überzeugen, dass man ein ernsthafter Käufer ist. Die arabische Methode zu handeln gefällt mir nicht – 100 verlangen und damit rechnen, dass man 60 bekommt. Alles hat seinen Preis, aber niemand kennt wirklich den Wert einer Sache. Alles hat einen verschiedenen Wert für verschiedene Leute. Ich schätze den Preis ab, und dann verlange ich ihn. Wenn ich kaufen will, warte ich immer darauf, dass der Besitzer seinen Preis nennt. Ich sage: ›Es ist Ihr Eigentum, nicht meins.‹ Wenn man blind bietet, bietet man zu viel.«

Zur Bruderschaft der konkurrierenden Autohändler in Bexleyheath, die in den lokalen Pubs verkehrten, gehörten Lewis »Pop« Evans und sein Sohn Stuart Lewis-Evans, der im gleichen Alter und genauso groß wie Ecclestone war. Anfang der 1950er Jahre hatte er in einem Cooper an denselben Rennen wie Ecclestone teilgenommen und gewonnen. 1957 hatte er solche Fortschritte gemacht, dass er in Monaco mit einem Formel-1-Wagen von Connaught gegen Fangio antrat. Vom Erfolg seines Freundes begeistert, bot Ecclestone ihm an, den kommerziellen Teil seiner Rennfahrerkarriere in die Hand zu nehmen. Nachdem Lewis-Evans in jenem Jahr Stirling Moss in Goodwood geschlagen hatte, erreichte Ecclestone in Verhandlungen mit Tony Vandervell, dass Lewis-Evans zu Moss im Vanwall-Team stoßen konnte. Außerdem gab Vandervell sein Einverständnis, dass Ecclestone mit den jeweiligen Veranstaltern das Startgeld für Lewis-Evans aushandeln konnte.

Das Renngeschäft, an dem reiche Liebhaber, Geschäftsleute und Angehörige des niederen Adels Gefallen fanden, war in finanzieller Hinsicht primitiv. Jeder Fahrer und jeder Rennstall verhandelte separat mit den einzelnen Inhabern der Rennstrecken um Start- und Preisgelder. Der Zuschauerattraktivität wegen bezahlten die Rennstreckenbesitzer oder die Organisatoren mehr für das Erscheinen von Ferrari oder Fangio als für das der unbekannten Fahrer und ihrer farblosen Wagen. Zu Recht gingen die Organisatoren davon aus, dass die weniger qualifizierten Rennstallbesitzer und Fahrer nicht so sehr am Geld interessiert waren als an einer Party, die Nervenkitzel und Gefahr versprach. In dieser aufregenden Welt kollidierten die Wagen in regelmäßigen Abständen und gingen in Flammen auf, und jede Woche brachten Motorsport-Magazine Nachrufe neben wilden Beschreibungen von Gladiatorenkämpfen. Ecclestone mit seinem leidenschaftlichen Interesse an Autorennen ergriff die Gelegenheit, sich der Party anzuschließen, als das Connaught-Team 1958 bankrottging.

Da Ecclestone im Ausland war, als der Konkursverwalter die Auktion ankündigte, bei der drei Connaught-Wagen mit Ersatzteilen versteigert werden sollten, gab er einem Angestellten in seinem Verkaufsraum in Bexleyheath den Auftrag, alles zu kaufen. »Zu welchem Preis?«, wurde er gefragt. »Ist mir egal«, antwortete Ecclestone, »geh einfach hin und kauf.« Allein der Besitz der veralteten Wagen wäre seine Eintrittskarte in den Eliteclub. Nostalgie spielte keine Rolle in seinem Unternehmen. Er hoffte, dass dem Sieg der beiden Connaughts beim Grand Prix von Neuseeland, zu dem er sie angemeldet hatte, ein Profit folgte. Stuart Lewis-Evans und Roy Salvadori wurden überredet, um die halbe Welt zu fliegen, und erhielten den Auftrag, die Wagen nach dem Rennen zu verkaufen. Nach einem miserablen Abschneiden beim Grand Prix gab es allerdings nur wenige Interessenten. Salvadori rief Ecclestone an und teilte ihm mit, das beste Angebot für die Connaughts sei ein Briefmarkenalbum. Ecclestone beschimpfte den Fahrer, und der Deal war geplatzt. Die Wagen wurden zurück nach Europa verschifft und trafen rechtzeitig für eine Anmeldung zum Großen Preis von Monaco ein. Als Ecclestone in der Stadt eintraf, war er von der Atmosphäre berauscht. Anders als bei anderen Rennstrecken war der Kurs durch die Straßen des Fürstentums, unter dem Palast des Fürsten vorbei und am Kai für die Jachten der Millionäre entlang, unvergesslich. Unbeeindruckt von dem Fahrer, den er engagiert hatte, schob er den unglücklichen Mann beiseite, um sich selbst ans Steuer zu setzen. Er konnte sich zwar in einem Feld von dreißig gemeldeten Wagen nicht qualifizieren, badete aber in dem Ruhm, der damit verbunden war, was offiziell als »nicht ernsthafter Versuch« bezeichnet wurde. Schlimmer war, dass er auch im Casino verlor.

Doch Niederlagen dämpften Ecclestones Stimmung selten. Sollte er Wut oder Verzweiflung empfunden haben, wurde das ausgeglichen durch den Trost, dass sein Geschäft florierte. Konkurrenten bejubelten den Jüngeren, er sei »einfach fantastisch, in Finanzfragen kompetent und ein Organisationsgenie«. Sein Pokerface verriet nicht, wie gut er im Kopfrechnen war. In der Regel kaufte er die besten Wagen mit hohen Tachoständen, deren Verkäufer nicht erkannten, welches Gewinnpotenzial in ihnen steckte. Der Gebrauchtwagenhandel war zwangsläufig mit Tricks geschmiert. Tachomanipulationen waren an der Tagesordnung. In prä-elektronischen Zeiten wurde der Kilometerstand eines Wagens durch Zahlen festgehalten, die in kleine mechanische Rädchen eingraviert waren. Wenn sie den Wert eines Wagens erhöhen wollten, drehten Händler die Rädchen zurück, um die Zahl der gefahrenen Kilometer zu reduzieren. In Süd-London war John Young, der Inhaber einer großen Mercedes- und Jaguar-Niederlassung, besonders misstrauisch »Bernard« gegenüber, der seiner Ansicht nach »ein Händchen dafür hatte, den Tachostand zurückzudrehen«. Normalerweise wurde der Kunde ausgetrickst, aber eine Anzeige löste eine offizielle Untersuchung aus. Ecclestone machte dem Inspektor gegenüber die scherzhaft gemeinte Bemerkung: »An all meinen Wagen sind die Tachostände manipuliert.« Dann fügte er in ernsthaftem Ton hinzu: »Wenn Sie gegen mich Anklage erheben, machen Sie eine Menge Leute arbeitslos.« Behördenvertreter mit lockeren Sprüchen, einem Lächeln und einer guten Geschichte einzuwickeln half ihm auch diesmal aus der Klemme. Er vermied schließlich eine Verurteilung, indem er das Gericht davon überzeugte, an dem Tachometer wäre herumgespielt worden, während er den Wagen einem anderen Händler geliehen hatte.

Seine Verkaufszahlen in Bexleyheath wuchsen unaufhaltsam. 1956 kaufte er Hills Garage, einen Konkurrenten, der mit Mercedes handelte, und zwei Jahre später schloss er sich mit James Spencer Ltd. zusammen, dem größten Händler in der Umgebung, der einen Vertrag mit Morris, Austin, MG und Wolseley hatte. Ecclestone besaß jetzt eine Geldmaschine. Die Nachfrage nach Neuwagen, insbesondere seitens der Mittelklasse in den Vororten, war nicht zu befriedigen. Seit dem Kriegsende hatten sie hohe Summen Bargeld beiseite geschafft, um nicht so viel Einkommensteuer bezahlen zu müssen, und dieses Geld sollte jetzt ausgegeben werden. Aber die Händler hatten ein Problem: die begrenzten Produktionszahlen der Automobilhersteller. Um diesen Engpass zu umgehen und konkurrierenden Händlern ein Schnippchen zu schlagen, erhielten die Vertriebschefs der Automobilhersteller Schmiergelder zugesteckt. Ecclestone war stolz darauf, der Konkurrenz eine Nasenlänge voraus zu sein. Den Kunden, die keine Neuwagen kaufen konnten, bot er Gebrauchtwagen der Spitzenklasse an, die von sechs Mechanikern hinter dem Ausstellungsraum restauriert wurden. Um das Geschäft zu erweitern, entwarf er eine umfangreiche Neukonstruktion, bei der die James-Spencer-Werkstatt in einen ultramodernen Verkaufsraum verwandelt werden sollte.

Mitten in dieser Baumaßnahme flog er im Oktober 1958 mit Stuart Lewis-Evans nach Casablanca, um am Grand Prix von Marokko teilzunehmen. Zu den Gegnern seines Freundes, der in einem Vanwall antrat, gehörten die britischen Stars Stirling Moss und Mike Hawthorn. Ecclestone stand neben der staubigen Strecke in den Boxen mit einer Stoppuhr in jeder Hand und kontrollierte, wie sich sein Freund schlug, bis in der zweiten Hälfte des Rennens auf der gegenüberliegenden Seite der Strecke eine hohe Stichflamme und Rauchwolken in den Himmel stiegen. Nachdem Ecclestone quer über die Strecke gelaufen war, stellte er fest, dass Lewis-Evans die Kontrolle über seinen in Brand geratenen Wagen verloren und die Absperrung durchbrochen hatte. Der Fahrer wurde mit sehr schweren Verbrennungen (70 Prozent) in das nächste Krankenhaus gebracht, wo er lange auf einen Arzt warten musste. Um ihm eine bessere medizinische Versorgung zu garantieren, charterte Tony Vandervell ein Flugzeug, in dem Lewis-Evans mit Ecclestone nach England gebracht wurde. Sechs Tage nach dem Unfall saß Ecclestone neben seinem Freund, als dieser starb. In den Nachrufen wurde der erst 28-jährige Fahrer als »kleiner Mann mit großem Herz« gepriesen, der in die lange Liste der Formel-1-Todesopfer aufgenommen wurde. Drei Tage später wurde Ecclestone selbst 28. Einen engen Freund unter heftigen Schmerzen sterben zu sehen, war eine furchtbare Erfahrung. Die Lust an Autorennen war ihm vergangen. Die Connaught-Wagen wurden verkauft, und er wandte dem Formelsport den Rücken zu. Er würde sich ausschließlich darauf konzentrieren, Wagen zu verkaufen, mit Immobilien zu handeln – und reicher zu werden.

Der James-Spencer-Ausstellungsraum am Broadway von Bexleyheath war in ein futuristisches Kaufhaus verwandelt worden. Ecclestone war anspruchsvoll, was das Design anging, und hatte übermäßig viel Zeit damit verbracht, sich um jedes Detail zu kümmern. Die Flachglasverkleidung und das glänzend weiße Interieur waren ein beispielloser Anblick für die Nachkriegszeit. Wie besessen ordnete Ecclestone an, dass die glänzenden Wagen auf den weißen Fliesen exakt ausgerichtet standen, von Lichtstrahlen beleuchtet und von dicken Teppichen umgeben. Schiebetüren im hinteren Bereich führten in einen Verkaufsraum für besondere Gebrauchtwagen – Rolls-Royces, Maseratis und Jaguars. Zutritt erhielt man nur mit Ecclestones persönlicher Genehmigung. »Ich mag es nicht, wenn die Kunden hier reinkommen«, sagte er zu einem Verkäufer. »Das sind verdammte Nervensägen. Sie machen den Boden schmutzig.« Bequeme Sofas wurden in Nischen neben einer ungewöhnlichen Wendeltreppe gestellt, die zu Ecclestones verglastem Büro führte. Auf seinem Schreibtisch standen drei Telefone – gelb, cremefarben und rot. Ständig entzwirbelte er die Kabel und richtete Papiere aus, ging hinüber zu Ann Jones, seiner Sekretärin, entfernte Staubflocken von ihrem Schreibtisch und ordnete ihre Papiere neu. »Der Chef kümmert sich hier wirklich um alles«, dachte Jones, bis der unsichere Friede Risse bekam. »Ich bin Sekretärin und keine Putzfrau«, platzte sie heraus, als Ecclestone monierte, dass ihr Schreibtisch unordentlich sei. Ecclestone war ein Ein-Mann-Orchester, ein autoritärer Arbeitgeber, der unbedingte Loyalität verlangte. Klagen oder Ausflüchte wollte er nicht hören. Wenn Zulieferer ihre Zusagen nicht einhielten, verwünschte er sie lauthals oder knallte den Hörer auf. Wenn er von der primitiven Telefonanlage frustriert und überhaupt gestresst war, warf er schon mal die Apparate an die Wand oder auf den Boden und erwartete von den Sekretärinnen, die in der Nähe saßen, dass sie den fliegenden Plastikteilen auswichen und seine Wutausbrüche ignorierten. Häufig mussten Telefontechniker geholt werden, um die zertrümmerten Apparate zu ersetzen, während Ann Jones brav hinter einem Mann herräumte, den sie bewunderte. Und als sie Zeugin wurde, wie eine weitere wüst beschimpfte Sekretärin tränenüberströmt ihr Büro verließ, rief sie geduldig bei einer Stellenvermittlung an, um eine Nachfolgerin zu besorgen.

Der ängstlichste Mann inmitten des ständigen Theaters war der Leiter des Ausstellungsraums, Sidney Ecclestone. Er war als Erster morgens im Geschäft und wurde durch eine Reihe von warnenden Anrufen auf die Ankunft seines Sohnes vorbereitet. Abends schloss Sidney ab und verließ als Letzter die Firma. Tagsüber führte er Gespräche mit Kunden und nahm sich Vorwürfe seines Sohnes sehr zu Herzen. »Diesen Kunden hättest du nicht gehen lassen dürfen. Dem hättest du einen Wagen verkaufen müssen.« Um sich wieder zu beruhigen, ging Sidney nach draußen und wischte die Wagen mit einem Ledertuch ab. Einige Besucher, die zum engeren Freundeskreis Ecclestones zählten, darunter Ron Shaw, hatten den Eindruck, dass sich ihr Freund in Gegenwart seines Vaters unwohl fühlte. Immerhin schienen Sidney und sein Sohn wenig miteinander gemein zu haben. Nach Ecclestones Ansicht lagen sie mit dieser Einschätzung falsch. »Ich habe meinen Vater nicht terrorisiert«, erklärte er. »Ich habe ihm nur meine Meinung gesagt.« Schließlich fanden sie ein System, mit dem beide leben konnten. Sidney begrüßte die Kunden, und wenn er seinem Sohn signalisierte, dass ein Verkauf möglich war, kam Ecclestone die Wendeltreppe herunter. Ehrfürchtig beobachtete Sidney, wie sein Sohn einen Kunden, der sich nach einem Morris erkundigte, dazu überredete, einen MG zu kaufen, der viel teurer war. Der Vater war stolz auf den Erfolg seines Sohns, ohne es zu zeigen; er war dankbar, einen respektablen Job zu haben, und er gab auf typisch britische Weise seine Zuneigung nicht zu erkennen. Jedes Mal, wenn Ann Jones empört aus dem Büro stürmte, wurde Sidney mit einem Geschenk – Blumen, Schokolade und sogar einem bestickten Taschentuch von Ecclestones Mutter – zu ihr nach Hause geschickt, um sie zur Rückkehr zu bewegen. Dieser Ablauf wiederholte sich, ihre Loyalität wurde dauernd getestet. Als Ecclestone einen Blumenstrauß für Jones mit einer Karte entdeckte, die »von einem stillen Bewunderer« unterzeichnet war, kommentierte er das Geschenk: »Es stammt wahrscheinlich von einem Konkurrenten, der uns ausspionieren möchte«.

Die strenge Kontrolle seiner Mitarbeiter und der Kosten und die perfekte Präsentation der Wagen bildeten die Grundlage von Ecclestones Geschäftsphilosophie. 1960 dann fügten sich alle Komponenten zusammen. Der ganz in Weiß gehaltene Ausstellungsraum von James Spencer war cool, die Wagen glänzten – besonders die neue Sportwagen-Serie von MG –, und in den Vororten fingen die Ehemänner damit an, Zweitwagen für ihre Frauen und Kinder zu kaufen. Um den Aufschwung zu finanzieren, führte die konservative Regierung das Konzept des »Abzahlungskaufs« ein, was Ecclestone die Möglichkeit bot, seinen Kunden das Geld für den Kauf vorzustrecken. Im März 1961 gründete er Arvin Securities und strich über die Zinszahlungen happige Gewinne ein. Die Einwohner Kents, weitgehend Angehörige der Mittelschicht, kamen im Gegensatz zu denen anderer britischer Regionen ihren Zahlungsverpflichtungen in aller Regel nach. Den wenigen, die in Verzug gerieten, stattete Ron Smith einen Besuch ab – Ecclestones stämmiger Schuldeneintreiber, der in einem grünen TR 3 unterwegs war – und verlangte im schlimmsten Fall den Wagen zurück. Doch meint Ecclestone über diese Zeit: »Wir hatten sehr wenig Ärger.«

Unter der glänzenden Hülle war immer von ein Hauch der Warren-Street-Atmosphäre zu spüren. Gelegentlich bemerkten Kunden, dass sich kräftig gebaute Männer auf dem Firmengelände aufhielten, unter ihnen auch Jack »Spot« Cromer, ein berüchtigter East-End-Krimineller. Der Umgang mit Verbrechern war für Ecclestone nicht ungewöhnlich. Als ein bekannter Gangster in seinem Ausstellungsraum erschien, um einen Wagen zu verkaufen, gab Ecclestone ihm einen Scheck über den vereinbarten Preis. Wenig später entdeckte Ann Jones, dass der Wagen mit einem Ratenkredit belastet war. »Lass den Scheck sperren«, wies Ecclestone sie an. Ein paar Tage später tauchte der Gangster wieder auf. »Sie hätten den Scheck nicht sperren lassen sollen«, knurrte er und zog einen Revolver. »Falls Sie das Geld nicht rausrücken, erschieße ich Sie.« »Wenn Sie mich erschießen, kann ich Ihnen kein Geld geben«, blaffte Ecclestone zurück. Beide brachen in Gelächter aus. »Ich will Ihnen sagen, was ich tun werde«, sagte Ecclestone. »Ich löse den Kredit ab und gebe Ihnen den Rest in bar.« »Okay«, erwiderte der

Gangster, der immer noch den Revolver in der Hand hielt, während Ecclestone die Geldscheine abzählte. Zu Ecclestones Erheiterung kehrte der Gangster ein paar Wochen später zurück, um einen der neuen Austin A40er zu kaufen. »Der ist goldrichtig«, meinte Ecclestone lachend, als er ihm zum Abschied zuwinkte. Kurz nachdem er den knallroten Wagen aus dem Ausstellungsraum gefahren hatte, blieb der Gangster an einer Ampel stehen. Als sie auf Grün umsprang, hatte er Schwierigkeiten mit der ungewohnten Gangschaltung und wurde von dem hinter ihm stehenden Wagen angehupt. Er stieg aus, holte sich einen Schraubenschlüssel aus dem Kofferraum, zog den hupenden Fahrer aus dem Auto und schlug ihm mit einem Hieb den Schädel ein. Nachdem er festgenommen und auf das Polizeirevier Bexleyheath gebracht worden war, zog er den Revolver aus der Tasche und sagte zu dem Polizisten: »Ich lasse mich nicht gerne verhaften.« Der Mann wurde wegen Mordes angeklagt.

Dass Ecclestone mit Kriminellen verkehrte, gehörte zum allgemeinen Tratsch unter Autohändlern in Süd-London. Bei ihrem üblichen Mittagessen im George Pub betrachteten Bill Whitehouse und seine Mitarbeiter in der Westmount-Werkstatt Ecclestone mit angemessenem Respekt. Peter Rix, einer dieser Angestellten, fragte Ecclestone bei einem Bier: »Haben Sie einen guten gebrauchten MG?« »Ja«, antwortete Ecclestone. »Einen hellroten.« »Hat er eine Heizung?«, wollte Rix wissen. »Ja«, erwiderte Ecclestone. Nachdem Rix das Auto gekauft und abgeholt hatte, stellte er fest, dass es keine Heizung hatte. Er rief Ecclestone an und beschwerte sich. »Wollen Sie mich als Lügner bezeichnen?«, sagte Ecclestone drohend. »Seien Sie besser vorsichtig, mein Junge. Ich habe schon manchen Leuten die Finger abschneiden lassen.« Rix entschuldigte sich. »Ich hatte verstanden«, sagte er später. »Man verärgerte Bernard besser nicht. Es hat ihm nichts ausgemacht, mich übers Ohr zu hauen.«

Ecclestones Furchtlosigkeit zog viele Bewunderer an. Während er lieber in seinem neuen Mini durch Bexleyheath und London preschte als in Renommierschlitten, erwachte seine Liebe fürs Rennfahren aufs Neue. Waghalsig fuhr er mit einem amerikanischen Wagen über Stockcarpisten in West Ham und Essex, wo er sich einen Namen als »Mind the Paint Ecclestone« machte, weil er

Zusammenstöße mit Kontrahenten vermied. »Ich hasse Beulen an meinem Wagen«, brummte er. Nachdem er einen Pilotenkurs in Biggin Hill absolviert hatte, drehte er häufiger mit seiner viersitzigen Beagle Runden am Himmel über Kent. »Ich kann nicht gut sehen«, gestand er, als er den Test für einen Flugschein nicht bestand. Weil er sich ungern mit Niederlagen abfand, beantragte er einen Flugschein in den USA, ließ den Plan aber wieder fallen, als er an die notwendigen Transatlantikflüge dachte. Zum Trost kaufte er zwölf Beagle-Maschinen von einer insolventen Firma in Biggin Hill, die er kurz darauf mit Gewinn wieder verkaufte.

Gemessen an den Profiten dieser Größenordnung verblassten die im Motorradgeschäft. 1959 verkaufte er Harcourt Motor Cycles an Robert Rowe, einen erfolgreichen Rennrivalen. Während ihrer Verhandlungen überredete Rowe Ecclestone, für ihn Sponsoren zur Finanzierung der Anlaufkosten zu beschaffen. Als Rowes Agent steuerte Ecclestone eine Norton 500 ccm für das Isle of Man TT (Tourist Trophy) bei, besorgte Shell als Sponsor und lieh Rowe sogar die lederne Rennkombination. Rowe schnitt nicht schlecht ab, aber Ecclestone verpasste seinen Sieg in Brands Hatch, weil er vorzeitig nach Hause fuhr, damit der Regen nicht seinen Anzug und seine italienischen Schuhe ruinierte.

Im gleichen Jahr verkaufte Ecclestone Compton & Ecclestone an Les Crocker, seinen ursprünglichen Arbeitgeber. Innerhalb weniger Monate musste Crocker Konkurs anmelden. Ecclestone erklärte sich bereit, Crockers Überziehungskredit von 25.000 Pfund gegen eine Schuldverschreibung abzuzahlen, der ihm den ersten Zugriff auf alle Vermögenswerte einräumte. Drei Monate später wurde ein Konkursverwalter bestellt. Im Juni 1961 stellte Ecclestone fest, welchen Fehler er begangen hatte. Die Firma schuldete dem Finanzamt 9.700 Pfund, und die Steuerrückstände würden, dem Gesetz zufolge, aus der Konkursmasse bezahlt werden, bevor Ecclestone seine 25.000 Pfund reklamieren konnte. Er revidierte seine Strategie. Nachdem er mit Crocker vereinbart hatte, dass er rechtmäßiger Eigentümer aller Immobilien und allen Bargelds werden würde, entließ er den Konkursverwalter und verkaufte den Ausstellungsraum an seine alten Freunde Victor White und Harry O'Connor.

Die beiden scheiterten ebenfalls, und jetzt gab es außer Ecclestone auch noch andere Gläubiger. Ecclestone verkaufte rasch die Gebäude und Lagerbestände und steckte 6.000 Pfund in die eigene Tasche, bevor BSA Motorcycles, eine große Zulieferfirma, einen Antrag auf Abwicklung von Compton & Ecclestone stellte. Beim Insolvenzverfahren in der Carey Street lernte Ecclestone noch eine Lektion. Zur Verärgerung des Konkursverwalters erschien Victor White, der einen Anzug aus Vikunjawolle trug, zu spät zu dem Nachmittagstermin. Seine Entschuldigung war ehrlich. »Ich hatte Geld im Zwei-Uhr-Rennen gesetzt«, sagte White und blies den Rauch einer großen Zigarre in den Raum, »und ich habe nicht viel Zeit, weil ich gleich ein Flugzeug erwischen muss, um nach St. Moritz zu kommen.« Ecclestone blieb allein zurück und musste mit einem neuen Konkursverwalter verhandeln, der 9.700 Pfund für das Finanzamt von ihm haben wollte und ihn fragte, ob er ein Angebot machen wolle. »Ja, ich gebe Ihnen ein Drittel von dem, was ich schulde«, erwiderte Ecclestone. »Sie verstehen nicht ganz, Mr. Ecclestone. Sie müssen die ganze Summe und zusätzlich ein Bußgeld zahlen. Es geht um die Steuer und einen Aufschlag.« Ecclestone bot weniger als beim ersten Mal. »Wollen Sie mit mir pokern?«, fragte der Konkursverwalter. Ecclestone nickte. »Nun ja«, erwiderte der Konkursverwalter, »ich will nicht mit Ihnen pokern.« Ecclestone war zufrieden. Er dachte, er hätte den Konkursverwalter ausgetrickst und die Steuerschuld wäre vergessen. »Die meisten erfolgreichen Geschäftsleute haben Glück und nutzen die Gelegenheit, die sich ergibt«, beruhigte er sich.

Ecclestones gewachsenes Selbstvertrauen war daran abzulesen, dass er seinen Schneider wechselte. Bisher hatte Reg Cox, der Bruder seines Schulfreunds, seine Anzüge angefertigt. Jetzt ging er zu Edward Sexton in der Savile Row und bestellte maßgeschneiderte Hemden bei Frank Foster. An den meisten Samstagen führte er, perfekt gekleidet, Ivy zum Abendessen in ein Hotel an der Park Lane aus und ging dann mit ihr zu Crockfords, wo er nicht nur gegen andere Autohändler, sondern auch gegen Otto Preminger, Cubby Broccoli, Lord Beaverbrook und einmal auch Lord Lucan Chemmy – Chemin de Fer – spielte. Inzwischen war er bei Crockfords zu einer Berühmtheit geworden – er hatte zwei Fliegen entdeckt, die an der Wand hochkletterten, und darauf gewettet, welche zuerst an der Decke ankam. Wenn er am Sonntag kurz vor Morgengrauen 10.000 Pfund zurücklag, übernahm er die Bank und ging das Risiko ein, entweder seinen Verlust zu verdoppeln oder das Steuer herumzureißen und mit einem Gewinn nach Hause zu gehen. »Wenn man der reichste Mann am Tisch ist«, sagte er gern, »kann man nicht verlieren; und wenn man es sich nicht leisten kann, zu verlieren, spielt man besser nicht.«

Zu denen, die an dem amüsanten, schlagfertigen Spieler bei Crockfords Gefallen fanden, gehörte Eve Taylor, Agentin im Showbusiness und Managerin von Popstars. Taylor empfahl ihren Klienten, den Vorreitern der Swinging Sixties, auf ihren neuen Freund Bernard zu vertrauen, wenn sie sich ein neues Auto zulegen wollten. Und so wurde James Spencer in Bexleyheath die Anlaufadresse für Lulu, Sandie Shaw, den Komponisten John Barry und für Twiggy, die mit ihrem Freund Justin de Villeneuve und einem großen Afghanen erschien. Twiggy verabschiedete sich in einem hellgrünen Lamborghini. Keiner von Taylors Klienten war wichtiger als Adam Faith, der 1959 durch seinen Hit »What Do You Want, if You Don't Want Money?« zum reichen Mann geworden war. Das Popidol fuhr in einem blassblauen Rolls-Royce aus Ecclestones Ausstellungsraum.

Diese Wagen zu verkaufen war Ecclestones Einführung in die neue Aristokratie: Man traf sich im San Lorenzo, einem neuen italienischen Restaurant in Knightsbridge. Mara und Lorenzo, die großzügigen Besitzer, begrüßten neben Ecclestone auch Prinzessin Margaret, Tony Snowdon und eine ganze Reihe weltberühmter Filmstars, Musiker und Schriftsteller. Ecclestone änderte sein Erscheinungsbild. Anstatt sich die Haare mit Brylcreem nach hinten zu kämmen, ließ er sich die Locken über Stirn und Ohren fallen wie die Beatles, die aufstrebende Popgruppe, die ebenfalls in dem Restaurant auftauchte. An den Wochenenden legte er sich einen neuen Kleidungsstil zu: weißes Hemd, dunkle Hose und Mokassins an den Füßen. Ecclestones schneller, trockener Humor und seine mit unbewegter Miene vorgetragenen Scherze fanden Anklang bei den Stammgästen des San Lorenzo.

Der soziale Aufstieg beförderte seinen Hang zum Glücksspiel, und er verbrachte eine zweite Nacht in der Woche – aber diesmal ohne seine Frau Ivy – bei Crockfords, von Donnerstag auf Freitag. Das Spielen war zu einer Leidenschaft geworden, obwohl er nie sein Geschäft oder sein Haus riskiert hätte. Wenn er am Freitagmorgen pünktlich um neun Uhr zur Arbeit erschien, konnte er vor Ann Jones nicht verheimlichen, wie Fortuna ihm mitgespielt hatte. Wenn sein Gesicht angespannt war, wusste Jones, dass sie bis mittags vom Club die Geldsumme genannt bekäme, die zur Deckung seines Verlusts erforderlich war. Während sie einen Scheck über einen Betrag ausstellte, mit dem man ein großes Haus hätte kaufen können, konnte sie Ecclestone unten im Ausstellungsraum mit einem Kunden über die letzten fünf Pfund feilschen hören, die zum Abschluss eines Deals noch fehlten. »Werfen wir doch eine Münze, wer sie bezahlt«, war in der Regel Ecclestones letztes Wort. Und wenn er die Wendeltreppe hochstieg, um Jones den Kaufvertrag aufsetzen zu lassen, flüsterte er ihr zu: »Es geht nicht um das Geld, sondern um den Deal.« Dann kaufte er Ivy einen Nerz, Schmuck oder eine neue Perücke, um einen neuen Streit zu vermeiden. Insgesamt glich Ecclestone seine Verluste bei Crockfords mit einer Reihe von Immobiliengeschäften aus. Seine Geschäftsmethode änderte sich nicht. Wenige Stunden, nachdem er die Strood Motor Company gekauft hatte, den größten Vertragshändler von Leyland-Wagen in Kent, inspizierte er seine Neuerwerbung. Niemand war bei der Arbeit. »Schmeiß sie raus«, befahl er und zeigte auf die Angestellten, die Darts spielten. Nachdem er die Kosten gesenkt und Verbesserungen an dem Gebäude vorgenommen hatte, verkaufte er die Firma innerhalb eines Jahres wieder.

Es gab keine scharfe Trennung zwischen Geschäft und Freundschaft. Ecclestone kam in den Alfa-Romeo-Ausstellungsraum in Surrey, der dem früheren Rennfahrer Roy Salvadori gehörte, und fragte ihn, ob alle Wagen zum Verkauf stünden. »Ja«, erwiderte Salvadori. »Ich gebe dir 52.000 Pfund für alle zusammen.« Salvadori war überrascht und wurde unsicher, als Ecclestone unbedingt eine Antwort von ihm haben wollte. »Reicht es, wenn ich dir einen Scheck gebe?«, wollte er wissen. Salvadori war kurz davor einzuschlagen, als er sich an Ecclestones Geschäftsmethoden erinnerte. Mit Sicherheit hatte er den Wert der ausgestellten Wagen berechnet, bevor er hereingekommen war, und sich einen Preis ausgedacht, der enorm hoch schien, ihm aber einen anständigen Gewinn versprach. Salvadori lehnte das Angebot ab. Als Ecclestone gegangen war, rechnete er den Wert seiner Wagen gewissenhaft aus. Ecclestones Gewinn wäre beträchtlich gewesen.

Als er 1965 nachts »mit jemandem nach Hause fuhr, mit dem ich nicht hätte zusammen sein sollen«, berichtete Ecclestone – »Colleen, eine indische Freundin«, einem guten Bekannten zufolge, der über die häufigen Seitensprünge Ecclestone lächelte – sah er im Vorbeifahren Flammen aus dem James-Spencer-Ausstellungsraum schlagen. Das Gebäude und die Wagen in seinem Innern waren zerstört. »Die Feuerwehr war schon da, und sie hatten den Gutachter von der Feuerversicherung benachrichtigt«, erinnert sich Ecclestone. Was folgte, gehört inzwischen zur Folklore. Ecclestones Rivalen zeichneten später ein Szenario, in dem die Ruinen morgens früh um acht Uhr geräumt waren und Ecclestone in einer vor Morgengrauen angelieferten Portakabin saß und am Telefon eine Reihe von Wagen verkaufte, die nachts vor dem Gebäude gestanden hatten. In ihrem Szenario bezahlte Ecclestones Versicherung für den Wiederaufbau eines schäbigen Vorkriegsgebäudes als modernes, strahlendes, weißes Autokaufhaus. Die Zyniker vergaßen, dass das Gebäude fünf Jahre vorher modernisiert worden war. In Wirklichkeit sahen Ann Jones und andere Zeugen, wie Ecclestone »mit den Tränen kämpfte«, als er über die qualmenden Trümmer kletterte und die Metalltreppe zu seinem Büro hochstieg, wo er drei Plastikklumpen – gelb, cremefarben und rot – vorfand, die Überbleibsel seiner Telefone. Sein Versicherungsmakler gab ihm zu verstehen, dass die Gebrauchtwagen im hinteren Bereich des Ausstellungsraums, die dem von einem Kurzschluss ausgelösten Brand zum Opfer gefallen waren, nicht ersetzt werden könnten. »Versicherungen sind ein einziger Riesenschwindel«, sagte Ecclestone zu Ann

Jones, die die unversehrten Betriebsbücher aus dem Safe holte. Während der ersten vier Tage zogen Ecclestone und seine Angestellten in ein leeres Haus neben dem ausgebrannten Gebäude, wo sie orangefarbene Kisten als Tische und Stühle benutzten. Dann wurde eine Portakabin geliefert, das Grundstück wurde geräumt, und das Geschäft konnte weitergehen. Aber der Wiederaufbau mit identischer Gestaltung und den gleichen Materialien nahm mehrere Monate in Anspruch. Die neuesten Telefone von Trimline ersetzten die Vorgängerapparate. »Wenn Sie die neuen an die Wand werfen, Mr. Ecclestone«, warnte ihn der Telefontechniker, »gibt es keinen Ersatz. Die sind echt knapp.«

In diesem Jahr hielt Ecclestone besonders wenig von der Idee, Weihnachten zu feiern. Er war verärgert, dass seine Mitarbeiter ein Weihnachtsessen im lokalen Pub arrangiert hatten, und wartete im Ausstellungsraum auf ihre Rückkehr. »Sie sind zu nichts zu gebrauchen«, sagte er zu Jones, als sie die Wendeltreppe hochgestiegen kam. Er hätte das Geschäft gerne am ersten Weihnachtstag geöffnet. Die Stimmung in seinem neuesten Haus an der Melcot Road war nicht so toll. Ivy und er hatten sich auseinandergelebt, sie hatten keine gemeinsamen Interessen. Ivy konnte mit seinem Lebensstil nicht mithalten und verbrachte ihre Zeit damit, einkaufen zu gehen und sich über seinen Perfektionismus zu Hause – manche bezeichneten es als fixe Idee – zu beklagen. Außerdem hatte er den Verdacht, sie habe ein Verhältnis mit einem Elektriker aus der Nachbarschaft.

»Diese Chinesin hat ein Auge auf mich geworfen«, bemerkte Ecclestone an einem Freitagmorgen im Jahr 1967 zu Ann Jones. Bei einem Abendessen für Stammgäste im Crockfords am Tag zuvor hatte er Tuana Tan, eine sympathische Singapurerin, und ihren amerikanischen Ehemann kennengelernt. Die attraktive Frau war am 7. Dezember 1941 geboren worden, an dem Tag, als die Japaner Pearl Harbor bombardierten, und in einer wohlhabenden Familie aufgewachsen. Während Tuanas Mann am Würfeltisch stand, spielten sie und Ecclestone Chemin de Fer. Sie war 1961 nach London gekommen, um Kunst zu studieren, und unzufrieden mit ihrer einjährigen Ehe. Manche hielten Tuana für still, andere verwiesen auf ihre Fügsamkeit.

Tuana Tan passte zu Ecclestone. Sie war intelligent, fürsorglich, anspruchslos und, verglichen mit Ivy, kultiviert. Außerdem hatte sie nichts gegen seine eigentlichen Interessen einzuwenden – das Geschäft und das Geldverdienen. Auch bedeuteten seine mangelnde Leidenschaftlichkeit und sein Perfektionismus kein Problem für sie. Ein Jahr lang trafen sie sich heimlich in London, bis Ecclestone eines Abends nach Hause kam und von Ivy erfuhr, dass Tuanas Mann angerufen hatte. Ivy und der Amerikaner stellten fest, dass sie beide nicht wussten, wo sich ihre Ehepartner aufhielten. »Bernie hat eine Affäre mit Tuana«, teilte der Mann Ivy mit. Als Ecclestone ins Haus kam, sang Engelbert Humperdinck gerade ›Please Release Me‹ in der BBC-Sendung ›Top of the Pops‹. »Ich muss mit Dir reden«, sagte Ecclestone, als sie in den Schaukelstühlen vor dem Fernseher saßen. »Ich werde Dich verlassen.« Ivy schien nicht gerade schockiert zu sein. Seine letzte Affäre mit einer Kellnerin, während sie im Krankenhaus gelegen hatte, hatte selbst sie entsetzt, die sie an die Untreue ihres Mannes bereits gewöhnt war. Seine letzte Geschäftsreise nach Jersey war in Wahrheit »schmutziges Geschäft« mit Tuana gewesen. »Aber wir sollten uns nicht scheiden lassen«, sagte Ecclestone. »Du willst immer alles auf einmal haben«, antwortete Ivy, die seine Eifersucht kannte und sich bewusst war, wie sehr er Erniedrigungen verabscheute. Doch Ecclestone schlug nur vor, gemeinsam schlafen zu gehen. »Lass mich bloß in Ruhe«, blaffte Ivy zurück und verzog sich in ein anderes Zimmer, um sich Pläne für die Scheidung zurechtzulegen, die langwierig und schwierig werden sollte. Das Hauptproblem war das Schicksal ihrer zwölfjährigen Tochter Debbie, doch als er sich schließlich zu einer angemessenen Alimentezahlung bereit fand, wurden die notwendigen Absprachen hierzu schnell getroffen. Mit einem einzigen Koffer in der Hand verließ er das Haus.

Sein neues Leben mit Tuana Tan schlug keine hohen Wellen. Die zurückhaltende Frau war aufmerksam, auf orientalische Weise unterwürfig, und sie fügte sich zufrieden Ecclestone als ihrem Herrn und Meister und kümmerte sich um ihn und ihr neues Heim in Chislehurst. Wieder einmal entkernte und erneuerte er ein Haus und ließ einen Wasserfall in den Garten einbauen. Ohne viel Aufhebens kochte sie seine Mahlzeiten, legte ihm die Sachen zum Anziehen bereit und drückte ihm sogar morgens die Zahnpasta auf die Zahnbürste. »Ich bin seine kleine Maus«, sagte sie fröhlich. »Ich mache alles perfekt für ihn.« Das Einzige, was nicht so perfekt war, waren ihre Telefonnotizen. Viele Leute riefen an, und anstatt den Anrufern gegenüber zuzugeben, dass sie sie nicht verstand, schrieb sie lieber unsinniges Zeug auf. »Nichts als Stroh im Kopf«, fluchte Ecclestone, als er nach Hause kam. So sehr ihm die Unberechenbarkeit der Arbeit gefiel, so wenig änderte sich seine häusliche Routine. Wenn er das Haus betrat, machte er zuerst seine Schuhe sauber, dann zog er die Vorhänge gerade, richtete Bilder und Nippsachen rechtwinklig aus und setzte sich schließlich hin, zufrieden, dass alle Teile seiner privaten Welt in vollkommenem Einklang waren. Wie viel Stress er auch haben mochte, er brachte nie irgendwelche Probleme zur Sprache. Es gab wenig Liebesbeweise, von Geschenken abgesehen – und Verlegenheit, falls sie erwidert wurden. Er war der Starke, aber Gefühle wurden verschwiegen außer Debbie gegenüber, die häufig zu Besuch kam und enge Freundschaft mit Tuana schloss.

Ecclestone führte ein nettes Leben. Des öfteren nahm er sich einen Wagen aus dem Ausstellungsraum, häufig einen Rolls-Royce, und brauste – obwohl er kaum übers Lenkrad schauen konnte – mit Tuana an seiner Seite zu Crockfords, wobei er eine ziemlich aggressive Fahrweise an den Tag legte. Manchmal fuhren sie nach einem Abend beim Greyhound-Rennen oder einem Eishockeyspiel auch zum Beaverwood an der A20, einem teuren Nachtclub mit Dinner und Dancing. Im ersten Stock hatte Johnny Humphries, ein Buchmacher, dessen Geschäftspartner Tony Morris Ecclestones bester Freund war, ein Casino aufgemacht. Die Clique mochte Tuana – im Gegensatz zu Ivy –, und ihnen fiel auf, dass Ecclestone entspannter geworden war. Seine Beziehungen zu Männern waren intensiv, vor allem die zu Jochen Rindt, einem deutschen Rennfahrer, der häufiger Gast in seinem neuen Heim wurde.

3 EMBRYO

1966 brach Ecclestone die selbst auferlegte Sperre und engagierte sich wieder im Rennsport. Er schob die trübe Stimmung, in die er nach Stuart Lewis-Evans' Tod verfallen war, beiseite und reiste mit Roy Salvadori und John Cooper nach Mexiko, um sich den Grand Prix anzusehen und das Nachtleben der Hauptstadt auszukosten. Kurz vor dem Rennen hatte Cooper die Nase voll. Seine Cooper-Maserati waren unzuverlässig, und der Deutsche Jochen Rindt, der einen der Wagen fahren sollte, wollte kein unnötiges Risiko eingehen. Ecclestone erklärte sich bereit, Mexiko-Stadt nach einem Ersatz-Kühler abzusuchen, aber der Wagen blieb nach der Hälfte des Rennens liegen. John Surtees gewann in einem anderen Cooper. Im nächsten Jahr begleitete Ecclestone Rindt zu den europäischen Rennstrecken und teilte seine wachsende Enttäuschung. Trotz der Versuche von Ecclestone und Salvadori, den Cooper zu verbessern, konnte Rindt viele Rennen nicht zu Ende fahren. »Du nimmst die Wagen hart ran«, beklagte sich Ecclestone, »und der Cooper verträgt das nicht.« Ecclestone und Rindt waren, vereinigt durch ihren Misserfolg, während endloser Partien Gin Rummy und Backgammon um kleine Einsätze enge Freunde geworden. Ecclestones Pragmatismus besänftigte den Kummer des Deutschen, und während sie in den Tagen vor Rindts erfolgloser Teilnahme am Grand Prix von Südafrika Karten spielten, hatten sie sich darauf geeinigt, dass Ecclestone sein Berater in Geschäftsdingen sein würde. Ecclestones erster Vorschlag war, dass Rindt zu Brabham wechseln solle, einem von zwei Australiern gegründeten Rennstall – dem Formel-1-Weltmeister Jack Brabham und dem Rennwagen-Konstrukteur Ron

Tauranac. Zu den wenigen, die Rindt von Cooper zu Brabham folgten, gehörte Ron Dennis, ein junger Mechaniker.

Ecclestone und Rindt waren unzertrennlich geworden. Der schweigsame Kettenraucher Rindt kam häufig in das Haus von Ecclestone und Tuana und wartete in der Küche darauf, dass »Bernie«, wie er seinen Freund umgetauft hatte, zurückkam und mit ihm eine neue Marathonpartie Gin Rummy begann. Rindt, der eine in der Carnaby Street gekaufte Schlaghose, ein Hemd mit Blumenmuster und handgefertigte Schuhe trug, sprach ein abgehacktes Englisch, das mit Kraftausdrücken gespickt war. Er war 1942 in Deutschland geboren, aber mit einem Jahr zu seinen Großeltern nach Graz gezogen, nachdem seine Eltern bei einem Fliegerangriff der Alliierten ums Leben gekommen waren. Der Waise betrachtete Ecclestone als älteren Bruder, dessen Loyalität und Ratschläge ihre Beziehung festigten. Rindt hatte sogar darauf bestanden, dass Ecclestone und Tuana ihn auf seiner Hochzeitsreise mit seiner Frau Nina nach Mexiko begleiteten. Die beiden Männer spielten von mittags bis zur Abenddämmerung Gin Rummy am Strand. Auf der Rennstrecke bildeten sie ein Team gegen Jackie Stewart. 1968 nahm Rindt in der Hackordnung um die Weltmeisterschaft einen unteren Platz ein, und der Schotte Stewart brüskierte Ecclestone, indem er in diesem Jahr Zweiter wurde. Tuana hatte die Kränkung bemerkt: »Das wird Bernard nie vergessen. Er hat das Gedächtnis eines Elefanten.«

Herbie Blash, der Ingenieur von Brabham, bediente sich aller Regeln seiner Kunst, um Rindt gewinnen zu helfen: Er veränderte das Gewicht des Wagens und verdrehte die Flügel kaum merklich, um die Aerodynamik des Boliden zu verbessern. Die geheimen Veränderungen reichten nicht aus. Potenzielle Siege wurden durch spuckende Motoren verschenkt. Brabhams große Zeit war vorüber. Rindt, der eine Weltmeisterschaft gewinnen wollte, bevor er sich aus dem Rennbetrieb zurückzog, um sich mit Ecclestone in verschiedenen Geschäftsunternehmen zusammenzutun, bekam die Chance angeboten, 1969 neben Graham Hill, dem amtierenden Weltmeister, einen der siegreichen Lotuswagen Colin Chapmans zu fahren.

Colin Chapman war ein Visionär. Jedes seit Mitte der 1960er Jahre hergestellte Auto verdankte seinen innovativen Ideen etwas Besonderes in punkto Design, Materialien oder Aufhängung. Aber Chapmans Konstruktionen waren risikobehaftet. Die Reduzierung des Gewichts und die aerodynamischen Basteleien, die der Erhöhung der Geschwindigkeit dienten, hatten die Lotuswagen noch anfälliger gemacht. Die Furcht vor unerwarteten Gefahren hatte Jackie Stewart im gleichen Jahr davon abgehalten, Chapmans Angebot zu akzeptieren. Für ein höheres Gehalt hätte er von Ken Tyrrells Rennstall wechseln und den Platz Jim Clarks einnehmen sollen. Der Formel-1-Weltmeister war im April 1968 in einem Lotus tödlich verunglückt. Rindt war dennoch bereit, das Risiko einzugehen. Ecclestone führte die Verhandlungen für Rindts Vertrag, warnte ihn aber ausdrücklich: »Chapmans Wagen sind nicht so sicher wie die von Jack, aber mit ihnen hast du eine bessere Chance, Weltmeister zu werden.«

Um höhere Geschwindigkeiten zu erzielen, experimentierte Chapman mit Heckflügeln, die den Wagen auf den Boden drückten, damit die Reifen die Kraft des Motors besser umsetzen konnten. Seine Fahrer bezahlten den Preis dafür. 1969 verunglückten sowohl Rindt als auch Graham Hill beim spanischen Grand Prix, nachdem die hoch montierten Flügel an ihren Wagen eingeknickt waren. Rindt trug eine gebrochene Nase und eine Gehirnerschütterung davon, Hill blieb unverletzt. Beide Fahrer gaben Chapmans Experimentierfreude die Schuld. Um Chapman vor Rindts rustikalem Englisch zu bewahren, spielte Ecclestone vom spanischen Krankenhaus aus den Vermittler. Verärgert machte Chapman einen Rückzieher, und die neuen Flügel wurden für die verbleibenden neun Rennen der Saison aufgegeben. Im Verlauf ihrer hitzigen Verhandlungen fiel Ecclestone auf, welche Prioritäten Chapman hatte. Seine von einer ansteckenden Begeisterung überdeckte Rücksichtslosigkeit brachte ihm allgemein Anerkennung ein, obwohl für ihn der Profit, den Lotus einbrachte, im Vordergrund stand. Ungeniert betrieb Chapman das Rennen als Geschäft – die Freude am Sieg war ein Bonus für ihn. Ecclestone überprüfte Chapmans wirtschaftliches Modell. Er stellte fest, dass seine Einkünfte durch Preis-

und Antrittsgelder von den Rennstreckenbesitzern zwar erheblich waren. Doch das eigentliche Potenzial steckte in dem, was er durch die Firmen einnahm, die Sprit, Reifen und Bremsen umsonst zur Verfügung stellten und in den Medien mit ihrer Verbindung zum Erfolg von Lotus warben. Die interessanteste Summe waren 100.000 Pfund für Chapmans Zustimmung, die Karosserie seiner Fahrzeuge mit den Worten »Imperial Tobacco« zu bekleben und damit Esso als Sponsor abzulösen. Dies sollte der Beginn einer langen Beziehung zwischen Tabak und Formel 1 sein.

Kein anderer Teambesitzer war derart auf Geld konzentriert wie Chapman. Neben der Buhlerei um die finanzielle Unterstützung der Rennstrecken und Ausrüster drehte sich das Leben seiner Konkurrenten vor allem um das aufregende Leben auf großem Fuß und die Reisen, gefolgt vom Nervenkitzel des Wettbewerbs. Während er mit Rindt durch Europa flog, wurde Ecclestone wieder einmal von der Atmosphäre gepackt. Er befand sich in Gesellschaft mehrerer lebender Legenden, darunter Jackie Stewart, Graham Hill und Piers Courage, ein gut aussehender, charmanter Engländer, und genoss es, den Wagemut und das Können dieser unkonventionellen Clique an der Seite ihrer schönen Frauen – Helen Stewart, Sally Courage und Nina Rindt – mitzuerleben.

Weil Ecclestone selbst Rennen gefahren war, konnte er Jochen Rindts Leistung nachvollziehen, wenn dieser mit überhöhter Geschwindigkeit durch scharfe Kurven fuhr, entweder Rad an Rad mit dem Wagen eines Kontrahenten oder durch Sekundenbruchteile und Zentimeter von ihm getrennt. Die schweißüberströmten Fahrer, vom Motorenlärm fast taub und von den Unebenheiten der Strecke und der harten Federung gebeutelt, mussten unentwegt Entscheidungen treffen, von denen ihr Leben abhing. Ihr Kampfgeist und ihre Entschlossenheit bestimmten ihre Rangordnung, entschieden, wer der Beste und der Schnellste war. Die ganze Zeit über war Rindt, dessen Wagen die leichteste Karosserie mit einem leistungsstarken Motor verband, von Chapmans Genialität abhängig davon, Gewicht und Spannungen der einzelnen Komponenten richtig aufeinander abzustimmen. Nur ein kleiner Fehlerspielraum markierte den Unterschied zwischen einer Tragödie und dem Zauber der geschwenkten karierten Flagge und des Rampenlichts auf dem Podium.

In den vier Monaten nach seinem Unfall in Spanien errang Rindt mehrfach die wertvolle Poleposition im Zeittraining, nur um im anschließenden Rennen zuzusehen, wie Jackie Stewart den Sieg nach Hause fuhr. In Monza gewann Stewart mit weniger als einer Zehntelsekunde Vorsprung vor Rindt, der den Spieß vier Wochen später umdrehte. In einem spannenden Rennen in Watkins Glen in den Vereinigten Staaten schlug Rindt die britischen Fahrer aus dem Feld und gewann seinen ersten Grand Prix. Sein Rennstallgefährte Graham Hill dagegen hatte einen Unfall, bei dem er sich beide Beine brach. Weil Hill damit auch für das nächste Jahr aus dem Rennen war, galt Rindt als möglicher Weltmeister der Saison 1970. Ecclestone wusste, dass dies der Moment war, mit Chapman einen neuen Vertrag für Rindt auszuhandeln.

Während der untätigen Wintermonate planten Ecclestone und Rindt ihre berufliche Zukunft. Der in der Schweiz ansässige Rindt hatte den Wert erkannt, der sich mit dem Verkauf von Markensportbekleidung erzielen ließ. Sie kamen überein, Jochen Rindt Racing zu gründen, ein Formel-2-Team, mit dem für verschiedene Artikel geworben werden sollte. Luc Jean Argand, ein von Rindt engagierter Schweizer Rechtsanwalt, erhielt den Auftrag, die juristischen Formalitäten zu erledigen. Während dieser Wochen arbeiteten sie begeistert miteinander, und ihre Beziehung wurde intensiver. Ecclestone gefiel Rindts »Humor, und sein Gefühl für Späße machte ihn zu einem wunderbaren Kumpel.« Rindt fühlte sich wiederum zu dem Engländer hingezogen, weil der ihn selbstlos unterstützte und ihn dadurch in seiner Leidenschaft bestärkte, Weltmeister zu werden.

Die Rennsaison 1970 war von Beginn an durch Unfälle und Begräbnisse gekennzeichnet. Zu den berühmten Opfern gehörten Bruce McLaren, der als Erster getötet wurde, als er in England einen neuen Wagen testete, und Piers Courage, der beim Großen Preis der Niederlande in Zandvoort nach einem Unfall in seinem Wagen verbrannte. »Es herrschte völlige Verzweiflung«, bekannte Frank Williams, der nach dem Verlust seines Freundes auch noch befürchten musste, mit seinem Rennstall bankrott zu gehen.

Rindt traf im September mit Ecclestone in Monza ein. Mittlerweile hatte er nach einem enttäuschenden Saisonstart spektakulär in Monaco gewonnen und in neun Rennen insgesamt fünf Siege herausgefahren. Er war auf dem besten Weg, Weltmeister zu werden. Beide waren begeistert von der Rennstrecke, die nicht weit von der Ferrari-Fabrik entfernt lag. Die Italiener sind leidenschaftliche Grand-Prix-Anhänger, und die lärmenden Zuschauer bestärkten Rindt in seinem Siegeswillen. Nachdem er einige schnelle Trainingsrunden zurückgelegt hatte, sagte Rindt zu Ecclestone, bevor er an den Startplatz fuhr: »Ich werde die Weltmeisterschaft gewinnen und mich dann zur Ruhe setzen.« Ecclestone sagte nichts, als der Freund seinen Lotus, der mit einer ungewöhnlichen Reifenkonstruktion und einem neuen Bremssystem ausgestattet war, über die Strecke jagte und mit 330 Stundenkilometern einen neuen Rekord aufstellte. Auf der gegenüberliegenden Seite des Kurses, die Ecclestone nicht einsehen konnte, verlor Rindt am Eingang der Parabolicakurve die Kontrolle über den Wagen. Er prallte gegen eine Leitplanke und drehte sich mehrfach. Rindt, der sich nicht richtig angeschnallt hatte, rutschte im auseinanderbrechenden Wagen nach vorn, bis seine Füße ins Freie ragten. Ecclestone hatte im Fahrerlager nichts vom Unfall seines Freundes mitbekommen. Ohne die Übertragung durch Fernsehkameras merkten die Zuschauer erst, dass etwas nicht stimmte, wenn der Geräuschpegel sank und ein Wagen nicht auftauchte. Dann begann das nervenaufreibende Warten auf die Nachricht, was passiert und wer das Opfer war. »Jochen ist von der Strecke abgekommen«, wurde mitgeteilt.

Jackie Stewart war einer der Ersten, die am Unfallort ankamen. Zu seinem Entsetzen lag Rindts Leiche bereits hinten in einem Rettungswagen. Ein paar Meter entfernt saß Nina Rindt niedergeschlagen im Gras. »Ich habe Dinge gesehen, die kein Mensch sehen sollte«, sagte Stewart später. »Es war alles so erbärmlich.« Hinter ihm durchbrach Ecclestone die Polizeiabsperrung und rannte an der Strecke entlang auf den Pulk zu, den die Funktionäre, Fotografen und Zuschauer bildeten. Als er ankam, war der Rettungswagen unterwegs zum Krankenhaus. In Italien war es niemandem gestattet, auf der Rennstrecke zu »sterben«, damit das Rennen nicht abgesagt wurde. »Ist er okay?«, fragte Ecclestone. Im Motorsport fragt niemand: »Ist er noch am Leben?« Der Ausdruck auf den Gesichtern der Umstehenden war ihm Antwort genug. Ecclestone hob Rindts Helm vom Boden auf und schaute zu, wie das Wrack seines Wagens an den Boxen vorbeigeschleppt wurde. Am Pressegebäude gab es immer noch keine offizielle Bekanntgabe, aber ein Funktionär fuhr sich mit der Hand über die Kehle, als er Ecclestone sah: »*E morte*«, sagte er, »er ist tot.« Teilnahmslos und emotional erschöpft fuhr Ecclestone mit Nina zum Krankenhaus. Chapman, der einen Schock erlitten hatte, wartete dort. Peter Warr, der Manager des Lotus-Teams, kam aus dem OP zu ihnen, um die Nachricht zu bestätigen. Die Sanitäter an der Rennstrecke hatten Rindts Schicksal besiegelt, sagte er, indem »sie auf sein Herz einschlugen, und dabei ist seine Aorta gerissen!« Ecclestone ging in das Zimmer, in das man seinen Freund geschoben hatte, um ihn zum letzten Mal zu sehen. »Ein tapferer Mann. Er war einer von den Jungs«, war sein enthusiastischer Nachruf. Um eine polizeiliche Untersuchung mit automatischer Inhaftierung zu vermeiden, verließ Chapman Italien sofort auf dem Luftweg. Ecclestone blieb zurück, um aufzuräumen. Unfälle waren, wie er wusste, Teil des Spektakels, mit dem man Zuschauer zu den Rennen lockte. Der Tod zog die Rührseligen an, und selbst die hatten Rindts Schicksal am nächsten Tag vergessen. Fröhliche Italiener füllten die Tribünen und sahen zu, wie Ferrari das Rennen für sich entschied, das ideale Ergebnis für die Zuschauer in Monza. Unter großem Jubel sollte Rindt einen Monat später nach dem vorletzten Rennen der Saison als erster und bis heute einziger Fahrer die Formel-1-Weltmeisterschaft posthum gewinnen.

Ecclestone kehrte in einem Trancezustand nach England zurück. Seit dem schmerzlichen Verlust von Lewis-Evans hatte er engere Freundschaften mit Rennfahrern vermieden, weil er wusste, dass nur einer von drei Formel-1-Fahrern einen ernsten Unfall überleben würde. Seine Beziehung zu Jochen Rindt hatte diese Regel durchbrochen, und dafür musste er jetzt büßen. Zuerst ging er zu einem Gedenkgottesdienst für Piers Courage, und dann flog er nach Graz zur Beerdigung Rindts. Bei seiner Rückkehr nach Hause fühlte er sich nicht wohl. Er zitterte am ganzen Körper, hatte Fieber und musste sich ins Bett legen. Der Arzt, der sich seiner Diagnose nicht sicher war, kam zu dem Schluss, dass sein Patient an Angstzuständen litt, die der Tod seines Freundes ausgelöst hatte.

»Als Jochen ums Leben kam«, sagte Ecclestone, »war das eine schreckliche Zeit für mich. Ich war mit vielen Männern befreundet, die getötet wurden, aber Jochens Tod war ein solcher Schock für mich, dass ich es nicht beschreiben kann.« Unter diesen extrem Bedingungen offenbarte der Spieler unerwartete Emotionen. Von Trauer und, wie manche vermuteten, Schuldgefühlen überwältigt, war er kurz davor, dem Rennbetrieb völlig aufzugeben. Am Ende überwogen die Verlockungen die Qualen, aber die Wirkung, die Rindts Tod auf ihn hatte, war Anlass genug für ihn, in Zukunft engen Freundschaften mit Formel-1-Fahrern aus dem Weg zu gehen.

Mit 40 Jahren war Ecclestone an einem Scheideweg angelangt. Tuana beklagte sich, sie sei es leid, mit Bauarbeitern und Innenarchitekten zusammenzuleben. Jedes Mal, wenn Bernard ein Haus auseinandergenommen und wieder zusammengebaut hatte, kam ein anderer Autohändler vorbei, bot ihm einen guten Preis, und sie zogen ein weiteres Mal um. Ecclestone schien nicht bereit, sich ein Nest zu bauen. Sein Büro war sein Zuhause. Manche hielten seine Ruhelosigkeit für »traurig«, andere nannten ihn »dysfunktional«. Möglicherweise betrachtete er Häuser als Kapitalanlage, weil er daheim keine Kinder hatte. Auch wenn er es nicht als Lücke begriff – ein Sohn hätte den Kreis vielleicht geschlossen. Sein fieberhaftes Tempo war Ersatz für einen natürlichen Gefährten, einen Jungen, mit dem er gemeinsam an Motoren herumbasteln konnte oder den er in den Rennbetrieb hätte einführen können – genau das, was er so gerne mit Sidney getan hatte. Auch als er mit Tuana in ein Haus mit sieben Schlafzimmern in Farnborough Park in Kent umzog, bedeutete das nur eine Verbesserung seiner Lebensumstände und legte seiner Rastlosigkeit keine Zügel an. Sein neues Heim war von mehr als zehn Hektar Waldland umgeben, und die Hauptattraktion war ein großer See, der mit Barschen und goldenen Alanden gefüllt war. Freunde und sein inzwischen 70 Jahre alter Vater waren eingeladen, mit Angelruten zu fischen, die in einem Haus am Seeufer aufbewahrt wurden – jeder gefangene Fisch musste allerdings wieder ins Wasser geworfen werden. In einem Haus daneben standen ein Snookertisch in Turniergröße und Zwinger für zwei Bulldoggen, von denen eine Oddjob hieß. Seine Pläne, den Wald als Bauland zu erschließen, wurden von der Kommune abgeschmettert. Derweil waren andere Unternehmungen erfolgreicher.

Ecclestone entdeckte, dass man mit Sportflugzeugen gute Geschäfte machen konnte. Er kaufte und verkaufte, oft für Bargeld, Zweisitzer, und sorgte mit seinen Methoden aus der Warren Street für manche Überraschung. Chris Marshall, ein Kaufmann aus Southampton, hatte in einer Kleinanzeige in der Zeitschrift *Flight* eine zweisitzige Tripacer Piper für 3.750 Pfund angeboten. Ecclestone rief ihn an und bot ihm 3.500, falls Marshall das Flugzeug nach Biggin Hill brachte. Als er ankam, war Ecclestone nicht am Flughafen, aber Marshall ließ sich überreden, zu Ecclestones Ausstellungsraum in Bexleyheath zu fahren. Während Ecclestone vergeblich versuchte, Marshall dazu zu bringen, ein paar Wagen in Zahlung zu nehmen, zeigte einer seiner Mitarbeiter am Flugplatz die Maschine einem potenziellen Käufer. Als ein Telefonanruf von Biggin Hill bestätigte, dass der Handel abgeschlossen war, erklärte Ecclestone sich bereit, Marshall das Flugzeug abzukaufen. Sauer darüber, dass Marshall sich weigerte, auch nur einen Wagen zu kaufen, warf er ihm den Scheck vor die Füße und weigerte sich, ihm ein Taxi zu rufen. »Warum?«, fragte Marshall. »Weil Sie ein verdammter Trottel sind«, erwiderte Ecclestone. Seine Schroffheit, von der viele ein Lied singen konnten, geriet erst im Dezember 1971 in den Blickpunkt der Öffentlichkeit.

In diesem Monat, zehn Jahre, nachdem er es abgelehnt hatte, die Steuerrückstände der Firma Compton & Ecclestone zu bezahlen, und als er annahm, die Geschichte sei längst vergessen, erreichte die Klage des Finanzamts auf Zahlung von 9.700 Pfund plus Kosten und Zinsen schließlich den Hohen Gerichtshof. Richter Goff beschrieb Ecclestones Verhalten gegenüber dem Konkursverwalter als »völlig außergewöhnlich … Die Dokumente selbst und das außergerichtliche Eingeständnis schreien geradezu nach einer Erklärung … und [Mr. Ecclestone] lässt sich nicht dazu herab, eine zu liefern.« Der Richter entschied, dass Ecclestone gegen das Gesellschaftsrecht verstoßen habe. Ecclestone war verärgert. 30 Jahre später sollte er in der Überzeugung, das Urteil werde nie veröffentlicht, darauf bestehen, dass er auf den Rat seiner Anwälte und seines Steuerberaters gehandelt hätte und ihm unfairerweise eine gesalzene Rechnung präsentiert worden sei.

Entschuldigungen und Erklärungen tauchten in Ecclestones Vokabular nicht auf. In der Welt der Händler wurden Strafen gezahlt und Gauner zur Revanche übers Ohr gehauen – allerdings galt dies nicht immer für Ecclestone. Bei einem wöchentlichen Mittagessen erzählte ihm John Young, ein Konkurrent aus Süd-London, dass er der verheulten Witwe von Pedro Rodriguez, einem mexikanischen Fahrer, der am 11. Juli 1971 mit einem Ferrari in Deutschland tödlich verunglückt war, einen silbernen Bentley abgekauft habe. »Weißt du, Bernie, ich glaube, dass ich dir vor einiger Zeit genau diesen Wagen geliehen habe, und du hast ihn verkauft.« »Stimmt«, gab Ecclestone zur Antwort. »Es ist nur so«, fuhr Young fort, »dass 23.000 Meilen auf dem Tachometer standen, als du mir den Wagen weggenommen hast, und jetzt sind es 14.000. Du alter Halunke.« Unbeeindruckt antwortete Ecclestone: »Ich dachte, das hättest du vergessen. Na ja, mach dir keine Sorgen. Sieh zu, wie du damit zurechtkommst, und wenn du einen Verlust machst, ruf mich an.« John Coombs, ein anderer Gebrauchtwagenhändler aus Süd-London, erzählte: »Bernie, dem habe ich mal einen neuen Jaguar angeboten, der nur 800 Meilen gefahren worden war. Kein Interesse, meinte er. Und auf meine Frage, warum nicht, hat er gesagt, weil er bei dem Auto keinen Spielraum hätte.« Es lohnte sich schlicht nicht, den Tacho zu manipulieren. Diese Unverfrorenheit war ein Indiz für Ecclestones Überdruss am Autohandel. Er brauchte eine neue Herausforderung und ein neues Leben. Trotz der seelischen Erschütterung durch Rindts Tod war seine Leidenschaft für Autorennen nicht zu unterdrücken. Er war so reich, dass er einen Versuch finanzieren konnte, die Formel-1-Weltmeisterschaft zu gewinnen. Und sein Mittel zum Zweck, beschloss er, würde Brabham sein, das Team, dem Rindt den Rücken gekehrt hatte.

Jack Brabham hatte im März 1970 den Großen Preis von Südafrika gewonnen, das erste Rennen der Saison, aber es sollte sein letzter Sieg in der Formel 1 bleiben – zweimal, in Monte Carlo und Brands Hatch, wurde er kurz vor dem Ziel von Jochen Rindt abgefangen. Am Ende des Jahres 1970 zog Brabham sich mit 44 Jahren aus dem Rennsport und nach Australien zurück, und Ron Tauranac tat sich als alleiniger Inhaber der Dachgesellschaft Motor Racing Developments schwer. Ron Dennis, sein Chefmechaniker, hatte Brabham verlassen, um sein eigenes Rennteam zu begründen. Goodyear, der Hauptsponsor, wollte in der neuen Saison McLaren unterstützen, und Graham Hill verhandelte über eine Rückkehr als Spitzenfahrer. Tauranac, der ein ausgezeichneter Ingenieur, aber ein empfindlicher Zeitgenosse war, brauchte einen Partner für die wirtschaftliche Seite des Unternehmens, und Ecclestone bot sich an.

Die Verhandlungen zwischen Ecclestone und Tauranac begannen schon 1970. Ecclestone schlug eine Partnerschaft vor, was Tauranac zurückwies, der lieber verkaufen wollte, um sich wieder einzukaufen, wenn Ecclestone erfolgreich war. Zum Zeitpunkt von Rindts Tod waren sie noch zu keiner Einigung gekommen. 1971 bot Ecclestone Tauranac an, Brabham komplett zu kaufen und ihn als Geschäftsführer einzustellen. Sie verständigten sich auf einen Kaufpreis in Höhe des addierten Werts der Aktiva. Sorgfältig vervollständigte Tauranac seine Berechnungen und teilte Ecclestone mit, dass sich die Summe der Anlagewerte auf 130.000 Pfund belaufe. In der naiven Annahme, seine Bewertung würde akzeptiert, begann Tauranac, das Geld auszugeben. Ecclestone wartete bis zum letzten Moment, als er den Australier bei den Anwälten traf, um den Vertrag zu unterschreiben, und eröffnete ihm, dass er seine Einschätzung nicht teile: »Ich glaube, alles zusammen ist nicht mehr als 100.000 Pfund wert.« »Aber wir hatten doch mündlich vereinbart, dass der Verkaufspreis dem Wert der Aktiva entspricht«, sagte Tauranac entrüstet und wies darauf hin, dass er zwei Rennwagen und fünf Motoren verkaufte. »Nun ja, das kann ja alles Mögliche heißen«, erwiderte Ecclestone, als wolle er damit andeuten, dass Tauranacs angeblich unabhängige Bewertung mit Fehlern behaftet sei. »Wenn Sie meine Bewertung für falsch halten, lassen Sie doch noch eine korrekte anstellen.«

Ecclestones Verhandlungsstil war vernichtend. Weil er wusste, dass Tauranac Verpflichtungen eingegangen war, spielte er die Bedeutung des Verkaufs herunter. »Wir können den Verkauf abblasen, wenn Sie wollen«, sagte Ecclestone. »Ich muss mir die Sache noch mal durch den Kopf gehen lassen«, gab Tauranac zur Antwort. »Ich bin mir nämlich nicht mehr sicher, ob ich verkaufen will.« »Das liegt ganz bei Ihnen«, säuselte Ecclestone. Nach ein paar Minuten akzeptierte Tauranac die Kürzung. »Niemand hat ihm gesagt, er müsste das durchziehen«, behauptete Ecclestone später. »Niemand hat ihn zu irgendwas gedrängt.« Tauranac räumte ein, dass er sich in geschäftlichen Dingen nicht auskannte, und erklärte: »Geschäftsleute gehen nun mal so vor. Die Entscheidung lag bei mir.« Ecclestone war kein Wohlfahrtsunternehmen. »Bernie hat Brabham für einen Apfel und ein Ei bekommen«, sagten seine Freunde lachend, als sie die Geschichte bei ihrem regelmäßigen Samstagsmorgenkaffee im Queens Café neben der Bond Street hörten. Ecclestone war für ein Almosen Mitglied der Formel-1-Bruderschaft geworden. »Der Kauf von Brabham«, sagte er später, »das war so, als hätte ich all meine Geburtstage auf einmal gehabt … Ich habe den Rennsport einfach im Blut. Ich bin verrückt danach.«

Das erste Opfer war Tauranac. Ecclestone konnte keine andere Beziehung ertragen als die zwischen Herr und Knecht. In Ecclestones Welt entschied er sein Schicksal selbst, ohne dass andere ihm reinredeten. Sein Vorschlag, dass Tauranac als Geschäftsführer fungieren solle, wurde ignoriert. »Ich richte mich in geschäftlichen Dingen nicht nach der Meinung anderer Leute«, sagte Ecclestone. »Ich schmeiße Leute raus, die eine Meinung äußern.« An seinem ersten Tag als Eigentümer kam Ecclestone in die Werkstatt in Weybridge in Surrey, nahm mit einem Blick die schmuddeligen Blechhütten, den miefigen Schlendrian und die amateurhafte Einstellung der Angestellten zur Kenntnis. »Alle sind entbehrlich«, ver-

kündete Ecclestone, »aber *ich* werfe sie *nicht* raus.« Sein Steuerberater Brian Shepherd bekam den Auftrag, Tauranac an den Rand
zu drängen. »Sie kommen ohne mich nicht aus«, protestierte Tauranac. »Wir werden es versuchen müssen«, erklärte Ecclestone
zwinkernd. »Andere bei Brabham wollen, dass er geht«, gab Ecclestone ungerührt bekannt und erzwang Tauranacs Abgang im
nächsten Jahr. »Er war festgefahren in seinen Ideen.«

Gordon Murray, ein hochgewachsener jüngerer Konstrukteur
aus Südafrika, galt als einziger Angestellter, den es zu behalten
lohnte. Ecclestone konnte seinen arbeitssüchtigen Ehrgeiz geradezu riechen, seinen Hunger auf Erfindungen und kostenbewusste
Improvisation. Der Rest des Konstruktionsteams wurde entlassen.
»Ich will einen ganz neuen Wagen. Einen, der 1973 gewinnt«, sagte
er zu Murray. »Es hängt ganz von Ihnen ab.« Der ideale Angestellte
für Ecclestone war eifrig und talentiert. Colin Seeley, ein 35-jähri-
ger früherer britischer Motorrad-Champion, erfüllte diese Anfor-
derung. Seeley hatte Ecclestone Ende 1970 kennengelernt, als er
im James-Spencer-Ausstellungsraum einen Ford Capri kaufte.
Obwohl er Motorräder an Weltmeisterschaftsfahrer verkaufte, litten die Umsätze seines Betriebs für Rennmotorräder unter den
japanischen Importen. Er war Ecclestone dankbar dafür, dass er
versuchte, John Player & Co, den Zigarettenhersteller, als Sponsor
für Seeleys Motorräder zu gewinnen. Auch wenn Ecclestones Versuch fehlschlug, erkannte er in Seeley einen ehrlichen, hart arbei-
tenden Ingenieur, der Tauranac ersetzen konnte. Er schlug vor, dass
Brabham und Seeleys Motorräder fusionierten, wobei Colin Seeley
die Rolle des Geschäftsführers von Motor Racing Developments
übernehmen und Ecclestone genug Geld einschießen sollte, um
Seeleys Betrieb zu retten. Eine Einigung wurde schnell erreicht, und
die Partner erschienen zusammen in Weybridge. Ecclestone stellte
sich auf eine Kiste, stellte Seeley vor und bat den nicht besonders
wortgewandten Ingenieur um eine Ansprache. Nachdem Seeley
stotternd ein paar Worte herausgebracht hatte, zerstreute sich die
Belegschaft.

Ecclestones wahrer Charakter, den bislang nur sein Vater, Ann
Jones und eine Handvoll Mechaniker bei James Spencer erlebt hat-

ten, kam zum Vorschein. »Ich habe einen ausgeprägten Ordnungs-
sinn«, sagte er. »Ich mag es, wenn die Dinge in hübschen Schachteln
stecken, damit ich weiß, wo alles ist, und wer in jeder Schachtel das
Sagen hat.« Bewegungsfreiheit und offene Fertigungshallen erga-
ben seiner Meinung nach Chaos. Er schuf sofort Abhilfe. Türen
wurden eingebaut und Trennwände aus Porenblocksteinen installiert, damit der Bewegungsablauf geordnet vor sich ging. Schmutz,
Fett, Plakate und Abfall wurden ausgemerzt und durch weiße
Farbe und weiße Fliesen ersetzt. Sogar die Brabham-Wagen wurden statt dunkelgrün weiß gespritzt. Werkzeugkästen wurden
dunkelblau gestrichen und auf seine Anweisungen hin auf jeder
Werkbank an die gleiche Stelle gesetzt. »Hat irgendjemand damit
ein Problem?«, fragte er scharf. Sein Ziel war, den Gegenwert für
sein Geld zu erhalten, und er tolerierte nichts außer harter Arbeit
und Perfektion. Obwohl er reich *war*, würde er weder Ungehor-
sam noch Verschwendung dulden. Entschuldigungen wurden nicht
akzeptiert. Gerne erschreckte er seine Angestellten mit Wutausbrüchen. Dreckspritzer auf seinem Wagen oder offene Bürotüren riefen seinen Zorn hervor. Wenn Telefone während Sitzungen klingel-
ten, konnte ihn das dazu bringen, die Apparate durch das Zimmer
zu werfen. Als er eine Putzfrau an einem Münztelefon entdeckte,
riss er das Gerät von der Wand. Seine Verärgerung machte vor der
Werkstatt nicht Halt. Als Ecclestone erblickte, wie ein Mechaniker
eine Werkbank beschädigte, zerstörte er den Scheinwerfer am
Wagen des Mechanikers mit einem Tritt. Als ihm die Qualität der
Karosserie für den Brabham nicht gefiel, sah Murray, wie sein
Arbeitgeber auf dem Metall herumtrampelte, bis es kaputt war.
Niemand wagte es, sich über seine nächtlichen Telefonanrufe zu
beschweren, bei denen es um kleine Details ging. Die Ungewissheit
erregte keinen Zorn, sondern Ehrfurcht. »Okay, gehen wir Mittagessen«, verkündete er am Ende einer Schimpftirade. Bei seiner
Rückkehr nach einem Bier und einem Sandwich in fröhlicher
Runde konnte er schnell wieder wütend werden. »Halt die Klappe
oder verpiss dich«, sagte er zu Keith Greene, einem Teamleiter, der
sich über den ungeheuren Druck bei der Vorbereitung der Wagen
für ein Rennen beklagte. Selbst Greenes Bitte um eine Gehaltserhö-

hung von zehn Pfund pro Woche für die Überstunden wurde abgewehrt. »Ich werde drüber nachdenken«, sagte Ecclestone wiederholt, bis Greene aufgab.

Wenige durften sich unentbehrlich fühlen, und das galt auch für Seeley. Er arbeitete 18 Stunden am Tag, kümmerte sich um die Produktion seiner Motorräder in seiner eigenen Fertigungsstätte in Belvedere im Nordosten Londons, fuhr dann über die Themse, um sich mit Ecclestone in Bexleyheath zu treffen, und schließlich in westlicher Richtung zum Brabham-Betrieb, wobei er insgesamt mehr als 160 Kilometer auf schmalen Straßen zurücklegte. Im Gegensatz dazu suchte sich Ecclestone nur einmal pro Woche einen Rolls-Royce oder einen Sportwagen aus seinem Ausstellungsraum, um dem Brabham-Betrieb einen Besuch abzustatten. Innerhalb weniger Monate hatten sich seine Illusionen hinsichtlich seiner Vereinbarung mit Seeley verflüchtigt. Obwohl der Motorrad-Weltmeister Barry Sheene auf Seeleys Maschinen Rennen in der britischen und der Europameisterschaft gewann, erwies sich Ecclestones Investition in Höhe von 4.252 Pfund als unzureichend. Auch bei Brabham wuchsen die Schulden. Die jährlichen Kosten von 80.000 Pfund würden kaum von den Einkünften aus den Rennen gedeckt werden und sein eigenes Einkommen aufbrauchen. In seinem eigenen Interesse musste die Formel 1 vom Zeitvertreib eines reichen Mannes in ein lukratives Unternehmen verwandelt werden.

Als Eigentümer von Brabham war Ecclestone automatisch Mitglied der Formula One Constructors Association (F1CA), des Clubs, der 1963 von Colin Chapman organisiert worden war, damit die britischen Teams ihre Wagen gemeinsam zu den Rennen transportieren konnten. Ecclestones Ankunft bei seiner ersten Sitzung 1971 im Excelsior Hotel in Heathrow war geheimnisumwittert. Die Inhaber und Repräsentanten der neun anderen Teams hatten keine Erklärung dafür, wieso Ecclestone Brabham hatte kaufen können. Die Ungewissheit wurde durch Ecclestones Zurückhaltung, Auskunft über seine finanziellen Verhältnisse zu geben, und eine gewisse Servilität bestärkt, die in seiner Bereitschaft lag, den Tee einzuschenken. Ecclestone dagegen war neugierig. Er musterte die

Versammlung in dem kargen Konferenzraum und erkannte eine Gruppe von Exzentrikern, die ihr Interesse am Rennsport vereinte, die aber sonst nichts miteinander gemeinsam hatten. Während er ihrem Gespräch zuhörte, wurde ihm klar, dass sie nicht bereit waren, eine andere Meinung in Erwägung zu ziehen als ihre eigene. In einer Gruppe, die sich im Erfolg sonnte, gab es keine Zweifel. Britischer Einfallsreichtum hatte die traditionellen Sieger der 1950er Jahre – Ferrari, Maserati, Alfa Romeo und Mercedes-Benz – desavouiert. Am Steuer eines Vanwall hatte Stirling Moss 1957 beim britischen Grand Prix die Vorherrschaft der kontinentaleuropäischen Hersteller geknackt. Während der Folgejahre konfrontierten die revolutionären Konstruktionen von Charles Cooper, Jack Brabham und Colin Chapman die Europäer nicht nur mit besseren Fahrzeugen, sondern auch mit geschickteren Fahrern. Nach 1958 hatte Lotus eine Siegessträhne von sieben Weltmeisterschaften. Enzo Ferrari, der Großmeister der Formel 1, hatte sich im Zorn über die englischen »garagistes« lustig gemacht – womit er Chapman, Frank Williams und Ken Tyrrell meinte. Im Gegensatz zu den europäischen Teams und ihren Beziehungen zu den großen Autoproduzenten – Ferrari war Teil des Fiat-Konzerns – waren die Briten frühere Mechaniker oder Motor-Enthusiasten, die sich selbst finanzierten. Das beförderte ihre Kreativität, aber perpetuierte ihre wirtschaftliche Schwäche. Im Rückblick erkannte Ecclestone sein Glück. Die Wahl des richtigen Zeitpunkts, wie alle erfolgreichen Geschäftsleute bestätigen, ist entscheidend. Er war genau in dem Moment auf der Bildfläche erschienen, als die britischen Teams verwundbar waren.

Die wachsenden Zuschauerzahlen, die vom spannenden Wettbewerb auf den Rennstrecken angezogen wurden, hatten die Gewinne der Organisatoren ansteigen lassen. Trotzdem befanden sich fast alle britischen Teams am Rande des Bankrotts. Jeder Rennstall verhandelte sein Antrittsgeld direkt mit den elf Rennstreckenbesitzern – acht in Europa, der Rest in Südafrika und Amerika –, aber die Differenz zwischen Einnahmen und Kosten war erdrückend. Bei dem Gerangel ums Geld – die Gesamtsumme der Preisgelder überstieg nie 10.000 Dollar – bekam Enzo Ferrari, die Hauptattraktion, das höchste Startgeld vor jedem Rennen in bar, während die anderen Teams, die nur ein paar hundert Pfund erhielten, sehen konnten, wo sie blieben, weil die Zahlungen entweder mit Verspätung erfolgten oder gelegentlich ganz vergessen wurden. Ecclestone bot Andrew Ferguson, dem Beauftragten Chapmans, an, ihm bei der Geschäftsführung der F1CA in einem Cottage auf seinem Anwesen außerhalb von Norwich zu helfen.

Bei seinem ersten Besuch begriff er, wo das Problem lag. Während sie ihre Reise nach Montreal planten, schlug Ecclestone vor: »Sagen Sie den Organisatoren, dass sie auf ihre Kosten auch 25 Mietwagen für die Teams bereitstellen sollen.« »Oh, das können wir nicht machen«, antwortete Ferguson. »Das haben wir noch nie gemacht.« Eine derartige Inkompetenz war unheilbar, wie Ecclestone wusste. »Das treibt mich zum Wahnsinn«, dachte er und machte beim nächsten F1CA-Treffen einen Vorschlag, wie die Teams mehr verdienen konnten. Statt getrennte Verhandlungen mit elf Rennorganisatoren zu führen, schlug er vor, sollte ein Bevollmächtigter der F1CA die Startgelder für alle Mitglieder aushandeln und gleichzeitig billigere Transportmöglichkeiten für die Wagen und die Teams organisieren. Seine Zuhörer waren einverstanden. »Nun gut, warum soll es nicht einer von uns sein?«, fragte Ecclestone. Ausdruckslose Gesichter starrten ihn an. Keiner seiner Konkurrenten war interessiert. »Na ja, dann mache ich es eben«, sagte Ecclestone, der den Eindruck erweckte, er brächte ein Opfer. »Aber ich will ein Honorar dafür haben.« Colin Chapman erwartete, Ecclestone würde zehn Prozent verlangen, und war daher angenehm überrascht, als dieser von zwei Prozent sprach. Sein Vorschlag wurde einstimmig angenommen, obwohl Peter Warr, der das Protokoll führte, sich daran erinnerte, vier Prozent geschrieben zu haben, und Brian Shepherd, der Ecclestones Bücher prüfte, von einer Provision in Höhe von sieben Prozent gelesen haben will. In welcher Form die Bücher der F1CA in jenen frühen Tagen zur Vorlage kamen, würde sich im Nebel der Geschichte verlieren, aber ein wichtiger Punkt wurde nie vergessen: Ecclestone hatte angeboten, die ganze Arbeit zu machen, und die anderen waren einverstanden gewesen, dafür eine Provision zu bezahlen.

Zu denen, die im Excelsior um den Tisch herum saßen, gehörte Max Mosley, der 31-jährige Mitinhaber des Rennwagenherstellers March-Engineering, der das Unternehmen 1969 mit drei Freunden gegründet hatte. In ihrem ersten Jahr hatten sie zehn Wagen verkauft, davon zwei an Ken Tyrrell, einen bekannten Rennfahrer und Rennstallbesitzer. Zum Ärger der seit langem eingeführten Teams waren die March-Wagen in diesem Jahr die schnellsten. Mosley war selbst seit 1964 Rennen gefahren. Obwohl er Ecclestone bereits 1968 an der Seite Jochen Rindts bei Formel-1-Rennen gesehen hatte, nahm Ecclestone ihn erst bei seinem ersten F1CA-Treffen richtig zur Kenntnis. Sie verstanden sich auf Anhieb. Wie Ecclestone konnte Mosley das gegenseitige Misstrauen, das zwischen den Teams herrschte, und ihr schlechtes Benehmen nicht verstehen. Ecclestone stach in Mosleys Augen als jemand hervor, »dem man ansehen konnte, dass er begriffen hatte, worum es im Leben geht.« Ecclestone, der nur eine ungefähre Ahnung von Mosleys Herkunft hatte, war erfreut, einen offensichtlichen Verbündeten gefunden zu haben, der seinen Interessen dienlich war. Eine Gemeinsamkeit der beiden war ihre Konfliktbereitschaft. Wenn es darum ging, voranzukommen, ergriff jeder ungeduldig die nächstbeste Gelegenheit zum Kampf.

Mosleys Mutter, Diana Mitford, war die schöne, intelligente Frau Oswald Mosleys, eines unternehmungslustigen Abgeordneten der Konservativen und später der Labour Party, der schließlich 1932 zur extremen Rechten überwechselte und die British Union of Fascists gründete. Als er Mitford 1936 in Berlin im Haus von Joseph Goebbels heiratete, gehörte Adolf Hitler zu den Gästen. Mosley verwandelte sich schnell in einen radikalen pronazistischen Agitator. Nur zehn Wochen nach der Geburt ihres Sohns Max im April 1940 wurde seine Mutter wie zuvor ihr Mann als gefährliche Nazi-Sympathisantin interniert, und Max wohnte mit einer Kinderfrau in der Nähe des Gefängnisses. Nach dem Krieg verließen die Mosleys England und erzogen ihren Sohn in Irland, Frankreich und Deutschland. 1958 kehrte Max mehrsprachig und kultiviert nach England zurück, um in Oxford Physik zu studieren, wo er zum Sekretär der Union gewählt wurde. Während seiner Zeit in

Oxford ging er mit seiner zukünftigen Frau Jean, der er mit 17 auf einer Londoner Party begegnet war und die er drei Jahre später heiratete, nach Silverstone und wurde ein enthusiastischer Anhänger des Motorsports. Als er Ecclestone kennenlernte, war Max Mosley klar, dass Marchs Überleben ohne eine bessere Organisation und eine sichere finanzielle Grundlage gefährdet war.

Auf mehreren Reisen durch Europa erkannten beide, dass der Dachverband des Automobilsports, die FIA mit Sitz in Genf, den britischen Formel-1-Teams gegenüber voreingenommen war. Unter Zustimmung der FIA favorisierte die Formel 1 die europäischen Teams, vor allem Ferrari, während die britischen als Ballast angesehen wurden. Weniger offensichtlich, aber viel wichtiger war, wie eine von Ecclestone besorgte Bilanzaufstellung der FIA enthüllte, welche enormen Gewinne die Rennstreckenbesitzer machten. Die Teams erhielten rund 10.000 Dollar pro Rennen, aber die Organisatoren konnten sich mehr als 100.000 Dollar gutschreiben. Sie waren clever genug, ihre Interessen zu schützen, indem sie jedes Team verpflichteten, die Bedingungen ihrer jeweiligen Verträge nicht offenzulegen. Ecclestone entdeckte, dass die britischen Teams ihre Rennteilnahme praktisch selbst finanzierten. Ecclestones Plan zufolge war entscheidend, dass die F1CA-Teams ihr Vertragsverhältnis mit den elf Rennstrecken so schnell wie möglich auf eine neue Basis stellten. Eines Abends während der heißen Verhandlungsphase traf Ecclestone zu spät in Mosleys Haus an der Gloucester Road ein.

»Was ist passiert?«, fragte Mosley verwundert, weil Ecclestone normalerweise pünktlich war. »Ich hatte einen Autounfall«, antwortete Ecclestone trocken, womit er sich auf ein ernstes Ereignis bezog. Die Unterschiede zwischen ihnen und ihre sich ergänzenden Talente wurden offensichtlich. »Dein Problem ist«, wie Ecclestone Mosley erklärte, »dass du die Dinge immer absolut eindeutig haben möchtest, und manchmal ist es besser, wenn die Dinge nicht eindeutig sind.« Ecclestones Gerissenheit bestand darin, Schwächen auszunutzen, sowohl die der anderen Teamleiter als auch die der Rennstreckenbesitzer. Mosley sah ein, dass Gebrauchtwagenhändler in einer besonderen Welt agierten: »Selbst die Ehrlichen unter ihnen nahmen noch das Radio heraus.« Bei der Aufteilung der Aufgabenbereiche beschloss Mosley: »Bernie kann sich um die Lügen kümmern.«

Während sie mit einer zweimotorigen Beagle Bulldog – eine von mehreren, die Ecclestone von einem Konkursverwalter gekauft hatte – durch Europa flogen, nutzte er die Gelegenheit, Mosley eine davon für 10.000 Pfund zu verkaufen. »Es ist ein wunderschönes Flugzeug«, sagte Mosley später zu Ecclestone, »aber es kann nicht fliegen, und ich kann mir nicht leisten, es flugtauglich machen zu lassen.« Ecclestone, der so unbußfertig und gleichgültig wie immer war, wies ihn darauf hin: »Wenigstens hast du nicht viel für Sprit bezahlen müssen.« Bis zum Herbst 1971 hatte Ecclestone verbesserte Bedingungen mit den Rennstrecken und den Frachtunternehmen ausgehandelt. Der nächste Schritt bestand darin, mit Regierungen zu verhandeln.

Ende 1971 flog eine Gruppe von argentinischen Offizieren nach London, um sich mit Ecclestone und Mosley im Excelsior zu treffen. Argentinien wurde von einer Militärjunta regiert, und um ihre internationale Glaubwürdigkeit zu erhöhen, wollten die Generäle, dass das Formel-1-Rennen wie üblich im kommenden Januar stattfand. Eine Einigung wurde schnell erreicht. Elf Teams flogen nach Buenos Aires, darunter zwei von Ecclestones eigenen Wagen und drei March-Modelle Mosleys, und als Ecclestone ankam, hatte er zwei Ziele vor Augen: dass Brabham das Rennen gewann und dass er selbst sein Organisationstalent unter Beweis stellte.

»Macht euch keine Sorgen wegen des Geldes«, sagte er zu den Teambesitzern, die fürchteten, dass Devisenbeschränkungen den Transfer argentinischer Pesos nach Europa verhindern würden. »Ich habe alles arrangiert«, erklärte er und versprach, in London stünden Gelder zur Verfügung im Ausgleich für gesperrte Konten in Argentinien. Die Vereinbarung gab dem amüsanten Märchen Nahrung, das in der Renngemeinde kursierte, wonach Ecclestone 200 Bankkonten in der ganzen Welt kontrollierte und genau wusste, wie viel Geld sich auf jedem einzelnen befand.

In den Boxen erwies er sich als furchtlos. Als er erfuhr, dass es zwischen seinen beiden Fahrern Graham Hill und Carlos Reutemann wegen der Auswahl der Motoren zu Spannungen gekommen war, rief er die beiden Rennfahrer zu sich. »So, ich will keine Streitereien mehr haben. Wir werden jetzt ein für allemal festlegen, wer dieses Jahr welchen Motor nimmt. Okay?« Ecclestone warf eine Münze und forderte die Fahrer auf, sich zu entscheiden. Keiner der beiden Fahrer gewann bei diesem Rennen einen Punkt.

Als der Grand-Prix-Zirkus im März 1972 Kyalami bei Johannesburg für den Großen Preis von Südafrika erreichte, beherrschte Ecclestone die Logistik und hatte Lust, ein gutes Geschäft in die Wege zu leiten. Er wusste, das finanzielle Risiko war beträchtlich, aber sein Versuch, die anderen Teams davon zu überzeugen, dass sie gemeinsam mit ihm in eine Firma investieren sollten, um ihre Interessen voranzubringen, löste eine einhellige Reaktion aus: »Nein, mach du das.« Nachdem er mit Cazaly Mills, einer Speditionsfirma, die er später mit Ron Shaw kaufen würde, einen guten Preis ausgehandelt hatte, bestellte er die Teams zu einem Treffen im Ranch Hotel, um seinen Plan vorzustellen. »Ich garantiere euch ein besseres Abkommen mit den Rennorganisatoren«, sagte er und schob jedem der Teambesitzer eine Mappe zu, in der er sein Angebot skizzierte, beim Transport ihrer Wagen durch die ganze Welt Kosten zu sparen und für ein garantiertes Einkommen bei jedem Grand Prix zu sorgen. Im Gegenzug würden die Teams ihm vertraglich das Recht einräumen, in ihrem Auftrag zu verhandeln. Die Zustimmung der Teams würde seine Provision auf vier Prozent des Preisgeldes erhöhen. Keiner der am Tisch Sitzenden bezweifelte Ecclestones Ernsthaftigkeit. Niemand erhob Einwände. Einstimmig bekundeten die Teambesitzer, dass sie sein Angebot akzeptierten. Niemand würde fragen, ob er sich eine zusätzliche Provision von den Transportkosten in die Tasche steckte oder etwa von jeder Rennstrecke finanzielle Zuwendungen erwartete. Für sie war es eine doppelte Erleichterung, in der Saison 1973 nicht mehr 15 verschiedene Antrittsgelder aushandeln zu müssen und dass die Transportkosten für Wagen und Menschen niedriger waren. Sie konnten sich auf die Rennen, aufs Gewinnen und den Spaß konzentrieren. »Ich hatte keine Strategie«, sollte Ecclestone später zugeben, »weil ich nicht wusste, was passieren würde. Ich bin einfach ein hohes Risiko eingegangen.«

Um seinen Arbeitsablauf zu verbessern, ersetzte er Andrew Ferguson durch Peter Macintosh, einen ehemaligen RAF-Soldaten, und gab seiner Sekretärin Ann Jones den Auftrag, das Geld für die Teams einzutreiben und an sie auszuzahlen. Die Unterschriften der Teambesitzer auf einer knappen Vereinbarung, die Ecclestone das Vertretungsrecht übertrug, bedeuteten einen bemerkenswerten Erfolg für den Newcomer. Ecclestone konnte die F1CA von einem Club in eine Firma umwandeln. Erstaunlicherweise gab es keine Konkurrenten.

Vier Wochen später machte Ecclestone den Vorschlag, dass die Teams zu einem Rennen in Brasilien antreten sollten. Er hatte einen Vertrag mit der Rennstrecke ausgehandelt und als Sponsor Rede Globo, den brasilianischen Fernsehsender, gewonnen. Weil die Veranstaltung nicht von der FIA als Teil der Formel 1 genehmigt worden war, erklärten sich die F1CA-Teams unter der Bedingung zur Teilnahme bereit, dass Ecclestone die Bezahlung garantierte. Während die Teams mit ihren Wagen im Frachtbereich von Heathrow warteten, war Mosley in São Paulo, um die Zahlung der Fernsehgesellschaft sicherzustellen. Sein Bericht an Ecclestone war entmutigend. Der Betrag, sagte Mosley, würde erst nach dem Rennen aus den Eintrittsgeldern der Zuschauer bestritten werden. Es bestand also die Möglichkeit, dass sie aufs Kreuz gelegt würden. »Okay, wir machen uns auf den Weg«, verkündete Ecclestone. Der Spieler ging das Risiko ein. Die Teams bestiegen mit ihren Wagen und der Ausrüstung das gecharterte Flugzeug und waren Ecclestone dankbar dafür, dass er alles arrangiert hatte. Colin Chapman, Ken Tyrrell und Frank Williams verbündeten sich mit Ecclestone, als handele es sich bei der Formel 1 um ein Familienunternehmen.

Als sie den Atlantik überflogen, unterbrach Williams Ecclestone und Teddy Mayer, den Teamchef von McLaren, die unentwegt Backgammon spielten, und bat um ein Darlehen. Der ehemalige Mechaniker und Lebensmittelhändler, der seine ersten Rennen in einem Austin A35 gefahren war und seine Firma von einer Telefonzelle in der Nähe seiner Werkstatt aus führte, hatte Ecclestone im

Restaurant San Lorenzo kennengelernt. Er war damals mit Piers Courage gekommen, mit dem er zusammen wohnte, während Ecclestone von Jochen Rindt begleitet wurde. Weil Williams sich ihren Lebensstil nicht leisten konnte, »drückte er sich am Rand herum«, und dass er finanzielle Schwierigkeiten hatte, war kein Geheimnis. In Brasilien würde er Bargeld in einem braunen Umschlag bekommen, aber in der Zwischenzeit brauchte er etwas zur Überbrückung. Ecclestone warf die Würfel und erklärte sich zur Gewährung des Darlehens bereit; als Sicherheit akzeptierte er einen Motor.

Das Rennen war für die Teams und die Brasilianer ein Erfolg. Ecclestone kassierte das Geld des Fernsehsenders in bar, und die Teamleiter steckten es sich in ihre Aktenkoffer. Unzufrieden mit der neuen Entwicklung waren nur die Grand-Prix-Oberen in ihren Hochburgen Paris und Monte Carlo. Ecclestone ging es bei seinen Verhandlungen mit den Rennstreckenbesitzern darum, den Organisatoren die Kontrolle über die Formel 1 zu entreißen. Seine Absicht war es, den Sport innerhalb weniger Monate umzugestalten. Michel Boeri, der Organisator des Grand Prix von Monaco, war besonders aufgebracht. Mit Unterstützung der FIA plante Boeri den Gegenangriff. Um zu beweisen, dass die Rennstrecken und nicht die Teams den Sport kontrollierten, kündigte Boeri an, die Zahl der Wagen, die in Monaco an den Start gehen durften, auf 16 zu reduzieren. Mosley arrangierte ein Treffen mit Boeri in Madrid, um einen Waffenstillstand auszuhandeln, und kam mit der Zusicherung zurück, dass 26 Wagen teilnehmen könnten. Kurz nachdem die englischen Teams in dem Fürstentum eingetroffen waren, änderte Boeri seine Meinung. Das Rennen würde auf 22 Wagen beschränkt, sagte er. Nach Rücksprache mit den Teams teilte Mosley Boeri mit, das Rennen würde boykottiert, wenn er nicht zu seinem Wort stünde. Im Gegenzug beschlagnahmte die monegassische Polizei die Wagen der F1CA, indem sie die Garagentüren mit Vorhängeschlössern versah. Die Situation war festgefahren. Keines der Teams erklärte sich zur Teilnahme bereit, bevor nicht 26 Zulassungen erteilt waren, und inzwischen trafen die ersten Zuschauer ein. Aufgeregt offerierte Boeri mündliche Zusicherungen, aber

Ecclestone lehnte ab. Ohne 26 unterschriebene Dokumente gebe es kein Rennen. Boeri kapitulierte. Mit der schriftlichen Zusage in der Hand ging Ecclestone in die Garage, setzte sich ins Cockpit seines Brabham und löste die Handbremse. Er kam mit den Füßen nicht an die Pedale heran, als der Wagen zur Startaufstellung geschoben wurde, und deshalb rollte ein Rad über den Fuß eines Polizisten. Er lächelte den wütenden Beamten freundlich an.

Der Erfolg machte ihm Mut. Ecclestone war den Beweis angetreten, dass er nicht nur effizient war, sondern auch seiner Verpflichtung nachkam, die Interessen der Teams im Auge zu behalten. Chapman, Williams und Mayer stellten bei ihren Zusammenkünften fest, dass Ecclestone jede Forderung in unleserlicher Handschrift auf gelbe Klebezettel notierte und versprach, für Lösungen zu sorgen. Mit ihrer Unterstützung begann Ecclestone höhere Antrittsgelder von den Organisatoren zu fordern. Die europäischen Rennstrecken zahlten den kleineren Teams 15.000 Pfund. Ecclestone erhöhte diese Summe auf 150.000 Dollar für jedes Rennen in Europa, und mehr für außereuropäische Rennen wegen der höheren Kosten. Die F1CA würde das Geld verteilen, sagte er. Die Rennstreckenbesitzer behaupteten, das festgelegte Einkommen durch die Eintrittskarten mache höhere Zahlungen unmöglich. Um festzustellen, welche Strategie die Gegenseite verfolgte, schlug Ecclestone mitten in Verhandlungen mit den Rennstreckenbesitzern in Heathrow eine Pause vor, damit die Parteien ihre Position überdenken könnten. »Wir warten hier drinnen auf Sie«, sagte Ecclestone, damit die anderen den Raum verließen. Sobald sie draußen waren, stürzte er sich auf den Papierkorb, um nachzusehen, welche Botschaften sie sich während der Diskussion zugeschoben hatten. Zu Beginn der Saison 1973 hatten alle 15 Rennstrecken Vereinbarungen mit der F1CA getroffen – mit unterschiedlichen Ergebnissen. Drei außereuropäische Strecken – Argentinien, Südafrika und Brasilien – hatten sich bereit erklärt, 110.000 Dollar zu zahlen. In Europa hatten die Rennstrecken ihr Angebot auf 56.000 Dollar erhöht. Nicht alle warfen einen Gewinn ab. Eine Teilnahme am Rennen in Watkins Glen außerhalb von New York wäre mit einem Verlust verbunden, aber das sagte Ecclestone den Teamchefs nicht.

Es wäre ihnen egal, wie er wusste. »Sie wollen das Risiko nicht eingehen«, sagte er zu Mosley. Da die Teams seiner Organisation vertrauten und er für die Verteilung des Geldes verantwortlich war, entwickelte er eine komplizierte Formel, bei der nicht nur die Position im eigentlichen Rennen, sondern auch in den Übungsrunden, der Platz in der Startaufstellung, die Ergebnisse in den vergangenen Jahren sowie der Umstand berücksichtigt wurde, ob ein Wagen das Rennen beendete oder nicht. Die Sitzungen der F1CA waren ernst geworden.

Um seine Glaubwürdigkeit bei den Organisatoren und Sponsoren zu untermauern, wollte Ecclestone ihre Befürchtung zerstreuen, einzelne Teams könnten in letzter Minute ihre Teilnahme absagen und so für Unmut unter den Zuschauern sorgen.

Daher wollte Ecclestone mit seinem eigenen Geld garantieren, dass alle 18 F1CA-Wagen bei jedem Rennen an den Start gingen. Diese Zusicherung vertraglich zu verankern, so begriff er, würde die Machtlosigkeit der FIA übertrumpfen, eine Teilnahme zu erzwingen. Bei einer F1CA-Sitzung im Jahr 1973 beschrieb er seinen Plan und nannte die Geldstrafen für jedes Team, das vertragsbrüchig werden sollte. Weil er einen Protest erwartete, begann er direkt im Anschluss Witze zu erzählen und von etwas völlig anderem zu sprechen. Als die Teamchefs verwirrt und uneins waren, führte er seinen Plan weiter aus. »Wie viel werden wir kriegen?«, fragten die Teamchefs, die das finanzielle Interesse Ecclestones näher bestimmen wollten. Aber völlige Offenheit war nicht Ecclestones Sache. Um seine Zuhörer abzulenken, wandte er sich wieder einem anderen Thema zu und wartete, dass Frank Williams ihm beisprang.

Williams war, als Gebrauchtwagenhändler, der über seine Verhältnisse lebte, ein zuverlässiger Verbündeter. Er lieh sich häufiger 5.000 Pfund von Ecclestone und zahlte sie zum vereinbarten Zeitpunkt zurück, doch kürzlich hatte er direkt gefragt: »Kannst du mir jetzt 8.000 Pfund leihen?« Wenig später erfuhr Ecclestone zu seiner Belustigung, dass man Williams beim Einkauf teurer Kaschmirpullover gesehen habe. Aber 1973 war Schluss für Ecclestone. Williams hatte ein Darlehen nicht zurückgezahlt, das er mit einem Motor abgesichert hatte. »Bernies Boys« – zwei Typen aus dem Eastend, die man in der Warren Street kannte – wurden losgeschickt, um den Motor sicherzustellen. Ecclestone unterstützte seine Freunde loyal, aber seine Großzügigkeit ging nicht so weit, dass er gegen seine eigenen Interessen handelte. Also zahlte Williams das Darlehen zurück, und der Kreislauf begann von neuem. Im Gegenzug erwartete Ecclestone natürlich, dass Williams ihn notfalls bei den F1CA-Sitzungen unterstützte, und er brauchte seine Stimme, um die Garantie gegenüber den Rennstreckenbesitzern aussprechen zu können. Jede Entscheidung musste einstimmig erfolgen.

Ecclestones schärfster Kritiker war Ken Tyrrell, ein hoch gewachsener, misstrauischer Holzhändler, der bei einer früheren Gelegenheit auf den Konferenztisch gesprungen war, um Ecclestone einzuschüchtern. »Ich werf dich aus dem Fenster, wenn du nicht mit dem Scheiß aufhörst«, sagte Ecclestone feixend zu dem größeren Mann. Am Ende bestätigten die Teamchefs, erschöpft von der Auseinandersetzung, Ecclestones Plan, falls dieser ihnen eine Einkommensgarantie ausstellte. Erleichtert verließen alle fluchtartig das Hotel. Im Lauf der nächsten Stunden begriffen die Teamchefs jeder für sich, dass Ecclestone wieder mal gewonnen hatte, aber unter dem Strich zogen sie es vor, dass er die Verhandlungen führte und das finanzielle Risiko einging. Es gab keinen Grund, sich einer Erhöhung seiner Provision auf acht Prozent zu widersetzen.

Der Erfolg brachte auch Feinde mit sich. Henri Treu, ein autoritärer niederländischer Funktionär der FIA, startete, von französischen und deutschen Mitgliedern ermutigt, einen Gegenangriff. Er suchte sich Mitstreiter im Royal Automobile Club (RAC), wo er ein empfängliches Publikum vorfand. Die englische Blazer-und-Sherry-Brigade, die Bannerträger des Konservatismus, waren ebenfalls der Meinung, dass Ecclestones Autorität gestutzt werden sollte. »Der RAC ist ein Gentleman-Club ohne Gentlemen«, stellte Ecclestone fest und ignorierte ihre Proteste. Als Nächstes bot Treu den Teams Geld, wenn sie sich von Ecclestone trennten. Alle, bis auf Graham Hill, erteilten ihm eine Abfuhr. Hill, der Ecclestone nicht leiden konnte, hatte Brabham verlassen und fuhr unter seinem

Namen mit einer Tabakfirma als Sponsor, ohne der F1CA angegliedert zu sein.

Seit Hills Weggang hatte Ecclestone das Brabham-Team neu organisiert. Von Colin Chapman hatte er gelernt, wie man aus Motor, Karosserie, Reifen und Rennstrategie eine harmonische Mischung machte, und deshalb ermutigte er Gordon Murray, den Wagen neu zu gestalten, während er sich um die prekären Finanzen von Brabham kümmerte. Die britische Volkswirtschaft war in Schwierigkeiten, es wurde auf breiter Ebene gestreikt, Banken krachten zusammen, und die Inflationsrate erreichte eine neue Höchstmarke. Ecclestone war nicht ernsthaft verschuldet – er lieh sich selten Geld –, aber er verabscheute Verluste.

Seeley musste als Erster dran glauben. Wie so viele Ingenieure mangelte es Seeley an Geschäftssinn. Seine Firma hätte, wie Ecclestone wusste, ohne sein Geld Konkurs anmelden müssen, und jeder weitere Penny wäre vergeudet. »Ich bezahle nur für dein Vergnügen«, sagte Ecclestone zu ihm. »Ich stecke Geld in dein sinkendes Schiff und übernehme die Rechnung für deine Fehler.« Seeleys Firma, beschloss er, sollte für bankrott erklärt werden. Dass Seeley darüber nicht glücklich war, spielte keine Rolle. Er konnte seine Maschinen bei der Auktion des Konkursverwalters ja zurückkaufen. »Es hatte nichts mit mir zu tun, dass Seeleys Firma pleite gemacht hat«, sagte Ecclestone. »Sie war schon vorher in Schwierigkeiten. Deshalb kam er zu uns. Er ist nicht zu mir gekommen, weil sein Geschäft florierte.« Seeley durfte weiter bei Brabham arbeiten, doch das Verhältnis war angespannt. »Seeley hat manche Leute bei Brabham verärgert«, lautete Ecclestones Begründung dafür, dass er dem Mechaniker keinen Abschleppwagen ausleihen wollte, um einem festsitzenden Freund aus der Klemme zu helfen.

»Das war der Tropfen, der das Fass zum Überlaufen brachte«, sagte Seeley über Ecclestones Weigerung. »Er war ein guter Kumpel, der ein bisschen Hilfe brauchte. Darüber habe ich mich wirklich aufgeregt.« Seeley kündigte, wurde aber noch in eine langwierige Auseinandersetzung mit Ecclestone verwickelt, bei der es um eine Zahlung über 1.200 Pfund an die staatliche Sozialversicherung ging. Auf der Suche nach seinem Geld stellte Seeley fest, dass er keine Kopie seines unterschriebenen Arbeitsvertrags hatte – keine Seltenheit bei Ecclestones Angestellten. Ecclestone hielt sich zwar in der Regel an seine Abmachungen, aber die Details nachlesen zu können, war dennoch von Vorteil. In Seeleys Fall galt die Vereinbarung als »verloren«, bis eine Kopie versehentlich an Seeleys Anwalt geschickt wurde. Seeley einigte sich mit Ecclestones Firma auf einen Vergleich, der ihm noch 600 Pfund zugestand.

Seeley war ein Opfer, das zu einem kritischen Zeitpunkt in Ecclestones Leben gebracht wurde. Die Formel 1, die zunächst ein Hobby für ihn gewesen war, das durch seinen Gebrauchtwagenhandel finanziert wurde, war zum Mittelpunkt seines Lebens geworden. Diese Art zu leben fand er wunderbar, seine Tätigkeit als Manager der F1CA war profitabel, und Chapman hatte bewiesen, dass die Formel 1 mit Sponsoren und Siegen ein gutes Geschäft sein konnte. Im Gegensatz dazu war das Autogeschäft schwierig geworden. Die Verkaufszahlen hatten nachgelassen, und seine häufige Abwesenheit bei James Spencer hatte das gewinnbringende Finanzierungsgeschäft auf Zahlen reduziert, die sein Steuerberater Brian Shepherd »lächerlich« nannte. Die Einführung der Mehrwertsteuer im Jahr 1973 machte Bargeschäfte komplizierter. »Ich setze mich zur Ruhe«, scherzte Ecclestone. »Ich will kein Steuereinnehmer für die Regierung sein. Ich werde mit Brabham-Wagen durch die Welt reisen.« Er verkaufte James Spencer und verlegte sein Büro in die Creek Road in Greenwich, in die Nähe der *Cutty Sark*.

In den Räumen über dem Alfa-Romeo-Laden, der von Brabham belegt wurde, beschäftigte er nur Ann Jones. Sein Einkommen war deutlich gesunken, speiste sich nur noch aus der Miete einiger Immobilien und den Resten seines Finanzierungsgeschäfts. Mittwochs besuchte er Weybridge. Gordon Murray hatte versprochen, einen Wagen zu konstruieren, der Lotus schlagen konnte. Murrays Techniker, die in neuen Uniformen mit ihrem perfekt organisierten Werkzeug den weißen Wagen umgaben, machten einen disziplinierten Eindruck. Draußen stand Ecclestones ganzer Stolz: der erste Straßentransporter der Formel 1 mit dem Namen Brabham auf der Außenseite und einer neu installierten Küche im Inneren, die er bei Grand-Prix-Treffen benutzen wollte. Vor sich sah er den

Lohn seiner Risikobereitschaft der letzten Jahre: Das ganze Formel-1-Geschäft war bereit, sich verpflichten zu lassen. Ecclestone konnte sein Glück nicht fassen.

»Nur der Himmel ist die Grenze«, sagte Ecclestone sehnsüchtig zu Mosley. Mosley erkannte, dass es Ecclestone darum ging, ein Imperium aufzubauen. Bei ihrem ersten Treffen im Jahr 1971 hatte Ecclestone den Teams versichert, alle würden paritätisch behandelt und nichts könne ohne einstimmigen Beschluss geändert werden. Zwei Jahre später ergriff er das Ruder.

»Ich hörte auf, mir Sorgen zu machen«, räumte Mosley ein, »und ich versuchte nicht, ihn aufzuhalten.« Der ursprüngliche Zweck ihrer Partnerschaft hatte sich verschoben. Mosley wurde als Vermittler eingesetzt, als der Vorsitzende des RAC nachgab und vorschlug, dass der Club sein Verhältnis zu dem ehemaligen Gebrauchtwagenhändler wieder in Ordnung bringen solle.

4 UNTER DRUCK

In den Augen seiner Freunde im Autogeschäft hatte Ecclestone sich verändert. Überzeugt davon, dass er kurz davor stand, ein Vermögen zu machen, verließ ihn sein unbekümmerter Charme. »Das wirst du nicht tun«, sagte er scharf, als sein alter Freund Ron Shaw scherzhaft bei ihrem samstäglichen Kaffee erwähnte, dass er sich auch gern eine Scheibe von dem Formel-1-Kuchen abschneiden würde. Zu den anderen Teilnehmern der Kaffeerunde gehörten Tom Morris, sein Buchmacherfreund, Harold Duffman, ein Devisenhändler, Brian Gilbert, der gerade einige von Robert Maxwells Firmen gekauft hatte, und Frank Foster, sein Schneider. Als Max Mosley einmal dazugebeten wurde, machten sich die Männer einen Spaß daraus, die Kellnerin zu unterrichten, der Gast wäre gerade aus dem Gefängnis gekommen und solle ein englisches Frühstück mit allem Drum und Dran bekommen. »Er ist ein stolzer Mann und wird es ablehnen«, sagte Ecclestone, »aber bestehen Sie darauf, dass er es isst.« Mosley verweigerte natürlich die fettreiche Mahlzeit. »Nein, ich möchte das nicht haben«, sagte er. »Sie müssen es einfach essen«, erwiderte sie. »Das ist ekelhaft«, protestierte Mosley, der nicht verstand, dass seine Gastgeber sein Unbehagen amüsant fanden. Kurze Zeit später verlegten sie ihren Treffpunkt vom Queen's Café zum Richoux in der Bond Street. Anspruchsvoller zu werden entsprach Ecclestones Ambitionen.

Die britischen Formel-1-Teams wurden, anders als Ferrari und Mercedes, nicht von großen Automobilproduzenten mit reichlichen Mitteln finanziert. Selbst die gestiegenen Einnahmen aus den Rennen reichten nicht aus, um die Kosten zu decken. Um diese Lücke zu überbrücken, brauchten die britischen Teams Firmen, die ihre Wagen als Werbefläche benutzen würden. Seitdem Colin Chapman 1968 seinen Lotus in den Farben der Zigarettenmarke Gold Leaf spritzen ließ, hatten andere Tabakunternehmen Verhandlungen geführt, um ihre Marken auf den Wagen der Konkurrenz und den Overalls der Fahrer platzieren zu lassen. British American Tobacco hatte einen Zweijahresvertrag über 50.000 Pfund pro Jahr mit British Racing Motors (BRM) abgeschlossen, um für Yardley-Seifen und -Parfums zu werben, ihr Tochterunternehmen. Die Wagen wurden weiß gespritzt. 1971 stiegen die Einsätze. Um Marlboro-Zigaretten in ganz Europa zu lancieren, überbot Philip Morris BATs Vertrag mit BRM und bezahlte 100.000 Pfund jährlich, was beinahe ausreichte, um ein ganzes Rennjahr zu finanzieren. Der Marlboro-BRM-Wagen wurde bei einer auffälligen Präsentation in einer riesigen Zigarettenpackung vorgestellt. Bei jedem Rennen verteilten schöne junge Frauen im Marlboro-Outfit Zigaretten und unterhielten die Gäste von Philip Morris. Aber BRM war auf dem absteigenden Ast und gewann kaum noch Rennen, was Marlboros Image in Mitleidenschaft zog, weshalb Philip Morris den Vertrag 1972 nicht verlängerte. Die Suche nach einem neuen Werbepartner elektrisierte die Formel 1. Die einzige Bedingung von Morris lautete, dass das gewählte Team Emerson Fittipaldi einstellte, einen brasilianischen Fahrer. Als Favoriten entpuppten sich McLaren, dessen Team von Teddy Mayer, einem liebenswerten und verlässlichen Fachmann, geleitet wurde, und Ecclestones Brabham-Rennstall, dessen Bewertung sich verbessert hatte. McLarens Chancen wurden durch ihren unumstößlichen Sponsoren-Vertrag mit Yardley beeinträchtigt, doch Brabham hatte keine bindenden Verpflichtungen. Als Ecclestone den neuen Vertrag Chapmans mit John Player mit Brabhams kleinen Sponsoren – einem Öllieferanten, einem Uhrenhersteller und einer Brauerei – verglich, stachelte ihn das an. Einem Abschluss mit Philip Morris stand vor allem der intelligente 32-jährige Patrick Duffeler im Wege, der für Sponsorenverträge auf dem Sportsektor zuständig war. Der mehrsprachige Amerikaner bevorzugte McLaren, erklärte sich aber bereit, Ecclestone in einer Schweizer Villa zu empfangen, wo er sich mit Fittipaldi aufhielt.

Die Begegnung stand unter einem schlechten Stern. Duffeler, der die Formel 1 leidenschaftlich unterstützte, wurde mit Ecclestone nicht warm und hielt nichts von seinen Ambitionen innerhalb der Formel 1. Laut seiner Schilderung gab es einen Meinungsaustausch, bevor die beiden Männer auf den Balkon hinaustraten. »Bernie fragte mich, ob er irgendwas für mich tun könne, das heißt, mit einer finanziellen Zuwendung.« Duffelers Version lässt sich auch so interpretieren, Ecclestone habe angeboten, ihm persönlich zu helfen, falls er den Sponsorenvertrag mit Brabham abschlösse.

37 Jahre später wies Duffeler die Idee zurück, bei der »Hilfe« könne es sich um Bestechung gehandelt haben. »Es war nichts anderes als ein Hilfsangebot«, sagte er. 2004 wurde Ecclestone mit Duffelers Bericht über ihr Treffen konfrontiert. Ecclestone konnte sich nicht erinnern, eine »Zuwendung« angeboten oder auch nur mit Duffeler auf dem Balkon gesprochen zu haben. »Wenn man mich an die Wand stellen und mir eine Pistole an den Kopf halten würde«, erklärte er Terry Lovell gegenüber, »und man würde mich fragen: ›Sind Sie absolut hundertprozentig sicher, dass Sie das nie gesagt haben?‹, dann würde ich ehrlicherweise sagen müssen: ›Nein‹, weil ich mich nicht gut genug daran erinnere. Aber ich habe vielleicht gesagt: ›Wir tun etwas für Sie wegen der Umstände, die Sie sich gemacht haben.‹ Das ist etwas, was die ganze Zeit in solchen Situationen geschieht. Normalerweise sagen die Leute zuerst: ›Ich will einen Anteil.‹ Das ist Teil der geschäftlichen Absprachen, verstehen Sie? Manche Leute kommen tatsächlich zu einem und verlangen eine ›Provision‹. Leider ist das der Lauf der Welt.« Sechs Jahre später sagte Ecclestone im Scherz: »Wahrscheinlich habe ich ihm nicht genug geboten.« Das Missverständnis hinsichtlich der »Hilfe« zwischen dem prominenten Sponsor der Formel 1 und dem Organisator der britischen Teams bekam in den darauffolgenden sieben Jahren besondere Bedeutung, als Ecclestone um die Vorherrschaft in dem Sport kämpfte. Im Anschluss an ihr ergebnisloses Gespräch fuhr Duffeler Ecclestone zum Genfer Flughafen. Obwohl ihr Abschied kühl war, rief Ecclestone Duffeler im Lauf der nächsten Tage an, um zu erfahren, wie die Entscheidung ausgefallen war. Ohne dass er etwas davon gehört hatte, war

Teddy Mayer von BAT aus dem Vertrag entlassen worden und schloss gerade einen neuen mit Philip Morris ab, der eine 22-jährige Geschäftsverbindung einleiten sollte. Als Duffeler Ecclestone die Nachricht persönlich in London überbrachte, endete ihr Treffen mit einem Misston. Duffelers Erwartung, dass Ecclestone als unbedeutender Emporkömmling schnell wieder verschwinden würde, wurde beim Großen Preis von Argentinien 1974 untergraben.

Ecclestone traf Anfang Januar 1974 in Buenos Aires ein. Gordon Murray war überzeugt, ein Siegerauto konstruiert zu haben. Sein Spitzenfahrer Carlos Reutemann brannte darauf zu gewinnen, besonders vor heimischem Publikum. In der Formel-1-Familie am Swimmingpool des Hotels herrschte eine ausgelassene Stimmung. Ecclestone sah mit den anderen einem deutschen Fahrer dabei zu, wie er zwei Bahnen unter Wasser schwamm, und fand nichts Besonderes dabei. Als ihm vorgehalten wurde, er könne das wohl kaum nachmachen, fragte er nach: »Wollt ihr sagen, ich kann keine zwei Bahnen unter Wasser schwimmen?« »Ja«, antwortete man ihm im Chor. »Okay, um wie viel wollen wir wetten?«, fragte Ecclestone. »Um 100 Dollar«, rief der Chor. »Formulieren wir die Wette genau«, sagte Ecclestone. »Ihr meint, dass ich keine zwei Bahnen unter Wasser schwimmen kann?« Allgemeines Kopfnicken. »Okay«, sagte Ecclestone zu Herbie Blash. »Geh mir einen Schnorchel holen.« Die Verlierer folgerten, Ecclestone wende ähnliche Methoden an, wenn er für die Formel 1 am Verhandlungstisch saß. Seine Abmachungen lebten nicht nur von den vereinbarten Bedingungen, sondern auch von dem, was weggelassen worden war – in diesem Fall ein Schnorchel.

Nachdem Reutemann in Argentinien und in Brasilien jeweils Siebter geworden war, flog Ecclestone mit ihm zusammen nach Südafrika. Kyalami war immer ein großer Spaß. Das Ranch Hotel war wie üblich voller attraktiver Stewardessen, und Zehntausende von Zuschauern trafen allmählich ein, in Vorfreude auf ein spannendes Rennen. Zum Erstaunen aller gewann Reutemann, doch der Rennstallbesitzer zeigte keine Überraschung und weigerte sich, seinen ersten Grand-Prix-Sieg zu feiern. Auch die nächsten Siege in Österreich und den Vereinigten Staaten feierte Ecclestone nicht. Regelmäßig verließ er die Rennstrecke, bevor Reutemann mit der karierten Flagge abgewunken wurde. »Ich bin ungern am Ende noch dabei«, sagte er zu seinem Fahrer. Gefühle konnten als Schwäche interpretiert werden. Sein Glück beschränkte sich darauf, ein verrücktes Hasardspiel zu beobachten und später die Wetteinsätze einzusammeln. Er war ein Ein-Mann-Unternehmen, und Mitarbeiter waren keine Freunde. Der Stern Brabhams strahlte wieder heller, aber Ecclestone war trotzdem nicht zufrieden. »Die Wagen waren nicht sauber«, pfiff er Blash an. Auch Murray bekam wegen einer Lappalie seinen Zorn zu spüren. Erfreulich fand er dagegen einen Anruf von Graf Vittorio Rossi, der ihn nach Monaco einlud. »Kannst du dir vorstellen, dass ein Graf mit einem Gebrauchtwagenhändler zu Abend isst?«, fragte er Blash, als er mit Martinis Angebot in der Tasche zurückkehrte, Brabham in der Saison 1975 als Sponsor zu begleiten. Die weißen Wagen wurden nun mit roten Streifen versehen.

Jeder Sieg auf der Rennstrecke löste bei Ecclestone nur wieder den Impuls aus, Geld zu erwirtschaften. Die ersten, die das zu spüren bekamen, waren die Organisatoren des Grand Prix in Kanada, dem Land, in dem die Formel 1 der beliebteste Sport überhaupt war. Für Kanada und die Vereinigten Staaten erhöhte Ecclestone seine Forderung auf 350.000 Dollar pro Rennen. Die Kanadier weigerten sich, den zusätzlichen Betrag für die Saison 1975 zu bezahlen, woraufhin Ecclestone ihnen ein Ultimatum stellte: Wenn sie nicht bis zu einem bestimmten Stichtag zahlten, würde das Rennen nicht stattfinden. Als der Termin verstrich, gab Ecclestone bekannt, der kanadische Grand Prix sei abgesagt worden. Die Kanadier boten schnell an, den zusätzlichen Betrag zu zahlen, bekamen aber zu ihrer Überraschung eine Abfuhr erteilt. »Wenn ich sage, dass ich etwas tun werde, dann tue ich es«, sagte Ecclestone. Das war keine Drohung, sondern eher eine Erklärung für seine unflexiblen Geschäftsbedingungen. Die Teams, die Ecclestones Taktik in Zweifel zogen, wurden von Mosley beschwichtigt. Die Kanadier, die ihre Lektion gelernt hatten, bezahlten die fehlende Summe, worauf

Ecclestone sich bereit erklärte, 1976 wieder nach Montreal zu kommen.

Als Nächste machten die FIA-Funktionäre in Paris Bekanntschaft mit Ecclestones Vorgehen. Sein Einkommen von der FOCA (die frühere F1CA) war mittlerweile erheblich, aber er wollte noch mehr Geld haben. Seiner Vorstellung nach sollte jede europäische Rennstrecke für ein Formel-1-Rennen 270.000 Dollar bezahlen und die Kosten der Teams übernehmen. Er wusste, dass Fernsehübertragungen von Rennen die lukrativste Perspektive der Formel 1 waren, aber das Satellitenfernsehen steckte immer noch in den Kinderschuhen. Und ohne die Möglichkeit von Direktübertragungen zeichneten die Fernsehsender Highlights des Rennens auf Film auf, die dann zurück in die Studios transportiert wurden, wo sie entwickelt, geschnitten und als Ausschnitte in den Nachrichten gesendet wurden. Aber selbst diese begrenzte Berichterstattung war in Großbritannien gestoppt worden. Die BBC weigerte sich, Formel-1-Rennen zu übertragen, seit John Surtees' Wagen mit einer deutlich sichtbaren Werbung für den Kondomhersteller Durex gefahren war. Es schien unmöglich, die Haltung der BBC zu ändern, solange es kein öffentliches Interesse an der Übertragung und keinen Wettbewerb um die Senderechte gab. Ecclestones Fantasie wurde durch die unerwartete Begegnung mit dem amerikanischen Sportvermarkter Mark McCormack in Rio angestachelt, der ihm beschrieb, wie er die Senderechte für Tennisturniere verkaufte. McCormack, der Gründer der International Management Group (IMG), war auch Agent führender Rennfahrer wie Jackie Stewart und Graham Hill. Seine Vorstellung war es, das Management der Formel 1 mit Ecclestone zu teilen. »McCormack stolpert über sein Ego«, bemerkte John Hogan, »und die Sache ist zu kompliziert.« Ecclestone lehnte McCormacks Vorschlag ab, aber er benutzte seine Ideen.

Ohne besonders darauf hinzuweisen, fügte er Bestimmungen in die Verträge mit den Rennveranstaltern ein, welche die Fernsehrechte an den Formel-1-Rennen der FOCA übertrugen. Da das Fernsehen bis dahin keine Rolle gespielt hatte, wurde die neue Klausel von den Organisatoren nicht angefochten. Ihr Hauptinteresse bestand darin, Ecclestones Forderungen nach mehr Geld für die Teams abzulehnen. Als Reaktion erhöhte er das Startgeld auf 300.000 Dollar pro Rennen für alle Teams. Die Rennstreckenbesitzer, frustriert durch ihre Aufteilung – Ecclestone bestand darauf, sich einzeln und nicht als Gruppe mit ihnen zu treffen – und wütend darüber, dass Ecclestone in der Lage war, eine geschlossene Front zu präsentieren, appellierten an die FIA in Paris, Ecclestone zurückzupfeifen. Die FIA antwortete mit einem Ultimatum. Falls Ecclestone seine Forderungen nach mehr Geld nicht zurückzöge, würde die FIA britische Teams von den Rennen der Saison 1976 ausschließen. Diese Kriegserklärung kam für Ecclestone unerwartet, aber sie gefiel ihm mit Sicherheit.

Im Excelsior in Heathrow wurde ein Treffen mit Pierre Ugueux vereinbart, einem pensionierten belgischen Staatsbeamten, der von der FIA bevollmächtigt worden war, die Autorität der Dachorganisation des Automobilsports durchzusetzen. Unmittelbar nachdem sich alle in einem Konferenzraum versammelt hatten, ertönte ein Feueralarm. Aus Furcht vor einer Bombe der IRA flohen einige ins Foyer. Mit typischer Kaltblütigkeit befahl Ecclestone: »Kommt mit mir«, und ging in der entgegengesetzten Richtung los. »Lasst die anderen vorne rausgehen. Der wahrscheinlichere Platz für eine Bombe ist an der Vorderseite.«

Im November 1975 wurde das Treffen in Brüssel wiederholt. Als Ecclestone den Raum mit Mosley betrat, fielen ihm ein paar schief hängende Bilder ins Auge. Nachdem er sie teilnahmslos gerade gehängt hatte, starrte er Ugueux ausdruckslos an. Der Repräsentant einer undurchsichtigen Bürokratie von Motorsport-Enthusiasten schwang die Keule und verkündete, dass die Weltmeisterschaft 1976 nicht stattfinden könne, bevor die FIA der Vereinbarung zwischen der FOCA und den Rennstrecken ihr Placet gegeben habe. In Ecclestones Welt existierten Regeln und Gesetze nur, um umgangen zu werden. »Wir haben in diese Sache Geld reingesteckt«, sagte Ecclestone. Die Verträge, fuhr er fort, bestünden zwischen ihm persönlich und den Rennstrecken. »Wo ist denn Ihr Geld?«, wollte er von Ugueux wissen. »Wenn wir nicht an den Start gehen, haben Sie keine Formel 1.«

Zu Mosleys Vergnügen starrte Ugueux irritiert. Egal, welche Drohungen die FIA präsentierte – die Rennsaison wäre ruiniert, wenn die britischen Teams sich zurückzögen. »Also reden wir wie Erwachsene miteinander«, sagte Ecclestone. Neben Ugueux saß Jean-Marie Balestre, ein wohlhabender, streitsüchtiger Verleger, der sich im Zweiten Weltkrieg als uniformiertes Mitglied der französischen SS hatte fotografieren lassen. Der begeisterte Rennsportanhänger liebte es, sich makellos zu kleiden und Macht auszuüben. Ecclestone erkannte seine Schwächen. Der Franzose war überheblich, eitel und beträchtlich weniger intelligent, als er dachte, weshalb er in eine Falle nach der anderen tappte. »Wir sollten das Geld bekommen, und nicht ihr«, rief Balestre ungeduldig und zerbrach einen Bleistift. Ecclestone reagierte theatralisch. Er erhob sich gelassen, ging zur Tür und schaltete das Licht aus. »Sehen Sie, ich habe nicht mal im Dunkeln Angst.« Die beiden Funktionäre hatten es mit einem Mann zu tun, der ihnen keinen Trost bot. Mosley erkannte in Ecclestones eiskaltem Blick eine emotionslose, selbstsichere Kraft, gegen die die Gegenseite keine Chance hatte. Ugueux erklärte sich damit einverstanden, dass die Organisatoren 270.000 Dollar pro Rennen zahlen sollten. Ecclestone konnte der Versuchung nicht widerstehen und forderte zusätzliche 5.000 Dollar. Mosley war beeindruckt. »Bon«, verkündete Ugueux mit einem Lächeln, das seine Niederlage kaschieren sollte. Glück wollte verdient werden. Die Rennsaison 1976 war sichergestellt.

Als Nächstem wurde Carlos Reutemann seine Lektion erteilt. Brabham hatte zu Beginn der Saison 1975 gut abgeschnitten und in Argentinien, Brasilien und Deutschland Punkte gesammelt, aber dann wendete sich das Blatt. Niki Lauda stürmte in einem unschlagbaren Ferrari zum Sieg, gefolgt von Fittipaldi in einem McLaren. Reutemann landete abgeschlagen auf dem dritten Platz. Beim vorletzten Rennen in Monza Anfang September war Laudas Chance, Weltmeister zu werden, gefährdet. Ein FIA-Funktionär nahm eine Spritprobe von seinem Wagen, der als dritter die Ziellinie überfahren hatte. »Ist der Sprit okay?«, fragte Lauda Luca Montezemolo, den Chef des Ferrari-Teams. »Ja«, erwiderte Montezemolo. »Sind Sie sicher?« »Na ja, wir probieren da etwas aus«, gab Montezemolo zu. Lauda lief zu Ecclestone: »Die FIA-Leute überprüfen meinen Sprit. Können Sie mir helfen?« Ecclestone trieb den FIA-Inspektor auf. »Lassen Sie mal sehen«, sagte er und griff sich das Teströhrchen. »Das sieht mir nicht nach Sprit aus«, spottete er, während er es ausschüttete. »Mehr nach Pisse.« Lauda gewann 1975 den Titel.

Ecclestone hoffte für 1976 auf mehr Glück. Er entschied sich, die Cosworth-Motoren gegen solche von Alfa Romeo auszutauschen, die von der italienischen Autofirma umsonst gestellt wurden. Von Anfang an stellten sich die Motoren als anfällig heraus. Reutemann schied häufiger vorzeitig aus Rennen aus. Enttäuscht verlangte er mehr Geld, aber Ecclestone weigerte sich. »Es gibt immer einen Ersatz«, argumentierte er und schlug damit in die gleiche Kerbe wie Enzo Ferrari, der sich keinem Fahrer verpflichtet fühlte, weil seiner Ansicht nach die Wagen die Rennen gewannen. Er machte dem Fahrer keinen Vorwurf, falls der Wagen nicht gewann. Reutemann beschloss, Brabham zu verlassen. Er bezahlte Ecclestone für den Vertragsbruch und unterzeichnete bei Ferrari. »Ich habe ihm sogar geholfen, von Ferrari mehr Geld zu bekommen«, sagte Ecclestone, der darauf vertraute, dass sein zweiter Fahrer Carlos Pace, ein 32-jähriger Brasilianer, erfolgreich sein würde. In finanzieller Hinsicht machte er sich keine Sorgen. Mit Martini als Sponsor und den Motoren von Alfa Romeo lagen die Kosten von Brabham im grünen Bereich.

Spielerglück kam Ecclestone zu Hilfe: Im Lauf des Jahres 1976 wuchs die Anziehungskraft der Formel 1 in Europa. Zum einen waren die Rennen ungewöhnlich aufregend, zum anderen sorgte das wilde Leben James Hunts, eines gut aussehenden blonden Fahrers für McLaren, ständig für Schlagzeilen. Hunt war in diesem Jahr von seiner Frau Suzy verlassen worden, die den Schauspieler Richard Burton heiratete, und seine wiedergewonnene Freiheit nutzte er, um seinem Ruf als Schürzenjäger und Partylöwe gerecht zu werden. Die Zeitungen folgten begierig seinen Spuren und berichteten vom Neid seiner Rivalen. Um ihm ein Schnippchen zu schlagen, hatten sie bei einer Gelegenheit seine Rückkehr in sein

Hotelzimmer – natürlich in Begleitung – vorhergesehen und jeden freien Raum bis hin zur Decke mit Fernsehapparaten angefüllt, die alle richtig eingestellt waren und laut vor sich hin plärrten.

Auf der Rennstrecke war Hunts Herausforderung des amtierenden Weltmeisters Niki Lauda zunächst nicht erfolgreich. Sein McLaren hatte oft mit Problemen zu kämpfen, und in Brands Hatch gewann Lauda sein fünftes Rennen, als Hunt nachträglich disqualifiziert wurde. »Ein gewiefter Bursche«, war Ecclestones Urteil über den Österreicher, während er die unberechenbare Fahrweise Hunts »wunderbar« fand.

In Long Beach in Kalifornien erreichte das Theater einen vorläufigen Höhepunkt. Den britischen Teams war der Weg an die amerikanische Westküste zu weit, und erst nachdem Ecclestone anbot, das finanzielle Risiko zu übernehmen und sie unabhängig vom Ergebnis auszuzahlen, nahmen sie die Reise auf sich. Clint Eastwood und ein Haufen Hollywoodstars waren überredet worden, dem Rennen beizuwohnen, um das Interesse der Medien zu garantieren. Am Ende des Rennens sammelte Ann Jones die Eintrittsgelder ein und stellte nach Auszahlung der Teams fest, dass für Ecclestone nichts übrig blieb. Dafür war das Rennen dramatisch gewesen, es hatte einige Unfälle gegeben, und auch Hunt war in der dritten Runde ausgeschieden, während Lauda als Zweiter über die Ziellinie fuhr. Ihr Zweikampf schien am 1. August 1976 auf dem Nürburgring ein vorzeitiges Ende zu nehmen, als Lauda nach einem Unfall mit lebensgefährlichen Verbrennungen ins Krankenhaus eingeliefert wurde. Aber sechs Wochen später trat er mit verbundenem Kopf und entstelltem Gesicht wieder an, um seinen Titel zu verteidigen, und wurde trotz seiner offenen Wunden Vierter. Das erbitterte Duell zwischen dem sexbesessenen blonden Briten und dem bandagierten Helden wurde in Kanada und den Vereinigten Staaten fortgesetzt. Beide Rennen wurden von Hunt gewonnen. Vor dem letzten Rennen der Saison, das Ende Oktober in Japan stattfand, trennten nur drei Punkte die beiden Fahrer, die nach einem spektakulären Streit über Laudas Unfall kaum noch ein Wort miteinander wechselten. Die Weltmeisterschaft hing davon ab, ob Hunt oder Lauda das Rennen unter dem Fudschijama für sich entschieden. Das Interesse am Schicksal der beiden Kämpen nahm weltweit zu. Ecclestone witterte die Chance, endlich doch die Fernsehsender zu umgarnen, aber zuerst musste er ein Ärgernis beseitigen.

Patrick Duffeler war 1975 scharf darauf gewesen, einen Grand Prix in der Nähe von Tokio zu veranstalten. Mit Unterstützung der FIA hatte er Verbündete in der japanischen Regierung, bei den Medien und anderen internationalen Sponsoren gewonnen, die interessiert daran waren, sich Philip Morris' Kampagne zur Verbreitung der Marlboro-Zigaretten in ganz Japan anzuschließen. Ecclestone war unentschieden gewesen. Andere Länder, darunter Saudi-Arabien und die Philippinen, waren mögliche neue Austragungsorte für die Formel 1, aber einige Teams zögerten, mehr als 16 Mal im Jahr an den Start zu gehen. Manche bespöttelten sogar die Idee, einen Grand Prix in Japan zu veranstalten, und sagten, die Kosten seien zu hoch. Trotzdem hatte Ecclestone die Teams im Lauf des Jahres 1975 dazu überredet, direkt von New York nach Japan zu fliegen. Duffeler verkündete stolz den Durchbruch. In dem Moment schlug Ecclestone zu. Solange ein Vertrag nicht hieb- und stichfest war, galt in seiner Welt nichts als sakrosankt, wenn es eine Möglichkeit gab, zusätzliches Geld herauszuholen. Ecclestone sah die Chance, sich an Duffeler zu rächen, und trat in seiner Rolle als Unterhändler der FOCA auf. Der ehrgeizige Werbemann glaubte, wie Ecclestone wusste, dass die Rennstrecken und nicht die Teams in der Formel 1 das Sagen haben sollten.

Ecclestone trat beim französischen Grand Prix im Juli 1976, drei Monate vor dem Rennen, an die japanischen Organisatoren heran und erklärte ihnen, er könne den britischen Teams erst dann empfehlen, an ihrem Großen Preis teilzunehmen, wenn die Veranstalter noch mehr Geld rausrückten, um die Transportkosten nach Japan zu decken. Duffeler war über Ecclestones Gewerkschaftsmethoden verärgert und bedrängte die Japaner, nicht zu kapitulieren. »Gebt nicht nach!«, riet er ihnen, überzeugt davon, dass er jedes Hintertürchen verschlossen hatte und Ecclestones Tricks sich nicht verfangen konnten. Duffeler liebte den Rennsport, aber ihm war klar, dass die Formel 1 »in einem Vakuum der Misswirtschaft« existierte.

Die FIA war eine Lachnummer; sie wurde geführt von Männern, die schrecklich gern in Blazern herumliefen, aber schwach und nicht sonderlich intelligent waren. Insbesondere Henri Treu war unverhohlen aggressiv und hatte bei seinem Vorgehen gegen Ecclestone ein Chaos angerichtet. Trotz dieser Pfuscher sehnte sich Duffeler danach, Ecclestone eine Niederlage beizubringen.

»Komm schon, Patrick«, sagte Mosley freundlich. »Warum willst du gegen uns kämpfen? Komm auf unsere Seite und arbeite mit uns zusammen.« Duffeler weigerte sich, weil er beobachtete, wie Ecclestone jeden überlistete. »Ich bin nicht mit Bernies Geschäftsmethoden einverstanden«, erwiderte er. »Bernies Gott ist Geld. Ihm liegt nur daran, Institutionen zu schwächen.« Mosley zögerte. »Eine Menge Leute haben Angst vor Bernie«, fuhr Duffeler fort. »Mechaniker, Fahrer und Manager. Er ist aggressiv. Er weiß, was er will, und duldet keine Widerrede.« Mosley zuckte mit den Achseln: »Wir müssen uns darauf verständigen, unterschiedlicher Meinung zu sein.« Jeder wusste, dass Duffeler durch Huschke von Hanstein, einen früheren Porsche-Rennleiter, darin bestärkt wurde, sich Ecclestone zu widersetzen. Von Hansteins Hass auf Ecclestone, diesen »kleinen, schlecht erzogenen Mann«, hing vielleicht damit zusammen, dass er im Krieg Mitglied der NSDAP gewesen war. Jedenfalls bewies Ecclestone ihm, dass die Briten keine »Idioten« waren, indem er ihn und Duffeler auf dem falschen Fuß erwischte. Trotz Duffelers sorgfältiger Planung hatte er ein Schlupfloch in dem Vertrag gefunden. Die Japaner erklärten sich bereit, mehr zu bezahlen. »Die FIA ist von einer monströsen Unfähigkeit«, stöhnte Duffeler. »Mein Plan war zum Scheitern verurteilt.« Ein paar Wochen später begegnete Duffeler Ecclestone in Frankreich. Immer noch verletzt, fragte er: »Bernie, warum hast du das getan?« »Weil ich es kann«, antwortete Ecclestone, ohne noch ein Wort hinzuzufügen.

Bevor die Teams in Japan eintrafen, war das öffentliche Interesse an dem Wettstreit zwischen Lauda und Hunt durch die wiederholte Übertragung eines Amateurfilms von Laudas Unfall angestachelt worden, der Storys aus Hunts verwickeltem Liebesleben folgten. Die Faszination der Zeitungen und die Erwartung hoher Zuschauerzahlen bewogen die Fernsehsender, ihre Zurückhaltung, was das

Zeigen bewegter Bilder mit Rennwagen als Werbeflächen anging, aufzugeben und die Hindernisse, die einer Ausstrahlung der Filme in Europa entgegenstanden, zu überwinden. Die Möglichkeiten waren riesig, begriff Ecclestone, wenn es nicht eine kleine Hürde gegeben hätte: Er hatte keine gesetzliche Vollmacht, die Fernsehrechte an die Sender zu verkaufen. Doch weil er wusste, dass Colin Chapman und Enzo Ferrari nicht interessiert und die anderen Rennstallbesitzer zu verschieden waren, um sich einzumischen, eröffnete er trotzdem die Verhandlungen mit der Europäischen Rundfunkunion (EBU), einer gemeinnützigen Organisation, die alle europäischen Sender in staatlicher Hand vertrat, als Repräsentant der FOCA. Die EBU war eine schwerfällige Bürokratie, wie er bald einsah. Statt ihrer brachte er die BBC dazu, das Rennen zu filmen und das Zelluloid mit dem Flugzeug nach London zu transportieren. Das Drama garantierte ein großes Zuschauerinteresse, obwohl aus Jubelrufen Pfiffe wurden, als Lauda im wolkenbruchartigen Regen an die Boxen fuhr und erklärte, die Wetterbedingungen seien zu gefährlich für ihn. Als er auf dem Weg zum Flughafen war, hörte es plötzlich auf zu regnen, und Lauda würde immer glauben, John Surtees habe seinen Fahrer angewiesen, Hunt überholen zu lassen, damit 1976 ein Brite mit einem Punkt Vorsprung Weltmeister werden konnte.

Bei seiner Rückkehr nach Europa überzeugte Duffeler Ugueux, dass Ecclestone die Rolle der FIA als Kontrollbehörde der Formel 1 bedrohe. Der Druck, den Ecclestone auf die Veranstalter ausübe, um mehr Geld zu bekommen, weil die britischen Teams andernfalls wegen »mangelnder Sicherheitsvorkehrungen« nicht anträten, untergrabe die Autorität der FIA. »Ecclestone glaubt an die Theorie des höchsten Drucks«, fuhr er fort, »und er ist ein cleverer Bursche.« Aber er fügte hinzu: »Obwohl ich Bernie mag, gefällt mir nicht, dass er beschlossen hat, den Rennsport zu dominieren.«

Duffeler schlug vor, dass die FIA die Rennstreckenbesitzer zu einer geschlossenen Front gegen Ecclestone und die FOCA vereine. Das war die Art Konflikt, die Ecclestone liebte. Seiner Ansicht nach hatte Duffeler keine Chance, weil er selbst so gute Beziehungen zu den einzelnen Rennstreckenbesitzern hatte.

Der Amerikaner war nicht bereit aufzugeben. Um die Autorität der FIA wiederherzustellen, wurde Ugueux fallen gelassen und Duffeler bekam den Auftrag, Ecclestone gegenüberzutreten. Bei ihrem Treffen weigerte sich Ecclestone, die Verhandlungen mit den Veranstaltern einzustellen. Um deutlich zu machen, dass er nicht zuhörte, stand er auf und hängte die Bilder in dem Raum wieder gerade. Außerdem kündigte er an, einen Grand Prix in Holland ohne Zustimmung der FIA zu organisieren. Als Antwort kündigte Duffeler die Gründung der World Championship Racing (WCR) an, eine Splittergruppe ohne FOCA-Mitglieder. Acht Rennstrecken stellten sich auf Duffelers Seite, acht auf die Ecclestones. Die Fronten waren abgesteckt.

Wenn Ecclestone Duffeler ausmanövrieren wollte, mussten ihn die Teams rückhaltlos unterstützen. Bei ihrem turnusmäßigen Treffen in Heathrow hörte Ecclestone seiner Versammlung schweigend zu. Die gegenseitigen Verdächtigungen der launischen Egoisten am Tisch erlaubten es ihm, sie gegeneinander auszuspielen, während sie sich ihrerseits auf Ecclestone bei der Lösung ihrer Probleme verließen, ob es um die Beantragung eines Visums für einen südafrikanischen Fahrer ging, der unter die Anti-Apartheids-Sanktionen fiel, um die Besorgung eines Ersatzteils oder darum, einen Sponsor zu überreden, dass er bei der Stange blieb. Dank seiner Zuverlässigkeit konnte er der Unterstützung durch die Teams sicher sein, als ihre Geschlossenheit im November 1976 auf die Probe gestellt wurde. Aber Duffeler hatte auch einen Trick in petto. Die Argentinier, deren Grand Prix im Januar 1977 stattfand, hatten für Duffeler Partei ergriffen. Das Rennen würde abgeblasen, warnte Duffeler Ecclestone, wenn die Teams sich nicht an seine Bedingungen hielten. Außerdem wurde er von Michel Boeri und anderen in der FIA unterstützt. Ecclestones Temperatur stieg. Er hatte den argentinischen Grand Prix ins Leben gerufen, und jetzt hatte sich der Organisator auf die Seite seines Gegners gestellt. Um Duffeler mattzusetzen, sagte Ecclestone das Rennen ab.

Duffeler startete eine Medienkampagne, um den Einsatz zu erhöhen, und verglich Ecclestones »skrupellose Methoden« mit denen der Mafia. Die Sportseiten britischer und kontinentaleuropäischer Zeitungen berichteten von einer erbitterten Schlacht. »Ich weiß, dass die Constructors Association in der Vergangenheit mit der Mafia verglichen worden ist«, erwiderte Ecclestone, »und es gibt sogar Leute, die mich als Paten bezeichnet haben, aber das stimmt nicht. Ich wünschte, ich wäre ein Pate. Die haben Millionen Pfund Sterling, stimmt's? Und die reisen in Jets anstatt in Eisenbahnen wie ich. Glauben Sie mir, wenn ich ein Pate wäre, würde ich mich nicht auf Streitigkeiten einlassen, bei denen es um Rennwagen geht, die um einen Rundkurs brausen.« Duffeler, beschloss Ecclestone, hatte sich verkalkuliert.

»Was bedeutet eigentlich skrupellos, mein Freund? Ich verstehe das Wort nicht. Bei diesem Streit geht es um Geld.« Er sei nur der Dienstbote der Teams, machte er den Medien weis. Er habe nicht von dem Sport profitiert, den er liebte, sondern sein Privatvermögen investiert, und er beanspruche nicht mal Spesen. Ecclestone machte es Spaß, sich selbst auf die Schippe zu nehmen. Er sei zwar klein, meinte er, aber er liebe es zu kämpfen. »Ich bin kein kleines Mädchen«, sagte er, »und ich glaube daran, dass man für die gute Sache kämpfen muss.« In einem Stil, wie er gut zu einem gewieften Politiker gepasst hätte, charakterisierte er sich als unverstandenes Opfer von Rabauken. Obwohl Brabham ein Geschäft war und er mit seinen FOCA-Aktivitäten ein Vermögen verdiente, diktierte er schamlos einem Journalisten: »Am Autorennen habe ich nichts verdient.« Er brachte außerdem einen bedrohlichen Ton in die Auseinandersetzung. Diejenigen, die hinter seinem Rücken Pläne schmiedeten, seien bald »passé«, und jeder, der versuche, ihn übers Ohr zu hauen, sei »ein toter Mann«. Niemand würde sich wieder davon erholen, ihm eine Niederlage beigebracht zu haben. »Ich könnte Sie mit zum Friedhof nehmen, wo ich Leute begraben habe«, würde er später Leuten erzählen, die ihm die entsprechenden Fragen stellten. Waghalsige Manöver und herbe Sprüche würden, wie er hoffte, Duffeler und seine Pläne für World Championship Racing vernichten.

Wie jeder gute Pokerspieler wusste Ecclestone, wann er aussteigen musste. Anfang Januar hatte er begriffen, dass die Argentinier nicht umgestimmt werden konnten und dass er pragmatisch handeln musste. Die britischen Teams wollten an dem Rennen teilnehmen, und deshalb sorgte er dafür, dass ihre Wagen und ihre Ausrüstung mit einer gecharterten 747 nach Buenos Aires geflogen wurden. »Ich habe Ecclestone geschlagen«, freute sich Duffeler. Ecclestone konnte seinen Ärger im Zaum halten. Es war keine Schande, auf ein neues Spiel zu hoffen, und für einen Streich war immer Zeit genug. Um Ferrari zu ärgern, ließ er den Veranstalter bekannt geben, dass das Rennen verkürzt werde, weil der Alfa-Romeo-Motor von Brabham zu viel Öl verbrauche. Ecclestone schaute mit Colin Chapman zusammen zu, wie Marco Piccinini, dem Chef des Ferrari-Teams, die Erklärung ausgehändigt wurde. Der Italiener verzog das Gesicht und lief wütend zur Rennleitung, um sich über die ungerechtfertigte Bevorzugung Ecclestones zu beklagen. Die Funktionäre lächelten, zuckten mit den Achseln und wandten sich ab. Als er ins Fahrerlager zurückkehrte, sah Piccinini, wie Ecclestone und die britischen Teams ihn auslachten. Ecclestone lachte auch am Ende des Rennens. Carlos Pace fuhr in einem Brabham als Zweiter durchs Ziel, zwei Sekunden vor Carlos Reutemann in einem Ferrari.

Zwei Wochen später führte Ecclestone die britischen Teams widerspruchslos zum brasilianischen Grand Prix, erneut zu Duffelers Bedingungen. Als sie in Rio am Swimmingpool des Hotels lagen, wandte Ecclestone sich an Mosley. »Was würdest du für dieses Hotel zahlen?« Mosley war verblüfft. Um sich die Zeit zu vertreiben, hatte Ecclestone auf Grundlage der Zimmerzahl, des Preises, den sie zahlten, und der laufenden Kosten den Wert des Hotels berechnet. Dann machte er sich über die kommerziellen Möglichkeiten Gedanken. Die Kombination von Ecclestones Geschäftssinn und Mosleys präziser juristischer Analyse schmiedete einen festen Bund.

Seine Tochter Debbie rief aus England an und berichtete von ihrer bevorstehenden Eheschließung. »Es soll eine stille Hochzeit werden, Dad«, erklärte sie. »Na ja, dann trägst du besser deine Pantoffeln«, sagte Ecclestone und lehnte die Einladung ab, mit Ivy, seinen Eltern und fünf weiteren Gästen an der Feier teilzunehmen. Er hatte eine gute Entschuldigung für seine Absage. Das Rennen hatte kein gutes Ende genommen. Pace musste nach einem Unfall aufgeben, und Reutemann hatte gewonnen. Sieben Wochen später wurde Pace nach einem weiteren schlechten Ergebnis in Südafrika bei einem Flugzeugunglück getötet. Ecclestone war am Boden zerstört, und er hatte keinen siegreichen Fahrer mehr. Er bot James Hunt eine Million Dollar für eine Saison bei Brabham, aber der lehnte ab.

Duffelers wiederholter Erfolg gefährdete Ecclestones finanzielle Aussichten. Er musste den Amerikaner in Europa schlagen. Ecclestones Botschaft an die europäischen Organisatoren war brutal: Wenn sie sich weigerten, Rennen zu FOCA-Bedingungen zu veranstalten, würde der Formel-1-Zirkus auf einer anderen Rennstrecke oder sogar in einem anderen Land stattfinden. Duffeler könne nicht die Ankunft eines einzigen Formel-1-Teams garantieren. Das könne nur er, Ecclestone. Appelle an Duffeler seien sinnlos – er könne nicht Rennen in 17 verschiedenen Ländern und Sprachen koordinieren. Schließlich spielte Ecclestone seine Trumpfkarte aus. Die FIA und Duffeler gingen davon aus, dass 1978 18 Rennen stattfänden. Leider würden die Teams nur zu zwölf antreten können, konterte Ecclestone. Seine Ankündigung würde die Rennstrecken, die sich auf Duffelers Seite geschlagen hatten, in Angst und Schrecken versetzen, weil sie befürchten mussten, von der nächsten Saison ausgeschlossen zu werden. Die Schweden kapitulierten als Erste. Andere folgten ihnen.

Duffeler war völlig verdutzt. Außerdem war er verärgert durch kritische Äußerungen von Pierre Ugueux, der die Verhandlungen wieder an sich reißen wollte. Bevor er dem »arroganten und selbstgerechten« Ugueux das Feld überließ, traf sich Duffeler ein letztes Mal mit Ecclestone. Anschließend war ihm klar, »dass Bernie gewinnen würde. Er konnte Uneinigkeit unter seinen Gegnern provozieren. Ich hatte die Nase voll.« Die Verhandlungen wurden zwischen Ugueux und Ecclestone fortgesetzt. Der Sieg würde, wie beide wussten, davon abhängen, wer sich der Unterstützung Enzo Ferraris sicher sein konnte. Ugueux erwartete, dass Ferrari zur FIA neigen würde. Schließlich stand FOCA gegen die Automobilhersteller.

Enzo Ferrari genoss seine Autorität. Kein Grand Prix konnte ohne den glanzvollen italienischen Rennstall veranstaltet werden, den ältesten im Rennsport. Obwohl die Engländer Ferrari auf den Rennstrecken mit Erfolg herausgefordert hatten, wartete der 79-jährige in Maranello außerhalb von Modena in aller Ruhe, weil er wusste, dass Ecclestone irgendwann zu ihm kommen musste, wenn er den Streit mit der FIA zu einem Ende bringen wollte. Der Italiener war stolz darauf, dass ihm Verhandlungen im Rennsport im Blut lagen. Noch bevor Ecclestone geboren war, hatte er seine Wagen an die italienische Grenze transportiert und sich geweigert, nach Frankreich einzureisen, bevor er nicht von den Veranstaltern des Rennens in Monaco ein anständiges Startgeld bekommen hatte – in bar. Ecclestones Bitte, den Meister zu treffen, war genauso wenig unerwartet wie Ferraris Annahme, dass jedes Treffen in seinem Büro stattfinden würde. Genauso wie der Papst erwartete, dass die Leute in den Vatikan kamen, erwartete Ferrari, dass Ecclestone nach Modena kam.

In den vergangenen drei Jahren war Ecclestone mit den anderen britischen Teams dann und wann nach Bologna geflogen, um Ferrari zu besuchen. Während des ausgezeichneten Mittagessens, für das Ferrari sorgte, wurde wenig über das Geschäft gesprochen. 1976 entstand großes Gelächter in der Runde, als Ferrari einen riesigen Parmesan, der als Aphrodisiakum galt, vor Ecclestone auf den Tisch stellen ließ, begleitet von der hörbar geflüsterten Bemerkung: »Das wird den kleinen Mann auf Touren bringen.« Als Höhepunkt nahm Ferrari seine beschwipsten Gäste – Ecclestone, Mosley, Chapman, Tyrrell, Mayer und Williams – mit zu seiner Teststrecke und lud sie ein, seine Rennwagen auszuprobieren, was besonders den früheren Fahrern gut gefiel. Anhand von hier und da aufgeschnappten Bemerkungen begriff Ecclestone, dass Ferrari Wagen und Motoren mehr respektierte als die Fahrer, von denen erwartet wurde, dass sie ihren Mut und ihr Können unter Beweis stellten. Zumindest konnten sie sicher sein, dass sie eine anständige Trauerfeier bekamen, wenn sie starben.

Insbesondere bewunderte Ferrari Colin Chapman. Der Gründer von Lotus war nicht nur ein begnadeter Ingenieur, sondern auch ein mutiger Mann. Kurz vor ihrer Ankunft in Italien hatte Ecclestone arrangiert, dass sie mit einer Cherokee von Biggin Hill nach Gatwick flogen. Nachdem Chapman gestartet war, gab es einen harten Schlag unten am Flugzeugrumpf. Als Ecclestone nach hinten schaute, sah er Telefonkabel wild durch die Luft schwingen. Schlimmer war, dass die Tür offen stand. »Die machen wir zu, wenn wir gelandet sind«, sagte Chapman lachend. Sie erinnerten sich beide nur zu gut daran, wie sie nach ihrem Besuch in Maranello im vergangenen Jahr bei Minustemperaturen durch dichten Nebel zurück zum Flughafen von Bologna gefahren waren, wo Ecclestones Maschine, eine Cessna Citation, auf sie wartete.

Ecclestones Pilot schüttelte den Kopf, als sie auf ihn zukamen. »Keine Starterlaubnis«, verkündete er. »Der Flughafen ist geschlossen, und ich habe für alle Hotelzimmer besorgt.« Ecclestone, der unbedingt nach London zurück wollte, sagte zu Chapman: »Nimm den Piloten mit zu seinem Flugzeug auf der Startbahn und zeig ihm, wie man startet.« Als Chapman zurückkam, schüttelte er ebenfalls den Kopf. »Das Einweisungsfahrzeug kann in diesem Nebel das Flugzeug nicht finden«, erklärte er. »Okay«, sagte Ecclestone, »wir setzen uns alle in die Maschine und stellen einen Motor an, damit uns warm wird.« Bei ihrer Suche im wabernden Nebel fand die Gruppe schließlich das Flugzeug, und Ecclestone überredete den Tower, die Landebefeuerung einzuschalten. »Machen Sie den anderen Motor an«, wies Ecclestone den Piloten an. »Nur damit uns warm bleibt«, fügte er hinzu. »Schau mal«, sagte Mosley, »wir können schon zwei Lichter sehen.« »Nein, drei«, erwiderte Ecclestone. »Los, starten Sie schnell«, befahl er. Auf Drängen seiner Passagiere jagte der Pilot die Maschine die Startbahn hinunter. Zwei Minuten später durchbrach die Citation den Nebel und flog in den blauen Himmel hinein. Ecclestone hatte sich als unschlagbar erwiesen.

Im nächsten Jahr flog Ecclestone am 16. Februar nur mit Mosley los, um Ferrari in Maranello zu treffen. Ihre Reise hatte einen ernsten Grund. Obwohl Ferrari kein Englisch sprach und Ecclestone kein Italienisch, war eine Verständigung zwischen beiden kein großes Problem. Ferrari verstand geschäftliche Belange in jeder Sprache, und es gab einen Übersetzer. Während sich die beiden Männer durch ihre getönten Brillen musterten, spürten sie eine gewisse Verbundenheit. Beide waren ehemalige Gebrauchtwagenhändler, Straßenkämpfer, die schnelle Autos und das Glücksspiel liebten. Beide hielten nichts von Großtuerei. Ferrari fuhr in einem alten Renault ins Büro, eine Geste, die der Besucher aus England schätzte, der seinen Mentor zu respektieren begann. Ferrari, der den Tod seines jungen Sohns im Jahr 1956 noch nicht überwunden hatte, tat nichts, um Ecclestone von dem Glauben abzubringen, er könne zum »Protegé des alten Mannes« werden. Ecclestone war besonders von der Verkaufstechnik Ferraris angetan. Bevor sie sich zusammensetzten, beobachtete Ecclestone, wie sein Gastgeber mit einem Kunden spielte, der einen Ferrari kaufen wollte. »Es gibt leider eine Warteliste von zwei Jahren«, sagte Ferrari. In der Werkstatt standen haufenweise unverkaufte Fahrzeuge, was Ferrari natürlich wusste, aber in den nächsten Minuten spielte er in Ecclestones Anwesenheit mit Hilfe seiner Angestellten dem Kunden das Ritual des von seinem Gewissen geplagten Verbündeten vor, der, um ihm gefällig zu sein, die Hoffnungen eines anderen Kunden zerstört, dessen Bestellung »betrüblicherweise mit Verspätung erledigt würde«. Als sich dann glücklich das Auto fand, bezahlte der dankbare Kunde den vollen Preis. Ferraris Charisma konnte seinen brutalen Egoismus kaum verbergen. »Sie reden zu viel über Geld«, warf Ferrari Ecclestone beim Mittagessen vor. Er klopfte auf den Tisch und verkündete: »Oben auf dem Tisch liegt der Sport, und das Geschäft liegt darunter.«

Obwohl Ecclestone nickte wie ein Schüler, glaubte Ferrari, er sollte seinen Rat noch anschaulicher machen. »Wenn Sie ein Bordell führen wollen«, sagte er, »hängen Sie schließlich auch kein großes Schild über den Eingang, auf dem ›Bordell‹ steht. Sie hängen ein Schild auf, auf dem ›Hotel‹ steht und richten das Bordell im Keller ein.« Ecclestone nickte wieder. Er erkannte, dass Ferrari sich selbst als Katze sah, während Ecclestone, Ugueux und der Rest die Mäuse darstellten. »Ich wusste, es würde ein Spiel sein«, erzählte Ecclestone später John Hogan, »und er war sehr gut. Er hat einen Verstand wie eine Stahlklammer. Man kann ihm nichts vormachen.« Ferrari war ähnlich misstrauisch. »Lass dich nicht zu sehr mit der FOCA und Ecclestone ein«, sagte er zu seinem Assistenten Piccinini. »Aber wir werden sie unterstützen.«

Die Kombination von FOCA und Ferrari überzeugte die Veranstalter, sich auf Ecclestones Seite zu schlagen. 1977 würden schließlich doch alle 17 Rennen stattfinden. Ugueux war geschlagen. Mosley schaute beeindruckt zu. Er begriff, dass Ecclestone stets alles sagen würde, was zweckdienlich war, und falls er durchschaut würde, fiele ihm schnell ein Ausweg ein. Ecclestones eigene Beschreibung war blumiger. »In meinen Auseinandersetzungen«, erklärte er, »ziehe ich schweigsame Ringkämpfe lärmenden Feldschlachten vor.« Sein Krieg mit der FIA war noch nicht zu Ende, so viel wusste er.

Ferraris Unterstützung war wichtig, aber Ecclestones gutes Verhältnis zu Enzo war gemessen an seinen Geschäftsinteressen sekundär, besonders was sein Bedürfnis anging, etwas gegen Brabhams dauernde Niederlagen auf den Rennstrecken zu unternehmen. Alles war schiefgegangen. Er hatte seine besten Fahrer verloren, und der Motor von Alfa Romeo war unzuverlässig. Sein Engagement war allerdings ungebrochen. Die Werkstatt von Brabham war aus den baufälligen Gebäuden in Weybridge in einen – vier Mal so großen – Hangar auf einem Industriegelände in Chessington verlegt worden. Um seine Chancen etwas zu verbessern, hatte Ecclestone Kontakt zu Niki Lauda aufgenommen. Er wusste, dass der Österreicher unzufrieden war. Seit Laudas Unfall bezweifelte Enzo Ferrari, dass er seine Verletzungen überwinden könne, und hatte den Weltmeister von 1975 zum zweiten Fahrer in seinem Team degradiert. Lauda äußerte den Verdacht, dass Ferrari ihn in der Überzeugung, er sei »am Ende«, »mental aufreiben und in den Ruhestand versetzen« wolle, weil »er nicht weiß, was er mit einem Titelverteidiger anfangen soll, der ein entstelltes Gesicht hat.« Was alles noch schlimmer machte: Ferrari weigerte sich, mit Lauda über sein Gehalt zu sprechen, obwohl er kurz davor war, die Weltmeisterschaft 1977 für sich zu entscheiden.

Als Ecclestone hörte, wie unglücklich Lauda mit seiner Situation war, lief er ihm absichtlich beim Rennen von Monza im Fahrerlager über den Weg. »Willst du bei Ferrari aufhören?«, fragte er. Lauda nickte. »Treffen wir uns im Park«, schlug Ecclestone vor. Man einigte sich auf die Bedingungen und besiegelte den Vertrag mit Handschlag. »Ich war glücklich darüber, dass mein Abschied Enzo Ferrari wie ein Schlag ins Gesicht treffen würde«, schrieb Lauda. »Ich hatte die Nase voll von Ferrari – Il Commendatore und seine ganze Gefolgschaft.« Die nächsten zwei Jahre sprach Enzo Ferrari kein Wort mit Lauda.

Lauda war mehr als ein mutiger Fahrer. Er war außerdem ein gerissener Geschäftsmann, der die harten Verhandlungen mit Ecclestone genoss. Zusätzlich interessant wurde Lauda dadurch, dass er Parmalat, den italienischen Hersteller von Milchprodukten, als Sponsor zu Brabham brachte. Dafür, dass das Unternehmen die zehn Millionen Pfund übernahm, die Brabhams jährlichen Etat ausmachten, erklärte Ecclestone sich bereit, die Wagen in Parmalats Farben Rot, Weiß und Blau umzuspritzen. Lauda war verblüfft über Ecclestones Verhandlungstechnik. »Er benutzt jede Ausrede, jede Halbwahrheit, um dem Gespräch eine neue Wendung zu geben. Er behauptet, weiß wäre schwarz – oder umgekehrt – und zwei plus zwei ergäbe fünf, was ihm gerade in den Sinn kommt ... Er dreht und windet sich in einem Maß, dass es in seiner Argumentation keinen roten Faden gibt, an den man sich halten kann. Wenn man allerdings eine Vereinbarung mit ihm getroffen hat, kann man sicher sein, dass die Abmachung bombensicher ist.«

Lauda kam zu Brabham, als Ecclestone und Gordon Murray sich gerade mit der neuen Werkstatt vertraut machten. Natürlich hatte Ecclestone einige Verbesserungen vorgenommen. Die Toilettenfenster waren zugemauert, Wände errichtet worden, und er hatte Zeitschalter installieren lassen, damit das Licht auf der Toilette nach zwei Minuten ausging. Er war wütend, als er entdeckte, dass seine Elektriker dieses Gerät mühelos überbrückt hatten. Außerdem hatte er die Jalousien an den Fenstern von Murrays Entwicklungsbüro fixieren lassen, sodass die Menge Tageslicht, die einfiel, seinen Bedürfnissen entsprach. Murray wurde nicht konsultiert. Ecclestones Büro gab nicht viel her – es enthielt einen großen Schreibtisch, einen Aktenvernichter und eine Sekretärin –, aber die

Aussicht hatte er verändert. Er ärgerte sich über einen Laternenpfahl auf der Straße und bat die Kommune, ihn zu versetzen. Er ließ sich durch einen abschlägigen Bescheid nicht davon abhalten, ein paar Arbeiter dafür zu bezahlen, dass sie die Straße aufrissen und den Betonpfahl aus seinem Blickfeld entfernten.

Murray war dabei, einen neuen Plan zu vervollkommnen. Der technische Wettbewerb zwischen den Teams ging inzwischen über Motoren, Bereifung und Kraftstoffanlagen hinaus. Jetzt konzentrierte sich das Interesse auf die Form der Wagen. In Anlehnung an Chapmans Experimente wurde die Geschwindigkeit durch ständige Veränderung der Aerodynamik erhöht, durch die das Gewicht des Wagens auf den Boden gedrückt wurde. Betrugsmöglichkeiten erreichten ein neues Niveau.

Weil klar war, dass das Gewicht des Wagens bei seiner Geschwindigkeit eine entscheidende Rolle spielte, waren die Wagen vor dem Rennen von den technischen Kommissaren gewogen worden. Zu Schummeleien kam es zwischen dem Wiegen und dem Rennen. Ecclestone erzählte immer wieder gern die Geschichte, wie Frank Williams' technischer Leiter 1975 in Monaco zu seinem Chef gerannt kam, um ihm zu sagen: »Ich habe gerade gesehen, wie Ecclestone Bleigewichte in seinen Brabham gelegt hat.« »Ich weiß«, erwiderte Williams, »aber bewahren Sie Stillschweigen darüber, weil ich sie ihm geliehen habe.« Seitdem konzentrierten sich die Fähigkeiten der Konstrukteure auf die Aerodynamik, um die Bodenhaftung zu verstärken. 1977 sahen die Bestimmungen vor, dass die Wagen nicht mit beweglichen aerodynamischen Vorrichtungen ausgestattet sein durften. Um diese Regel zu umgehen, hatte Colin Chapman Seitenschürzen an der Karosserie des Lotus angebracht, die Luft unter den Wagen führten und damit den Druck und die Geschwindigkeit des Wagens erhöhten. Seine Neuerung sorgte für Aufruhr und Proteste. »Regeln«, meinte Chapman, »sind dafür da, von klugen Männern ausgelegt und von Dummköpfen befolgt zu werden.« Murray ließ sich eine Antwort einfallen, die unter großer Geheimhaltung ausgeführt wurde. Manche mochten es als Betrug bezeichnen, andere würden sagen, er umgehe bloß die Regeln. Für die technischen Kommissare sah es so aus, als wäre der Brabham mit einem zweiten Ventilator zur Kühlung des Motors ausgestattet, aber in Wirklichkeit saugte der neue Ventilator Luft unter den Wagen und verstärkte dadurch seine Bodenhaftung.

Zum ersten Auftritt der neuen Vorrichtung kam es beim Großen Preis von Schweden in Anderstorp. Jean-Marie Balestre, der neu gewählte Präsident der FIA, wusste, dass jedes Treffen mit Ecclestone schwierig werden würde. Der Engländer verkörperte alles, was die Europäer hassten, und in seinem Programm hatte Balestre fest zugesagt, dass er die Kontrolle über die Formel 1 von der FOCA zurückgewinnen wolle. Ecclestones Reaktion bestand darin, dem makellos gekleideten Präsidenten einen besonderen Empfang in Schweden zu bereiten. Da er wusste, dass Balestre annahm, er würde das Wochenende in der Präsidentensuite des besten Hotels der Stadt verbringen, reservierte Ecclestone alle Zimmer und traf Vorkehrungen, dass Balestre auf der Wohnzimmercouch eines Privathauses in einem Vorort schlafen würde. Mit großem Vergnügen stellte er sich vor, wie Balestres Limousine vom Flughafen an dem Hotel vorbei in die Außenbezirke fuhr.

Lauda hatte auf der Rennstrecke seinen Worten zufolge keine Ahnung, womit Murray seinen Wagen ausgerüstet hatte. Entrüstet hörte er, wie Ecclestone anordnete, dass die Kraftstofftanks für die Trainingsrunden voll gemacht werden sollten. »Ich will die Poleposition gewinnen«, protestierte Lauda. »Mit vollem Tank ist der Wagen zu schwer.« »Halt den Mund und tu, was ich sage«, blaffte Ecclestone ihn an, dem klar war, dass seine Konkurrenten nichts von Murrays Neuerung erfahren durften. Lauda erreichte nur einen schlechten zehnten Platz. Am nächsten Tag wies Ecclestone ihn unmittelbar vor dem eigentlichen Rennen an: »Tritt das Gaspedal durch, wenn du merkst, dass die anderen in Schwierigkeiten sind. Mach dir keine Sorgen.« Lauda, der begriff, dass mit dem Wagen irgendwas Besonderes geschehen war, gehorchte. Als seine Rivalen plötzlich auf Ölpfützen ins Rutschen kamen, gab er Vollgas und gewann das Rennen. »Die Herausforderung bestand darin«, schrieb er später, »den Abstand zu den anderen nicht zu groß werden zu lassen.«

Ecclestones Konkurrenten ließen sich nicht täuschen. »Bernard hat uns übers Ohr gehauen«, sagte Colin Chapman zu Peter Warr.

Chapman hatte allen Grund, misstrauisch zu sein. Bis zu diesem Zeitpunkt hatte Lotus vier Rennen gewonnen und Ferrari zwei. Brabham hatte in dieser Saison noch keinen Sieg eingefahren. Dadurch, dass Herbie Blash die Inspektoren der FIA hinters Licht führte, indem er die Einlassöffnung mit dem Fuß verdeckte, wurde der Augenblick der Abrechnung kurzzeitig hinausgezögert. »Der Wagen entspricht den Regeln«, wurde Chapman von den Inspektoren mitgeteilt. »Bernard, ich finde deinen Wagen ganz toll, aber wenn der den Vorschriften entspricht, dann habe ich innerhalb der nächsten vier Rennen einen Wagen mit vier Ventilatoren.« »Okay, ich bin ein bisschen zu weit gegangen«, gab Ecclestone zu, aber er weigerte sich, einen Rückzieher zu machen. »Aber Bernard«, sagte Chapman, »wie kannst du Brabham gegen uns alle vertreten und gleichzeitig alle FOCA-Temas vertreten? Das ist ein Interessenkonflikt.« »Gib nicht nach«, drängte Murray Ecclestone. »Ich habe mehrere Monate daran gearbeitet.« Ecclestone war drauf und dran weiterzukämpfen, bis ihm schließlich klar wurde, dass er etwas aufs Spiel setzte, das wichtiger war. »Okay, ich ziehe den Wagen zurück«, räumte er zu Murrays Enttäuschung ein.

Um das finanzielle Potenzial der Formel 1 auszuschöpfen, machte Ecclestone seinen Einfluss bei Colin Chapman und Teddy Mayer geltend, um seine Tätigkeit als Manager der FOCA auf eine formale Ebene zu bringen. Er sollte, erläuterte er, offiziell als FOCAs Präsident und Geschäftsführer auftreten können. Chapman und die anderen waren auch der Ansicht, dass Ecclestone einen gewissen Status brauchte, um mit Balestre und den Rennstreckenbesitzern zu verhandeln, aber vor einer juristisch verbindlichen Verpflichtung schreckten sie zurück. Ihr informelles Einverständnis, Ecclestones Autorität anzuerkennen, sollte genügen. Sein Vorteil war es, dass sie nicht ganz verstanden, was da vor sich ging. Nur Mosley begriff richtig, dass Ecclestone die Übernahme plante. Nachdem er den March-Rennstall verkauft hatte, bot Mosley FOCA seine Dienste als Rechtsbeistand an. Man konnte sich auf den diplomatischen und intelligenten Juristen verlassen, wenn bei ihren nächtlichen Gesprächen guter Rat teuer war. Zur ersten Probe aufs Exempel kam es Anfang des nächsten Jahres in Südafrika.

Für das weiße Establishment, das von der internationalen Anti-Apartheids-Kampagne schwer gebeutelt wurde, bestätigte das Formel-1-Rennen in Kyalami das internationale sportliche Ansehen des Landes. Wenn er weiterhin den Großen Preis von Südafrika veranstalten wolle, so Ecclestone zu Louis Luyt, dem Organisator, würde ihn das 1979 mehr kosten. Nicht weniger als 350.000 Pfund. Widerwillig rückte Luyt das Geld raus. Ecclestone verstand sich nicht als Gegner der weißen Oberschicht Südafrikas und hatte auch keine Meinung über das rassistische Regime geäußert. Er war einfach unsentimental, was dessen Schwachstelle betraf. Ihm ging es ums Geld.

Auf den Rennstrecken lief es nicht so gut für Ecclestone. »Es funktioniert nicht«, beklagte sich Lauda bei Ecclestone und Murray. Seit seinem Sieg im Juni in Schweden hatte Lotus fast jedes Rennen gewonnen. In Monza übernahm Lauda nach dem Start die Führung, nur um dann mit anzusehen, wie Ronnie Peterson in seinem Lotus in eine Massenkarambolage verwickelt wurde. Während Hunt Peterson aus dem brennenden Wagen zog, lief Ecclestone zusammen mit Monzas Polizeichef Guiseppe Marrone zum Unfallort. Zu seiner Überraschung hatte die Polizei diesen mit einem bewaffneten Kordon abgeriegelt. Ein Polizist richtete seine Waffe auf den Engländer, um ihn am Weitergehen zu hindern. Als Monzas Polizeichef seinen Revolver zog, durften die beiden Männer passieren. Peterson starb am nächsten Tag nach einer Operation. »Wir werden hier erst wieder an den Start gehen, wenn ihr die medizinische Versorgung verbessert habt«, warnte Ecclestone die Verantwortlichen. Die Formel 1 wurde von zu vielen Todesfällen in Mitleidenschaft gezogen. Der einzige Trost war, dass Lauda zum Sieger erklärt wurde.

Zum Teil, um für seine Frustration Rache zu nehmen, forderte Lauda mehr Geld für die Saison 1979. »Zwei Millionen Dollar«, verkündete er, mehr als jeder andere Fahrer. »Bist du verrückt?«, erwiderte Ecclestone, wie zu erwarten war. Während ihrer Verhandlungen hörte Lauda, wie Ecclestone ihn an einem Tag wüst beschimpfte und am nächsten vergleichsweise versöhnlich war. Vier Monate lang weigerte sich Lauda nachzugeben: »Ich habe nur weiterhin meinen Preis wiederholt.« Mit einer schlechten Saison hinter sich begann er das Interesse am Rennsport zu verlieren. »Dem Finanzgenie eine Niederlage beizubringen macht eine Menge mehr Spaß als Rennen zu fahren«, dachte er sich. Lauda sah voraus, dass der für seine Geringschätzung der Fahrer bekannte Ecclestone zurückschlagen würde. Seine Methode war brutal. Um Laudas Alternativen zu beschneiden, telefonierte Ecclestone mit seinen Konkurrenten. »Dieser Lauda hat nicht mehr alle Tassen im Schrank. Er will zwei Millionen Dollar haben, aber bietet ihm nicht mehr als 500 Riesen.« Als Lauda sich bei Frank Williams und Teddy Mayer meldete, hörte er von ihnen die gleiche Antwort: »Es besteht keine Chance, dass ich auch nur mit Ihnen rede.« Ecclestone in die Quere zu kommen, das wussten sie, geschähe, in seinen Worten, »auf eigene Gefahr«. Lauda war empört. »Ecclestone ist mir immer einen Schritt voraus«, fluchte er. Schlimmer noch war, dass Ecclestone Lauda die kalte Schulter zeigte, weil es ihm Spaß machte, dem Fahrer zu beweisen, wer der Stärkere war.

Lauda hatte ein As im Ärmel. Brabham war auf die Sponsorship von Parmalat angewiesen. Nichts ahnend fuhr Ecclestone mit Lauda zum Stammsitz des Unternehmens nach Parma. Lauda hatte den Geschäftsführer von seinem Problem unterrichtet. Nachdem er der Erneuerung des Sponsorenvertrags zugestimmt hatte, fragte der Italiener Ecclestone: »Wer ist Ihr Fahrer?« »Niki«, antwortete Ecclestone. »Nein, das bin ich nicht«, schaltete Lauda sich ein. »Wir haben keinen Vertrag.« Ecclestone war ausgetrickst worden. Praktisch ohne eine Pause zu machen, sagte Ecclestone: »Ich habe mich bereit erklärt, Niki zwei Millionen Dollar zu zahlen.« »Du Arschloch«, beschimpfte er Lauda, als sie das Büro verließen. »*C'est la vie*, Bernie«, schmunzelte der Österreicher.

Gordon Murray wollte auch mehr Geld von ihm haben. Ford habe ihm eine hohe Summe angeboten, berichtete er Ecclestone, wenn er zu ihnen käme. Ecclestone wurde munter. Wie wenig Lust er auch dazu hatte, er würde einem Konkurrenten Paroli bieten müssen, wenn er Murray behalten wollte. Anstatt einer großen Gehaltserhöhung zuzustimmen, machte Ecclestone den verlockenden Vorschlag, Brabham zu verkaufen und den Gewinn aufzuteilen. Von Ecclestone beschwichtigt, lehnte Murray das Angebot von Ford ab und wartete auf den Verkauf. Zu Beginn der Saison 1979 in Buenos Aires wusste Ecclestone, dass Brabham keine Chance hatte, Ford, Ferrari oder Williams zu schlagen. Laudas und Murrays Enttäuschung würde wachsen. Um den Zusammenhalt der Gruppe zu verbessern, dachte er sich wilde Geschichten aus: waghalsige Kunststücke mit Hubschraubern oder Flugzeugen zu machen, Hotelzimmer mit Feuerlöschern zu überschwemmen und die Räder vom Wagen eines Konkurrenten abzumontieren. In seinen Träumereien am Pool wurde er von Andretti unterbrochen, dem amerikanischen Fahrer, der 1978 für Lotus die Weltmeisterschaft gewonnen hatte. »Ich gebe dir 1.000 Dollar, wenn du Bernie in den Pool schubst«, hatte Colin Chapman Andretti versprochen. Weil er sich vor den Konsequenzen fürchtete, trat Andretti an Ecclestone heran, der am Rand des Swimmingpools lag, und verriet ihm, was geplant war. »Wenn du mir die Hälfte abgibst, darfst du mich reinschmeißen«, erwiderte Ecclestone. Das war der einzige humorvolle Augenblick in Buenos Aires für ihn. Lauda schied nach acht Runden aus und Brabham schien gelähmt zu sein.

Ecclestone und Tuana waren von Kent nach London gezogen, obwohl sie die an das Farnborough House angrenzende Parklandschaft behalten hatten. Ihr neues Zuhause war eine Penthousewohnung am Albert Embankment mit einem herrlichen Ausblick über die Themse auf Westminster. Die Wohnung mit ihren acht Meter hohen Fenstern war kurzzeitig für Frank Sinatra angemietet worden, solange er in London arbeitete. Ecclestone baute das Apartment um, ließ den Wohnbereich schokoladenbraun anstreichen und stellte kleine japanische Skulpturen darin auf. Zu den Gemälden gehörten ein falscher Modigliani und Schnickschnack, den er während seiner regelmäßigen sonntäglichen Auktionsbesuche ersteigert hatte. Mit einem Kran wurde ein grüner Teppich für das große Schlafzimmer durch das Panoramafenster gehievt. Nach einer Woche gefiel Ecclestone der dunkle Farbton nicht mehr. Zwei Männer wurden herbeigerufen, und als er das Fenster geöffnet hatte, befahl er ihnen, den Teppich rauszuschmeißen. »Achten Sie darauf, dass niemand auf der Straße ist«, drängte Tuana, die überzeugt war, dass die ständige Umzieherei schließlich ein Ende gefunden hatte. In den Augen seiner alten Freunde hatte Ecclestones Geschmackswandel einige Kanten des aufdringlichen Gebrauchtwagenverkäufers abgeschliffen. Andere fanden seine Wohnung schrecklich, sie kam ihnen mehr wie ein Ausstellungsstück bei der Ideal-Home-Ausstellung vor. Seine Körpergröße, seine innere Ruhelosigkeit und seine Geheimnistuerei erregten Misstrauen unter jenen, die versuchten, ihn in eine Schublade zu stecken. Der Mangel an Informationen über sein Leben und seine Vergangenheit ließ schaurige Gerüchte entstehen. Die Wirklichkeit dahinter war oft eher banal.

Ecclestones Abneigung gegen Feiern und besonders Weihnachten hatte sich nicht geändert. Der Plan für Weihnachten 1979 sah vor, dass er und Tuana zusammen mit Oddjob, der Bulldogge, einen Truthahn aßen. Das Mittagessen verzögerte sich allerdings wegen Ecclestones schlechter Laune. Normalerweise ertrug Tuana geduldig seine Launen, aber bei dieser Gelegenheit ließ sie alles stehen und liegen – der Truthahn verbrannte im Backofen, die Töpfe kochten auf dem Herd – und marschierte aus der Wohnung. Allein gelassen und von ihrer ersten Rebellion überrascht, verfiel Ecclestone in Panik und versprach, sie nie wieder anzuschreien. Dies war ein seltener Sieg für Tuana – nur Oddjob gelang es manchmal noch, wenn er ab und zu krank wurde, den weichen Kern unter der harten Schale seines Herrchens sichtbar zu machen.

In geschäftlicher Hinsicht war es mit seiner Selbstbeherrschung allerdings nicht weit her. Brabhams schwache Vorstellung auf der Piste und die potenziellen Einkünfte von den Fernsehübertragungen der Rennen hatten seinen Konflikt mit dem französischen FIA-Präsidenten Jean-Marie Balestre verschärft. Ecclestone stand kurz davor, sich auf die nächste Etappe seiner außergewöhnlichen Reise zu begeben.

Ecclestone verärgerte Balestre. Während sich die finanzielle Lage der Formel 1 durch die zunehmende Sponsorentätigkeit der Tabakfirmen verbesserte, kamen als nächste Neuerung die Bewirtungszelte der Unternehmen hinzu. Sie standen im Fahrerlager und in Boxennähe verteilt und verbreiteten eine Karnevalsatmosphäre, die Ecclestone nicht gefiel. Dass die Fans und die »Boxenluder« um die Wagen herumtrampelten, widersprach seiner Ordnungsliebe, besonders in Silverstone, wo das Rennen 1979 von starken Regenfällen beeinträchtigt worden war und die Teams wertvolle Ausrüstungsgegenstände verloren hatten. Ecclestone hatte es als »katastrophal und zu teuer« bezeichnet, die britischen Veranstalter verflucht und gewarnt, dass die Zukunft der Formel 1 in Großbritannien in Frage gestellt sei. Die Veranstalter müssten die Zelte durch speziell gebaute Werkstätten mit fest installierten Wasser- und Stromleitungen ersetzen sowie für eine bessere medizinische Versorgung im Notfall sorgen. Über Schlendrian regte Ecclestone sich auf. Seine Lösung waren elektronische Eintrittskarten und der Versuch, Journalisten 5.000 Pfund für eine Jahreskarte abzuknöpfen. Ihm gefiel es, besorgte Anfragen nach Zugang zu den Boxen oder zum Fahrerlager abschlägig zu bescheiden. Wer sich über zunehmende Sterilität oder einen Verlust an Atmosphäre beklagte, wurde ignoriert. Balestre hatte vor, die Unabhängigkeit des Usurpators zu Beginn der Saison 1979 in Argentinien zu beenden.

Um seine Autorität über die Formel 1, die FOCA und Ecclestone wieder geltend zu machen, belegte Balestre John Watson, den Fahrer von McLaren, mit einer Geldstrafe von 3.000 Pfund, weil er angeblich zu Beginn des Rennens in Argentinien andere Wagen gefährdet hatte. Balestre hatte sich mit niemandem beraten und dem Fahrer auch keine Chance gegeben, sich zu verteidigen. Während die Teams zum nächsten Rennen in São Paulo unterwegs waren, planten Ecclestone und Mosley eine Machtprobe. Um sie wachzurütteln, hatte Ecclestone außerdem beschlossen, dem Rennen einen besonderen Reiz zu verleihen. Frank Williams schlug vor, Ronnie Biggs, den bekannten Verbrecher, zu einem Besuch der Rennstrecke einzuladen. 1963 hatte Biggs an dem berühmten Postraub teilgenommen und war nach seiner Flucht aus dem Gefängnis 1965 nach Australien und 1969 nach Brasilien geflohen. Herbie Blash wurde mit der Einladung zu Biggs' Haus geschickt. Er berichtete, dass Biggs Frank Williams kannte, aber von Ecclestone nie gehört hatte und an der Formel 1 nicht interessiert war. Er lehnte die Einladung ab. Trotzdem wurde ein Umschlag mit zwei Eintrittskarten für den Flüchtling an der Rezeption des International Hotel hinterlegt.

Viele Mitarbeiter der Formel 1 glaubten, es müsse eine Verbindung zwischen Ecclestone und Biggs geben, als sie den Namen des letzteren in Großbuchstaben auf dem Umschlag geschrieben sahen. Das trug zweifellos zu der Partystimmung bei, als sie sich am Vorabend des Rennens auf den Weg zum Swimmingpool machten. Ecclestone hatte 20 bezaubernde Brasilianerinnen zusammengetrommelt, die alle in einem knappen Bikini mit den Farben ihres jeweiligen Rennstalls über den »Laufsteg« marschieren sollten. Ecclestone ernannte sich selbst zum Vorsitzenden der Jury, die über den »Miss Grand Prix«-Wettbewerb entscheiden sollte. »Abstimmung«, rief Ecclestone und sammelte die Stimmzettel ein. Nach einem wohlüberlegten Blick steckte er die Zettel in seine Hosentasche. »Miss Brabham ist die klare Gewinnerin«, verkündete er ohne die geringste Verlegenheit.

Am nächsten Morgen lud Mosley Balestre unmittelbar vor dem Start des brasilianischen Grand Prix' zu einem Treffen mit ihm und Ecclestone in einem Raum im Souterrain des Interlagos-Stadions ein. In fließendem Französisch eröffnete Mosley Balestre, dass die Teams zu dem Rennen erst antreten würden, wenn John Watson eine Teilnahmegenehmigung erhielte, ohne die Strafe bezahlen zu müssen. Balestre protestierte empört. Ihr Gegenüber war verwirrt und die Machtprobe erreichte ihren Höhepunkt, als Mosley hinzufügte, die brasilianischen Veranstalter seien mit dem Boykott einverstanden. Balestre kapitulierte hilflos. Nach dem Ende des Rennens, das Jacques Laffite in einem Ligier mit einem Fordmotor gewann, warteten die Teams im Intercontinental darauf, ausgezahlt zu werden. Schließlich trafen zwei Lastwagen mit 60 Müllsäcken voller Banknoten ein. »Wir können das ganze Zeug nicht zählen«, sagte Blash. »Messen wir es doch. 30 Zentimeter sind rund 500 Pfund.« »Bernard hat der Formel 1 ein Gefühl von Selbstachtung verliehen«, sagte Frank Williams zu seinen Rivalen, während sie von brasilianischen Mädchen umgeben am Swimmingpool saßen. »Er hat schnell reagiert, und die Renneinnahmen steigen.«

Williams und seine Mechanikergenossen durchschauten den Machtkampf nicht völlig, den Ecclestone aufgenommen hatte. In Einzelverhandlungen erzielte er höhere Antrittsgelder von jeder Rennstrecke. Falls die Veranstalter zögerten, auf seine Forderung einzugehen, erwähnte er die Möglichkeit, das Rennen in einem anderen Land stattfinden zu lassen. Um diese Enttäuschung zu vermeiden, hatten die Argentinier ihr Startgeld widerwillig erhöht, aber Ecclestone hatte den schwedischen Grand Prix abgesagt. Balestre war unsicher, welche Taktik sein Feind verfolgte. In Kyalami – wo das Rennen nach Brasilien stattfand – setzte sich Balestre schwitzend neben Ecclestone in den Schatten eines Baums, um sich mit ihm über ein Entgegenkommen zu verständigen. Trotz seiner Niederlage in Brasilien bemühte er sich darum, die Kontrolle der FIA wiederherzustellen, aber er musste feststellen, dass Ecclestone all seinen Kompromissvorschlägen gegenüber taub blieb. Balestre explodierte und beschuldigte den Engländer neben ihm, er habe von sich und den britischen Teams eine zu hohe Meinung. »Ihr seid nur kleine Männer, die mit ihrem Spielzeug spielen«, sagte Balestre, »und in Werkstätten an Autos rumbasteln. Für wen haltet ihr euch eigentlich? Der Rennsport gehört nicht euch. Eure Gruppe ist nur ein Haufen von Niemanden, die uns anderen auf der Tasche liegen.«

Balestres Schimpftirade ließ seine Schwäche erkennen und reizte Ecclestones Geschmack an Konfliktsituationen, der für ihn zum Geldverdienen notwendig dazugehörte, aber sein Endziel war alles andere als klar. Ecclestone war kein weit vorausschauender Stratege, der von präzisen Visionen eines Imperiums motiviert wurde, sondern ein Taktiker, der sich ein ansehnliches Einkommen zu sichern suchte, indem er die Rennen für Briten organisierte, die genauso dachten wie er. Wie er wollten sie sich nichts von einem aufgeblasenen Franzosen vorschreiben lassen. Dass er dessen Wutausbruch provozierte, bestätigte seinen Erfolg, aber was dabei am Ende herauskam, blieb ungewiss.

Andere nahmen Ecclestones Streitlust zu persönlich. Lauda fühlte sich durch ihre Auseinandersetzungen ausgelaugt. »Ich bin völlig erschöpft«, erzählte er seinen Freunden. »Nach einem Streit mit Bernie habe ich keine positiven Emotionen mehr.« Kurz vor dem Ende der Saison saß er müde in seinem Brabham in Montreal. In den vorausgegangenen 13 Rennen hatte sein Wagen wegen seines äußerst anfälligen Motors nur zweimal die Ziellinie überquert. Durchnässt von dem »nebligen und beschissenen« kanadischen Wetter versank er in Trübsinn. »Die Blase ist geplatzt«, sagte er sich. Nach der Hälfte der Trainingsrunden kam er an die Boxen zurück und suchte Ecclestone in seinem Wohnmobil auf. »Ich habe die Nase voll«, sagte Lauda zu seinem Arbeitgeber. »Ich fahre keine Rennen mehr.« »Du musst total übergeschnappt sein«, erwiderte Ecclestone. »Du hast gerade einen Vertrag über zwei Millionen Dollar unterschrieben.« »Ich habe keine Lust mehr, im Kreis zu fahren«, sagte Lauda. »Ich möchte andere Dinge in meinem Leben machen.« »Denk noch mal drüber nach«, drängte Ecclestone ihn mit ausdruckslosem Gesicht. »Ich möchte, dass du die richtige Entscheidung triffst.« »Ich habe mich entschieden«, sagte Lauda. »Okay, dann lass mir deinen Helm und deine Lederkombi hier.« »Warum?«, fragte Lauda. »Weil dein Ersatzmann keins von beiden haben wird.« Ecclestone lief ins Fahrerlager und stieß auf den Argentinier Ricardo Zunino, der zum Zuschauen gekommen war. »Sie sind engagiert«, sagte Ecclestone zu dem Südamerikaner, der im anschließenden Rennen einen beachtlichen siebten Platz belegte. Lauda war bereits am Vorabend von Montreal nach Long Beach geflogen, um eine DC 10 für seine neue Fluglinie zu kaufen.

Auf der Suche nach einem neuen Fahrer bot Ecclestone Jackie Stewart 2,5 Millionen Dollar für eine Saison. Stewart hatte sich sechs Jahre zuvor aus dem Rennbetrieb zurückgezogen und schlug das Angebot aus. Schließlich entschied Ecclestone sich für Nelson Piquet, einen 26-jährigen Brasilianer, den er 1977 in Monza kennengelernt hatte. Der Brasilianer war mit einem Vertrag in der Hand in sein Wohnmobil gekommen, den er für ein Formel-3-Rennen unterzeichnen wollte. »Würden Sie den mal für mich durchsehen?«, fragte er. »Wenn Sie auch nur ein bisschen was taugen«, sagte Ecclestone, nachdem er das Schriftstück gelesen hatte, »wird es Ihnen leid tun. Falls Sie das hier unterzeichnen, sitzen Sie drei Jahre in der Falle.« In ungewöhnlich lesbarer Handschrift hängte Ecclestone sodann eine Rücktrittsklausel an, die ihm ein Jahr später die Möglichkeit eröffnete, Piquet einen Vertrag für das letzte Rennen der Saison 1978 vorzulegen. »Schreiben Sie auf den Vertrag: ›Gelesen und zur Kenntnis genommen‹, wies Ecclestone Piquet an, bevor er das einzige Exemplar anschließend in seinem Aktenkoffer versenkte. »Übrigens«, fügte er hinzu, als wäre ihm der Gedanke erst gerade gekommen, »ich zahle Ihnen 50.000 Dollar.«

In Ecclestones Welt waren wenige Menschen unentbehrlich, und niemand bekam einen Penny mehr als unbedingt nötig. Lauda konnte ersetzt werden, aber Gordon Murray war etwas anderes. Ecclestone brauchte Hilfe, um Brabhams Probleme zu beheben, und wie üblich bestand die beste Lösung darin, den Konstrukteur eines Konkurrenten abzuwerben, der ein paar neue Ideen hatte. Engagiert wurde der Neuseeländer Alastair Caldwell, der zwölf erfolgreiche Saisons bei McLaren hinter sich hatte. Von Beginn an erkannte Caldwell, dass er und Ecclestone »sich gegenseitig umkreisten und wussten, dass es nicht lange dauern würde«. Er stellte fest, dass die Atmosphäre in der Brabham-Zentrale in Chessington ungewöhnlich genügsam war. Um Geld zu sparen, hatte Ecclestone Geräte zur Teezubereitung verboten, weil Mechaniker, die Tee tranken, nicht arbeiteten. Er war weiterhin fanatisch, wenn es um das Ausschalten des Lichts ging. Als Caldwell Neonlampen installierte, weil die technischen Zeichner Schwierigkeiten hatten, ihre Zeichnungen zu sehen, schaltete Ecclestone sie aus. Caldwell schaltete sie wieder ein. Ecclestone explodierte. Verärgerung ging einher mit dem Bemühen, die Dinge unter Kontrolle zu halten. Er war nicht unglücklich darüber, dass Caldwell Zeuge eines weiteren Wutausbruchs wurde, als Ecclestone bei der Rückkehr zu seiner Wohnung am Albert Embankment bemerkte, wie ein Jaguar auf seinen reservierten Parkplatz fuhr. Als der Fahrer »Bis gleich« sagte und verschwand, fuhr Ecclestone direkt in den Jaguar hinein. Anschließend stieg er aus, ging hoch zu seiner Wohnung, um eine Tasche zu holen, und kam wieder zurück. Ohne ein Wort zu sagen, ging er an dem ungläubig seinen schwer beschädigten Wagen anstarrenden Besitzer vorbei und fuhr weg. Jahre später würde Ecclestone abstreiten, dass sich dieser Vorfall zugetragen hatte, aber er hatte nichts dagegen, dass die Behauptung publiziert wurde.

Ecclestones Ärger hing auch mit seiner Enttäuschung über Caldwell zusammen. Beim kanadischen Grand Prix 1980 hatte sich Caldwell Ecclestones Anweisung widersetzt, vor dem Rennen den überbeanspruchten Motor des in den Trainingsrunden eingesetzten Fahrzeugs auszutauschen. Nachdem Piquet mit seinem Wagen einen Unfall gebaut hatte, musste er den Wagen mit dem schwächeren Motor nehmen und schied aus. Das nächste Mal gerieten sie beim brasilianischen Grand Prix aneinander. Ecclestone wollte Regenreifen nehmen, aber Caldwell bestand auf Slicks. Piquet führte, bis es zu regnen anfing, und dann verlor er das Rennen. Brabhams Schicksal nahm keine Wende zum Besseren. Ecclestones Ansicht nach lag das daran, dass Caldwell sich nicht genug engagierte. 1981 würden sie im Streit auseinander gehen, nicht zuletzt ging es dabei um Caldwells Prämie. »Er ist ein missgünstiger, nicht ausgefüllter, kleiner Blödmann«, fluchte Caldwell, »dessen richtiger Name Ecclestein ist und dessen Vater wahrscheinlich Eigner eines Fischdampfers im Wert von mehreren Millionen Pfund war, und er hat die Grand-Prix-Teams um Milliarden betrogen.« Auf Caldwell und andere Kritiker machte es den Eindruck, als bereichere sich Ecclestone durch unsaubere Geschäfte. Sie bezogen sich dabei vor allem auf seine Verkäufe von in England hergestellten Avon-Reifen gegen Bargeld an die einzelnen Rennställe. Der Franzose Jean-François Mosnier transportierte die Reifen quer durch Europa zu den Rennstrecken, nahm das Bargeld in Empfang und deponierte die Einnahmen auf verschiedenen Bankkonten. Gerüchten zufolge betrieb Ecclestone einen steuerfreien Nebenjob. Nach Mosniers Tod infolge einer Krebserkrankung schien Ecclestone die Transaktion ungern erklären zu wollen. »Jean hat das Geschäft für mich geführt«, sagte er. »Er hat alles getan, was getan werden musste. Wenn Geld hereinkam oder ausgegeben werden musste, hat er sich darum gekümmert.« Eine Erklärung für die ungewöhnliche Abwicklung ›Reifen gegen Bargeld‹ lautete, die Teams würden nicht bezahlen, wenn er ihnen Kredit einräume. Aber gelegentlich zog Ecclestone es vor, Missverständnisse nicht aufzuklären. Er war instinktiv verschwiegen und verwirrte Fragesteller gerne, indem er der Formel-1-Bruderschaft einen geheimnisvollen Nimbus verlieh. Was nur dazu diente, seinen Einfluss noch zu verstärken. Ungewissheit war eine Barriere, die eifersüchtige Konkurrenten daran hinderte, herauszufinden, wie viel er durch die FOCA verdiente. Und während er immer reicher wurde, förderte er abstruse Geschichten, um von der Wahrheit abzulenken.

Ein paar konkurrierende Gebrauchtwagenverkäufer konnten nicht verstehen, wie einer aus ihrer Mitte so reich hatte werden können. Es kam eine Geschichte in Umlauf, der zufolge Roy »Das Wiesel« James, ein ehemaliger Formel-3-Fahrer, der einen Fluchtwagen beim großen Postüberfall gesteuert hatte, mit Ecclestone verbunden war. Kombiniert mit Anekdoten über den Umschlag mit Eintrittskarten für Ronnie Biggs an der Hotelrezeption in Brasilien, entstand das wilde Gerücht, Ecclestones Reichtum hinge vielleicht direkt mit dem Postraub zusammen und er sei möglicherweise der Drahtzieher im Hintergrund gewesen. Da sogar die Polizei nicht glauben konnte, dass der Überfall von der Bande organisiert worden war, die sie so leicht verhaftet hatten, wurde Ecclestone als ein möglicher »Mr. Big« bezeichnet.

Die Beziehung von Roy James zu Ecclestone hatte im Jahr 1970 begonnen. In einem Brief aus dem Parkhurst-Gefängnis vom 6. September hatte sich James Graham Hill als früherer Rennfahrerkollege vorgestellt und angefragt, ob er nach seiner Entlassung wieder im Rennsport einsteigen könne. Als er seine Gefängnisstrafe drei Jahre später abgesessen hatte, nahm James Kontakt mit Hill auf, der seine Bitte an Ecclestone weiterleitete, seinen damaligen Arbeitgeber. Daraufhin arrangierte dieser eine Testfahrt für James, deren Ergebnis allerdings Ecclestones Vorbehalte bestätigte: James war zu alt. Doch zum Ausgleich vereinbarte Ecclestone ein weiteres Treffen mit ihm, bei dem er erfuhr, dass James Silberschmied war, woraufhin er bei ihm eine silberne Trophäe für die Formel 1 in Auftrag gab. Die Bedeutung dieser kurzen Bekanntschaft wurde mehr und mehr aufgebläht und führte zu der Unterstellung, dass Ecclestones Reichtum eindeutig von dem Raubüberfall herrühren müsse. Dem ersten Journalisten, der über diese Verbindung berichtete, ließ Ecclestone eine Unterlassungsklage zustellen. Diese drakonische Maßnahme befeuerte weitere Mutmaßungen, und Ecclestone begann spitzbübisch seinen wachsenden Bekanntheitsgrad zu genießen. Aus der Antwort, die er entwarf – »Warum sollte ich einen Zug überfallen, in dem sich nur eine Million Pfund befindet? Das ist nicht mal genug, um einen Fahrer zu bezahlen. Ich nehme an, es schadet nichts, wenn Leute solche Sachen denken« –, ging nicht hervor, dass er etwas gegen einen Ruf als finsterer harter Mann einzuwenden hätte. Es gefiel ihm ganz gut, dass ein Freund einer Zeitung erzählte: »Schreibt keine Geschichten, über die Bernie sich ärgert, weil ihr andernfalls in einem der Pfeiler für die neue Verbreiterung der M4 landen könntet.« Das Bild erfüllte seinen Zweck beim nächsten spanischen Grand Prix, ein Jahr nach seinem Streit mit Balestre in Südafrika. Wie derselbe Freund sagte: »Bernie kennt alle Tricks. Er hat alles erreicht, indem er jeden anderen überlistet hat.«

5 HARTER MANN

Am 1. Juni 1980 erklärte Bernie Ecclestone Jean-Marie Balestre an der Jarama-Rennstrecke in Spanien den Krieg. Bewaffnete Polizisten, die auf Ecclestones Wunsch und mit König Juan Carlos' Zustimmung hergeschickt worden waren, traten dem FIA-Präsidenten gegenüber, um die Kontrolle über die Strecke zu behaupten.

Ecclestones Freude an der Auseinandersetzung wurde nur von der übertroffen, die Max Mosley empfand. Balestre hatte Geschmack daran gefunden, auf FIA-Kosten in einem Rolls-Royce herumzufahren, in den Präsidentensuiten der besten Hotels zu übernachten und so viele Eintrittskarten für seine Freunde abzugreifen, wie er nur wollte, und das erregte Ecclestones und Mosleys Zorn. Vielleicht hätten beide Männer Balestres persönliche Vorlieben toleriert, wenn er nicht die technischen Regeln der FIA zugunsten der nicht-britischen Rennställe manipuliert hätte. Seine unverhüllte Voreingenommenheit ging vor allem Mosley gegen den Strich. Drei Monate zuvor hatte Mosley in Kyalami dafür gesorgt, dass ein südafrikanischer Funktionär Balestre mit physischer Gewalt vom Siegerpodium entfernte. »Was hatte er da auch zu suchen?«, fragte Mosley gereizt und wischte die von Balestre impulsiv verkündete Vergeltungsmaßnahme beiseite, er werde im nächsten Jahr das Rennen in Südafrika aus dem Kalender streichen. »Machen Sie sich keine Sorgen«, versicherte Mosley dem Veranstalter vor Ort. »Bis dahin haben wir gewonnen.« Drei Monate später fühlte sich Mosley bestätigt, als er Balestres Demütigung durch die bewaffnete spanische Polizei mit ansehen durfte. Bei dem Kampf, den er und Ecclestone führten, ging es nicht um den Kern des Rennsports, sondern – unter dem Vorwand der technischen Regeln – um Macht und Geld.

Die Formel 1 ist nicht nur ein Wettbewerb zwischen Fahrern, sondern auch zwischen Ingenieuren. Wenn Ferrari gegen die britischen Teams antrat, maßen sich gleichzeitig auch die besten Konstrukteure aneinander. Technische Entwicklungen waren Enzo Ferraris Lebensinhalt, und bis 1981 waren die britischen Teams wegen ihrer leichteren Wagen in Kombination mit ihren aerodynamischen Schürzen im Vorteil. Um das Steuer herumzureißen, hatte Enzo Ferrari einen Turbomotor entwickeln lassen, der den traditionellen Cosworth-Motoren, wie die Briten sie benutzten, überlegen war.

»Ferrari hatte immer die stärkeren Motoren und mehr Geld«, beklagte sich Ecclestone, der den Fehler begangen hatte, von Cosworth zu Alfa Romeo zu wechseln, um gegen Ferraris Zwölf-Zylinder-Motoren eine Chance zu haben. »Das hat nicht funktioniert«, gab Ecclestone zu, der sich eingestand, dass die britischen Teams nicht genug Geld hatten, um die Entwicklung von Turbomotoren zu finanzieren. Balestre hatte eine Vorschrift erlassen, wonach Schürzen verboten waren und alle Formel-1-Wagen nach 1981 schwerer sein mussten – was notwendig war, wenn sie mit Turbomotoren ausgestattet waren. Für Ecclestone waren Balestres Motive durchsichtig. Die kostspielige Neuerung war auf Ferraris Wunsch eingeführt worden, und Renault, Frankreichs größter Autohersteller, profitierte ebenfalls davon, während die FOCA-Mitglieder darunter litten. Wie üblich hatte Enzo Ferrari mit Hilfe einer plumpen Politik und emotionaler Manipulation Balestre fasziniert und den Franzosen dazu veranlasst, mehr abzubeißen, als er kauen konnte.

Ferrari hatte deswegen wenig Grund, Ecclestone zu lieben. Lauda war zu Brabham gewechselt, und weil Ecclestone die britischen Teams organisierte, stand Ferrari McLaren und Williams isoliert gegenüber, deren Boliden die besseren Karosserien hatten. Obwohl er seinen Teamleiter Marco Piccinini anwies zu behaupten, bei dem Streit ginge es um den Turbomotor und nicht um Ecclestones Versuch, die Kontrolle über die Formel 1 zu übernehmen, nutzte Ferrari während vieler animierter Gespräche über Frauen, Essen und Politik geschickt seine natürliche romanische Verbundenheit zu Balestre, um ihn zu weiterem Widerstand gegen Ecclestone zu ermuntern. Gleichzeitig aber erwähnte Ferrari in emotionalen Augenblicken, dass seine Begegnung mit Ecclestone »schicksalhaft« gewesen sei, was diesen zu der Erwiderung verleitete: »Enzo ist immer auf meiner Seite gegen Balestre. Er spürt, dass ein Stück von mir in ihm ist, das Balestre nicht hat.« Ein »Stück« war Ecclestones Ehrgeiz, eine dominierende Rolle im Rennsport zu spielen und genau die Kommerzialisierung zu betreiben, die Balestre ablehnte. Unter den widerstreitenden Beziehungen im Zentrum der Formel 1 konnte die Eitelkeit eines jeden geduldet werden, solange Ecclestone keine Bedrohung seiner geschäftlichen Ambitionen witterte. Wie jeder wahre Straßenkämpfer akzeptierte Ecclestone, dass Balestre die legitimen Interessen der FIA wahrte, aber wenn es um sein eigenes Schicksal ging, würde er alles daran setzen, ihm eine umfassende Niederlage beizubringen.

Seit ihrem Streit unter dem Baum in Kyalami hatte Balestre nicht nur zum wiederholten Mal Ecclestones Rat ignoriert, sich zurückzuziehen, sondern in der Woche vor dem Rennen in Jarama versucht, die Kontrolle über die Formel 1 wiederzugewinnen, indem er die Fahrer britischer Teams für kleinere Verstöße gegen FIA-Vorschriften mit Geldstrafen belegte. Genüsslich verkündete Ecclestone, dass die Bußgelder nicht bezahlt würden. Daraufhin drohte Balestre, die Fahrer für alle Formel-1-Rennen mit einer Sperre zu belegen, und um sein Verbot durchzusetzen, sicherte er sich die Unterstützung von zwölf nationalen Automobilclubs, die als Gastgeber von Formel-1-Rennen fungierten. Die erste Sperre würde sofort in Jarama in Kraft treten. Ecclestone konterte damit, einen Boykott aller FIA-Rennen anzudrohen.

Am Abend vor dem Rennen in Jarama nahm Mosley Kontakt mit Balestre auf und schlug vor, sich am nächsten Morgen um sieben Uhr in seinem Büro an der Rennstrecke zu treffen. Mosleys bescheidene Art bestärkte den Franzosen in der Überzeugung, dass die Engländer kapitulieren würden. Zur gleichen Zeit vereinbarte Ecclestone persönlich mit König Juan Carlos, mit dem ihn eine persönliche Freundschaft verband, dass das Rennen nur gestartet würde, wenn die FOCA-Teams daran teilnahmen. Mit dieser Zusicherung in der Tasche kamen Mosley und Ecclestone zu dem Treffen mit Balestre. Mit Mosley als Dolmetscher artete das Gespräch rasch in einen Streit aus, bis Ecclestone seine Trumpfkarte ausspielte: Die FOCA und nicht die FIA besäße die Exklusivrechte für die Rennen in Jarama und auf den meisten anderen nationalen Rennstrecken, die von der Formel 1 genutzt wurden. Balestre weigerte sich hartnäckig, Ecclestone zu glauben. »Er ist ziemlich aufgebracht«, flüsterte Mosley Ecclestone zu. »Soll ich ihn jetzt verarschen?« »Wirf seinen Tisch um«, antwortete Ecclestone. Der Anwalt gehorchte, und als Balestres Papiere in dem Durcheinander zu Boden segelten, schnappte sich Ecclestone die kostbare Liste mit den zwölf Ländern, die die FIA unterstützten. »Ich kann meine Papiere nicht finden«, schrie Balestre, der den Haufen hektisch durchwühlte und keine Ahnung hatte, dass sich seine Liste längst in Ecclestones Tasche befand. »Das Rennen ist abgesagt«, rief Balestre. »Das werden wir sehen«, flüsterte Ecclestone.

Auf Ecclestones Bitte wurden FIA-Funktionäre von der spanischen Polizei mit vorgehaltener Waffe von der Rennstrecke entfernt. Ecclestone lief zwischen den zum Start aufgestellten Wagen umher und befahl auch jenen Fahrern, die Angst hatten oder verwirrt waren, zum Rennen anzutreten. Zwölf Teams unterhielten die Menge, aber drei Rennställe – Ferrari, Renault und Alfa Romeo – verweigerten die Teilnahme. Das Ergebnis war unwichtig, da Ecclestone erklärte, das Rennen werde für die Weltmeisterschaft nicht gewertet. Balestres Sanktion konnte ruhig hingenommen werden, fand Ecclestone. Seine Euphorie hielt nicht lange an. In den Tagen nach dem Rennen drohten einige Sponsoren, die sich über die Abwesenheit von Ferrari und niedrige Einschaltquoten im Fernsehen beklagten, ihre Beteiligung zurückzuziehen. Die aufsässige Stimmung bestärkte Balestre in seiner Überzeugung, er könne Ecclestone schlagen. Für Ecclestone war ein Rückzug undenkbar. Allerdings brauchte er angesichts der unzufriedenen Sponsoren, der uneinigen Teams und des Risikos, dass zwölf Veranstalter Balestre die Stange hielten, einen raschen Sieg.

Im Anschluss an das spanische Debakel war Balestre mit einem Privatflugzeug nach Athen geflogen. Der Franzose behauptete, vom Weltverband und den Autoherstellern unterstützt zu werden. »Er hält alle Karten in der Hand«, meinte Mosley. Ecclestone weigerte sich, eine Niederlage auch nur in Erwägung zu ziehen. Lachend erinnerte er Mosley an das Angebot, das ihnen drei Monate zuvor in Rio eine Gruppe brasilianischer Gangster gemacht hatte: zwei Männer nach Europa zu schicken, die Balestre umbringen sollten. Die Gangster hatten ihnen versichert: »Sie sind wieder zurück, bevor irgendjemand was davon mitbekommen hat.« »Nein, danke«, hatten beide sofort geantwortet. »Entweder du bist ein Verbrecher oder du bist keiner«, sagte Ecclestone später zu Mosley.

Auf den Spuren ihres Opfers stellten die beiden Männer fest, dass es keine kommerziellen Flüge nach Athen mehr gab. Nach einiger Mühe ergatterten sie zwei Plätze in einem Privatflugzeug und kamen abends in Athen an. Sie kamen im selben Hotel wie Balestre unter, und ihr einziger Plan bestand darin, eine Schwachstelle im Konzept des FIA-Präsidenten zu finden. »Er wird dir nie verraten, welches Blatt er in der Hand hat«, erklärte Ecclestone Mosley. »Du musst es ihm entreißen.« Durch eine diskrete Zahlung an die für den Telex-Apparat zuständige Angestellte sicherten sie sich eine Kopie jeder Nachricht, die Balestre aussandte und erhielt. Die Telexe ließen erkennen, dass Balestre sich bei der Organisation seiner Kampagne um ein Bündnis mit Colin Chapman bemühte. Balestre schlug ein Treffen in Le Mans vor, bei dem besprochen werden sollte, dass Chapman Ecclestone als Präsident der FOCA ersetzte. Falls Chapman einverstanden sei, schrieb Balestre, würde er bei der FIA durchsetzen, dass Schürzen an den Wagen wieder erlaubt seien. Ecclestones Vorahnungen bestätigten sich bald. Chapman akzeptierte das Angebot per Telex und erklärte sich bereit, sofort mit Balestre zu Enzo Ferrari zu fliegen, um das Abkommen zu besiegeln. Am nächsten Tag sahen Ecclestone und Mosley, wie Balestre das Hotel verließ, um nach Le Mans zu fliegen. Ecclestone befürchtete das Schlimmste. Anders als die anderen Rennstallbesitzer misstraute Chapman Ecclestones Motiven und hatte gute geschäftliche Gründe, Balestres Partei zu ergreifen.

In Athen gestrandet, versuchte Ecclestone mit Chapman Kontakt aufzunehmen. Ihm war klar, dass er Chapman überreden musste, mit ihm gegen Balestre gemeinsame Sache zu machen. Zu seiner großen Erleichterung kam Chapman in Le Mans ans Telefon, kurz bevor er seine Maschine bestieg. In diesem entscheidenden Moment vermutete Ecclestone, dass die Chancen gleich standen. »Er wird dich reinlegen«, sagte er zu Chapman. »Er wird niemals Schürzen zulassen.« Dann begann er die technische Genialität der Lotus-Konstruktionen zu rühmen und schmeichelte Chapmans Eitelkeit. »Es wäre blöd, nach Italien zu fliegen. Wir sitzen alle in einem Boot. Wenn wir nicht zusammenhalten, gehen wir unter.« Am Ende des Gesprächs erinnerte Chapman daran, dass sich ihre geschäftliche Situation dank Ecclestone verbessert hatte und dass man ihm trotz seiner Selbstherrlichkeit vertrauen konnte. »Mach dir keine Sorgen wegen Enzo«, versicherte Ecclestone Chapman. »Er wird sich zurücklehnen und erst dann Stellung beziehen, wenn ihm nichts anderes übrig bleibt.« Der Flug nach Italien wurde storniert.

Um aus diesem kleinen Sieg Kapital zu schlagen, ging Ecclestone auf Konfrontationskurs und verkündete, dass die FOCA-Teams sich weigerten, beim französischen Grand Prix im Juni an den Start zu gehen. Er wusste, dass Balestre dadurch in seinem eigenen Land ernsthaft in Verlegenheit gebracht würde. Der FIA-Präsident war bereits beunruhigt, weil ein Kriegsfoto von ihm in SS-Uniform unter einem Bild von Adolf Hitler aufgetaucht war. Um nahe liegende Schlussfolgerungen zu unterdrücken, verklagte Balestre verschiedene Zeitungen wegen Verleumdung. Er behauptete, undercover für die Resistance gearbeitet zu haben, aber leider waren alle französischen Mitverschwörer, die seine Geschichte hätten bestätigen können, bereits tot. Zu diesem Zeitpunkt brauchte Balestre keine weiteren Probleme in Frankreich, sodass Ecclestone nicht überrascht war, als er ihm einen Waffenstillstand anbot, zu dessen Bedingungen die erneute Zulassung der Schürzen und Verhandlungen für einen Friedensvertrag gehörten. Gutgläubig akzeptierte Ecclestone den Olivenzweig und nahm an Balestres Prozession um den Circuit Paul Ricard teil. Kurz nach dem Rennen erneuerte Balestre das Verbot der Schürzen und setzte seinen Krieg gegen die FOCA fort.

Beim Abendessen mit den Geschäftsführern von Renault und anderen Autoherstellern in seinem Haus in Saint Cloud erklärte Balestre, wie er gemeinsam mit den Rennstreckenbesitzern Ecclestone die Herrschaft über die Formel 1 abnehmen wolle. Er versprach, falls seine Unterstützung durch die Autofabrikanten unverbrüchlich sei, würde Ecclestone eine Niederlage erleiden. Bald nach dem Abendessen enthüllte er seinen Plan der französischen Sportzeitung *L'Equipe*. Ecclestone, den Balestres Doppelspiel getroffen hatte, reagierte auf dessen Prahlerei. »Sie sollten vorsichtiger sein«, sagte er zu Balestres letzter Kriegserklärung. »Sie sollten sich mit Leuten anlegen, denen sie gewachsen sind.«

Ecclestone wollte Blut sehen. Auf einem von ihm im Oktober 1980 einberufenen Treffen der FOCA schlug er vor, dass sie sich von der FIA lossagen und eine World Federation of Motor Sport gründen sollten, deren Rennen für eine World Professional Drivers' Championship gewertet würde. Ecclestone empfahl also einen drastischen Schritt – die Zerstörung der Formel 1 –, und er konnte das Ergebnis nicht vorhersagen.

»Diese Leute wissen nicht, worauf sie sich einlassen«, erwiderte Balestre vernichtend. Ecclestone sah bald ein, wie stark Balestres Position war. Im Dezember 1980 neigte sich die Waage in Richtung der FIA. Balestre hatte sich mit seiner Beharrlichkeit die Unterstützung der italienischen und französischen Autohersteller, der Motorsportclubs, die der FIA angeschlossen waren, und einiger Rennstreckenbesitzer gesichert, die seine Drohungen fürchteten, sollten sie sich nicht von Ecclestone trennen. Die FOCA-Teams waren ebenfalls nervös. Ihre Sponsoren überprüften die Verträge und ihre Banken waren zurückhaltend mit neuen Kreditvergaben, falls einzelne Rennen abgesagt würden. Der Ausgang des Krieges hing, wie Ecclestone wusste, von Enzo Ferrari ab. Am 16. Januar 1981 flogen Ecclestone und Mosley nach Maranello. Zu ihrer Enttäuschung äußerte Ferrari Zweifel an Ecclestones Plan und weigerte sich, an einem FOCA-Rennen teilzunehmen. Ecclestone, der sich Balestres Schadenfreude vorstellen konnte, drängte die britischen Teams, sich nicht ablenken zu lassen. Angriff statt Diskussion lautete seine Devise. Anwälte wurden engagiert, die auf der ganzen Welt einstweilige Verfügungen beantragten, um zu verhindern, dass die FIA Verträge der FOCA mit den Rennveranstaltern sabotierte. Aber Ecclestone konnte sich seines juristischen Erfolgs noch so sicher sein – er wäre wertlos, falls die Teams zahlungsunfähig würden. Ohne etwas von seiner Besorgnis durchblicken zu lassen, rief er die Teams zusammen und verpflichtete sie für das südafrikanische Rennen im Februar 1981. Jedes Team erhielt seine persönliche Garantie, dass er alle Kosten bezahle und etwaige Verluste übernehme.

Balestres sofortige Reaktion war vorhersehbar. Das Rennen würde nicht für die Weltmeisterschaft gewertet werden, verkündete er. Das schreckte Ecclestone nicht ab. Weil die Organisatoren des Rennens in Kyalami höchst interessiert daran waren, als Gastgeber von Sportveranstaltungen zu fungieren, die den internationalen Boykott der Apartheid durchbrachen, hatten sie sich bereit erklärt, die Kosten zu tragen. Mosley verfasste als Ecclestones Rechtsbeistand seine polemische Antwort an Balestre: »Wer zum Teufel ist die FIA? Sie sind ein Haufen von Niemanden. Sie haben sich selbst ernannt und glauben, ihnen gehöre der Rennsport, obwohl sie in Wirklichkeit nur ein Haufen von Clubs und aufgeblasenen Wichtigtuern sind, die den anderen auf der Tasche liegen.«

Das Ranch Hotel war ein perfekter Tagungsort, um die Solidarität der Teams zu festigen. Die gute Stimmung ermutigte Ecclestone und Mosley dazu, Balestre einen Streich zu spielen. Ecclestone, der sich als südafrikanischer Telefonist ausgab, rief Balestre in Frankreich an und erklärte: »Ein Anruf von Mr. Nelson Mandela.« Balestre nahm an, dass der Oppositionsführer aus seinem Gefängnis anrief, und da er englische Dialekte nicht auseinander halten konnte, war ihm nicht bewusst, dass es sich bei »Mandela« um Mosley handelte. »Ich habe gehört, dass Sie zum Grand Prix nach Südafrika kommen«, sagte »Mandela«. »Ich bin entzückt. Ich wäre stolz, wenn Sie mich besuchen kämen.« Balestres gestammelte Entschuldigung, ein Besuch sei leider unmöglich, wurde erst von dem »Gefängnistelefonisten« mit der Bemerkung unterbrochen: »Sprechzeit beendet.«

Im Anschluss daran verschlechterte sich die Stimmung in Kyalami. Das Rennen am 7. Februar 1981 war aus mehreren Gründen –

starke Regenfälle, wenige Zuschauer, kleines Teilnehmerfeld – ein Flop, aber da die Ausschnitte der Fernsehbilder sehr klein waren, war die Katastrophe auf dem Bildschirm nicht in ihrer Gänze sichtbar. Ecclestone gab Mosley gegenüber zu, dass er sich kein weiteres »Piraten«-Rennen leisten könne. Die Unterstützung durch Sponsoren und Veranstalter ließ zunehmend zu wünschen übrig. Die Weigerung von Goodyear, Reifen für das Rennen zur Verfügung zu stellen, wog deshalb nicht so schwer, weil Ecclestone auf seinen eigenen Vorrat an Avon-Reifen zurückgreifen konnte, aber den Rückzug anderer Sponsoren zu kompensieren wäre unmöglich. Der Trick des Spielers bestand darin, das Gegenteil vorzutäuschen. Ecclestone legte seine Karten mit der Bildseite auf den Tisch, starrte seinen Gegner unverwandt an und verkündete, das Rennen sei ein Bombenerfolg gewesen und die FOCA-Teams seien bereits zum nächsten unterwegs. Für alle Fernsehzuschauer in Europa schien Ecclestones Grand Prix ein Triumph gewesen zu sein. Balestre blinzelte als Erster. Die Katastrophe wurde in eine Gewinnchance verwandelt. »Großartig«, sagte Mosley erleichtert. »Er musste nur ein wenig warten.«

Der Friedensstifter war Enzo Ferrari. Kyalami hatte seine letzten Zweifel hinsichtlich Ecclestones Entschlossenheit ausgeräumt, und eine Fortsetzung des Konflikts bedeutete einen möglichen finanziellen Ruin für alle Beteiligten. Ferrari bat Aleardo Buzzi, den europäischen Präsidenten von Philip Morris, als Vermittler aufzutreten. Als Ecclestone die Neuigkeiten vernahm, begriff er endlich, wo Ferraris Stärken und Schwächen lagen. Indem er seine Legende instrumentalisierte, weckte er Emotionen, mit denen er seine Machtspielchen verdeckte, aber obwohl er den Sport liebte, fehlten ihm Ecclestones Energie, seine Intriganz und seine Detailversessenheit, um seine Autorität über ein simples Veto hinaus auszuüben. Da er in Maranello vergleichsweise isoliert und auf Fernsehbilder aus Kyalami angewiesen war, beschloss er, Balestre fallenzulassen und auf Buzzi zu setzen, was das Überleben der Formel 1 anging. Natürlich fand Buzzi den Auftrag, durch den der Einfluss der Tabakindustrie auf die Formel 1 bestätigt wurde, höchst erfreulich. Er bestellte nur Teddy Mayer und Marco Piccinini ins Palasthotel in

Lausanne, um Ferraris Friedensbedingungen zu erörtern. Ecclestone hatte allen Grund, das alte Sprichwort zu fürchten: »Wenn du nicht mit am Tisch sitzt, wirst du Teil des Menüs.« Als Ausgleich für seine Abwesenheit übte er Druck auf Mayer aus, damit dieser sich zum Fürsprecher aller britischen Teams mache und Buzzi davon überzeuge, sich Balestre zu widersetzen. Sobald Ferrari und McLaren sich einig waren, wurde Ecclestone das Ergebnis mitgeteilt, und er wurde mit allen anderen Teamchefs nach Modena eingeladen, um die Vereinbarung zu bestätigen. Balestres Anhänger zerstreuten sich rasch. Renault, Ferrari und Alfa Romeo erklärten sich bereit, im März beim nächsten Rennen in Long Beach zu Ecclestones Bedingungen an den Start zu gehen.

Ecclestones Sieg war uneingeschränkt: Balestre akzeptierte, dass die FIA einen Grand Prix nur zu den Bedingungen genehmigen durfte, die Ecclestone mit den Veranstaltern ausgehandelt hatte, wofür er acht Prozent der Bruttoeinnahmen erhielt. Im Gegenzug erkannten die Rennställe uneingeschränkt das Recht der FIA an, technische Bestimmungen zu erlassen, zu ändern und durchzusetzen. Unbemerkt hatte Ecclestone eine Klausel in den Vergleichsentwurf einfließen lassen, die alle Fernsehrechte und -einnahmen über die nächsten vier Jahre der FOCA übertrug. Ohne zu erkennen, worauf er sich da einließ, stimmte Balestre diesem wichtigen Entgegenkommen zu.

Mosley und Ecclestone trafen sich mit Balestre in Paris, um das Friedensabkommen formell zu unterzeichnen. Beim Frühstück im Hôtel de Crillon paraphierten die drei Männer die einzelnen Absätze. Zum Abschluss äußerte Balestre eine Bitte. Das in Maranello konzipierte, in Lausanne erörterte und in Modena beschlossene Abkommen sollte als »Concorde Agreement« bezeichnet werden. Ecclestone erklärte sich zu dieser Konzession bereit, aber er lehnte Balestres Wunsch ab, die weltweit erlassenen einstweiligen Verfügungen gegen eine Einmischung der FIA in die Verträge aufzuheben, die die FOCA mit den Organisatoren abgeschlossen hatte. »Wenn Sie den Vertrag unterzeichnen und veröffentlichen, lassen wir sie aufheben«, beschied Ecclestone Balestre. Er würde sich nicht noch einmal hereinlegen lassen. Balestre war nicht beleidigt. »Lassen wir unseren Streit noch ein paar Wochen weitergehen«, sagte er lächelnd zu Ecclestone. Der Präsident der FIA stand gern im Rampenlicht, wie Ecclestone wusste. Indem er eine Stellungnahme hinauszögerte, wurde die Spannung erhöht, bevor er die Journalisten in sein Hauptquartier im benachbarten Gebäude bestellte und seinen »Sieg« bekannt gab. Ecclestone nickte. Balestres harmloses Posieren kam einem Mann entgegen, der davon profitierte, sich im Schatten aufzuhalten. Seine Belohnung war unermesslich. In Zukunft konnte nichts ohne seine Zustimmung entschieden werden. Formal endete der Krieg am 11. März 1981. Die Vermehrung von Bernie Ecclestones Vermögen wurde an jenem Tag in Paris legitimiert.

Balestres Niederlage schenkte den Teams die Freiheit, ihre unnatürliche Kooperation aufzukündigen und ihre gegenseitigen Feindseligkeiten wieder aufzunehmen. Bei McLaren herrschte das Chaos. Teddy Mayer war von John Hogan verdrängt worden, dem stellvertretenden Marketing-Chef von Philip Morris. »Teddy weiß nicht, was los ist«, sagte Ecclestone, nachdem er gehört hatte, dass Philip Morris entschlossen war, eine Übernahme des Rennstalls durch Ron Dennis zu finanzieren, der zuvor ein junger Mechaniker bei Brabham gewesen war. Obwohl Dennis als schlecht gelaunter Mann kritisiert wurde, der »nicht aus dem Bett steigen kann, ohne querzuschießen«, hatte er mit dem Gebrauch von Kohlenstofffaser als stärkere und leichtere Alternative zu Aluminium für die Karosserie der Wagen Pionierarbeit geleistet. Bei seinem ersten FOCA-Treffen in Heathrow warf Dennis einen flüchtigen Blick auf den Mann, der sich anders als er selbst nicht an die Regeln hielt. Als die Streckenbetreiber nach dem Ende der Verhandlungen den Raum verlassen hatten, stürzte sich Ecclestone wie üblich auf den Papierkorb. »Man muss nachsehen, was sie sich gegenseitig mitgeteilt haben«, sagte Ecclestone glucksend, während er zerknitterte Zettel glatt strich. »Kein Wunder«, dachte Dennis, »dass Bernie einen großen Schredder in seinem Büro stehen hat.« Er dankte Philip Morris für seine Beförderung.

Ecclestone und Tuana luden Dennis und seine Frau zum Abendessen im Crockfords ein, um das Verhältnis zwischen den beiden

Männern zu verbessern. Am Ende des Essens stand allerdings fest, dass Ecclestone Dennis nicht leiden konnte. »Keine Übereinstimmung und keine gegenseitige Zuneigung«, stellte Tuana fest, als sie sich von ihren Gästen verabschiedeten und zu den Spieltischen gingen. Zwei Wochen zuvor hatten die beiden beim Chemin de Fer hoch gegen Prinz Fahd, den ältesten Sohn des Herrschers von Saudi-Arabien, gewonnen, der mit einer schönen Freundin am gleichen Tisch saß. In der folgenden Woche hatte Ecclestone als Bankhalter 100.000 Pfund verloren. »Du spielst und ich schaue zu«, hatte er Tuana angewiesen, die im Lauf der nächsten Stunde die 100.000 Pfund zurückgewann. Nachdem Dennis sich verabschiedet hatte, hofften sie, weitere 100.000 Pfund zu gewinnen. Stattdessen verlor Ecclestone 100.000 Pfund. »Okay, fahren wir nach Hause«, befahl er. »Ein schlechtes Omen für dein Verhältnis zu Ron«, meinte Tuana. Wie üblich schlief Ecclestone in dieser Nacht tief und fest. Tuana stellte fest, dass er als guter Verlierer entschlossen war, keine Schwäche zu zeigen. Er war nicht so reich, dass er regelmäßig schwere Verluste hätte hinnehmen können, aber er sah ein, dass man im Geschäft und in der Liebe die Folgen seiner Fehlentscheidungen akzeptieren musste. Am nächsten Morgen würde er losziehen, um Geld zu verdienen und seine Verluste wieder auszugleichen.

Brabhams wichtigster Gegner auf der Rennstrecke war nach wie vor Chapmans Lotus. Seit einigen Monaten arbeitete Murray an einem Trick, mit dem sich die Geschwindigkeit des Wagens erhöhen ließ. Die Herausforderung bestand darin, die Vorschrift zu umgehen, die einen Abstand von sechs Zentimetern zwischen Wagen und Erdboden festlegte. Murrays Neuerung – die von FIA-Inspektoren und Konkurrenten nicht zu erkennen war – wurde durch ein hydraulisches System bewirkt, das den Wagen, sobald er in Bewegung war, bis zu einem Zentimeter auf den Asphalt der Piste absenkte, um den Druck nach unten zu verstärken, was automatisch die Geschwindigkeit erhöhte. Wenn der Wagen an den Inspektoren vorbeibrauste, wäre der kleine Unterschied nicht zu sehen, und nach Rückkehr an die Boxen betrug der messbare Abstand zwischen dem stehenden Wagen und dem Boden wieder die geforderten sechs Zentimeter.

Zu Ecclestones Überraschung war Chapman im März 1981 zum Grand Prix von Long Beach mit seiner Umgehung derselben Regel eingetroffen, mit dem Unterschied, dass sie absolut nicht zu übersehen war. Der neue Lotus war auf zwei Fahrgestelle mit einer teleskopischen Aufhängung montiert, die sich abhängig von der Geschwindigkeit hob und senkte. Sein revolutionäres Design halte sich an die Vorschrift, argumentierte Chapman, weil in dieser festgelegt sei, dass alle Bauteile, die die Aerodynamik des Wagens beeinflussten, unbeweglich sein müssten. Ecclestone war nicht nur darüber verärgert, dass Chapmans technisches Genie Murray übertroffen hatte, sondern er wusste auch, dass kein Rennstall hoffen durfte, Lotus zu schlagen. Die einzige Zuflucht war, einen allgemeinen Protest zu organisieren, der Balestre dazu bewog, den Lotus zu verbieten. Dem wütenden Chapman entgegnete Ecclestone gelassen, dass die Vorschriften beachtet werden müssten. Manche fanden Balestres Bereitschaft, den neuen Lotus zu verbieten, erstaunlich – Ecclestone nicht. Seit dem Frühstück im Crillon gab es eine Art Einvernehmen zwischen ihm und dem Franzosen: Ecclestone hatte nichts gegen Balestres luxuriösen Lebensstil einzuwenden, solange der FIA-Präsident die taktischen Maßnahmen seines neuen Freundes guthieß.

In dem Rennen erreichte Nelson Piquets Brabham, nicht zuletzt wegen des geheimen Vorteils, den dritten Platz. Einen Monat später, während seine Konkurrenten immer noch nicht wussten, wie Murray den Wagen verändert hatte, gewann Piquet den argentinischen Grand Prix. Mitten in der Saison wurde Murrays Geheimnis aufgedeckt, aber Brabham lag bereits an zweiter Stelle der Konstrukteurswertung. Im Einklang mit ihrem neuen Verhältnis zueinander überredete Ecclestone Balestre, den Brabham nicht zu verbieten, sondern den anderen Teams zu gestatten, dass sie Murrays Konstruktion kopierten. Zu diesem Zeitpunkt hatte Chapman eine Reihe kostspieliger Einsprüche in einem Rechtsstreit eingelegt, den er nicht gewinnen konnte. FIA-Vorschriften waren, wie jeder wusste, voreingenommen und parteiisch. Ecclestone erinnerte sich mit Vergnügen daran, wie Ken Tyrrell ebenfalls hatte Einspruch einlegen wollen – er war dabei ertappt worden, wie er Schrotkugeln in seinen Brennstofftank einfüllte, um den Wagen schwerer zu machen, und man hatte ihm einen Punktabzug bei einem FIA-Verfahren angedroht. Dann aber hatte er beschlossen, Ecclestones Rat anzunehmen: »Du bist in den Arsch gekniffen. Akzeptiere deine Strafe wie ein Mann.« Chapman dagegen protestierte gegen die Scharade der FIA-»Rechtsprechung«, und weil ihn diese Auseinandersetzung voll in Anspruch nahm, schaffte er es nicht, zu verhindern, dass Ecclestone die Formel 1 immer fester in den Griff bekam.

Das wurde auch dadurch illustriert, dass der inzwischen 51-jährige Multimilliardär und bekennende Glücksspieler beschloss, das letzte Rennen der Saison am 17. Oktober 1981 am Caesar's Palace in Las Vegas stattfinden zu lassen. Nelson Piquet, der in der Fahrerwertung einen Punkt hinter Carlos Reutemann an zweiter Stelle lag, hatte die Chance, Formel-1-Weltmeister zu werden. Das Geschäft hatte Ecclestone mit Billy Weinberger, dem Sohn des Hotelgründers, ausgehandelt. Nachdem dieser Ecclestone im Hotel begrüßt hatte, führte er seinen Gast in einen dunklen, unterirdischen Raum – der Sicherheit gegen Lauscher, Bomben und Kugeln bot –, um die Mitglieder seines Vorstands kennenzulernen. »Ich möchte euch mitteilen«, verkündete Weinberger mit Ecclestone an seiner Seite, »dass wir Bernie hierher geholt haben, damit er hier ein Rennen veranstaltet, das gut für die Stadt sein wird. Und habt ihr noch irgendwelche Fragen?« Eine banale Frage wurde gestellt, woraufhin Weinberger meinte: »Okay, das haben wir damit erledigt.«

Ecclestone hatte ein hohes Honorar bekommen, um das Rennen nach Vegas zu bringen und massenhaft Zuschauer anzuziehen, die dableiben und ihr Glück im Spiel versuchen sollten. Aber am Tag des Rennens befürchtete Ecclestone das Schlimmste. Die Rennstrecke war auf den Parkplatz des Caesar's Palace beschränkt und von der heißen Wüste Nevadas umgeben, es waren nicht viele Eintrittskarten verkauft worden, und die amerikanischen Fernsehsender waren offensichtlich nicht an einer Übertragung interessiert. Zum Ausgleich bekam Ecclestone ein spannendes Rennen geboten.

Piquet, der am Ende völlig erschöpft und nahezu komatös war, schlug Carlos Reutemann und gewann seine erste Weltmeisterschaft. Ecclestone hatte allen Grund, auf seinen Fahrer und auf Brabhams Konstrukteur stolz zu sein. Aber anstatt den Sieg zu feiern, verschwand er vor dem Ende des Rennens. »Er hat nur den Job gemacht, für den er bezahlt wurde«, befand Ecclestone. Als er mit Piquet zusammen im Aufzug zu ihren Zimmern fuhr, sagte er seufzend zu seinem Fahrer: »Durch deinen Sieg hast du unser Leben viel einfacher gemacht«, und verschwand. Piquet war nicht irritiert. Er wusste, dass Ecclestone nichts von seinen prominenten Angestellten hielt. Und es tat ihm auch nicht leid, dass es nicht zu einer Feier mit Ecclestone kam. Er würde mit seinen eigenen Leuten feiern. An diesem Abend brach Ecclestone mit Mosley zu einem großen Kartenspiel gegen eine Gruppe von Chinesen auf. »Machen wir halbe-halbe«, schlug Ecclestone Mosley vor. »Das kann ich mir nicht leisten«, erwiderte Mosley. Im Lauf der nächsten drei Stunden verlor Ecclestone, der immer wütender wirkte, 100.000 Dollar.

Piquets Sieg ermutigte Ecclestone, all diejenigen in die Schranken zu weisen, die sich seiner Autorität widersetzten. »Wir müssen uns schwer am Riemen reißen«, warnte er jene, deren anonymes Gezänk und deren Eifersüchteleien in der Presse finstere Vorhersagen auslösten. »Andernfalls haben wir in zwei Jahren nichts mehr zu melden.« Er gab vor allem den Fahrern die Schuld, die seiner Ansicht nach eine selbstzerstörerische Ader hatten: »Sie halten sich für Engel«, klagte Ecclestone, »aber sie sind in aller Regel überbezahlt, führen ein Leben als Steuerflüchtlinge, gucken nicht über den Tellerrand und fahren in einer Saison vier Wagen und 50 Motoren kaputt, und dann brechen sie ihren Vertrag und marschieren zur Tür hinaus. Privat will ich mit ihnen nichts mehr zu tun haben.« Sein Lösungsvorschlag sah vor, dass die Fahrer nicht mehr so frei waren, ihre Dienste konkurrierenden Rennställen anzubieten. Stattdessen sollten die Verträge der Fahrer wie bei Fußballspielern einen Transfer erschweren, indem diejenigen, die zu einem anderen Rennstall wechselten, mit hohen Geldstrafen belegt wurden. Ohne große Einwände stimmten die Teamchefs und Balestre Ecclestones

Plan zu. Die neuen Anstellungsbedingungen wurden unmittelbar vor dem südafrikanischen Grand Prix im Januar 1982 veröffentlicht, dem ersten Rennen der Saison.

Die Fahrer waren außer sich. Am Tag vor den ersten Trainingsrunden hörte Ecclestone, dass Niki Lauda, den Ron Dennis zurück ins Renngeschäft gelockt hatte, zu einem Streik aufrief. Ecclestone benehme sich, erzählte Lauda jedem, wie ein Mafiaboss, er verbreite die Botschaft, dass jeder, der ihn übervorteile, so gut wie »tot« sei, während Intriganten bald »passé« seien. »Aber lasst euch nicht ins Bockshorn jagen«, mahnte Lauda. Piquet gehörte zu denen, die dem von Lauda vorgeschlagenen Streik ablehnend gegenüberstanden, bis er Ecclestone im Ranch Hotel begegnete. Zwischen den beiden war es zu Spannungen gekommen, weil Ecclestone Anstoß an der Affäre nahm, die Piquet seit 18 Monaten mit seiner Sekretärin Ann Jones unterhielt. »Wenn du morgen früh nicht um acht Uhr in meinem Wagen sitzt«, sagte Ecclestone zu Piquet, »wirst du nie mehr für mich fahren.« »Ich kann es nicht ertragen, dass du alles unter Kontrolle haben willst«, konterte Piquet und schloss sich dem Streik an.

Am nächsten Morgen wartete Lauda um sieben Uhr darauf, dass die Fahrer an der Rennstrecke Kyalami eintrafen. Bevor sie das Fahrerlager betreten konnten, führte er sie zu einem gemieteten Reisebus. Sobald alle an Bord waren, wies Lauda den Fahrer an: »Bringen Sie uns zu einem Hotel, das so weit entfernt wie möglich ist.« Didier Pironi, ein Ferrari-Fahrer, blieb zurück, um mit Ecclestone zu verhandeln. Lauda beging nicht den Fehler, Ecclestones Entschlossenheit zu unterschätzen. Vor kurzem waren sie zusammen bei einem Flug mit dem Hubschrauber nach Silverstone in undurchdringlichen Nebel geraten. »Wir müssen umkehren«, sagte Lauda. »In dieser Suppe können wir nicht landen.« Der Pilot war seiner Meinung: »Wir fliegen zurück.« »Das wird schon gut gehen«, wies Ecclestone ihn an. »Landen Sie einfach.« Lauda wurde blass, während der Pilot durch Ecclestones Mumm zur Landung genötigt wurde. Piquet hatte die gleiche Furcht erlebt. In Belgien hatte er sich geweigert, vorne in einer Limousine Platz zu nehmen, während Ecclestone fuhr. »Er fährt derart riskant«, beklagte sich Piquet.

Lauda war seiner Meinung, aber kürzlich hatte er erlebt, wie Ecclestone in Bexleyheath von einem Wagen angefahren worden war. Der harte Mann hatte einen Knacks bekommen. Seine Nerven flatterten, als er sich auf dem Bürgersteig erholte.

Während der ersten Stunden im Festsaal des Sunnyside Park Hotels wurden die Fahrer von Elio de Angelis unterhalten, einem Lotusfahrer, der Klavier spielen konnte. Aber allmählich wurden sie unruhig. »Tu irgendwas, Nelson«, forderte Lauda Piquet auf, um zu verhindern, dass manche sich auf den Rückweg nach Kyalami machten. Der Brasilianer ließ die Hose runter und rief: »Bernie kann mich am Arsch lecken, und ich gehe trotzdem nicht zurück.« Angelis stimmte eine dramatische Melodie an. Die rebellische Stimmung war wiederhergestellt. Ecclestones Gegenschlag konnte nur erfolgreich sein, wenn die Polizei gegen die Streikenden vorging. Als Lauda sah, wie die Polizisten sich dem Hotel näherten, ließ er den Flügel gegen die Tür des Ballsaals schieben. Die Pattsituation dauerte die ganze Nacht hindurch an.

In Kyalami machte Ecclestone seinem Ärger über die »verdammten Narren« Luft, die mit Leichtigkeit durch Fahrer auf den Sprossen unter ihnen ersetzt werden könnten. »Und dann«, wetterte er gegen die Streikenden, »werden diese Arschlöcher, diese Primadonnen, die in Streik treten, eine Menge Zeit haben, in ihren Privatjets zu sitzen, die Nullen zu zählen und die Zahlen in diesen fetten Verträgen zu addieren – das heißt, die, die lesen können – und begreifen, was für ein verdammtes Glück sie haben.«

Am nächsten Morgen kapitulierte Ecclestone. Der Plan, die Rechte der Fahrer zu beschneiden, wurde aufgegeben. Der Bus brachte die ermüdeten Fahrer zurück zur Rennstrecke. Piquets erster Anblick war Ecclestone, der aufgeregt am Bordstein stand. Als er Piquet aussteigen sah, rannte er auf ihn zu, packte ihn am Hemd und schrie: »Wenn du zu einem Arzt gehst, wird er dir verbieten, dich ans Steuer zu setzen.« Der Fahrer war genauso entschlossen, seinen Titel zu verteidigen. Anderthalb Stunden lang stritten sich die beiden. »Hör mal zu, Freundchen«, sagte Ecclestone, der seine Selbstbeherrschung wiedergewonnen hatte, »verzichte auf das Training. Ich lasse mir das nicht gefallen. Du wirst nicht fahren.« Piquets Antwort war trotzig: »Wenn du mich im Training, das in 15 Minuten beginnt, nicht mitfahren lässt, bist du vertragsbrüchig geworden, und ich verschwinde hier.« Ecclestone war einen Moment lang zum Schweigen gebracht, dann gab er sich geschlagen. »Okay, steig ein«, sagte er.

Die Saison begann schlecht, und sie wurde schlimmer. Um sich aerodynamische Vorteile zu verschaffen, betrogen die Teams mit unterschiedlichem Kraftstoff, beim Gewicht, der Aufhängung, den Flügeln. Als Vergeltungsmaßnahme für eine Disqualifikation Piquets und Rosbergs beim Grand Prix von Brasilien durch die FIA-Inspektoren organisierte Ecclestone einen FOCA-Boykott des Rennens in Imola, das Ende April stattfand. Tyrrell allerdings brach seine Boykott-Zusage und nahm an dem Rennen teil, was seine Beziehung zu Ecclestone belastete. Zwei Wochen später starb der beliebte kanadische Fahrer Gilles Villeneuve bei einem Trainingsunfall in Belgien. Dann gewann Piquet das Rennen in Kanada nach einem weiteren tödlichen Unfall beim Start. Beim Großen Preis von Deutschland lag er in Führung, bis er durch die Schuld Eliseo Salazars in eine Kollision verwickelt wurde; der Brasilianer war derart wütend, dass er aus seinem Wagen ausstieg und seinen Kontrahenten verprügelte.

Tödliche Unfälle ließen Ecclestone unbeeindruckt. »Wenn ein Fahrer stirbt«, erklärte er später, »dann gehört das zum Risiko des Berufs, den er sich ausgesucht hat. Ich kann das nicht deprimierend finden.« Zu denen, die über die Entwicklung, die der Rennsport genommen hatte, nicht glücklich waren, gehörte Colin Chapman. »Die Formel 1«, sagte er in einer verschlüsselten Klage über Ecclestone, »ist zu einem politischen Eiertanz und Machtspielchen zwischen Leuten heruntergekommen, die mehr Geld aus dem Sport herausholen wollen, als sie hineingesteckt haben.« Die Zukunft, warnte er, sei gefährdet durch ein »Konglomerat von Plagiaten, Schikanen und kleinlichen Regelauslegungen.« In Ecclestones Vorstellung waren Gefühlsausbrüche Zeichen von Schwäche. Wie er wusste, hatte Chapman Lotus nicht mehr im Griff, und das Unternehmen drohte zahlungsunfähig zu werden. Ecclestone gewährte

Lotus ein Darlehen über 100.000 Pfund, aber es war zu spät. Am 16. Dezember 1982 starb Chapman im Alter von 54 Jahren an einem Herzinfarkt. Ecclestone ging zu dem Begräbnis, wo er amüsiert die unter den Trauergästen kursierenden Gerüchte zur Kenntnis nahm, Chapman habe seinen Tod selbst inszeniert und sei untergetaucht, um sich seiner unvermeidlichen Verhaftung zu entziehen. Der unvorhergesehene Abgang Chapmans war nur einer von 100 Vorfällen im Lauf dieses Jahres, die Ecclestones Leben in der Formel 1 außergewöhnlich machten. Ein anderer solcher Vorfall war eine zufällige Begegnung in Monza.

Während seiner häufigen Reisen zu den Rennstrecken war Ecclestone selten mit Tuana unterwegs, sondern eher mit Sandra, der brasilianischen Tochter eines Bankiers, die er in der Concorde kennengelernt hatte. Neue Frauen zu finden war für Männer, die mit der Formel 1 zu tun hatten, kein Problem, und der, dem der Sport quasi gehörte, war für die »Boxenluder« attraktiv, besonders in Südamerika. Sein passives Verhältnis mit Tuana passte zu seinem Lebensstil, bis er ein 23 Jahre altes, 1,80 Meter großes kroatisches Model entdeckte, das neben Nelson Piquet in den Boxen stand. Slavica Malic, die für Fila-Moden arbeitete, einen der Sponsoren des Rennens in Monza, war von dem kroatischen Fotografen Monty Shadow, der dafür bekannt war, dass er Fahrern und Teamchefs Mannequins vorstellte, zu der Rennstrecke eingeladen worden. »Verschwinden Sie hier«, befahl Ecclestone dem Model. »Ich bleibe, wo ich bin«, erwiderte sie in schroffem Ton. »Das ist meine Pflicht.« »Ist mir egal. Keine Frauen in den Boxen. Raus!«, beharrte Ecclestone. Zögernd ging Slavica zu einer Wand in der Nähe. Sogar wenn eine attraktive Frau sich an eine Wand lehnte, empfand der Ordnungsfanatiker Ecclestone das als Beleidigung für sein Auge. »Weg da«, befahl er. »Wenn Sie noch einen Schritt näher kommen, gebe ich Ihnen einen Tritt«, erwiderte sie scharf. Weil ihm die temperamentvolle Frau gefiel, stellte Ecclestone sich vor und lud sie zu einer Cola in sein Wohnmobil ein. Slavica war einverstanden, obwohl sie kein Englisch sprach, und bestand darauf, ein holländisches Model als Übersetzerin mitzubringen. Am Ende eines mühsamen Gesprächs bat Ecclestone sie um ihre Telefonnummer.

Slavica schrieb widerstrebend aufs Geratewohl ein paar Ziffern auf einen Zettel. Als sie verschwunden war, stellte Ecclestone zwar fest, dass die Nummer falsch war, aber am Ende des Tages hatte er sich mit Hilfe der italienischen Polizei die richtige Nummer beschafft. Mittlerweile war Malic zu Shadows Haus zurückgekehrt, einem umgebauten Kloster außerhalb von Mailand. »Ich habe einen Typen kennengelernt, der behauptete, er wäre Chef der Formel 1«, sagte sie. »Glaubst du, das stimmt?«

Als Ecclestone anrief, um sich am nächsten Tag mit ihr zum Mittagessen zu verabreden, bestätigte er damit, dass er sich zu der eigensinnigen Kroatin hingezogen fühlte. Tuana war eine loyale Freundin, die sich Ecclestones Herrschaft unterordnete, aber Slavica war das Gegenteil – hitzig, amüsant und eine Herausforderung. Der Altersunterschied von 28 Jahren und der Größenunterschied von 30 Zentimetern waren kein Hindernis für eine Beziehung. »Komm nächste Woche nach Las Vegas«, schlug er vor. Mit Shadows Hilfe erhielt Slavica ein Visum und traf rechtzeitig für das letzte Rennen der Saison in Vegas ein. Als sie neben Ecclestone zu einer weiträumigen Suite im Caesar's Palace ging, war ihr bewusst, dass ihr »böse Blicke« zugeworfen wurden, weil sie mit einem Mann zusammen war, der halb so groß war wie sie und alt genug, um ihr Vater sein zu können. Es gab weitere Gründe für sie, skeptisch zu sein. In einem kürzlich erschienenen Zeitungsartikel war Ecclestone als »geheimnisvolle Figur … im Zentrum zahlreicher Intrigen« und als »Objekt wilder Spekulationen« beschrieben worden. Das »Geheimnis« wurde dadurch noch undurchschaubarer, dass Ecclestone nicht bereit war, die Presse mit genauen biografischen Details zu bedienen. Ein Profil in der *Times*, das kürzlich erschienen war, behauptete zu Unrecht, er habe einen Bachelor of Science in Chemieingenieurwesen erworben; seine Tätigkeit als Gebrauchtwagenverkäufer wurde als »Hobby« bezeichnet, über seine Rennfahrerkarriere herrschte Unklarheit, und sogar sein Alter galt als »unbekannt«. Je mehr widersprüchliche Informationen über ihn in Umlauf waren, glaubte Ecclestone, umso besser.

Während des Abendessens mit Jackie Stewart, John Frankenheimer und Ecclestone wurde die Kroatin stillschweigend in Ecclestones Hofstaat integriert. Am Ende des Rennens am folgenden Tag – der Abschluss einer katastrophalen Saison für Piquet und Brabham – kehrten Ecclestone und Malic nach Europa und angeblich in ihre separaten Leben in London und Mailand zurück. Dank Shadow erhielt Slavia einen Vertrag von Armani, und dank Ecclestone lernte sie grenzenlosen Luxus kennen. Er landete mit einem Hubschrauber in Shadows Garten, um eine turbulente Beziehung zu beginnen, die 25 Jahre dauern sollte.

Zu Beginn der Rennsaison 1983 traf Ecclestone Malic Mitte März in Rio de Janeiro. Piquet gewann das Rennen auf dem nach ihm benannten Kurs. Wie üblich blieb Ecclestone weder lange genug, um seinen Wagen als ersten die Ziellinie überqueren zu sehen, noch feierte er mit seinem Fahrer ihrer beider Sieg. »Bernie und Slavica streiten sich wie die Kesselflicker«, erzählte Piquet seiner Freundin. Er fügte hinzu: »Von keinem Menschen lässt sich Bernie auch nur das Geringste gefallen. Von dieser Frau schon.« In Piquets Augen war die Kroatin schwierig, kalt, laut und nicht mal elegant. Er konnte nicht verstehen, warum sein Arbeitgeber so interessiert an ihr war, aber Ecclestone fand Gefallen an den temperamentvollen Gefühlsausbrüchen einer starken, großen Frau.

Diese Herausforderung war vergleichbar derjenigen, die Weltmeisterschaft ein zweites Mal zu gewinnen. Auf den Rennstrecken lieferten sich Nelson Piquet und Alain Prost erbitterte Kämpfe, aber den größten Teil des Jahres – von Ende Mai bis Mitte Oktober – lag Prost an erster Stelle der Gesamtwertung. Vor dem letzten Rennen in Kyalami führte der Franzose mit zwei Punkten vor Piquet, musste aber in Runde 35 wegen eines Schadens an seinem Turbomotor aufgeben. Piquet wurde langsamer, weil er wusste, dass ihm ein vierter Platz reichte, und ließ seinen Stallgefährten Riccardo Patrese, Niki Lauda (McLaren) und Andrea de Cesaris (Alfa Romeo) passieren. Da Lauda in Runde 71 wegen Motorschaden ausfiel, wurde Piquet als Dritter mit zwei Punkten Vorsprung zum zweiten Mal Weltmeister, während Brabham hinter Ferrari und Renault Dritter in der Konstrukteurswertung wurde. Ecclestone murrte trotzdem: »Ich bezahle Fahrer nicht dafür, dass sie Rennen verlieren.« Auch Gordon Murray war unzufrieden. Der

Konstrukteur wollte für den Erfolg belohnt werden. »Was ist aus dem Verkauf geworden?«, fragte er. Dabei bezog er sich auf seine frühere Forderung nach einer Gehaltserhöhung, die von Ecclestone mit dem Versprechen abgeschmettert worden war, dass sie sich den Gewinn aus dem unmittelbar bevorstehenden Verkauf von Brabham teilen würden. »Ist geplatzt«, erwiderte Ecclestone. »Ich will mein Geld«, sagte Murray und verlangte eine deutliche Gehaltserhöhung, die ihn auf ein Niveau mit dem seiner Konkurrenten bringen sollte. Ecclestone hasste es, von einem Konstrukteur abhängig zu sein, aber er stimmte widerwillig zu. Schließlich stand er an der Schwelle zu einer neuen Goldgrube.

Dem Concorde Agreement zufolge kontrollierte die FOCA die Fernsehrechte der Formel 1. Ohne Balestre hinzuzuziehen, gründete Ecclestone im Jahr 1982 FOCA TV. Vor dem Beginn der nächsten Saison enthielten seine Verträge mit den Streckenbetreibern eine neue Bestimmung, mit der die Fernsehrechte an dem Formel-1-Rennen der FOCA zugeteilt wurden. Im gleichen Jahr unterzeichnete er ebenfalls im Namen der Formel 1 einen Dreijahresvertrag mit der European Broadcasting Union (EBU), einer gemeinnützigen Gesellschaft, die 75 nationale Rundfunkanstalten in Europa, Vorderasien und Nordafrika repräsentierte. Im Gegenzug für die Garantie der EBU, dass jeder Sender, der die Formel 1 kaufte, das gesamte Rennen zeigen würde, sicherte Ecclestone zu, dass alle Teams an den Start gingen. Mit der Gewissheit, dass die Werbung auf den Wagen und den Reklamewänden mindestens zwei Stunden lang auf den Bildschirmen erscheinen würden, hatte die Formel 1 einen Wendepunkt erreicht. Den Sponsoren wurde eine lange Sendezeit garantiert, und die öffentliche Wahrnehmung der Formel 1 würde zunehmen, was wiederum die Sponsorengelder multiplizierte.

Ecclestone begriff erst voll und ganz, welche Möglichkeiten ihm die Vereinbarung mit der EBU eröffnete, als die BBC sich weigerte, die schlechten Fernsehbilder auszustrahlen, die von manchen nationalen Fernsehanstalten zur Verfügung gestellt wurden, einschließlich derer aus Spa in Belgien. Zur Abhilfe baute Ecclestone seinen eigenen Fernsehproduktionsbereich in Chessington. FOCA TV plante, Bilder von Ecclestones eigenen Kameras am Streckenrand des Circuit de Spa-Francorchamps an die EBU zu senden, die diese dann weiter an ihre Mitglieder übertrugen. Der nächste Schritt wäre, wie Ecclestone allmählich begriff, die EBU auszuschließen und die Bilder aus Chessington direkt den Fernsehanstalten zur Verfügung zu stellen. Seine Methoden, die Probleme aufwarfen, aber zu potenziell profitablen Lösungen führten, brachten ihn fast zufällig zu einer Strategie, durch die ein Sport für eine Minderheit in eine globale Attraktion verwandelt wurde. Nach dem EBU-Vertrag war Werbung zwischen den Kameras und den Wagen nicht erlaubt. Ecclestone war mit dieser Vorschrift einverstanden. Die Planen der Werbeträger, die über den Zäunen am Streckenrand hingen, hatten ihn immer schon geärgert. Er war davon überzeugt, dass die Formel 1 das gepflegte Image brauchte, das mit organisierter Unterhaltung einherging. Obwohl er keine Geduld mit Marketingexperten hatte – er hat nie einen PR-Manager beschäftigt –, war er von Mark McCormacks Erfolg in Wimbledon beeindruckt. Er wollte den Rennstreckenbesitzern bessere Werbemaßnahmen anbieten, die von den Sponsoren bereitgestellt wurden und seiner Leidenschaft für Perfektion entsprachen. Seine Idee traf sich mit einem Ansatz von Paddy McNally, einem sanften 42-jährigen Iren, der in den vergangenen zehn Jahren für John Hogan bei Philip Morris gearbeitet hatte. McNally machte Ecclestone den Vorschlag, dass er bei Philip Morris aufhören und als Agent der Streckenbetreiber Werbeverträge abschließen und für die Bewirtung der Sponsoren sorgen würde.

Zwischen McNally und Ecclestone bestand keine natürliche Seelenverwandtschaft. Die Erfahrung, die der Mittelschicht-Junge mit Motoren gemacht hatte, beschränkte sich auf seine Arbeit mit Schrottautos und als Rennfahrer. Nach der Schule hatte er eine Ausbildung als Buchhalter abgebrochen, um als Staubsaugervertreter in Blackpool und Wigan von Tür zu Tür zu ziehen, hatte Nippsachen für einen Stand in der Portobello Road verkauft, bevor er 1963 als Journalist beim *Autosport*-Magazin eingestellt wurde. Als lukrativen Nebenerwerb hatte er bei der Zeitschrift die Möglichkeit ausgenutzt, vor den Lesern die Kleinanzeigen für Autoverkäufe zu studieren, und sich die besten Angebote herausgesucht, um in ganz Europa mit Autos zu handeln. Nach zehn Jahren hatte er eine hübsche Summe verdient und auf der Suche nach Prestige und Komfort ein kurzes Gastspiel bei Firestone in Rom gegeben, bevor er 1973 von Philip Morris in der Schweiz eingestellt wurde, um für Marlboro-Zigaretten zu werben.

Neun Jahre lang hatte er die Rennstrecken bereist und sich über das vulgäre Umfeld geärgert. Die Lösung sei, erklärte er Ecclestone, dass die Veranstalter das Modell übernähmen, das die FIFA bei der Fußballweltmeisterschaft anwendete. Er wolle den Streckenbetreibern die Exklusivrechte für Werbemaßnahmen und Bewirtung abkaufen und beide zu einem höheren Preis wieder verkaufen. Die Bewirtung würde auf ähnliche Weise erfolgen wie in Ascot, Henley und Wimbledon. Für Ecclestone war das Konzept McNallys nicht nur attraktiv, weil das Erscheinungsbild der Rennstrecken dadurch verbessert wurde, sondern auch, weil sich ihm die Chance der absoluten Kontrolle bot. 1983 diente McNally einigen FOCA-Teams Anteile an seiner neuen Gesellschaft Allsport Management mit Sitz am Genfer Flughafen an. Einstimmig lehnten sie ab. Ecclestone war entzückt. Er würde die Kontrolle behalten, indem er eine Vereinbarung zwischen seiner Firma Formula One Management (FOM) und Allsport aufsetzte. McNally würde Ecclestone ein Honorar für das Recht bezahlen, Werbung und Bewirtung bei Formel-1-Veranstaltungen zu verkaufen, die Ecclestone im Namen der FOCA vertraglich vereinbart hatte.

McNallys Vorstellung nahm im April 1984 als »Paddock Club« bei dem Rennen in Belgien erste Formen an. Während des ersten Jahres verlor McNally allerdings an Glaubwürdigkeit. »Was macht dieses Schild hier?«, schrie Ecclestone angesichts einer unattraktiven Reklame beim ersten Rennen. »Schaff den Doppeldecker von Williams von der Strecke«, schimpfte er, womit er sich auf das traditionelle Catering-Zentrum des Rennstalls bezog. »Das hier ist nicht Ascot«, protestierte Williams gegenüber Ecclestone. »Sollte es aber sein«, lautete die Antwort.

McNally, stellten einige fest, wurde von Ecclestone »wie Dreck behandelt«. »Ein Glück«, wurden sie erinnert, »dass Bernie nicht die Luft kontrolliert, die wir einatmen.« Am Ende des ersten Jahres verkündete McNally, dass er aufhören wolle. »Ich habe zu viel Geld verloren«, erklärte er Ecclestone. »Ich würde noch ein bisschen weitermachen«, riet Ecclestone ihm. »Es hat schon so viel gekostet, und du hast so viel Arbeit reingesteckt. Streng dich etwas mehr an.« Der freundlich gestimmte McNally gehorchte. Im Lauf des Jahres 1985 wendete sich sein Glück. Es fanden sich mehr und mehr Sponsoren, und die Werbung nahm zu.

McNallys Unternehmen eröffnete Ecclestone die Möglichkeit, persönlich den Zugang zum Fahrerlager und zu den Boxen zu steuern und Anträge von denen abzuweisen, die er nicht mochte, besonders von kritischen Journalisten. »Bernard erweckt gerne den Eindruck, dass er alles unter Kontrolle hat«, murrte Frank Williams, »und dass in Abessinien kein Blatt ohne seine Zustimmung vom Baum fällt.«

Den Zugang zum Fahrerlager zu überwachen, das demonstrierte Ecclestones schleichende Monopolisierung der Verträge und Persönlichkeiten innerhalb der Formel 1. Nichts und niemandem war es gestattet, die Durchsetzung seines Willens zu behindern, nicht mal im Tod. Im August 1984, unmittelbar vor dem Großen Preis von Österreich, berichtete Herbie Blash Ecclestone, dass David Yorke, ein 60-jähriger, der Brabhams Vertrag mit Martini vermittelt hatte, in einem Hotel in der Nähe gestorben war. Kurz darauf teilte Blash Brabhams Transportmanager mit, dass Ecclestone befürchtete, Yorkes Tod könne die Abfahrt des Teams komplizieren, und deshalb befohlen hatte: »Steck Yorke in den Transporter, damit wir ihn nach dem Rennen mit nach Hause nehmen können.« Der Fahrer, dem die Anweisung offenbar Sorgen bereitete, der aber ebenfalls Angst hatte, Ecclestone zu verärgern, fragte ungläubig: »Hinten in den Transporter?« »Entweder hinten rein oder vorne zu dir, und wenn du in Dover ankommst, kannst du sagen, er wäre am Schlafen.« »Aber wenn er im Laderaum ist, steht er nicht auf dem Zollbegleitschein«, sagte der Fahrer, der krampfhaft nach einem

Ausweg suchte. »Er ist im Zollbegleitschein abgedeckt«, erwiderte Blash, »unter ›Einzelteile‹.« Der Fahrer begriff schließlich, dass es sich um einen Scherz handelte, aber Ecclestones schwarzer Humor sorgte dafür, dass er allgemein gefürchtet wurde. In »Bernies Reich« war er der Angelpunkt, um den sich alles drehte – sowohl in physischer als auch in juristischer Beziehung.

Ecclestones Perfektionismus und McNallys Erfolg veranlassten die Teams am Ende des Jahres 1985, sich über die Preise im Paddock Club und über die Zugangsbeschränkungen zu beklagen. Auf diese Gelegenheit, seine Vorrangstellung zu beweisen, hatte Ecclestone nur gewartet. Er kündigte an, dass der Paddock Club geschlossen werde. Wie er vorhergesehen hatte, protestierten die Teams, dass die Bewirtungsmöglichkeiten für ihre Sponsoren bestehen bleiben müssten, obwohl die Preise auf 500 Dollar für den Tag des Rennens gestiegen waren. Die gepfefferten Preise passten zu dem Image, das Ecclestone dem Sport verleihen wollte: die ultimative Form der Unterhaltung für Hollywoodstars, unter denen sich auch Ex-Beatle George Harrison befand, der zu den neuen Besuchern des Fahrerlagers wie des Wohnmobils von Ecclestone gehörte. Die Formel 1 war langsam aber sicher auf dem Weg zu einem professionellen Business, und es war nur noch ein größeres Hindernis im Weg.

In Ecclestones Welt gab es Prominente, Freunde und Deals. Wenn alle drei zusammentrafen, stand der Profit immer an oberster Stelle, wie McNally entdeckte, nachdem Ecclestone beschlossen hatte, dass sein Juniorpartner sich nicht all sein neu verdientes Geld in die Tasche stecken sollte. Stattdessen wurde er angewiesen, sich als Promoter um die nicht sonderlich profitablen Grand Prix von Holland, Österreich und Frankreich zu kümmern. Alle drei liefen Gefahr, aufgegeben zu werden, wie Ecclestone ankündigte. Seine Initiative, den französischen Grand Prix als gefährdet zu bezeichnen, war ein kalkulierter Affront gegen Balestre, um eine entscheidende Ungewissheit aufzuklären – die juristische Inhaberschaft der Formel 1. Ecclestone war inzwischen klar, dass seine Pläne und sein potenzielles Vermögen gefährdet waren, solange er nicht als juristischer Eigentümer galt. Solange es keinen bindenden Vertrag gab, der Ecclestone das unbedingte Eigentum an der Formel 1 übertrug, ging Balestre davon aus, dass der Grand Prix der FIA gehörte; diese Auffassung wurde von allen Teams, allen Rennstreckenbesitzern und allen Fernsehanstalten geteilt, nur von Ecclestone nicht. Anstatt auf Konfrontationskurs gegen Balestre zu gehen, erkundete Ecclestone heimlich die Ungewissheiten, indem er als legaler Inhaber der Formel 1 auftrat, vor allem bei den Verhandlungen mit den Streckenbetreibern. Als Balestre davon erfuhr, protestierte er beleidigt, nur um von Ecclestone die beiläufige Bemerkung hören zu müssen, dass die FOCA-Teams möglicherweise nicht in Frankreich mitfahren würden oder der französische Grand Prix wahrscheinlich aus dem Rennkalender gestrichen werden müsse. Diese letzte Drohung war, wie Ecclestone sehr wohl wusste, für den FIA-Präsidenten unerträglich, der es genoss, mit Freunden und französischen Politikern bei der Veranstaltung herumzustolzieren.

Um den Franzosen zwischendurch zu beschwichtigen, befriedigte Ecclestone zur gleichen Zeit dessen Leidenschaft für einen luxuriösen Lebensstil, zu dem Privatflugzeuge und Limousinen mit Chauffeur gehörten. Beiden gefiel die für beide profitable Pattsituation, bis 1985 ein großer Streit ausbrach. Um Ecclestones Vormarsch aufzuhalten, führte Balestre das Verbot der Schürzen wieder ein. Er hatte die Bekanntmachung zeitlich so gelegt, dass sie mit dem Auslaufen des Fernsehvertrags zwischen FOCA und FIA zusammenfiel. Ecclestone wollte den Vertrag für fünf Jahre erneuern und als Gegenleistung insgesamt 11,2 Millionen Schweizer Franken bezahlen. Balestre bot ihm einen umfassenden Deal, falls FOCA die Drohung, den französischen Grand Prix zu boykottieren, zurückziehe. Ecclestone erklärte sich einverstanden. Das Rennen wurde von Nelson Piquet gewonnen, und es sollte Brabhams einziger Sieg in einer Saison bleiben, die wie die 1984er von McLaren dominiert wurde. Am nächsten Tag traf Ecclestone sich mit Balestre in Marseille, um die Vereinbarung zu besiegeln. Als Balestre fröhlich alle seine Vorschläge akzeptierte und versprach, die Zusammenarbeit zwischen FOCA und FIA zu verbessern, war Ecclestone beruhigt. Kurz nachdem er Marseille den Rücken gekehrt hatte, entdeckte Ecclestone, dass er reingelegt worden war. Balestre verkündete, die

Vereinbarung von Marseille, soweit es um die Zulassung der Schürzen ginge, sei hinfällig. Aber zum Ausgleich erneuerte Balestre den Fernsehvertrag. »Abgerechnet wird zum Schluss«, tröstete sich Ecclestone. Niemand hatte auch nur ansatzweise begriffen, wie gewinnbringend die Fernsehrechte geworden waren.

6 COUP

»Heiraten«, sagte Ecclestone häufig zu seinen Freunden, »ist so ähnlich wie ins Kittchen zu gehen. Nicht besonders aufregend.« Er wiederholte gerne sein Mantra: »Alles, was fliegt, schwimmt oder fickt, mietet man besser.« Trotz seiner Vorbehalte verlangte Slavica Malic 1985, dass Ecclestone ihre Beziehung legalisiere. Der Druck hatte im Jahr davor begonnen, einen Monat, bevor sie im Juni 1984 ein Kind bekam. Die Umstände waren nicht sonderlich romantisch.

Nach dem Beginn ihrer Affäre in Brasilien war Ecclestone in sein Penthouse in London zurückgekehrt, um sein normales Leben mit Tuana fortzusetzen. Ihre 17 Jahre andauernde Beziehung schien ungefährdet, aber im Mai 1984 änderte sich alles. »Ich muss dir etwas erzählen«, sagte Ecclestone, kurz nachdem er nach Hause zurückgekehrt war. Während der nächsten Minuten offenbarte er ihr seine Affäre und erwähnte, dass die Kroatin schwanger sei. »Sie sagt, wenn ich nicht mit ihr zusammenlebe, will sie nach Kroatien zurückgehen, und ich bekomme das Kind nicht zu sehen«, erklärte Ecclestone und brach in Tränen aus. Tuana, die ebenfalls weinte, stieß schluchzend hervor: »Du kannst mit mir nicht glücklich gewesen sein. Also geh und sei glücklich mit ihr. Ich wünsche dir alles Glück der Welt.« Ecclestone heulte wie ein Schlosshund: »Sie hat mir gesagt, dass sie keine Kinder haben könnte.« Endlich gab Tuana ihre betonte Zurückhaltung auf und rief aus: »Sie erpresst dich. Glaubst du, sie wäre schwanger, wenn du Herbie Blash wärst?« Mit dieser Frage bezog sie sich auf Brabhams loyalen Ingenieur. Nach einiger Zeit kehrte wieder ein bisschen Ruhe ein. Ecclestone stand auf, hängte die Bilder gerade und zupfte die Vorhänge zurecht, wie er es immer machte. »Ich wusste nicht, dass du Kinder haben wolltest«, schluchzte Tuana. Ecclestone blieb still. Er hoffte, einen Sohn zu bekommen, glaubte sie. Während der folgenden Tage lebten die beiden weiterhin zusammen, bis er zum Grand Prix in die Vereinigten Staaten flog.

Während Ecclestone in Amerika war, hörte er, dass Slavica eine Tochter zur Welt gebracht hatte, die Tamara heißen sollte. Er flog direkt nach Italien. In dem Mailänder Krankenhaus machte Slavica ihm klar, dass sie ihre Tochter mit nach Kroatien nehme und er sie nie wieder sehe, wenn sie nicht ein gemeinsames Leben in London führen würden. Als Ecclestone die angespannte Frau anschaute, erkannte er, dass ihm eine harte Pokerpartie bevorstand. Er versuchte, seine Gefühle nicht zu erkennen zu geben, aber er wollte nicht den Kontakt zu seinem eben geborenen Kind verlieren. Er zögerte, sein angenehmes Arrangement in London aufzugeben, aber obwohl er bedauerte, keine Kinder mit Tuana zu haben, tröstete er sich mit dem Gedanken: »Sie hat nicht danach gefragt, und ich hatte zu viel zu tun.«

Andererseits zog ihn die Herausforderung durch die starke, rechthaberische Frau an – sie erinnerte ihn an das strenge Regime, das seine Mutter zu Hause geführt hatte. Die Tatsache, dass er wenig über die Vergangenheit der hitzköpfigen Frau wusste, ließ ihn zögern. Weil sie kein Englisch sprach, wusste er nur, dass Slavica Malic in vergleichsweise armen Verhältnissen am 25. Mai 1958 in Rijeka zur Welt gekommen war und dass ihr Vater, ein Hafenarbeiter, die Familie in ihrer Kindheit verlassen hatte. Er wusste nicht, dass sie als Teenager wegen Diebstahls im Gefängnis gesessen und nach ihrer Entlassung für Aktfotos posiert hatte. »Ich habe einige Dummheiten begangen«, sagte sie später darüber. »Sie wissen, wie das läuft. Man ist im Atelier eines Fotografen, und er sagt: ›Kannst du nur den Knopf da aufmachen?‹ Aber ich brauchte das Geld.« Monty Shadow hätte Ecclestone ein paar dieser Geschichten erzählen können, aber er wurde nicht gefragt.

Da er sich immer noch nicht zwischen Tuana und Slavica entscheiden konnte, rief Ecclestone Ann Jones an. Er erklärte ihr, dass

Slavica sich sträubte, ihn zu ihrer Tochter zu lassen, solange sie nicht zusammenlebten. Jones sagte, sie halte die Beziehung zu Slavica für eine gute Idee, und Ecclestone war überredet. Er flog nach London und beendete seine Beziehung zu Tuana. Er beschloss, sich von all seinen Sammlungen zu trennen, einschließlich der wertvollen japanischen Kunstwerke, weil »es nicht gut für mich wäre, sie mitzunehmen«. Nur mit einem Koffer und seiner schwarzen Aktentasche überquerte er den Fluss zu einer neu gekauften Wohnung in Chelsea. Einige Tage später standen Ecclestone und Slavica mit ihrem Baby und einem Blumenstrauß an Ann Jones' Krankenbett. Während ihrer Unterhaltung sah Jones Tuana näherkommen. Als diese die anderen Besucher erkannte, zog sie sich schweigend zurück.

Ecclestones neues Zuhause mit Slavica und dem Baby war ein Apartment im Pier House in der Oakley Street. Nachdem er ein benachbartes Apartment gekauft hatte, beantragte Ecclestone die Genehmigung, die beiden zusammenzulegen. Der Antrag wurde abgelehnt, aber die Brandmauer brach unter geheimnisvollen Umständen zusammen, und nach einigen Reparaturarbeiten wohnten die drei in dem großen Apartment. Im Mai 1985 kaufte Ecclestone Adnan Chaschuqdschi, dem für seine Sexorgien berühmten saudiarabischen Waffenhändler, einen neunstöckigen Block mit schwarzer Glasfront in Princes Gate gegenüber vom Hyde Park ab. Anfangs bestritt Ecclestone neugierigen Journalisten gegenüber, dass er irgendwie mit dem Haus in Verbindung stehe, und leugnete Berichte, er würde Auftragnehmer in bar dafür bezahlen, dass sie jedes Indiz für Chaschuqdschis Hedonismus herausreißen sollten – beispielsweise ein Gleitdach über seinem Bett, das den Blick auf den Sternenhimmel freigab; Marmorbäder und Spiegel.

Slavica Malic genoss ihr neues Leben. Im selben Monat flogen sie mit Ron Shaw in Ecclestones Flugzeug zum Grand Prix nach Monaco. Ecclestone war mit geschäftlichen Dingen beschäftigt und machte keinen glücklichen Eindruck, bis er den Platz vom Hôtel de Paris zum Casino überquerte. Hier verlor er 250.000 Pfund beim Roulette, was ihn aber nicht weiter beunruhigte. Am nächsten Tag, an dem Piquets Brabham wegen eines Unfalls ausscheiden musste, drängte er seine Gäste Sean Connery, Gordon Murray, Shaw und Slavica, sich auf den Weg zu den Hubschraubern zu machen, um zum Flughafen Nizza zu fliegen. Nachdem zwei voll besetzte Helikopter abgeflogen waren, stand Ecclestone an der Spitze der Schlange. Als man begann, in den dritten Hubschrauber einzusteigen, wurden zwei Leute, die gerade erst angekommen waren, vorgezogen. »Moment mal«, sagte Ecclestone, »wir warten schon länger als diese beiden.« »Ja«, erwiderte man ihm, »aber Sie sind nicht der König von Schweden.« Ecclestone beschloss, in Zukunft seinen eigenen Hubschrauber zu mieten.

Die Samstagsrunde von Ecclestones Freunden, die Autohändler, Buchmacher und der Hemdenmacher – die sich inzwischen bei Fortnum & Mason am Piccadilly traf – konnte sich keinen Reim auf die Beziehung ihres Freundes mit Slavica machen. Ecclestone telefonierte jeden Abend mit Tuana und gestand ihr unter Tränen, wie unglücklich er sei. »Bernard hat ein Problem«, meinte Tony Morris, »und Tuana macht sich Sorgen.« Tuana hatte ihn angerufen und von ihrem Besuch bei einer Wahrsagerin auf der Kings Road berichtet. Die Hellseherin hatte Bilder von berstendem Metall, Tränen und dem Tod eines Mannes, der nicht aufhören konnte zu weinen, beschrieben. Morris erzählte Tuanas Geschichte Ecclestone, der seine Gefühle unterdrückte. Slavica und er stritten sich weiter, trotz der Geburt ihrer Tochter. Sie hatte einen Mann in ihren Bann geschlagen, der sonst instinktiv jede Opposition überrollte, aber ihrer speziellen Stärke offenbar nicht widerstehen konnte. Er hatte sogar aufgehört, Hemden von Frank zu kaufen, weil Slavica es so wollte. Ihre Aggressivität war, wie andere vermuteten, nur eine Fassade für ihre Unsicherheit. Sie rief Ann Jones häufig an und erkundigte sich nach Ecclestones Verhältnis zu weiblichen Angestellten. Besonders misstrauisch war sie einer Sekretärin gegenüber, die mit Ecclestone in seinem Privatflugzeug geflogen war. »Haben die beiden eine Affäre?«, fragte sie. »Nicht dass ich wüsste«, antwortete Ann Jones. Aber das bewahrte die Frau nicht vor der Entlassung. Slavica machte zunehmend Druck, sodass Ecclestone schließlich nachgab und einer Heirat zustimmte.

Am 17. Juli 1985 wurde im Standesamt von Chelsea und Kensington an der Kings Road geheiratet. Eine Woche zuvor hatte Ecclestone Max Mosley gebeten, als Trauzeuge aufzutreten. »Ich konnte sonst niemand finden«, erklärte er später, »und Max hatte nichts zu tun.« Mosley kam mit seiner brasilianischen Haushälterin als zweiter Trauzeugin. Als der Standesbeamte feststellte, dass sie kein Englisch verstand, erklärte er sie für ungeeignet. »Sie müssen ein paar Minuten warten«, sagte Ecclestone zu dem Standesbeamten, während Max seine Sekretärin anrief, damit sie schnell als Ersatz kam. Nach der Zeremonie standen die vier auf der Straße. Es war kein Fotograf bestellt worden, und Ecclestone hatte natürlich keinen Gedanken an eine Feier verschwendet. »Wir sollten zusammen zu Mittag essen«, sagte die 32-jährige Braut, die gefährlich hochhackige Schuhe und einen knappen Minirock trug. »Okay«, stimmte Ecclestone missmutig zu, »versuchen wir's bei Langans.« Als in dem Restaurant am Piccadilly keine Tische mehr frei waren, verabschiedete sich Ecclestone ins Büro. »Nimm ein Taxi nach Hause.« Die Hochzeit war kein besonders geschätzter Moment in seinem Leben.

Allein zu Haus verfluchte die neue Mrs. Ecclestone die Arbeitsmoral ihres Mannes – und seinen simplen Geschmack. Es gab keine guten Weine in ihrem Keller, nur Becks Bier im Kühlschrank. Es gab keine Delikatessen aus Londons tollen Feinkostläden, weil ihr Mann am liebsten Eier auf Toast mit brauner Sauce aß. Sie hatte miterlebt, wie er für Angestellte, Fotografen, Mechaniker und andere Bekannte sorgte, die schwere Zeiten durchmachten, indem er Arztrechnungen bezahlte oder ihnen anderweitig finanziell unter die Arme griff – ohne Aufhebens davon zu machen. Aber für sie gab es keine sichtbaren Liebesbeweise. Die Samstagsrunde war verwundert – nicht darüber, nicht zu seiner Hochzeit eingeladen worden zu sein, sondern ob der Tatsache, dass ein derart kopfgesteuerter Geschäftsmann einer Midlifecrisis erliegen und beschließen könnte zu heiraten. Bei einer Flasche Champagner zogen sie Ecclestone auf: »Du warst der, der immer gesagt hat: ›Alles, was fliegt, schwimmt oder fickt, mietet man besser.‹« Ecclestone tolerierte selbst die Zyniker, die witzelten, dass er und Slavica gleich groß seien, sobald Bernie auf seiner Brieftasche stehe. Er liebte Slavica auf seine Weise, und er war begeistert, wieder Vater zu sein und noch einmal ein Familienleben zu führen. »Sie hat ein gutes Herz und bestimmt, wo es langgeht«, sagte er in einem nachsichtigen Moment, bevor er sich wieder dem Geschäft widmete.

Um seine Beziehung mit Tuana aufzulösen, hatte er ihr ein Haus in Kensington gekauft. Der Schriftsteller Jeffrey Archer, der am Albert Embankment einen Stock unter ihnen gewohnt hatte, erfuhr, dass das Penthouse zum Verkauf stand. Da ihm klar war, dass Ecclestone von ihm mehr als drei Millionen Pfund verlangen würde, forderte Archer einen Gefallen ein, den Ron Shaw ihm schuldete. Fünf Jahre zuvor war Archer im letzten Moment für eine Rede bei einem Benefizdinner eingesprungen, das Shaw organisiert hatte. »Dafür schulde ich dir einen Riesengefallen«, hatte Shaw damals gesagt, »und wir Cockneys stehen zu unserem Wort.«

»Jetzt kannst du mir den Gefallen tun«, sagte Archer zu Shaw am Telefon. »Ich möchte, dass du das Apartment von Bernie kaufst. Dir gibt er es für zwei Millionen Pfund, und Du verkaufst es mir dann weiter. Auf diese Weise spare ich eine Menge Geld.« »Er wird mich umbringen«, rief Shaw aus. »Er wird mich an den Bettelstab bringen.« Doch Archer ließ nicht locker. Shaw machte also ein Kaufangebot und geriet offensichtlich in Panik. Ecclestone roch, dass da etwas faul war. »Du bist ein kluger Bursche«, sagte er zu Archer, als dieser ihm den Hintergrund des Schwindels erklärte.

»Für zwei Komma zwei Millionen gehört sie dir«, bot Ecclestone ihm an. »Abgemacht«, sagte Archer, der von einem seltenen Moment kommerzieller Schwäche bei Ecclestone profitierte: Das Apartment ist heute mehr als 20 Millionen Pfund wert.

In Ecclestones Verständnis war es kontraproduktiv, Talent anzuerkennen oder Dankbarkeit zum Ausdruck zu bringen – besonders einem Fahrer gegenüber. Es konnte als Zeichen von Schwäche interpretiert werden. In dem ewigen Machtkampf beeinflusste seine ständige Aufsässigkeit gegen die Gesellschaft seine Haltung gegenüber jedem, einschließlich Nelson Piquet. 1985 hatte Piquet den Ehrgeiz, noch einmal Weltmeister zu werden, aber er war verärgert über den Brabham und desillusioniert, was Ecclestone betraf. Der Fehler lag zum Teil bei Murray, aber auch bei dem neuen BMW-Motor. Ecclestone gab zu: »Er ist so oft in die Luft geflogen, dass ich es nicht zählen kann. Es ist ein Trauerspiel, um das Mindeste zu sagen.« Nach Piquets Meinung war Ecclestone nicht länger daran interessiert, seine Wagen weiterzuentwickeln. Er hatte Michelin als Sponsor verloren, aber ein gutes Geschäft mit Pirelli gemacht, obwohl er die italienischen Reifen für schlechter hielt. Die Abwicklung des Deals war clever gewesen. Er hatte dem italienischen Unternehmen nichts davon gesagt, dass Michelin abgesprungen war, sondern gefragt: »Ich bin mit Michelin nicht glücklich – hätten Sie Interesse daran, Brabham zu sponsern?« Pirelli erklärte sich bereit, die Reifen umsonst zur Verfügung zu stellen.

So sehr Ecclestone das gefiel, so katastrophal verlief die Saison für Piquet. Mehr als die Hälfte der Rennen musste er vorzeitig aufgeben, und beim einzigen Mal, wo er als Sieger die Ziellinie überquerte, beim französischen Grand Prix, tropfte während des Rennens heißes Öl auf seinen Fuß. Bei einem Boxenstopp erhielt der Fuß einen Eisverband, damit der Brasilianer das Rennen fortsetzen konnte. Er gab Gordon Murray die Schuld, der mit George Harrison Meditationsurlaub machte. »Brabham geht in die Binsen«, beklagte sich Piquet. »Gordon benimmt sich merkwürdig«, stimmte Ecclestone ihm zu. Um Abhilfe zu schaffen, hätte mehr Geld ausgegeben werden müssen, aber ohne Rücksicht auf Brabhams Wert und Piquets Bedeutung zu nehmen, klagte Ecclestone, dass sein jährlicher Verlust bereits bei einer Million Pfund liege, und erklärte, er werde kein weiteres Geld verschwenden.

Die Verhandlungen über eine von Piquet geforderte Gehaltserhöhung kamen zum Stillstand, weil Ecclestone sich weigerte, ihm auch nur einen kleinen Betrag zuzugestehen. Egal wie sehr er Piquet brauchte, er konnte es nicht ertragen, dass er unter Druck gesetzt wurde. Zur gleichen Zeit stand Piquet in geheimen Vertragsverhandlungen mit Frank Williams, aber Loyalität erforderte eine freundschaftliche Trennung, wenn nicht sogar Ecclestones Segen. Beim letzten Rennen der Saison in Australien machte Piquet Andeutungen, er werde von Ron Dennis und McLaren umworben.

Im Handumdrehen überredete Ecclestone Dennis, Piquet dürfe unter keinen Umständen mehr Geld geboten werden, als Ecclestone ihm bezahle. Befriedigt darüber, dass er Piquets Wechselwunsch vereitelt hatte, gab Ecclestone seinem Fahrer die Erlaubnis, Brabham zu verlassen. Zu seiner Überraschung ging Piquet direkt zu Williams' Box. »Man bekommt so wenig Geld von Bernie«, bemerkte Piquet, »dass auch noch etwas anderes dabei rausspringen muss – und ich wollte die Weltmeisterschaft.«

Im nächsten Jahr traf Ecclestone im März zum ersten Rennen der Saison in Brasilien ein und sah zu, wie Piquet das Rennen in einem Williams gewann. Es war der Beginn einer hart umkämpften Saison zwischen dem Brasilianer, Alain Prost und Nigel Mansell. Ecclestone ignorierte die Wirkung, die Piquets Abgang auf das Brabham-Team hatte, und suchte nach einem Ersatz. Seine Sponsoren BMW, Pirelli und Olivetti verlangten einen internationalen Star, und der beste, der zur Verfügung stand, war Niki Lauda. Der Österreicher war nach dem Gewinn seiner dritten Weltmeisterschaft für McLaren im Jahr 1984 zum zweiten Mal zurückgetreten, weil er mit Ron Dennis nicht glücklich war. Er war »ein mürrischer Mann und kurz davor, sich einen Feind fürs Leben zu machen«, wie Lauda meinte. Ecclestones Angebot von sechs Millionen Dollar für eine Saison war genug, um Lauda in Versuchung zu führen, obwohl Ecclestone im Anschluss behauptete, er hätte Laudas Forderung von fünfeinhalb Millionen Pfund abgelehnt. Er entschied sich schließlich für Elio de Angelis, den 27-jährigen Italiener und früheren Lotus-Fahrer.

Um Ecclestones kritische Bemerkungen abzuwiegeln, war Murray dabei, den Brabham neu zu gestalten. Seitdem Ecclestone auf Colin Chapmans Kritik, der Brabham sei »zu lang«, dadurch reagiert hatte, ohne Rücksprache 30 Zentimeter von dem Wagen abzuschneiden, während Murray in Urlaub war, hatte ihr Vertrauensverhältnis einen Knacks bekommen. Nach Ecclestones Meinung hatte Murray seine beste Zeit hinter sich, und sein Selbstbewusstsein war auf einem Tiefpunkt angelangt. Murray war immer noch unsicher, was seine Arbeit anging, als er mit Wagen und Fahrern im Mai 1986 am Circuit Paul Ricard in der Nähe von Marseille eintraf, um Testfahrten zu machen. De Angelis fuhr in einer ungewöhnlichen, fast liegenden Position mit 280 Stundenkilometern durch eine Kurve, als der Heckflügel abbrach. Der Wagen überschlug sich, prallte gegen die Leitplanken und fing Feuer. De Angelis starb 29 Stunden später im Krankenhaus an Rauchvergiftung. Ecclestone war schockiert.

»Im Rückblick war es völlig meine Schuld«, gestand Murray. »Es war ein sehr, sehr radikaler Wagen.« Murray war nicht nur bestürzt, sondern auch enttäuscht. Ecclestone hatte einen guten Fahrer und darüber hinaus BMW als Sponsor verloren. Ohne einen Ersatz zu finden, war nicht genug Geld da, um den Rennstall weiterzuentwickeln. »Ich war sauer«, sagte Murray, »und ich konnte sehen, dass auch er sauer war.« »Er kriegt die Kurve nicht mehr«, rief Ecclestone aus. Er war unzufrieden, weil Murrays letzte Ideen Blindgänger gewesen waren. Ihre 14-jährige Zusammenarbeit löste sich allmählich auf. »Ich habe gesagt, ich würde aufhören«, erklärte Murray, »und er hat geantwortet: ›Gut.‹«

Das Aushandeln seines Abschiedspakets war die Art Schlacht, die Ecclestone nie verlor – auch wenn es Mehrdeutigkeiten gab. Unklugerweise hatte Murray keinen unterschriebenen Vertrag mit Ecclestone abgeschlossen, sondern sich auf Ecclestones Handschlag verlassen. »Dir gehört die Hälfte der Firma«, hatte Ecclestone Murrays Erinnerung zufolge gesagt, »also brauchst du jetzt kein Bargeld.« Ecclestone hatte Murray »einen Anteil« an der Firma versprochen, bestritt aber, die Größe des »Anteils« beziffert zu haben. Auch auf den Wert von Brabham konnten sie sich nicht einigen. Ecclestone schätzte ihn natürlich so niedrig wie möglich ein. Ecclestone am Verhandlungstisch zu schlagen überstieg Murrays Fähigkeiten bei weitem, und da er allmählich die Geduld verlor, akzeptierte er schließlich eine Abfindung von 30.000 Pfund – deutlich weniger, als er für angemessen hielt. Minuten nach seinem Erfolg verblasste Ecclestones Erinnerung an die Einzelheiten. Seinem Glaubensbekenntnis zufolge hatten zwei erwachsene Männer eine Absprache getroffen, und es wäre undiplomatisch, auf die Details der Verhandlungen zu sprechen zu kommen. Stattdessen präsentierte sich Ecclestone einfach als großzügig, weil er Murray gestattete, den Brabham-Wagen mitzunehmen, in dem Piquet 1982 die Weltmeisterschaft gewonnen hatte. »Was ich getan habe, habe ich ehrlich und korrekt getan«, sagte Ecclestone, nachdem Murray sich beklagt hatte. »Ich habe niemals jemandem etwas Böses zugefügt. Ich habe niemals jemanden betrogen. Wenn ich mit jemandem einen Deal mache, muss ich ihn nicht auf Papier festhalten. Alle wissen, dass ich sie nicht im Stich lassen werde.«

Murray wurde sofort im Anschluss vom Rennstall McLaren engagiert, der während der nächsten drei Jahre, von 1987 bis 1989, 28 Grand-Prix-Rennen gewann.

Ohne Murray, ohne einen guten Fahrer und einen zuverlässigen Wagen wurde Ecclestone zunehmend desillusioniert. Die Anforderungen von Fahrern, Ingenieuren und Sponsoren abzuwägen verlangte Zeit und Geld. »Wenn ein Fahrer einen Motor zu Schaden fährt«, beklagte sich Ecclestone, »sind das weitere rausgeschmissene 60 Riesen.«

Auch das Leben in den Boxen machte keinen Spaß mehr. Colin Chapman war tot, Teddy Mayer war gegangen und von Ron Dennis ersetzt worden, über den sich Ecclestone ärgerte, und Frank Williams hatte gerade bei einem Unfall in Frankreich Verletzungen an der Wirbelsäule erlitten, die eine Querschnittslähmung zur Folge hatten. Ecclestone vermisste zudem charismatische Fahrer wie Jochen Rindt und Carlos Pace. Er mochte einige der neuen »kämpferischen« Fahrer wie Ayrton Senna und Nigel Mansell, aber die Aura und die Romantik ihrer toten Vorgänger fehlten ihm. »Vielleicht«, spekulierte er, »liegt es an dem Druck oder am Geld. Vielleicht ist es auch mein Fehler. Es gibt keinen Platz für Misserfolg. Alles dreht sich um die Schnellen und die Toten.« Ohne seine ständige Beachtung von Kleinigkeiten beschleunigte sich Brabhams Abstieg. 1987 landete der Rennstall weit abgeschlagen auf dem achten Platz in der Meisterschaft, und andere Sponsoren zogen sich zurück. Ecclestone war an einem Scheideweg angekommen. Nachdem er Rennfahrer, Rennstall-Manager und Organisator der FOCA-Teams gewesen war, war er nun der unangefochtene Experte der Formel 1. Aus der Formel 1 ein globales Geschäft zu machen war einträglicher und interessanter, als sich um Brabham zu kümmern. Er beschloss, den Rennstall zu verkaufen. Kaufen sollte ihn schließlich 1988 Alfa Romeo für mehr als fünf Millionen Pfund. Doch Alfa Romeo verkaufte den Rennstall noch im gleichen Jahr an Joachim Lüthi, einen Schweizer Finanzmakler, der 1989 wegen Veruntreuung zu einer Gefängnisstrafe verurteilt wurde. Chessington blieb das Zentrum seines Fernsehunternehmens für die Formel 1, aber Ecclestones Büro zog in seinen schwarzen Glasturm in Princes Gate um.

Der Verkauf fiel zeitlich mit Max Mosleys Rückkehr zur Formel 1 zusammen. 1986 hängte Mosley seine politischen Ambitionen in der konservativen Partei an den Nagel, weil er einsah, dass er die biografische Bürde seines Vaters Oswald nicht würde abwerfen können, und begann sich nach einer Alternative umzuschauen. Seine Suche traf sich mit Ecclestones neuen Bestrebungen, und das Timing war glücklich. Als Oxford-Absolvent und Anwalt verstand Mosley, wie Institutionen funktionierten, und war fasziniert von politischer Macht, während Ecclestone der ungeschlagene Meister kommerzieller Deals war. In mehreren Gesprächen kamen sie überein, dass sie durch die Kombination ihrer Talente die Formel 1 verändern konnten. »Die Teams sind keine gute Machtbasis«, eröffnete Mosley Ecclestone. »Das hat Ken Tyrrell bewiesen, als er bei dem Streik in Imola einen Rückzieher gemacht hat.« Andererseits hatte der Boykott des Großen Preises von San Marino Ecclestones Autorität und die Schwäche der Rennstreckenbetreiber bestätigt. Mosley schlug als Strategie vor, die Teams außer Gefecht zu setzen und Balestre zu verdrängen. Die beiden schmiedeten einen Plan, wie sie die Kontrolle über die FIA an sich reißen könnten. Sie müssten Balestres Schwächen ausnutzen.

»Max dreht Däumchen und weiß nicht, was er mit seiner Zeit anfangen soll«, sagte Ecclestone zu Balestre. »Sie brauchen jemand, der kein Clown ist. Warum nehmen Sie nicht ihn?« Balestre war misstrauisch. Wenn Ecclestone sich um das Allgemeinwohl kümmerte, schien das immer auch seinen Interessen zu dienen. Schließlich stimmte Balestre zu, dass die beiden sich mit ihm in seinem Haus in Südfrankreich zusammensetzen sollten. Für beide Besucher war ihr Gastgeber beim Abendessen ein lächerlicher Anblick. Im Gegensatz zu seinen Gästen, die den Sport aufrichtig liebten, ähnelte Balestre einem Polizeichef, der an der Macht und den Vergünstigungen seines Amts interessiert ist. Wenn sie seiner Eitelkeit schmeichelten, würde er eher Ecclestones Anregung zustimmen, Mosley als seinen Komplizen in die FIA einzubeziehen. Schließlich gab Balestre, den Kopf in die Hände gestützt und »Es ist nicht richtig« murmelnd, nach. »Max sollte Präsident der FIA Hersteller-Kommission werden«, schlug Ecclestone vor und unterdrückte ein Lächeln. Balestre stimmte zu. Er wusste, dass einige FIA-Mitglieder der Nominierung widersprechen würden, aber demokratische Regeln konnten missachtet werden, selbst als die Abstimmung gegen Mosley mit überwältigender Mehrheit gefällt wurde. Balestre ernannte Mosley einfach und ließ seine Beziehungen spielen, um die Opposition zu beschwichtigen.

Mosley machte sich bei Balestre als Vertrauensperson beliebt, woraufhin ihm dieser gestand, dass er Ecclestone für unkontrollierbar hielt. Er äußerte die Befürchtung, dass die Formel 1 sich von der FIA abspalten könne. »Was kann ich dagegen tun?«, fragte er. »Lassen Sie mich darüber nachdenken«, erwiderte Mosley. »Ich finde schon eine Lösung.« Nachdem er sich mit Ecclestone beraten hatte, schlug Mosley vor, dass Balestre die Methode anwenden solle, mit der das britische Establishment traditionsgemäß seine Kritiker neutralisierte. Ecclestone solle zum Leiter der Werbeabteilung der FIA ernannt werden. »*Bonne idée*«, dröhnte Balestre, der nicht erkannte, dass er einem trojanischen Pferd gegenübersaß. Zwei weitere ehemalige Brabham-Mitarbeiter – Charlie Whiting und Herbie Blash – wurden ebenfalls in die FIA eingeschleust. Zum Großen Preis von England trafen Ecclestone und Mosley mit dem Hubschrauber in Silverstone ein. Als sie landeten, demolierten sie Zelte und verursachten Chaos. Das war jetzt ihr Reich. Wer sich beklagte, würde ignoriert werden.

Obwohl Balestre ihn mit der Verantwortung für die Bewerbung aller Motorsportarten betraut hatte, war Ecclestone nur an der Entwicklung der Formel 1 interessiert. Sein Ehrgeiz war klar: Er wollte den Sport einiger Enthusiasten in ein weltweites Geschäft verwandeln. Während er von der »Show« sprach, den Jargon der Unterhaltungsindustrie übernahm und dem Fernsehen Bilder lieferte, die die Zuschauer sehnsüchtig seufzen lassen sollten »Da wäre ich auch gerne«, wenn die Kameras über Monacos Jachten oder Barcelonas Hügel schwenkten, blieb die Wirklichkeit merkwürdig unbestimmt. Die Show, die an manchen Rennstrecken für die Zuschauer spektakulär war, war auf dem Bildschirm weniger eindrucksvoll. Manche Veranstalter weigerten sich, seinen Forderungen zu entsprechen.

Ecclestone brauchte 16 Rennen, um seinen Vertrag mit der EBU zu erfüllen. Aus Österreich, Argentinien, Brasilien und den USA meldeten die Streckenbetreiber, dass sie mit finanziellen Problemen zu kämpfen hätten. Ecclestones Lösung bestand in einer privaten Investition gegen eine Beteiligung am Gewinn. Da er nicht wusste, ob 1.000 oder 100.000 Zuschauer kommen würden, verlangte er, dass die Werbe- und Bewirtungsrechte der Firma Allsport erteilt würden. Da die Veranstalter am Nürburgring das ablehnten, verlegte Ecclestone das Rennen nach Hockenheim. Von den Organisatoren in Spa-Francorchamps hatte Ecclestone das »Eigentumsrecht« an den Formel-1-Rennen für zehn Jahre kostenlos erworben und behielt die Einkünfte aus den Eintrittsgeldern, dem Catering und sogar den Toilettengebühren. Sein Angebot an andere Rennstrecken, ihnen das finanzielle Risiko abzunehmen, war an Bedingungen geknüpft. Während die Zahl der Fernsehzuschauer immer weiter wuchs, wurde er von Rennstrecken aus aller Welt gebeten, Formel-1-Rennen bei ihnen zu veranstalten. Wer Verluste machte wie Holland oder Österreich, wurde nicht lange geduldet. In Ecclestones Augen hatten Gespräche wenig Sinn. »Das Problem mit Leuten in unserem Geschäft«, erklärte er seinerzeit, »besteht darin, dass sie nicht den Tatsachen ins Auge sehen. Sie jagen alle Träumen und Mythen hinterher. An unserem Geschäft ist nichts Besonderes. Überhaupt nichts. Es besteht aus Fakten.« Wer ihn um ein Treffen bat, wurde beschieden: »Ich brauche Sie nicht zu sehen, ich muss nur mit Ihnen reden.« Wer um einen Aufschub bat, dem wurde ein Ultimatum gestellt: »Ich halte nichts von Treffen, ich halte was von Entscheidungen.«

Ecclestones Fähigkeiten stellte der Erfolg des australischen Grand Prix in Adelaide unter Beweis. Er hatte beschlossen, hier ein Rennen zu veranstalten, nachdem John Bannon, der Premierminister von South Australia, 1984 nach England geflogen war, um sich mit Ecclestone im Star Pub in Chessington zu treffen. Man verständigte sich schnell miteinander: Das Zentrum von Adelaide würde vorübergehend in einen Rennkurs verwandelt werden. Das Ergebnis – eine vier Tage dauernde Straßenparty für 300.000 Menschen – sollte spektakulär werden.

Als Nächstes standen Länder aus dem kommunistischen Block in der Schlange, die sich um ein Formel-1-Rennen bemühten. Der sowjetische Parteichef Leonid Breschnew war ein begeisterter Sammler westlicher Wagen und besaß unter anderem einen Ferrari und einen Rolls-Royce. Funktionäre im Kreml schlugen Ecclestone vor, einen Grand Prix in Moskau zu veranstalten. Bis zu Breschnews Tod im Jahr 1982 wurde keine Entscheidung gefällt. »Dann wollte der Bürgermeister der Stadt«, erzählte Ecclestone, der bei der Erinnerung daran lachen musste, »dass wir die Wagen über die Pflastersteine des Roten Platzes rasen und das ganze Geschäft über die Konten seiner Frau laufen lassen.«

Stattdessen verhandelte Ecclestone drei Jahre mit der ungarischen Regierung. Die von Tamas Rohonyi, dem in Ungarn geborenen Organisator des brasilianischen Grand Prix, eingeleiteten Gespräche erreichten ihren Höhepunkt auf einem Donaudampfer. Beim Mittagessen flüsterte der verantwortliche Minister Rohonyi zu: »Sind Sie sicher, dass es klappt?« »Ja, warum?«, fragte Rohonyi. »Weil ich erschossen werde, wenn es nicht klappt.«

Trotz eines extrem harten Winters waren die im Oktober begonnenen Bauarbeiten für die Rennstrecke in der Nähe Budapests bereits acht Monate später beendet. Aus ganz Osteuropa kamen 200.000 Besucher zum ersten Formel-1-Rennen hinter dem Eisernen Vorhang, um drei Jahre vor dem Fall der Berliner Mauer westliche Kultur in einem kommunistischen Land zu erleben. Während seines Aufenthalts erfuhr Ecclestone von einer Silberauktion in Budapest. Die wunderschön gearbeiteten Artefakte waren aus der Dollarperspektive billig. Während die Auktion ihren Lauf nahm, zupfte jemand von hinten an Ecclestones Jackett. »Bitte, hören Sie auf zu bieten«, flehte ihn ein verhutzelter Rabbi an. »Das ganze Silber, das hier versteigert wird, ist während des Holocausts aus Synagogen gestohlen worden.« Ecclestone ließ den Rabbi nun unangefochten weiter bieten. Am nächsten Tag wartete er wie gewöhnlich das Ende des Rennens nicht ab. Vor der letzten Runde stopfte er alles in seine Aktentasche und eilte zu einem Hubschrauber. »Der einzige wirkliche Luxus, den ich mir erlaube«, sagte er später, »besteht darin, direkt nach einem Rennen abzudüsen.« Er verpasste Nelson Piquets Sieg in einem Williams. Der politische und sportliche Erfolg des Rennens zog unvermeidlich Kritik nach sich.

In einem Sport, bei dem Neid und Rivalität eine große Rolle spielten, beklagten Puristen, war ein rauer Gladiatorenwettkampf zu einem kommerziellen Betrieb geworden. Obwohl die meisten wussten, dass kein Fahrer bei Geschwindigkeiten von fast 300 Stundenkilometern ohne Können, Mut und stählerne Nerven überleben konnte, stachelte Ecclestones Allmacht seine Feinde dazu an, Gerüchte über die Quelle seines Vermögens zu verbreiten. Antisemiten nannten ihn »Ecclestein«, und andere beschuldigten ihn, er stecke sich FOCAs Geld in die eigene Tasche. Das veranlasste ihn dazu, eine erfolgreiche Verleumdungsklage anzustrengen, auch wenn er sieben Jahre später gegenüber der *Times* behauptete: »Ich klage nie. Das liegt daran, dass ich so fromm bin. Ich habe beigebracht bekommen, immer die andere Wange hinzuhalten.«

Kaum jemand bestritt, dass die Formel 1 von seinen Deals profitiert hatte, aber wenige verstanden auch, auf welche Weise genau Ecclestone seine Macht und seinen Reichtum erlangt hatte. Normalerweise verwendeten Unternehmer das Geld anderer Leute, um ihre Ideen zu finanzieren, aber Ecclestone verwendete sein eigenes Geld, um die Ideen anderer in die Tat umzusetzen, und niemand konnte genau einschätzen, wie viel er dabei verdiente. Während des Kalten Krieges wurden Kremlforscher beschäftigt, um die wenigen Worte zu interpretieren, die von führenden sowjetischen Politikern geäußert wurden. Inzwischen hätte die Formel 1 auf ähnliche Weise ein Ecclestone-Rätsel analysieren lassen können, wie es im Februar 1988 von der *Times* veröffentlicht wurde: »Das einzige Hindernis auf dem Weg, etwas richtig hinzubekommen, sind die Menschen. Eine Menge Menschen fürchten, dass sie die Macht verlieren, die sie zu haben glauben, aber wahrscheinlich sowieso nicht haben.« Die Grundlage von Ecclestones Vermögen war es, die Schwäche seiner Gegner auszunutzen. Eine Kehrseite seines Erfolgs war das öffentliche Interesse an Vorfällen, die zuvor unbemerkt geblieben wären.

1990 würde sich Balestre weigern, Ayrton Senna dafür zu bestrafen, dass er absichtlich mit Alain Prost zusammengestoßen war, um sich für einen Vorfall am gleichen Ort im Jahr davor zu revanchieren. Dank diesem mit voller Absicht herbeigeführten Unfall sollte der Brasilianer die Weltmeisterschaft gewinnen. Der Zusammenhang zwischen der »Gerichtsbarkeit« der FIA, Prominenz, Geschwindigkeit, Tod und dem großen Geld erregte die Neugier nach dem Drahtzieher des Melodrams. Die, die nach einer Erklärung suchten, beobachteten das Objekt ihres Interesses, wie es mit einer Aktentasche unter dem Arm durch das Fahrerlager streifte und schließlich in seinem neuen Wohnmobil verschwand, dem Symbol seiner Macht, das unter dem Namen »der Kreml« bekannt war. Zugang zu dem grauen, anscheinend fensterlosen Bus wurde elektronisch von innen ermöglicht, und nur wenigen wurde gestattet einzutreten. Raucher waren besonders unerwünscht. Bewirtet wurde man allenfalls mit alkoholfreien Getränken. Die seltenen Interviewer im Innern des Fahrzeugs sahen sich mit einem Rätsel konfrontiert: einem Verwalter, der schmeichelte und drohte. »Ich vermute, ich habe etwas von einem Schulleiter«, sagte er. »Es kommt zu Problemen, und sie müssen auf der Stelle gelöst werden.« Er präsentiert sich gern als moderner Geschäftsmann, der für altmodische Werte Partei ergreift. »Ich betreibe mein Geschäft auf ungewöhnliche Weise. Ich mag keine Verträge. Ich sehe meinem Gegenüber lieber in die Augen und gebe ihm anschließend die Hand, als es auf die amerikanische Art mit Verträgen von 92 Seiten zu tun, die niemand liest oder versteht. Wenn ich sage, dass ich etwas tue, dann tue ich es auch.«

Trotzdem schaffte es ein Journalist vom *Independent* irgendwie, mit dem ausgeprägten Eindruck aus dem »Kreml« zu kommen,

Ecclestone habe einen Abschluss als Chemieingenieur gemacht, und über sein Alter habe er verlauten lassen: »Ich bin 47, 14 Jahre älter als meine Schwester, die behauptet, sie sei 31.« In Wirklichkeit war er 58. Wenige durchschauten seinen Wortschwall, um zu begreifen, dass die Entwicklung der Formel 1 zu einem weltweiten Unternehmen sich vor allem zwei seiner Aktionen verdankte: Erstens hatte Ecclestone Balestre in die Schranken gewiesen, und zweitens hatte er die Zersplitterung des Sports gestoppt, bei der jedes Land ein unterschiedliches Spektakel bot. Sein neues finanzielles Modell in Europa und Asien zwang die Streckenbetreiber, seine Vorgaben zu akzeptieren und alles zu bezahlen und, was entscheidend war, auf alle Einkünfte zu verzichten, von den Eintrittsgeldern abgesehen.

»Ich hätte auch das Eintrittsgeld genommen, wenn sie mich gelassen hätten«, sagte Ecclestone. Die einzige große Ausnahme von seiner alles umfassenden Oberhoheit waren die Vereinigten Staaten, wo die Formel 1 selbst in ihrer besten Zeit verglichen mit dem Indianapolis 500 und den NASCAR-Rennen nur eine kleinere Rolle spielte. Ohne jede staatliche Unterstützung lehnten die Rennstreckenbesitzer Ecclestones Modell ab, weil sie ohne Gewinne dem Bankrott ins Auge sähen.

Watkins Glen, eine erfolgreiche Rennstrecke seit 1961, hatte expandiert, um mit Ecclestones Forderungen Schritt zu halten, und war 1981 bankrott gegangen. Auch sein Umzug nach Las Vegas war kein Erfolg gewesen. Unter dem Druck von Teams und Sponsoren, die an einem Erfolg im lukrativsten Markt der Welt interessiert waren, hatte er Verträge in Detroit und Dallas unterzeichnet. Jedes Rennen war von schlechten äußeren Bedingungen beeinträchtigt, und die Streckeninhaber bezichtigten Ecclestone, er habe die Gewinne eingestrichen, ein Vorwurf, den er nicht überzeugend abstritt. Er hatte kein Verständnis für ihre Beschwerden und wollte, dass die Rennen besser aussähen und mehr Gewinn einbrächten. Um zu zeigen, worum es ihm ging, verlegte er den Austragungsort nach Phoenix, Arizona. Zwei Jahre später waren es weniger als 19.000 Zuschauer, die sich das Rennen live ansehen wollten – man nahm an, dass mehr Menschen an einem Straußenrennen interessiert waren, das am gleichen Tag in der Nähe stattfand. Ecclestone gab den Veranstaltern die Schuld an seinen finanziellen Einbußen. »Die Leute, die in Amerika Geschäfte machen, haben offensichtlich nicht begriffen, was ein Vertrag ist und was es heißt, ihn zu respektieren.« Die FOCA-Teams waren ebenfalls schwierig. Er verlor das Interesse. Die Formel 1 solle nicht amerikanisiert werden, fand er. »Wir sind zu anspruchsvoll für das amerikanische Publikum. Im Fernsehen wollen sie am liebsten Wrestling-Turniere sehen.« Die Zukunft der Formel 1 lag seiner Ansicht nach im Fernen Osten. »Sie haben jede Menge Geld, aber sie wissen nicht, was sie damit anfangen sollen.« Es gab eine unerwartete Parallele, als Ecclestone seine Zukunftsvision einem universellen Skeptizismus entgegenhielt. Zur gleichen Zeit wurde die alte Ordnung abberufen.

Am Sonntag, den 14. August 1988, war Ecclestone mit Herbie Blash in seinem neuen Haus auf Sardinien, als Marco Piccinini anrief, um mitzuteilen, dass Enzo Ferrari gestorben sei. Ferrari hatte selbst die Anweisung erteilt, er solle vor der öffentlichen Bekanntmachung seines Todes bestattet werden, aber er hatte bestimmt, dass einige wenige, darunter Ecclestone, sofort benachrichtigt werden sollten. Ecclestone war ungewöhnlich traurig über den Verlust des Alten. Eine Stunde lang erging er sich mit Blash in Erinnerungen an das, was in seinen Augen eine Vater-Sohn-Beziehung gewesen war. Am Abend fuhr er zu seinem Nachbarn Silvio Berlusconi, der ihn zum Essen eingeladen hatte. Zu seinem Vergnügen stellte Ecclestone fest, dass Italiens Medienmogul eindeutig nicht auf Ferraris kurzer Liste gestanden hatte.

Ecclestones Beziehung zu Berlusconi war wichtig für seinen nächsten Schritt. Die weltweite Popularität der Formel 1 war zum großen Teil dem Fernsehen geschuldet, aber Ecclestone sah ein, dass er der EBU die Fernsehrechte zu billig überlassen hatte. Da die Erneuerung des Concorde-Agreements bevorstand und der zweite Vertrag mit der EBU 1990 auslief, musste er sich die Fernsehrechte wieder sichern. Die Manager der EBU hatten Ecclestone gewarnt, dass ihr Vertrag der einzige verfügbare sei. Mit keinem ihrer Mitglieder könne er separate Verträge abschließen, insistierten sie.

Jonathan Martin, der verantwortliche Sport-Redakteur der BBC, widersprach diesem Eigeninteresse des internationalen Verbands. Die BBC würde nicht nur das EBU-Monopol brechen – sie würde sogar mit der Ausstrahlung des Programms 30 Minuten vor dem Rennen beginnen und so den Sponsoren der Formel 1 mehr Sendezeit einräumen. Mit Unterstützung der BBC konnte Ecclestone getrennte Vereinbarungen mit jeder Sendeanstalt treffen. Sein Glück war es, dass Balestre den Wert der Fernsehrechte nicht kannte, und es war nicht sehr wahrscheinlich, dass sich dieser Zustand ändern würde. Seit seinem Herzinfarkt im November 1986 hatte er die FIA nicht mehr so fest im Griff wie vorher.

Ecclestone verstand die Welt des Fernsehens jenseits der EBU nicht so ganz. Er wusste nur, dass Medienmogule wie Berlusconi Sender gegründet hatten, die den staatlichen Rundfunkanstalten Konkurrenz machten und für populäre Programme mehr bezahlen würden, um mehr Zuschauer anzuziehen. Sein Experte für dieses neue Gebiet war der Schweizer Christian Vogt, der zuvor in Diensten der EBU gestanden hatte. Seinem beruflichen Werdegang verdankte Vogt die persönlichen Kontakte, die ihm erlaubten, Fernsehverträge mit den drei wichtigsten Ländern auszuhandeln – Frankreich, Italien und Deutschland. Wenn er mit ihnen exklusive Vereinbarungen treffen konnte, so glaubte er, würde der Rest der Sendeanstalten folgen. Sein Verkaufsgespräch würde sich nicht um das Rennen drehen, sondern um die Plattform für Reklame – für die Chance auf unglaubliche 2,6 Milliarden Zuschauer. Mit dieser gewaltigen Publicity würde der Wert der Formel 1 für Sponsoren bestimmt steigen. Um die Werbung zu zeigen, wurden die Sender von Ecclestone verpflichtet, den gesamten Grand Prix live auszustrahlen. Die Organisation und die Energie, die erforderlich war, um die Verhandlungen abzuschließen, waren beeindruckend. Nicht einmal er sah voraus, was die Verhandlungen schließlich für Ergebnisse zeitigen würden. In späteren Jahren witzelte Ecclestone: »Zuerst musst du auf die Beine kommen, dann wirst du reich und dann ehrlich.« Er war noch dabei, sich aus der ersten Phase herauszutasten.

Ende Oktober 1990 wurde Ecclestone 60 Jahre alt. Seine Belegschaft in Chessington organisierte eine Überraschungsparty zu seinem Geburtstag. Er verhehlte nicht seine Missbilligung. Zu Hause waren seine Frau und seine beiden Töchter – Petra war im Dezember 1988 geboren worden – angewiesen, den Geburtstag zu ignorieren. Ein paar Tage später starb Sidney Ecclestone mit 87 Jahren an einem Herzinfarkt. Er hatte neben seiner Frau auf dem Sofa gesessen, ihre Hand gehalten und war eingeschlafen. Ecclestone ging zusammen mit Slavica zu dem Trauergottesdienst neben St. Albans, aber die Krematoriumskapelle betrat er nicht. Stattdessen wanderte er aufgeregt auf dem Gelände herum. Seine Tochter Debbie glaubte, ihr Vater könne einfach Beerdigungen nicht ausstehen; eine Idee, der er nicht widersprach, um die Tatsache zu verheimlichen, dass Slavica von ihm verlangt hatte, sich nicht neben seine älteste Tochter zu setzen.

Zunächst hatten Debbie und Slavica ein gutes Verhältnis zueinander gehabt. Debbie, die ihren Vater und Tuana regelmäßig besuchte und bei ihnen gegessen hatte, war auch in seiner neuen Familie stets ein willkommener Gast gewesen, und ihre Kinder und Tamara hatten in Chelsea oder in Debbies Haus in Chislehurst miteinander gespielt. Aber bald nach Petras Geburt war Debbie unangemeldet in Chelsea aufgetaucht, woraufhin Slavica aus heiterem Himmel einen Wutanfall bekommen und geschrien hatte, Debbie solle sich nie wieder blicken lassen. Danach verbot sie ihrem Mann, sich mit seiner ersten Tochter zu treffen, und Ecclestone stimmte ohne großen Widerspruch zu. Deshalb hatte er auch die Anweisung seiner Frau befolgt, das Krematorium nicht zu betreten. In einem Brief, den Bertha Ecclestone zwei Monate später an Ann Jones schrieb, berichtete sie, dass ihr Sohn und Slavica sie nach der Beerdigung trotzdem kurz zu Hause besucht hätten.

»Ich war überrascht, dass Bernard sich Sidneys Tod so zu Herzen genommen hat«, schrieb sie, »aber ich nehme an, es lag mehr an dem Schock, weil es so schnell gegangen ist.« Bertha fügte hinzu, dass ihr Sohn »sehr lieb zu mir gewesen ist«. Dass Ecclestone seine Gefühle nicht offen zeigen konnte, änderte nichts an der Verantwortung, die er für seine Eltern empfand. Er besuchte oft Freunde zusammen mit seiner Mutter und bezahlte später die häusliche Pflege für sie. Sein weiches Herz war vielleicht für die Formel-1-Gemeinde nicht zu sehen, doch zu seiner Mutter war er immer liebenswürdig. Bei geschäftlichen Dingen war nur seine Härte erkennbar, während er auf die unwiderstehlichen Goldtöpfe des Fernsehens zusteuerte.

Max Mosley, der ein Fan des gesamten Rennsports war, kritisierte Ecclestone wegen seines ausschließlichen Interesses an der Formel 1. »Du hast dir an der Formel 1 eine goldene Nase verdient«, ermahnte er ihn, »aber du bist Leiter der Werbeabteilung der FIA. Wir sollten uns jetzt um den Rallye-Betrieb kümmern.« Die Sponsoren und die Autohersteller, besonders Renault, Mercedes, Ford und Porsche, waren sehr an Serienwagenrennen durch Europa und Afrika interessiert, und die hohen Einschaltquoten bestätigten deren Popularität, aber Ecclestone war nicht begeistert. »Den Teilnehmern macht es vielleicht Spaß«, nörgelte er, »aber es gibt keine Zuschauer.« Unverdrossen bestand Mosley darauf, dass sie sich eine Rallye in Portugal ansähen. »Doch Bernie warf einen Blick auf den Matsch, einen zweiten auf seine Schuhe, und sagte: ›Ich geh da nicht raus‹, schloss die Tür wieder und fuhr ab.« Die Fernsehübertragungen von Rallyes gingen mit der Zeit deutlich zurück. Selbst die Begeisterung für das alljährliche 24-Stunden-Rennen von Le Mans, das an seinem Höhepunkt mehr als 50 Wagen und ein weltweites Publikum angezogen hatte, ließ nach.

Weil die Formel 1 das Fernsehen beherrschte, mussten sich die Autohersteller zu dieser Art des Rennens verpflichten. Einige Veranstalter beschuldigten Ecclestone, er unterdrücke jede Form des Wettbewerbs, und prozessierten. Obwohl sie Schadenersatz in begrenzter Höhe zugesprochen bekamen, ging Ecclestone aus der Auseinandersetzung als Sieger hervor. »Wer sagt, wir würden versuchen, ihnen den Garaus zu machen, redet einfach Blödsinn«, sagte er und wischte den Streit als »unwichtig« beiseite. Auch Balestre hatte kein Verständnis für die Kläger. »Man darf nicht alles Bernie Ecclestone in die Schuhe schieben und sagen, dass er mit anderen Meisterschaften konkurrieren und sie verdrängen will ... Mr.

Ecclestone hat seine eigenen Vorstellungen – er bevorzugt die Formel 1, und das ist sein gottgegebenes Recht.«

Balestres Unterstützung überraschte Ecclestone nicht. Der Präsident konzentrierte sich auf seine Wiederwahl 1991, und dazu verließ er sich auf Ecclestone. Der unternahm seinerseits nichts, um Balestre von seinen Sympathien abzubringen, während er die Erneuerung des Concorde-Agreements ins Auge fasste, die 1992 bevorstand. Er brauchte unbedingt Balestres Zustimmung für die erneute Übertragung der Fernsehrechte an der Formel 1 an FOCA. Seit dem Vertrag von 1987 hatte die FIA 30 Prozent der EBU-Gelder erhalten, während Ecclestone und die Teams den Rest bekamen. Die tatsächliche jährliche Einnahme der FIA aus diesem Vertrag hatte eine Million Dollar nicht überschritten. Ecclestone hatte nicht vor, Balestre auf seine Expansionspläne aufmerksam zu machen. Stattdessen war ihm daran gelegen, dass der Präsident den Wert der Fernsehrechte unterschätzte. Um sein Ziel zu verbergen, traf er Vorkehrungen, damit Paddy McNally die Verhandlungen mit Balestre über das neue Concorde-Agreement führte. McNally, der auf eine gewinnend offene Art Französisch sprach, vermochte Balestre davon zu überzeugen, dass er es mit einem Verbündeten zu tun hatte. »Ich habe Paddy benutzt«, sollte Ecclestone später zugeben, »weil Balestre bei ihm keinen Verdacht schöpfen würde.«

Zu der Zeit florierte McNallys Unternehmen. Obwohl Ecclestone darauf bestand, dass McNally einige Grand-Prix-Rennen, die Verlust machten, und die Konstruktion neuer Gebäude am Hockenheimring und anderen Rennstrecken finanzierte, war der Ire ziemlich sicher, dass er seine Investition wieder hereinbekäme, weil er auf den meisten Rennstrecken mehr als 80 Prozent der Reklame und Bewirtung beisteuerte. Er sprach mit Balestre als Geschäftsführer von Allsopp, Parker & Marsh (APM), eine in Irland eingetragene Firma, wo sie noch weniger Steuern zahlen musste als in der Schweiz. Neben McNally war Luc Jean Argand, der Schweizer Anwalt, den Jochen Rindt Ecclestone vorgestellt hatte und der seitdem ein wichtiger Berater für ihn war, als Geschäftsführer der APM aufgeführt.

In seinen Gesprächen mit Balestre gab McNally nicht zu erkennen, dass auch in Zukunft nach Auslaufen des Vertrags mit der EBU Einnahmen aus den Fernsehrechten für Formel-1-Übertragungen zu erwarten wären. Im Gegenteil, es bestand, wie McNally andeutete, eine gewisse Unsicherheit, und vielleicht wolle der Präsident in kluger Voraussicht ein anderes Arrangement in Erwägung ziehen. Sollte nämlich die FIA der APM die Fernseheinnahmen für die nächsten drei Jahre zugestehen, würde die APM im Gegenzug der FIA im Jahr 1992 5,6 Millionen Dollar garantieren und diese Summe bis auf neun Millionen Dollar im Jahr 1996 erhöhen. Balestre, der sich für ein Genie hielt – ein Urteil, das McNally und Ecclestone ihm nicht ausredeten –, sah den Vorteil in einem garantierten Betrag, der von Dollars, einer gerade schwächelnden Währung, in französische Francs konvertiert werden konnte. Zudem hatte er gerüchteweise vernommen, dass Canal 5, der französische Sender, der einer der wichtigsten Beiträger der EBU zu Ecclestones Paket war, kurz vor der Zahlungsunfähigkeit stand. Er nahm an, dass McNally und Ecclestone nichts von der prekären Lage des Senders wussten und er der FIA die garantierten Einkünfte auf Ecclestones Kosten gesichert hätte. In Wirklichkeit führte Ecclestone mit einem anderen französischen Sender Vertragsverhandlungen, und Christian Vogt schloss auf der ganzen Welt Fernsehverträge für fast das Zehnfache der Summe ab, die die EBU bezahlt hatte. Trotz einiger Vorbehalte unter seinen Mitarbeitern unterzeichnete Balestre die Vereinbarung mit McNally, wodurch er das automatische Recht an 30 Prozent der Einnahmen verlor. Ecclestone würde in der Folgezeit behaupten, dass er Balestre geraten habe, das Angebot der APM nicht zu akzeptieren. Seine Kritiker dagegen würden sagen, dabei handele es sich um einen Vorwand, um die Millionen Dollar zu rechtfertigen, die sich in seine Truhen ergossen.

Nach dem alten Concorde-Agreement erhielt Ecclestone 23 Prozent der Fernseheinnahmen, die Teams erhielten 47 Prozent und die FIA die restlichen 30 Prozent. Aber nachdem die FIA bereit war, sich mit einem fixen Betrag zufriedenzugeben, stieg Ecclestones Anteil theoretisch auf 53 Prozent, während die FOCA-Teams 47 Prozent der Einnahmen und 30 Prozent der Preisgelder unter sich aufteilten. An der Oberfläche schien sich wenig geändert zu haben, aber mit der Aussicht auf ein unbeschränktes Einkommen empfahl Ecclestone eine eher technische Änderung der Verträge. Er schlug den Teams vor, das Management ihrer kommerziellen Rechte von der FOCA auf die Formula One Promotions Administration (FOPA) zu übertragen, eine Gesellschaft, die Ecclestone gehörte. Die Sendeanstalten würden Verträge mit der FOCA unterzeichnen, aber durch einen Parallelvertrag war die FOPA der eigentliche Begünstigte. Er versicherte den Teams, dass sich nichts ändern würde. Er würde weiter die Verhandlungen führen und ihre Einkünfte von den Sendeanstalten und den Streckenbetreibern beziehen und die Kosten und Risiken aller Grand-Prix-Rennen tragen, einschließlich derer, die Verlust machten. Der Unterschied bestehe darin, dass die FOPA Ecclestone gehöre, während die FOCA eine lockere Vereinigung ohne juristische Basis sei. Alle Teams waren einverstanden, bis auf Frank Williams, Ron Dennis und Ken Tyrrell. Während der vergangenen Jahre hatten alle Ecclestones Methode, die Dinge zu erledigen, toleriert. Alle waren sich seiner Taktik bewusst: Wenn ein Treffen eine Wendung nahm, die ihm nicht hilfreich erschien, sorgte er für Verwirrung, indem er einen lächerlichen Vorschlag machte. »Er ist wieder abseits der Piste unterwegs«, pflegte Williams zu sagen, wenn Ecclestone die normalen Abläufe missachtete. Diesmal, da waren sie sich einig, würden sie sich nicht von einem seiner Tricks ablenken lassen.

Frank Williams, der für Ecclestones Unterstützung seit seinem Unfall dankbar war – der Hubschrauber, den Ecclestone geschickt hatte, um ihn bald nach seinem Unfall zum Grand Prix nach Brands Hatch zu bringen, war an einer riesigen Plakatwand mit der Botschaft »Welcome Back Frank« vorbeigeflogen –, war dagegen, konnte aber beschwichtigt werden. Ron Dennis war schwieriger. Unter seinem peniblen Management hatte McLaren sich zu einem Rennstall von Weltformat entwickelt, der in der Lage war, Ferrari eine vernichtende Niederlage beizubringen. Anders als Ecclestone hatte er es geschafft, Lauda für einen Vertrag über vier Millionen Dollar aus dem Ruhestand zu locken und sich die Unterstützung von Philip Morris zu sichern. Aber Dennis und Ecclestone sprachen nicht die gleiche Sprache. Bei FOCA-Treffen schien der ehemalige Mechaniker besessen von Details, blind für das große Ganze und immer streitsüchtig zu sein. Zumindest, tröstete sich Ecclestone, könnte er sich vielleicht Dennis' Schwächen zunutze machen, um sich seine Unterstützung zu sichern, aber Ken Tyrrell war nicht so leicht umzustimmen. Der aggressive Holzhändler, dessen Rennstall immer noch Ferrari und McLaren schlug, lehnte den Vorschlag sofort ab. Ecclestones Antwort war knapp. »Nun gut, dann investiere du in die Rennstrecken, die Verluste machen. Geh mit mir zusammen das Risiko ein.« Tyrrell weigerte sich missmutig und machte mit Dennis' Unterstützung einen Gegenvorschlag. Die beiden wollten, dass Ecclestone eine Erklärung unterschrieb, in der er sich verpflichtete, dass nach seinem Tod seine geschäftlichen Verträge auf sie übergehen sollten. Dennis, der mit den Worten kämpfte, hatte vorgehabt zu sagen, dass sie Ecclestones »Nachfolger« werden sollten, aber stattdessen platzte er mit seinem Wunsch nach einer »Vereinbarung im Todesfall« heraus. Ecclestone war von der Gefühllosigkeit überrascht und antwortete einfach mit »Nein«. Als Ecclestone McNally von der Forderung erzählte, war sein Partner schockiert. »Ron ist so arrogant geworden, weil er die Weltmeisterschaft gewinnt. Er beklagt sich die ganze Zeit über all das Geld, das ich verdiene.« Mitten in einer heftigen Rezession hätte keiner der drei das jüngste Problem lösen wollen. Elf, der französische Ölkonzern, belieferte Williams mit einem besonderen Benzin, wodurch die anderen Teams benachteiligt wurden. »Meiner Meinung nach«, sagte Ecclestone, »braucht die Formel 1 besondere Wagen, besondere Motoren und besondere Fahrer – was sie nicht braucht, ist ein besonderes Benzin.« Weil er solche Probleme löste, hielt Ecclestone sein Einkommen für gerechtfertigt.

Dennis und Tyrrell, von Ecclestones Hartnäckigkeit blockiert und unfähig, eine Alternative vorzuschlagen, akzeptierten schließlich ungnädig Ecclestones Angebot. Aber keiner von beiden durfte die Verträge zwischen der FOCA und den Fernsehgesellschaften lesen, und sie verstanden auch nicht, auf welche Weise Balestres Einverständnis, auf den Anteil von 30 Prozent zu verzichten, Ecclestones Einkommen vergrößert hatte. Ecclestones Kritiker würden später behaupten, dass ihm sein Anteil von 53 Prozent zwischen 1992 und 1995 341 Millionen Dollar an Fernsehgeldern eingebracht hätte, während die FIA durch den Verzicht auf ihren 30-Prozent-Anteil 37 statt 65 Millionen Dollar erhielt. In Wirklichkeit bekam Ecclestone nach 1992 73 Prozent der Fernseheinnahmen, und die zwölf Teams teilten sich die restlichen 27 Prozent. McLaren erhielt zwei Prozent. McNally sprach Freunden gegenüber von »einem erstaunlichen Geldregen« und »mehr Einnahmen, als ich erwartet hatte«. Ecclestones Rechtfertigung gegenüber den Teams war kurz und bündig: »Ich habe euch die Chance angeboten, das Risiko zu übernehmen, und ihr habt abgelehnt. Deshalb habe ich das Geld bekommen.« Eine unvorhergesehene Wendung des neuen Vertrags sollte Ecclestones Reichtum auf ein anderes Niveau heben.

Balestres Zustimmung zu dem Concorde-Agreement von 1992 – das 1990 unterschrieben wurde – war gleichzeitig sein Todesurteil. Ohne Ecclestones Einverständnis beschloss Max Mosley, Balestre bei der Präsidentschaftswahl im Jahr 1991 herauszufordern. Obwohl Mosleys berufliche Laufbahn als Anwalt und als Rennwagenhersteller unspektakulär gewesen war, fanden seine gelassene Art, seine wortgewandte Intelligenz und seine diplomatischen Ratschläge Anklang bei denen, die von Balestres chaotischem Missmanagement enttäuscht waren. Trotzdem war der Franzose überzeugt, dass er sich loyaler Unterstützung unter all den angeschlossenen nationalen Automobilorganisationen erfreute, besonders weil die meisten Clubs in Afrika und Asien kein Interesse am Rennsport hatten. Die Gefolgschaftstreue ihrer Funktionäre glaubte er wie gewöhnlich dadurch gesichert, dass die FIA weiterhin ihre Erste-Klasse-Flüge, Fünf-Sterne-Hotels und Gourmet-Essen finanzieren würde. Er war blind für die eigentlichen Vorzüge der Alternative: ein Bilderbuch-Engländer, der fließend Deutsch und Französisch sprach und dessen alles andere als extravaganter Stil den sportlichen Aspekt der FIA zu verstärken versprach.

In der Öffentlichkeit bot Ecclestone Mosley keine Unterstützung. Automobilclubs, die ihn um seine Meinung baten, bekamen nicht den Rat, gegen Balestre zu stimmen, und gelegentlich äußerte

Ecclestone die Meinung, Mosley könne nicht gewinnen. Mosley tolerierte Ecclestones Neutralität. Eingedenk Harold Wilsons Bemerkung »Wenn man nicht zwei Pferde reiten kann, hat man im Zirkus nichts zu suchen« begriff er Ecclestones Einstellung zur Politik. Er war ein Händler mit begrenztem Verständnis von Institutionen und Geschichte. Ecclestones Motive für ein Engagement bei der FIA waren von seinen eigenen vollkommen verschieden. »Bernie ist des Geldes wegen dabei«, sagte Mosley, »manchmal ist es wie eine Krankheit, während meine Familie Geld hatte, aber keinen guten Ruf. Daher gab mir der Präsidentenposten die Chance, den Ruf meiner Familie wiederherzustellen.« Ecclestone war ähnlich unverblümt: »Max hatte nichts dadurch zu verlieren, dass er sich zur Wahl stellte, und am Anfang wusste nicht mal er, ob er gewinnen konnte.«

Am Vorabend der Wahl änderte sich Ecclestones Haltung. »Bruder Mosley«, begrüßte er den Kandidaten, als er seinen Anruf entgegennahm. Mosley hatte bemerkenswerte Unterstützung gewonnen, indem er die Automobilclubs außerhalb Europas, vor allem in Japan, Nord- und Südamerika und in einigen kleineren Ländern, die Balestres großspuriges Auftreten ablehnten, eifrig umwarb. Seine Garantie, alle Vergünstigungen beizubehalten und sich nach zwölf Monaten zur Wiederwahl zu stellen, hatte Balestres Beschuldigung unterminiert, Mosley sei illoyal und »in eine Kampagne verstrickt, mit der er die FIA destabilisieren und die Mitgliedsländer einer Gehirnwäsche unterziehen will.« Im letzten Moment kam Ecclestone zu einem realistischen Schluss: »Balestre war etwas schwierig geworden, um nicht zu sagen: ein wandelndes Pulverfass, und deshalb habe ich Max unterstützt, als er es brauchte.«

Früh am Morgen der Wahl, am 9. Oktober 1991, rief Ecclestone Balestre an. »Jean-Marie«, sagte er, »Sie werden die Wahl verlieren. Machen Sie einen Deal mit Max. Bieten Sie ihm an, dass Sie ihm die Hälfte Ihrer Befugnisse abtreten, wenn er seine Kandidatur zurückzieht.« Der Franzose protestierte: »Rufen Sie mich nicht so früh mit schlechten Neuigkeiten an.« Er erklärte, er habe eine Liste mit Wahlstimmen, die ihm persönlich zugesichert worden seien. »Ich werde gewinnen«, beharrte er. Er konnte sich nicht vorstellen, dass die Zusagen der Delegierten bei einer geheimen Abstimmung nicht beachtet würden. Schließlich war ja bekannt, dass die Stimmzettel gekennzeichnet waren und dass jeder, der gegen ihn stimmte, nicht nur riskierte, seine Vergünstigungen zu verlieren, sondern er konnte auch das Recht dieses Landes widerrufen, Formel-1- oder andere Rennen zu veranstalten. Seine Drohungen waren wirkungslos. Mosleys eigene Liste von festen Unterstützern war fast identisch mit der Balestres. Dessen zwölfjährige Amtszeit endete mit einem Abstimmungsergebnis von 43 zu 29 Stimmen.

Ecclestone war erfreut, dass die andere äußerst einflussreiche Position im Rennsport nun von seinem treuesten Verbündeten eingenommen wurde. Aber natürlich kümmerte er sich auch um die Bedürfnisse seines zweittreuesten Verbündeten. In der geheimnisvollen Welt der FIA hatte Balestre immer noch ein obskures Büro, und daher übernahm Mosley im nächsten Jahr, nachdem er sich erfolgreich zur Wiederwahl gestellt hatte, Ecclestones Idee und ernannte Balestre zum »Präsidenten des Senats«, eine Position ohne Machtbefugnis, aber mit allen finanziellen Vorzügen. Wichtiger war, dass Ecclestone Mitglied des Senats wurde und Vizepräsident der FIA blieb, wobei er die Interessenskonflikte billigend in Kauf nahm.

Gemeinsam konsolidierten Mosley und Ecclestone ihre Herrschaft über die FIA, die Formel 1 und den gesamten Motorsport. Die Rebellen waren zum Establishment geworden. Nach Ecclestones Meinung hatte der Sieg Mosley verwandelt: »Er gewann den Glauben an sich selbst, indem er das tat, was er tun wollte.« Mit seinem Oxforder Diplom in Physik und als ausgebildeter Rechtsanwalt war Mosley in der Lage, alle Detailfragen des Sports zu meistern. Sein neues Selbstvertrauen machte ihn gegenüber Ecclestone ein wenig skeptisch: »Bei Bernie konnte man nie wissen. Ich durfte keine Risiken eingehen.« Andere sagten das Gegenteil. Weil sie keinen Übersetzer brauchten und in Kürzeln sprachen, wurden die beiden ununterscheidbar und unzertrennlich.

Das Satellitenfernsehen veränderte die Formel 1. Prominente – Könige, Präsidenten, Schauspieler, Models und Popstars – erschienen zu den Rennen und fügten dem Wagemut und dem Heroismus Glamour hinzu. Ecclestone traf sich regelmäßig mit Staatsoberhäuptern, sowohl in den Ländern, in denen ein Grand Prix stattfand, als auch in solchen, die unbedingt die Formel 1 zu sich holen wollten. Die Formel 1 war eine weltweite Attraktion geworden. Ecclestones Erlass, »keine Zuhälterei mehr in meinem Fahrerlager« dulden zu wollen, verlieh denen, die in diesem Bereich zugelassen wurden, den Hauch der Exklusivität. Jedes im Fernsehen übertragene Rennen, das, den PR-Leuten zufolge, von bis zu 500 Millionen Zuschauern (was tatsächlich eine Übertreibung war) gesehen wurde, verstärkte den Appetit der Sponsoren. Honda war der letzte, der zur Formel 1 stieß, um eine neue Serie von Wagen auf den amerikanischen Markt zu werfen. Andere Hersteller begannen um die besten Teams zu wetteifern. Die Fernsehsender triumphierten. Wenn ein Rennstall von einem Unternehmen gesponsert wurde, kaufte es anschließend Werbezeit des Senders während der Rennen, wodurch die an Ecclestone gezahlten Gebühren wieder hereinkamen.

Der Glanz dauerte eine Saison. Im Juli 1993 herrschte in Princes Gate Verwirrung, und es wurde sogar von einer Krise gesprochen. Karten von Rennstrecken lagen auf dem Boden in Ecclestones Büro. Faxkopien waren über seinen Schreibtisch verstreut. Erschöpft führte Ecclestone endlose Telefongespräche, um Kontroversen beizulegen. Die Ergebnisse von fünf der letzten acht Rennen wurden angefochten, und technische Fragen nahmen überhand. Ecclestone beharrte darauf, dass die Formel 1 ein Wettbewerb zwischen Fahrern bliebe, während die Hersteller Computer in die Wagen einbauen wollten. Die Formel 1 verliere ihren Reiz, verkündeten die Kommentatoren einhellig, weil die technischen Aspekte eine zu große Rolle spielten.

Ferrari machte keine gute Figur und hatte seit Enzo Ferraris Tod gegen McLarens und Williams' Überlegenheit, was Aerodynamik, Verbundmaterialien und elektronische Aufhängung betraf, keine Chance. Der italienische Rennstall wurde von der schlimmsten

Krise der Autoindustrie gebeutelt, sodass sein Überleben in Frage gestellt war. Luca Montezemolo, der neue Vorstandssprecher von Ferrari, bemühte sich, das Ansehen wiederherzustellen, das für die Legende der Formel 1 von großer Bedeutung war. Der ideale Kandidat, die Führung bei Ferrari zu übernehmen, war nach Ecclestones Ansicht Jean Todt, der französische Leiter des Sportwagenteams von Peugeot. Er hatte den Ruf äußerster Geradlinigkeit – entweder sagte er die Wahrheit oder er schwieg. Seine Aufrichtigkeit war allerdings nicht der Grund, der ihn für Ecclestone interessant machte.

1986 hatten Todt und Peugeot einen Prozess gegen Balestre gewonnen. Die FIA war in die Berufung gegangen und hatte ihrerseits gewonnen. Um die Spannungen beizulegen, hatte Ecclestone die beiden Männer ins Hôtel de Crillon eingeladen und sie nach einer kurzen Unterhaltung allein gelassen, damit sie sich einigten. Seitdem hatte er Todts steile Karriere im Auge behalten. Als es nun um die Nachfolge bei Ferrari ging, riet er Todt, nach Bologna zu fliegen und sich mit Montezemolo zu treffen. Montezemolo, der Ecclestone als »Orientierungspunkt« und Quelle unentbehrlicher Ratschläge betrachtete, war dankbar. Als Todt zu Ferrari ging, war ihm klar, dass es mindestens fünf Jahre dauern würde, bis der Rennstall wieder zu einem ernsthaften Herausforderer der britischen Teams aufgebaut werden könnte. Todt wusste, dass Ecclestone den Kontakt zu Ferrari hergestellt hatte, weil er sich gerne als Chef-Vermittler der Formel 1 verstand. Jemand musste die Show zusammenhalten, und zu jenem Zeitpunkt drohte ein Streit um technische Fragen den Sport zu entzweien.

Der Blitzableiter war Nigel Mansell, ein populärer britischer Weltmeister. 1992 hatte er neun der 16 Rennen für Williams gewonnen und fast doppelt so viele Punkte errungen wie der Zweitplatzierte, sein Stallgefährte Riccardo Patrese. Sein Erfolg verdankte sich zu einem großen Teil einem elektronischen Kontrollsystem, das die Federung des Wagens steuerte. Ron Dennis war fest entschlossen, das neue System für die Saison 1993 zu kopieren – was Mosley verbieten wollte. Im Rückblick auf die Zeit, als Williams und Dennis wie all ihre Konkurrenten die Wagen für das Rennen in strömendem Regen vorbereiteten und im Matsch nach Schrauben und Muttern suchten, beklagte Mosley, dass der übertriebene Kostenaufwand und Computer den Rennsport zerstörten. Das Murren darüber, dass Mosleys diktatorisches Gehabe den Wandel der Formel 1 zu einem technischen Rennen zwischen Konstrukteuren ignorierte, wurde von dem Schock übertönt, dass die Beziehung zwischen Mansell und Williams ein Ende gefunden hatte. Mansell hatte den neuen Vertrag, den Williams ihm vorlegte, abgelehnt, und nachdem die Frist abgelaufen war, machte ihm Williams ein schlechteres Angebot, woraufhin sich Mansell öffentlich von der Formel 1 verabschiedete. Ecclestones Sympathien lagen bei Williams. »Fahrer sind überbezahlt«, sagte er, »und es gibt jede Menge neuer Fahrer.« Mansell sollte wissen, dass es sein Wagen war, der die Weltmeisterschaft gewonnen hatte. »Wenn man pokert«, fügte er hinzu, »stellt man sich zwei Fragen: Wie stark ist mein Blatt? Wie viel bin ich bereit zu riskieren? Wenn man nur ein mittelmäßiges Blatt hat, ist man besser vorsichtig.«

Mansell ging in die Vereinigten Staaten, und die britische Presse suchte nach einem Sündenbock, den sie für den Verlust eines Helden verantwortlich machen konnte. Da Williams in einem Rollstuhl ums Überleben kämpfte, wurde Ecclestone die Schuld an der sportlichen Katastrophe gegeben. Das Problem der Medien war wie immer das Geheimnis, das ihn umgab. Fakten aus Ecclestones Biografie, über seine Familie oder seine Herrschaft über die Formel 1 waren immer noch rar. Sogar sein Alter blieb unbekannt. Obwohl Dutzende von Männern in den Boxen einige Antworten wussten, gab keiner sie preis. Die Finanzen der Formel 1 waren ähnlich undurchsichtig. Ecclestone, der sich hinter einem Netzwerk von Gesellschaften mit ähnlichen Namen und Sitz in London oder auf den Kanalinseln verbarg, war erleichtert, dass kein Journalist Einblick in das Handelsregister genommen hatte, wo festgehalten war, dass er 1993 selbst 29,7 Millionen Pfund gezahlt hatte, ein britischer Rekord. Sogar Ron Dennis, der sich heftig über Ecclestones Vermögen beklagte, hatte keine Ahnung, wie reich dieser tatsächlich war.

Ron Dennis hatte nichts für Ecclestones Appetit auf schnelle Deals übrig. Später im selben Jahr schlug er den Teams vor, Zapfsäulen für einen zusätzlichen Tankstopp zu installieren, um für zusätzliche Aufregung zu sorgen. Seine Idee wurde als zu kostspielig zurückgewiesen. »Ich besorge die Ausrüstung«, meinte Ecclestone. Seine Idee wurde akzeptiert, und die Zapfsäulen wurden installiert. Dann erhielt jedes Team eine Rechnung von Ecclestone. Als Dennis, Frank Williams und Ken Tyrrell ihn daraufhin zur Rede stellten, erwiderte Ecclestone: »Ich habe gesagt, dass ich sie besorge, und nicht, dass ich sie bezahle.« Die Lektion lautete, genau hinzuhören, was Ecclestone sagte, und keine voreiligen Schlüsse zu ziehen. »Die Leute wissen nicht, was sie wollen«, meinte Ecclestone. »Sie wissen nur, was sie nicht wollen.« Seine Einsicht wurde dadurch erhärtet, dass Mosleys Feldzug gegen die Computer in den Rennwagen erfolgreich war; und Mansell verschwand aus den Schlagzeilen.

Ecclestone hatte einen neuen Bundesgenossen gegen die drei britischen Teams gewonnen. Unter seiner Anleitung hatte Flavio Briatore seit 1989 dem Benetton-Rennstall ein neues Gesicht gegeben. Briatores Weg in die Formel 1 war ungewöhnlich. Der 1950 geborene Italiener hatte eine abwechslungsreiche berufliche Laufbahn genommen, bis sein Partner, der Finanz- und Bauunternehmer Attilio Dutto, auf mysteriöse Weise von einer Autobombe getötet wurde. Da ihre gemeinsame Firma insolvent war, wurde Briatore, der sich inzwischen in den Vereinigten Staaten aufhielt, in Abwesenheit wegen betrügerischen Bankrotts zu einer Freiheitsstrafe von viereinhalb Jahren verurteilt. Briatore heiratete eine US-Bürgerin und wurde Benettons Repräsentant in Nordamerika, wo er die Zahl der Läden der Modefirma von zehn auf 800 erhöhte. Obwohl er inzwischen in den Genuss einer Amnestie gekommen war, ging er davon aus, in den USA zu bleiben – bis er einen Auftrag von Luciano Benetton erhielt.

Benetton hatte sich mit Ecclestone in Verbindung gesetzt. Er war Mitglied der Formel-1-Gemeinde geworden, indem er den Rennstall Toleman Motorsport gekauft und für die Saison 1986 in

Benetton Formula umgetauft hatte. Obwohl der Rennstall 1988 in der Konstrukteurswertung einen dritten Platz erreichte, sollte Briatore als Team-Manager verpflichtet werden. »Würden Sie sich um ihn kümmern?«, erkundigte Luciano Benetton sich bei Ecclestone.

Briatore und Ecclestone trafen sich im Dorchester Hotel. »Ich habe keine Ahnung von der Formel 1«, bekannte Briatore und fügte hinzu, dass er sich nicht mal sicher sei, ob er Interesse daran habe. Die beiden äußerlich ungleichen Männer verband die Leidenschaft für das Geschäft und die Intrige. Ecclestone erklärte sich bereit, mit einem Einführungskurs beim nächsten italienischen Grand Prix in Imola zu beginnen, wo die Rennstrecke von einer reizvollen Landschaft und guten Restaurants umgeben war. »Kurz nachdem ich mit Flavio durch Imola spaziert war«, erzählte Ecclestone später, »bekam ich einen Anruf von John Hogan, der sagte: ›Du solltest dich nicht mit ihm blicken lassen.‹ Ich habe John erklärt, er solle das meine Sorge sein lassen.«

Briatore war von der Atmosphäre eingenommen. Der extravagante Showman mit einer Schwäche für schöne Frauen wusste schon bald das Fluidum der Formel 1 zu schätzen. »Wir fangen von unten an«, sagte Briatore, der von Ken Tyrrell und anderen Traditionalisten als »T-Shirt-Verkäufer« bezeichnet wurde. Am 5. September 1991 erhielt Eddie Jordan, der 43-jährige irische Besitzer eines kleinen Formel-1-Rennstalls, um drei Uhr morgens in der Villa d'Este, einem Grand Hotel am Comer See, ziemlich legal Geld, um dem Transfer Michael Schumachers zu Benetton zuzustimmen, was er widerwillig tat. Der junge Deutsche war in Belgien hervorragend gefahren und würde nach Ecclestones Ansicht in Deutschland viele Zuschauer anziehen. »Ich habe Flavio Briatore überredet, Michael zu engagieren. Ich habe den ursprünglichen Deal eingefädelt«, erklärte Ecclestone.

Briatores Energie und sein Hang zur Selbstdarstellung gefielen Ecclestone. Er war amüsant, einfallsreich und hatte einige ernsthafte Sponsoren aufgetan. Im Gegensatz zu den englischen Teamchefs teilte Briatore 1993 Ecclestones Befürchtung, dass der Grand Prix langweilig zu werden drohe. Um Benetton als Rennstall der

Schickeria zu etablieren, betonte er den Unterhaltungsaspekt des Sports, nicht den technologischen, und organisierte Musik, Models und glamouröse Partys: »Motorenlärm und Lifestyle – darum geht es bei der Formel 1. Die Mischung von Macht, Geschwindigkeit und Menschen, die miteinander kämpfen.« Max Mosley war beeindruckt. »Er engagiert gute Leute und bringt frischen Wind in die Formel 1 – und er ist ein guter Gesellschafter.«

Zu Beginn der Saison 1994 in Brasilien war Ecclestone davon überzeugt, dass die Formel 1 eine Zukunft hatte. Schumacher war ein ernsthafter Herausforderer für Ayrton Senna geworden, der für Williams fahren sollte. Seine Verpflichtung für den Rennstall, mit dem Alain Prost im Vorjahr überzeugend die Weltmeisterschaft gewonnen hatte, war für den vierfachen Weltmeister Prost der Grund gewesen, seinen Abschied vom Rennsport bekannt zu geben. Die Rivalität unter den Fahrern erhöhte die Spannung bei den Rennen und machte sie auch für die Medien interessanter.

Sieben Monate vorher, kurz nachdem Alain Prost seinen Rückzug angekündigt hatte, hatte Ecclestone beim portugiesischen Grand Prix zwei britische Journalisten in seinem Wohnmobil zu seinem ersten veröffentlichten Interview seit 1990 empfangen. Ohne zu bedenken, welche Wirkung es haben konnte, unverblümt seine ehrliche Meinung zu äußern, beantwortete er die Fragen der Journalisten nach den Konsequenzen von Prosts Abschied. Ecclestone, der überzeugt war, dass der einzelne Fahrer keine große Rolle spielte, erwiderte, dass Prost, der verglichen mit Senna und Mansell als langweilig galt, bald genauso vergessen sei wie alle Fahrer, die bei einem Unfall ums Leben gekommen waren. Die Unterhaltung wurde fortgesetzt, bis Ecclestone sich »an die alte Zeit« erinnerte, als solche Tragödien an der Tagesordnung waren. Der Tod von Fahrern, sagte er, sei »eine Form natürlicher Selektion«. Die Veröffentlichung dieser Formulierung löste einen Skandal aus. Ecclestone schien ungeheuer taktlos zu sein. Wenn man bedachte, welche Wirkung der Tod mancher Fahrer auf Ecclestone gehabt hatte, konnte zu seiner Verteidigung angeführt werden, dass er sich vermutlich falsch ausgedrückt hatte. Aber Ecclestone, der keine Bücher las, sich hinsichtlich der Nachrichten auf den *Daily Express* verließ, die Zeitung seines Vaters, und nur in James-Bond- und Action-Filme ging, war äußerst unsensibel, was die mögliche Wirkung seiner Worte betraf. Zur Wiedergutmachung sagte er später zu einer anderen britischen Zeitung: »Ich sehe lieber, dass sie in den Ruhestand gehen, als dass sie getötet werden.« In Wahrheit glaubte er, Fahrer bekämen dafür, dass sie ihr Leben aufs Spiel setzten, sehr viel Geld, und das müsse man berücksichtigen, wenn man Mitleid mit ihnen haben wolle. »Bernie ist ein Genie, wenn es darum geht, aus Schwierigkeiten herauszukommen«, stellte ein vertrauter Anwalt fest. »Aber normalerweise bringt er sich zunächst mal in diese Schwierigkeiten.« Seine Ungeschicklichkeit wäre sicher längst vergessen worden, wenn Schumachers rücksichtsloser Ehrgeiz nicht die Atmosphäre der Formel 1 verändert hätte.

Die beiden ersten Rennen der Saison, die von Schumacher gewonnen wurden, waren von Unfällen und gegenseitigen Beschuldigungen geprägt. Der seltsame Klang von Schumachers Benetton und seine Geschwindigkeit erregten Verdacht. Frank Williams war überzeugt, dass Briatore beide Rennen manipuliert hatte. Eine Untersuchung ergab, dass Schumachers Wagen eine verbotene Antriebsschlupfregelung besaß. Briatore verteidigte sich damit, dass die Vorrichtung zwar eingebaut, aber nicht benutzt worden sei. Die Auseinandersetzung erhöhte noch die Spannung, als die Teams sich zum dritten Rennen zum Großen Preis von San Marino in Imola trafen. Ecclestone machte sich keine besonderen Gedanken über die heftige Debatte, bei der es um die dort unbegrenzte Geschwindigkeit ging, obwohl er später erfahren sollte, dass Senna sich über das Unfallrisiko auf dieser Rennstrecke beklagt hatte.

Während der vergangenen Jahre war die Beziehung zwischen Ecclestone und Senna enger geworden. Ecclestone gefiel der liebenswürdige Charme des Brasilianers, und er lud ihn regelmäßig zum Essen in sein Haus in Chelsea ein. Auch Slavica und die Töchter fanden Gefallen an einem Mann, der trotz seines Ruhms als Formel-1-Weltmeister großzügig und charmant war. Wie seine Rivalen war Senna des Betrugs beschuldigt worden, und niemand konnte den Zusammenstoß vergessen, den er 1990 mit Prost herbeigeführt hatte und dem er den Titelgewinn verdankte. Aber in Ecclestones Welt war ein Betrug nichts Außergewöhnliches. Außerdem fiel die Beseitigung solcher Probleme in die Zuständigkeit der FIA.

Mosley, der mit Sicherheitsfragen beschäftigt war, fand die Rennstrecke von Imola besonders gefährlich. Seitdem er 1968 im gleichen Rennen wie Jim Clark am Hockenheimring gefahren war und den tödlichen Unfall des zweifachen britischen Weltmeisters hautnah miterlebt hatte, versuchte er erfolglos, die Formel-1-Fans davon zu überzeugen, dass bessere Sicherheitsvorkehrungen nicht den Ruin des Rennsports bedeuten würden. Sein eigener Unfall in einem Lotus im darauffolgenden Jahr am Nürburgring hatte ihn in seiner Überzeugung bestärkt.

Beim Qualifikationstraining in Imola gab es bereits am Freitag einen schweren Unfall, und am Samstag verunglückte Roland Ratzenberger tödlich. Am Sonntag, dem 1. Mai, begann das Rennen mit einem Auffahrunfall am Start und dem anschließenden Einsatz des Safety-Cars über fünf Runden, bevor es nach Beseitigung der Wrackteile in der sechsten Runde mit einem fliegenden Start fortgesetzt wurde. Bereits in der nächsten Runde verlor Senna die Kontrolle über seinen Wagen und prallte mit 211 Stundenkilometern gegen eine Begrenzungsmauer. Eine Metallstrebe bohrte sich durch seinen Helm, und er war sofort tot. Es war der erste Tod während eines Grand Prix seit zwölf Jahren und der erste, der live im Fernsehen übertragen wurde.

Ecclestone war durch die Unfall-Nachricht nicht erschüttert. Der Tod auf der Rennstrecke gehörte zu seinem Leben. Er führte Sennas Familie schnell in sein Wohnmobil. Ein Telefonanruf brachte die schlimme Gewissheit, und Ecclestone überbrachte die Nachricht Sennas Bruder. Wenige Minuten später, während er hilflos Leonardo Sennas Hysterie beobachtete, kam ein zweiter Anruf. Ecclestone korrigierte sich. Es habe ein Missverständnis gegeben, Ayrton sei »am Kopf verletzt« worden. Leonardo verstand oder glaubte Ecclestone nicht mehr. In Wirklichkeit war Senna tatsächlich tot, aber wegen juristischer Komplikationen musste die formelle Erklärung außerhalb der Rennstrecke erfolgen, bevorzugt in einem Krankenhaus.

Außerhalb von Ecclestones Wohnmobil entfaltete sich die Katastrophe in Echtzeit im Fernsehen. Kameras zeigten das Chaos, und die Live-Berichterstattung von einem Hubschrauber, der dem Krankenwagen mit Sennas Leiche folgte, vergrößerte das Drama. Nachdem die Rennstrecke geräumt war, wurde das Rennen neu gestartet und von Schumacher gewonnen. Um der Hysterie zu entkommen, flog Ecclestone zu seiner Frau und seinen Kindern nach Kroatien. Sie waren genauso niedergeschlagen wie Ecclestone. »Es kam einem unmöglich vor, dass er in einem Rennwagen sterben könnte«, sagte Ecclestone später über Senna. »Er machte immer so einen unverwüstlichen Eindruck. Ich habe es einfach nicht glauben können, als ich hörte, dass er tot sei. Ich war wie betäubt.«

Auf der ganzen Welt gab es eine flächendeckende Berichterstattung über das Ereignis, das Ecclestone »einen öffentlichen Tod« nannte – »als würde Jesus Christus im Fernsehen gekreuzigt«. Es wurde Klage geführt, dass man das Rennen zu Ende geführt hatte, und es wurden Fragen gestellt, ob die Formel 1 nicht zu gefährlich war. Auch kam es zu einem peinlichen Nachspiel, weil Ecclestone, der mit Slavica zum Begräbnis nach São Paulo geflogen war, von Sennas Familie verboten wurde, an der Zeremonie teilzunehmen. Das Missverständnis in seinem Wohnmobil war verzerrt dargestellt worden. Hunderttausende versammelten sich auf den Straßen zu einem Staatsbegräbnis, während Ecclestone in seinem Zimmer im Intercontinental Hotel auf dem Bildschirm beobachtete, wie Slavica den Bürgermeister begleitete. Nach seiner Rückkehr nach Großbritannien äußerte sich Ecclestone abschätzig über diejenigen, die ein Ende der Formel 1 vorhersagten, aber die Krise war ernst. Sennas Tod verlieh den Forderungen der Fahrer nach neuen Sicherheitsvorkehrungen zusätzliche Dringlichkeit.

Max Mosley fürchtete das Rampenlicht nicht. »Sie sind mit über 250 Stundenkilometern in einer ungeschützten Benzinbadewanne gefahren«, sagte Mosley zu Journalisten, »ohne auch nur einen Sicherheitsgurt anzulegen. Wenn man einen Fehler machte, hatte man zwei Meter Gras zwischen sich und den Kiefern.« Vor Sennas Tod hatten sich die Fahrer auf ihre schnelle Reaktionsfähigkeit verlassen. Jetzt nutzte Mosley die Chance, die Sicherheitsvorkehrungen zu verbessern. Gefährliche Kurven wurden entschärft, Streckenbegrenzungen wurden abgesenkt und Schikanen eingebaut, um die Geschwindigkeit der Wagen zu verringern. Außerdem wurden herausnehmbare Sitze und verschärfte Crashtests eingeführt. Fast über Nacht wurde der Rennsport sicherer. Ron Dennis fand Mosleys Leistung erstaunlich. »Das heißt mit anderen Worten, dass wir eine Menge Geld ausgeben müssen, um langsamer zu werden«, sagte Dennis scharfsichtig. »Damit habe ich ein echtes Problem.« Ecclestone war ebenfalls überrascht, vermied aber eine öffentliche Auseinandersetzung. In manchen Fragen legte man sich besser nicht mit Mosley an. Ihre Differenzen schmolzen dahin, als die Teams zum nächsten Rennen in Monaco eintrafen. Zu ihrer Erleichterung stiegen die Einschaltquoten um 20 Prozent. »Ich habe schon immer gesagt, dass die Formel 1 größer ist als irgendein Mensch«, sagte Ecclestone zu Journalisten. »Und jetzt ist es bewiesen.« Ein weiterer, fast tödlicher Unfall in Monaco garantierte sogar noch mehr Zuschauer beim nächsten Rennen in Barcelona.

Nach dem Tod seines schärfsten Konkurrenten war Schumacher in dem Benetton-Wagen einsamer Favorit nach vier Siegen in vier Rennen. Aber um die Popularität der Formel 1 zu erhöhen, glaubte Ecclestone, einen gleichwertigen Rivalen zu benötigen. Er vermittelte den Vertrag zwischen Nigel Mansell und Frank Williams, der vorsah, dass Mansell beim französischen Grand Prix im Juli neben Damon Hill für Williams an den Start ging. Mansell erhielt zwei Millionen Dollar für insgesamt vier Rennen. »Es sieht gut aus für uns«, sagte Ecclestone zu Besuchern in Monza; er war erfreut, dass sich eine erbitterte Rivalität zwischen Schumacher und Damon Hill entwickelt hatte, der entschlossen war, es seinem Vater Graham nachzutun und Weltmeister zu werden. Nur Schumacher stand ihm noch im Weg.

Ecclestone wusste, dass der brennende Ehrgeiz des Deutschen nur von dem Briatores übertroffen wurde. Keiner von ihnen hinterfragte die unnachgiebige Rücksichtslosigkeit des anderen, weil ohne sie ein Sieg für beide nicht vorstellbar war. Briatore, der mit Heidi Klum, damals Unterwäsche-Model bei Victoria's Secret, an seiner Seite im Rampenlicht badete, tauchte häufiger in den

1 Ecclestone mit seinem ersten Geschäftspartner, Frederick Compton, und dessen Studebaker. © privat

2 18-jährig macht Ecclestone seinen ersten eigenen Handel auf und verkauft Motorräder auf dem Hof von Comptons Gebrauchtwagenhandlung. © privat

3 Ecclestone 1950 in Crystal Palace. © privat

4 Autohändler 1949 in der Warren Street. © Charles Hewitt/
  Picture Post/Getty Images
5 Ecclestone mit seiner ersten Frau Ivy (links) und Jack Brabham
  (Mitte), dessen Formel 1-Team er 1957 kaufen wird. © privat
617 Ecclestones Eltern: Bertha mit Enkelin Debbie und Sidney. © privat

819 Ecclestone mit Freundin Tuana Tan sowie die beiden in
  Gesellschaft. © privat

10 Das Brabham-Alfa Romeo-Team 1976 am Nürburgring.
    © Grand Prix Photo
11 Ecclestone und Patrick Duffeler. © privat

12 Ecclestone mit Niki Lauda 1978 am Österreichring.
   © Sutton Images.
13 Ecclestone mit Nelson Piquet 1979 in Dijon-Prenois.
   © Grand Prix Photo.
14 Ecclestone mit Max Mosley und Jean-Marie Balestre 1981
   am Hockenheimring. © Grand Prix Photo

15 Enzo Ferrari 1981 in Maranello. © Grand Prix Photo
16 Ecclestone mit Michael Schumacher und Damon Hill.
    © Grand Prix Photo.
17 Ecclestone mit Ron Dennis 2007 in Spa-Francorchamps.
    © Clive Mason/Getty Images
18 Kollision von Ayrton Senna und Alain Prost 1990 in Suzuka.
    © Sutton Images

19 Ecclestones Weihnachtskarte von 1997 in Anspielung auf seine
   aufgedeckte Parteispende an die Labour-Partei. © privat
20 Bernie Ecclestone und Luca Montezemolo 2003 in Monaco.
   © Grand Prix Photo
21 Elisabetta Gregoraci und Flavio Briatore 2008 in Monaco.
   © Grand Prix Photo

22 Bernie und Slavica Ecclestone 2008 in London.
© Dave M. Benett/Getty Images
23 Ecclestone und Vladimir Putin 2010 in Sotschi.
© Alexander Nemenov/AFP/Getty Images
24 Marc Anthony, Jennifer Lopez und Sir Philip Green 2008
in Monaco. © Imagevenue

Klatschspalten der Regenbogenpresse als auf den Sportseiten auf. Er war erleichtert, als Mosley im Fall der verbotenen Antriebsschlupfregelung entschied, es gebe keinen Beweis dafür, dass sie tatsächlich benutzt worden sei. Schumacher konnte die 20 Punkte aus den ersten beiden Rennen behalten. Einige der Fahrer beklagten sich, dass dabei die Gerechtigkeit zugunsten der Show verloren habe.

Michael Schumacher lag nach dem französischen Grand Prix nach Punkten weit vorn, verlor aber eine Woche später in Silverstone die wichtige Poleposition für das Rennen mit einem Rückstand von einer Dreitausendstel-Sekunde an Damon Hill. Bei der Aufwärmrunde vor dem Rennen überholte er Hill regelwidrig, woraufhin die Rennleitung ihm eine Stop-and-go-Strafe aufbrummte, die der Deutsche jedoch ignorierte. Als er anschließend die schwarze Flagge gezeigt bekam, ignorierte er diese ebenfalls, während Briatore aufgeregt mit der Rennleitung diskutierte. Damon Hill gewann das Rennen, Schumacher, der als Zweiter die Ziellinie überfahren hatte, wurde disqualifiziert.

In den nächsten drei Wochen vor dem Großen Preis von Deutschland machten Nachrichten aus dem Rennsport große Schlagzeilen. Schumacher sollte mit Geldstrafen und einer Sperre von zwei Rennen verwarnt werden. Deutsche Fans drohten daraufhin, den Wald um den Hockenheimring in Brand zu stecken, wenn ihr Held nicht zum Rennen antreten durfte. Hill, der Morddrohungen erhalten hatte, traf unter Polizeischutz in Hockenheim ein.

In seinem Wohnmobil freute sich Ecclestone über eine Tragödie mit glücklichem Ausgang. Von Mosley hörte er, Schumachers Disqualifikation nach Silverstone sei »eine Goldgrube. Im Pub wird über nichts anderes geredet.« Deutschland gegen Großbritannien – das bedeutete eine Garantie für Einschaltrekorde. Ecclestone hatte alle Hände voll zu tun, Anrufe abzuwimmeln bezüglich der Sicherheitsfragen, Schumachers Arroganz sowie Nachfragen Silvio Berlusconis, ob der italienische Grand Prix auch gesichert sei, das nächste Formel-1-Rennen. Im Hinblick auf Sennas Tod würden die Zyniker sagen, dass die Tragödie nicht umsonst gewesen sei.

Live-Übertragungen hatten Ecclestones Leben komplizierter gemacht. Während sich die Medien anfangs auf die Fahrer konzentriert hatten, waren seit einiger Zeit auch Fernsehkameras im Fahrerlager positioniert und richtete sich das Interesse auch auf die Teamchefs, um den unersättlichen Appetit der Kabelkanäle stillen zu können. Fans sahen nicht mehr nur die Wagen in der Totalen, sondern wurden auch mit den widersprüchlichen Persönlichkeiten am Rand der Startaufstellung vertraut. Um die Seifenoper in Schwung zu bringen, ermunterte Ecclestone Todt, Dennis und Briatore, sich vor laufenden Kameras zu streiten, und als das an Reiz verlor, genoss er es zuzuschauen, wie zurückhaltend Briatore wurde, wenn er nach seiner Vergangenheit gefragt wurde. Geheimnisse verliehen der Formel 1 Würze. Um die Spannung in Hockenheim zu erhöhen, hatte Ecclestone zusätzliche Zapfsäulen installieren lassen. Das Drama in den Boxen, ließ er die Teamchefs wissen, sorgte auch dafür, dass die Logos der Sponsoren länger auf dem Bildschirm zu sehen waren.

Kurz nach dem Start des Rennens gab es eine Reihe von Kollisionen. Gutes Fernsehen, dachten manche. Aber Ecclestone hatte nicht vorhersehen können, dass während des Tankstopps von Benettons zweitem Wagen Benzin über die Karosserie des Wagens lief und Feuer fing, den Wagen völlig zerstörte und einen Mechaniker verletzte. Nach dem Rennen, aus dem Hill und Schumacher vorzeitig ausscheiden mussten, stellten FIA-Inspektoren fest, dass Benetton einen zwingend vorgeschriebenen Filter aus der Zapfpistole ausgebaut hatte, um Schumachers Boxenstopp um eine Sekunde zu verkürzen. Benetton und Briatore wurden öffentlich des Betrugs beschuldigt, ein Verstoß, der noch schwerer wog, weil sie zuvor bereits verbotene Software in ihre Wagen eingebaut hatten.

Obwohl Mosley zuließ, dass Briatore für dieses Manöver nicht bestraft wurde, war der Beweis bezüglich des Filters nicht zu widerlegen. Eine Verurteilung durch Mosley und die FIA hätte Schumacher von der Weltmeisterschaft ausgeschlossen. »Der Tankunfall«, fand Ecclestone, »macht mir keine größeren Sorgen als jeder andere Unfall auf der Rennstrecke. Wir hatten in dieser Saison damit keine Probleme. Ich denke deshalb nicht anders über das Nachtanken. Sie haben gesehen, wie schnell das Feuer gelöscht worden ist.« Wie gewöhnlich hatte Ecclestone Briatore nicht nach einer Erklärung gefragt. »Ich stelle den Leuten nie Fragen, die ihnen peinlich sein könnten«, erklärte Ecclestone. Das Drama der Formel 1 gewann noch an Tiefe, als mehr als 100 Millionen Fernsehzuschauer Zeuge wurden, wie Damon Hill und Schumacher ihre wochenlange Fehde auf dem Siegerpodest beendeten. »Ach, du hast es verpasst«, wurde Ecclestone begrüßt, als er aus seinem Wohnmobil herauskam. »Schumacher und Hill haben sich dort oben gerade die Hand gegeben.« »Ich weiß«, erwiderte Ecclestone. »Ich habe es arrangiert.«

Am 18. Oktober 1994, zwei Tage nach dem Großen Preis von Europa in Jerez, traf Ecclestone in Paris ein. 14 der 16 Rennen waren beendet, und Schumacher, der wegen seines Verhaltens in Silverstone für zwei Rennen gesperrt gewesen war, lag immer noch mit 86 Punkten fünf Punkte vor Hill. Die Weltmeisterschaft war alles andere als entschieden, was gut für das Geschäft war. Am nächsten Tag sollte Max Mosley als Präsident der FIA entscheiden, ob Briatore gegen die Vorschriften verstoßen hatte, indem er den Filter aus der Zapfanlage in Hockenheim entfernte. Eine Verurteilung würde Benettons Chance auf den Gewinn der Weltmeisterschaft zunichte machen und der Saison den krönenden Abschluss nehmen. Ecclestone hatte in die Wege geleitet, dass Briatore von George Carman vertreten wurde, einem erfahrenen englischen Anwalt, der bei den Geschworenengerichten einen tödlichen Ruf genoss.

Ecclestone und Briatore waren inzwischen gute Freunde geworden. Sie flogen zusammen zu Rennen, spielten gelegentlich Poker, manchmal mit Schumacher zusammen, und trafen sich in Ecclestones neuem Haus im georgianischen Stil am Chelsea Square, das er 1992 gekauft und 1994 fertig umgebaut hatte. Briatore hatte dafür Ecclestones Apartment in der Oakley Street gekauft. Nach Briatores Meinung gründete ihre Freundschaft auf ihrer gemeinsamen Liebe zur Pünktlichkeit und seine Bewunderung für Ecclestones kommerzielles Genie. Andere hatten den Verdacht, dass Ecclestones Selbstschutz von Charme und Exhibitionismus des Italieners unterlaufen worden sei, der sich mit schönen Frauen umgab und selbst die Wände seiner Wohnung und seines Büros mit Fotos von sich behängte.

Von Mosley war Briatore weniger begeistert. »Man kann sich seine Eltern nicht aussuchen, aber seine Freunde schon«, sagte er. Mosleys Einstellung zu Briatore war ambivalent. Einerseits hatte der Italiener Farbe in die Formel 1 gebracht, andererseits waren zwei Beschuldigungen wegen Betrugs in einer Saison ein bisschen viel.

Ecclestone hatte dafür gesorgt, dass Carman in der Nacht vor der Verhandlung in Paris eintraf und im Crillon übernachtete. An diesem Abend bat Ecclestone Carman in sein Zimmer und erklärte dem Anwalt zwei Stunden lang, wie Gerechtigkeit in der Formel 1 funktionierte. »Er ist schuldig, so viel steht fest«, sagte Ecclestone. »Uns geht es nicht um eine Änderung des Urteilsspruchs. Was noch aussteht, ist die Presseerklärung. Wir suchen nach der richtigen Formulierung für Flavios Gnadengesuch.« Um die Strafe zu reduzieren, erläuterte Ecclestone, musste Briatore ein Schuldeingeständnis abliefern. »Ich verstehe«, sagte Carman. »Ich brauche einen Drink.« Ecclestone ging hinunter zur Bar, rief Mosley an und schlug ihm vor, von seiner Suite zu ihnen herunterzukommen. In fröhlicher Atmosphäre unterhielt der bekannte Rechtsanwalt seine Gastgeber mit Skandalgeschichten über das Leben vor Gericht. Als Anwaltskollege war Mosley merklich beeindruckt und reagierte positiv, als Ecclestone vorschlug: »Ich glaube, sie wollen eine mildere Strafe erwirken, indem sie sich für schuldig erklären.« Mosley war erfreut. Der gerichtliche Status der FIA war seiner Ansicht nach schwach, besonders wenn Benetton später Berufung bei einem nationalen Gericht einlegte. Um diese Schwierigkeiten zu vermeiden, konnten zwei Mitglieder der englischen Anwaltschaft den Fall freundschaftlich beilegen, indem sie sich darauf einigten, dass Benetton sich schuldig bekannte und eine Strafe zahlte, aber weder Schumacher noch der Rennstall für das nächste Rennen in Japan gesperrt würde. Carman, dem das originelle Szenario gefiel, erklärte sich einverstanden. Als sie das geklärt hatten, war Briatore Ecclestone dankbar dafür, dass er Mosley zu seinen Gunsten beeinflusst hatte, obwohl der Italiener Mosley persönlich nicht ausstehen konnte. »Mosley gefiel es nicht, dass Benetton gewann«, sagte Briatore. Die Beweise sprachen dagegen, aber mit dem italienischen Lebemann und dem britischen Ästheten prallten zwei unterschiedliche Wertesysteme aufeinander. Briatore: »Unsere Beziehung verschlechterte sich nach dem Pariser Urteil.«

Briatores Geringschätzung Mosleys wurde durch Ron Dennis verstärkt. Mosley litt, sagte Dennis, an einem »verletzenden Ego«. Im vergangenen Jahr hatten sich die beiden über Mosleys neues Regelwerk gestritten, das elektronische Fahrhilfen verbot. Dennis missfiel auch Mosleys Kampagne für mehr Sicherheit. Er hatte nichts gegen blutige Unfälle. Dennis sprach für viele Formel-1-Fans, die den Gladiatorenwettkampf auf der Rennstrecke mit Ben Hurs Wagenrennen gleichsetzten. In seiner persönlichen Schlacht, mit McLaren die Konstrukteursweltmeisterschaft zu gewinnen, wollte er seine Rivalen vernichten, selbst wenn die Konsequenz so aussähe, dass er quasi gegen sich selbst Rennen fahren müsste. »Es gibt keine Wunder im Rennsport«, bemerkte er. »Niemand kann einen Zauberstab über die letzten acht Wagen in der Startaufstellung schwenken, und dann stehen sie plötzlich vorn. Wenn sie es nicht bringen, gehen sie unter.« Das Team Lotus stand vor dem Konkurs und fuhr in Australien sein letztes Rennen.

Ecclestone stellte sich gegen Mosleys Feldzug auf die Seite der Teams. Er machte sich über Mosleys Ächtung der »Ben-Hur-Fahrweise mit zusammenstoßenden Rädern« lustig. »Das gehört zum Überholen dazu, Max«, sagte er mit feuchten Augen, weil er an die alten Zeiten denken musste. Das letzte Rennen des Jahres in Australien sprach gegen diese Ansicht. Beim Start des Rennens lag Schumacher nur einen Punkt vor Hill. Ihre öffentliche Versöhnung in Deutschland hatte nicht lange gehalten. Die Schlagzeilen weltweit sprachen eher für Zermürbung als für einen fairen Wettkampf. Die beiden prominenten Todesfälle früher in der Saison schienen vergessen. Mindestens 300 Millionen Zuschauer sahen, wie sich die beiden Männer von der Startlinie an vom Rest des Feldes absetzten. In Runde 35 streifte Schumacher eine Begrenzungsmauer, und als er langsamer wurde, versuchte Hill ihn an der Innenseite zu überholen. Als Hill auf der Höhe Schumachers war, zog dieser das

Steuer nach rechts und fuhr mit dem Benetton direkt in Hills Wagen hinein. Misstrauische Beobachter glaubten nicht, dass bei dem Zusammenstoß der Zufall im Spiel war. Da beide das Rennen abbrechen mussten, wurde Schumacher Weltmeister. Die Rennen des Jahres waren von insgesamt 6,1 Milliarden Zuschauern gesehen worden, was einen Rekord darstellte. »Schumacher ist ein rücksichtsloser, brutaler Fahrer«, resümierte Ecclestone, »der alles tun würde, um zu gewinnen. Wenn er damit leben kann, was er getan hat, dann war's das. So viele andere haben Schlimmeres gemacht. Was soll man da tun? Ich war nicht überrascht. Menschen tun oft Dinge im Leben, die ihnen ähnlich sehen und nicht nett sind.«

Wenige begriffen, dass der größte Teil der Fernsehberichterstattung über die Rennsaison von Ecclestones persönlicher Firma produziert worden war. In einem Hangar in Biggin Hill, dem Flugplatz aus der Luftschlacht um England, den er 1994 leaste, hatte Eddie Baker ein Fernsehproduktions- und Übertragungszentrum, »Bakersville« genannt, entwickelt, das Bilder per Satellit in die ganze Welt ausstrahlte. Für Rennen in Europa schickte Baker 28 identische silberne Mercedes-Transporter mit mehr als 30 Kameras und anderer Ausrüstung, um sie um die Rennstrecke herum zu verteilen. Die gleichen 300 Tonnen Ausrüstung wurden mit drei Boeings 747 in die anderen Erdteile verschickt, gefolgt von 280 Mitarbeitern in Jets der Gesellschaft, die innerhalb von drei Tagen riesige Hangars mit Klimaanlagen mit eigenen Generatoren aufbauten. Der Anblick dieser Transporter an den Rennstrecken, wie sie in der Reihenfolge ihrer Nummernschilder exakt nebeneinander aufgestellt stehen, ist ein schöner Beleg dafür, wie pingelig Ecclestone bei der Errichtung der größten mobilen Sendeeinheit der Welt vorgegangen ist. Aufmerksamkeit für das kleinste Detail war die Grundlage für Ecclestones Imperium.

Das wachsende Publikum überzeugte Ecclestone davon, dass sein Einkommen vervielfacht werden konnte, indem er ein besonderes Bezahlfernsehen anbot, bei dem die Fans aussuchen konnten, wie sie jedes Rennen sahen. Er stellte sich vor, Fernsehzuschauer seien bereit, dafür zu zahlen, dass sie zu Hause in die Rolle eines Studioregisseurs schlüpften und selbst bestimmten, von welcher der FOCA-Kameras, die entlang der Rennstrecke und auf den meisten Wagen installiert waren, sie sich das Rennen ansehen wollten. Nachdem er die Idee mit Rupert Murdoch erörtert hatte, war Ecclestone sicher, dass die 36 Millionen Pfund, die er persönlich seit 1993 investiert hatte, um Murdoch und andere europäische Sendeanstalten mit Bildern zu versorgen, sich als neue Goldgrube erweisen würden.

Keinem der Teams war klar, welche enorme Rendite Ecclestone seine Investitionen im Fernsehsektor einbrachten. Man hatte eher die konkreten Beweise im Blick, die von der Formel 1 als wichtigem britischem Geschäftszweig zeugten. Manche sprachen vom »Motor Sport Valley«, dem Rennsport-Tal – 2.000 Unternehmen, die rund 20.000 Fachkräfte beschäftigten, Einnahmen von mehr als sechs Milliarden erzielten und sich von Norfolk bis Southampton erstreckten. Andere bemerkten den Übergang von einem Sport, bei dem in den frühen 1970er Jahren »Kumpel unter sich« waren, hin zu einem globalen Unternehmen, bei dem Fahrer ein Jahresgehalt von zwölf Millionen Dollar bekamen. Und wieder war das Interesse an Ecclestone, der nicht einmal im »Who's Who« auftauchte, nicht sonderlich groß. Als sein Salär von 29.750.000 Pfund bekannt wurde, war seine Antwort auf Fragen nach seinem Reichtum knapp: »Sie werden mich nicht dazu bringen, über die letzte Nacht oder Geld zu reden.«

Seine Einstellung zu Geld war eindeutig: »Die Teams wissen, dass sie ordentlich verdienen, wenn ich ordentlich verdiene, und dann sind alle glücklich. Die Leute vertrauen mir.« In den wenigen Zeitungsartikeln über ihn war oft die Rede von seiner Geheimniskrämerei um die eigene Person und dass er sich selbst als Einsiedler in der Art von Enzo Ferrari präsentiere. »Um ehrlich zu sein, mir ist völlig egal, was die Leute von mir denken«, sagte er später. »Ich mache einen Job, so gut ich kann. Dabei habe ich vielleicht ein paar Leute verärgert. Wenn man ein paar Leute glücklich macht, macht man auch ein paar unglücklich, aber so ist es nun mal.« Er entschuldigte sich nicht für seine unangenehmen Wahrheiten. Ein Mann, der von ganz unten angefangen hatte, neigte zur Aufrichtigkeit, auch wenn er damit Anstoß erregte, besonders wenn er seine

Haltung zum Tod von Fahrern verteidigte. »Ich erinnere mich an den Tag, als François Cevert in Watkins Glen starb«, erläuterte er. »Ich saß mit Carlos Reutemann auf einer Kiste, und er fragte: ›Was ist denn passiert?‹ ›Oh, er ist unter das Schutzgeländer geraten und mehr oder weniger halbiert worden.‹ ›Herrgott, warum ist er von der Strecke abgekommen?‹ ›Na ja, er hat einfach die Kontrolle verloren.‹ ›Ach. Was für einen Motor sollen wir heute Nachmittag nehmen?‹«

Ecclestone wurde 1995 65 – in dem Alter gehen die meisten in Rente. Ihm wurden stattdessen immer neue kommerzielle Gelegenheiten vorgeschlagen, aber wenige, die in diesem Jahr Gestalt annahmen, waren so interessant wie die von Ron Walker, einem australischen Geschäftsmann.

Im Jahr 1993 hatte Walker Ecclestone den Vorschlag gemacht, den Grand Prix wieder von Adelaide nach Melbourne zu verlegen. Er bot ihm einen Zehn-Jahres-Vertrag mit einer jährlichen Einnahme von zwölf Millionen australischen Dollars, drei Millionen mehr, als Adelaide zahlte. Walker erklärte, die Finanzierung seines Angebots sei von der Regierung des Staats Victoria garantiert. Das war der Durchbruch, nach dem Ecclestone gesucht hatte. Von neuen Rennstrecken wurde erwartet, dass sie den Sport subventionierten und das Fernsehpublikum vergrößerten. Ecclestone versprach Walker keine Gewinne: »Ich sage ihnen von vorneherein: Sie werden Geld dabei verlieren, wenn Sie dieses Rennen veranstalten. Ich weiß, wie viele Menschen dort hinkommen werden. Ich mache ihnen nichts vor. Ich würde ihnen nie erzählen, dass alles fantastisch wäre und dass sie ein Vermögen dabei machen.«

Walker und seine politischen Befürworter waren nicht ganz seiner Meinung. Melbournes Ruf würde ihrer Ansicht nach durch die häufige Erwähnung in der weltweiten Sportberichterstattung gewinnen. Als Ecclestone seine Zustimmung gegeben hatte, gab die Regierung Victorias bekannt, dass das Rennen im Albert Park, Melbournes größtem Park im Stadtzentrum, veranstaltet werden würde. Jedes Jahr würde die Rennstrecke gebaut und wieder abgerissen werden – Kostenpunkt: 65 Millionen australische Dollar. Gegnern des Projekts wurde gesagt, die Kosten würden durch die finanziellen Einnahmen für die Stadt mehr als aufgewogen. Sie waren nicht zufriedengestellt. Aber im März 1996 strömten mehr als 300.000 Zuschauer zum ersten Grand Prix nach Melbourne und gaben geschätzte 150 Millionen US-Dollar beim ersten Rennen der Saison aus. Gewonnen wurde es von Damon Hill, nachdem Schumacher aufgeben musste.

Nachdem Walker und die Politiker der Stadt sich gegenseitig beglückwünscht hatten, schlug der Geschäftsmann dem britischen Premierminister John Major vor, Ecclestone zum Ritter schlagen zu lassen. Walker fand Unterstützung bei Nelson Mandela, Silvio Berlusconi, Bob Hawke und Max Mosley. Ecclestone glaubte, er hätte eine Chance, nachdem er von Major zum Mittagessen in dessen Landsitz Checkers eingeladen worden war. Zusammen mit 13 anderen saß er in der Nähe des Premierministers und wurde als erfolgreicher Geschäftsmann und Unterstützer der Torys gewürdigt. Trotzdem wurde Ecclestones Nominierung abgelehnt. Es waren zu viele Fragen offen. Seine Auseinandersetzungen mit dem Finanzamt waren nicht hilfreich, und es gab auch keine Unterstützung durch das politische Establishment. Stattdessen wurde ihm die Würde eines Commander of the Order of the British Empire (CBE) angeboten, die er aber ablehnte.

Nach dem Tod seines Vaters besuchte Ecclestone hier und da seine Mutter, die inzwischen im Rollstuhl saß, bewunderte ihre Gemälde und Zeichnungen von Vögeln und nahm sie auf Ausflüge mit. Im Sommer fuhren sie am Wochenende nach Court Lodge in Kent, ein Haus aus dem 16. Jahrhundert, das Ron Shaw gehörte. Während Ecclestone dort im Swimmingpool schwamm, auf Shaws Pferden ritt und Karten spielte, freute er sich, dass seine Mutter miterleben konnte, welches Ansehen er bei seinen alten Freunden genoss.

1995 starb Bertha Ecclestone im Alter von 91 Jahren. Ihr Sohn hatte vor, an dem kleinen Begräbnis in der Nähe von St. Albans teilzunehmen. Wieder einmal wurden seine Pläne von Slavica über den Haufen geworfen. Seine Frau hörte, dass Debbie auch in der Kirche sein würde, was ihr Unbehagen hinsichtlich der früheren Beziehungen ihres Mannes vergrößerte. Seitdem Slavica wütend verkündet hatte, dass Debbie ihr Haus in Chelsea nie wieder betreten dürfe, hatte Ecclestone sich mit seiner Tochter nur einmal heimlich getroffen. Slavica hatte ihrem Mann auch verboten, seinen ältesten Freund Tony Morris wiederzusehen. Jetzt hörte sie, dass auch Tuana Tan die Absicht hatte, an dem Begräbnis seiner Mutter teilzunehmen. Ecclestone musste sich im Schlafzimmer verstecken, um dem Zorn seiner Frau zu entgehen. Auf der Suche nach Trost rief er zum ersten Mal seit Jahren bei Tuana an.

»Warum lässt du zu, dass sie dir das antut?«, fragte Tuana. Er fürchte, Slavica könne ihn verlassen und ihre Töchter mitnehmen, antwortete er. Tuana glaubte, dass er »nicht glücklich« sei. »Er hat sehr viel Mitgefühl«, erzählte sie. »Er hat ein weiches Herz.« Am Tag der Beerdigung fuhr er zu der Kirche, ohne Slavica etwas davon zu sagen, aber er wagte nicht hineinzugehen. Stattdessen rief er seine ehemalige Sekretärin Ann Jones an, die sich vier Jahre zuvor zur Ruhe gesetzt hatte. »In diesem Moment findet die Beerdigung meiner Mutter statt«, sagte er, »und Slavica will nicht, dass ich daran teilnehme. Sie will nicht, dass ich Tuana und Debbie begegne.« Jones war nicht überrascht, konnte ihm aber auch nichts raten. In der Kirche waren weniger als ein Dutzend Menschen versammelt, darunter Debbies Mann Paul Marks.

Viele glaubten, Ecclestone sei deshalb nicht zur Hochzeit seiner Tochter gegangen, weil er nichts von seinem Schwiegersohn hielt, und aus dem gleichen Grund hätte er auch seinen im Jahr 1980 geborenen Enkel noch nicht gesehen. Aber die meisten gaben Slavicas Eifersucht die Schuld. »Ich bleibe um des lieben Friedens willen bei Slavica«, sagte er später zu Tuana. In späteren Jahren zeichnete Ecclestone in Interviews häufig ein herzloses Bild von sich und meinte, er gehe deshalb nicht gern auf Beerdigungen, weil er eine gewisse Doppelmoral verabscheue. »Wenn jemand tot ist«, sagte er, »ist er tot. Das hat nichts mit Respekt zu tun. Die Hälfte der Leute, die zu Beerdigungen gehen, hat die Verstorbenen nicht respektiert, als sie noch am Leben waren. Besser kümmert man sich um sie, solange sie am Leben sind, als wenn sie tot sind. Und ich glaube nicht an dieses Leben nach dem Tod.« Wenn er stürbe, fügte er hinzu, würde er es vorziehen, wenn an seinem Begräbnis keine

Trauergäste teilnähmen. »Ich bin ich glücklich, wenn es nicht so teuer ist.« Er erweckte gern den Eindruck, ein harter Bursche zu sein, aber eine Handvoll Eingeweihter wussten, dass seine grobe Fassade manchmal vorgetäuscht war.

Am 13. Dezember 1995 wurde Ecclestone von einem besorgten Jonathan Martin angerufen, dem Leiter der Sportredaktion bei der BBC. Jetzt schien er wirklich herzlos zu sein. Im Lauf der Jahre hatte Martin mit seinen Sendungen die Anhängerschaft der Formel 1 unter den BBC-Zuschauern erheblich vergrößert. Die Beziehung zwischen Martin und Ecclestone war immer streng geschäftlich gewesen. Sie hatten sich in dem Büroblock in Princes Gate getroffen, um Vertragsverhandlungen zu führen, und nie zusammen gegessen. An diesem Tag hatte Martin eine kränkende Nachricht erhalten. Ohne Vorwarnung war Ecclestone mit den Übertragungsrechten für die Formel 1 zu ITV gewechselt. Der Fünf-Jahres-Vertrag, der 1997 beginnen würde, brachte ihm 65 Millionen Pfund ein, während die BBC nur 7 Millionen Pfund bezahlte.

»Bernie«, sagte Martin, »es wäre schön gewesen, wenn ich Gelegenheit bekommen hätte, ein Gegenangebot abzugeben.«

»Abgesehen davon, dass Sie mich all die Jahre übers Ohr gehauen haben, Jonathan«, erwiderte Ecclestone, »gibt es absolut keine Möglichkeit, dass Sie hätten bezahlen können, was die ITV-Leute bezahlen, und deshalb hatte es keinen Zweck, mit Ihnen darüber zu reden.«

»Nun ja, es ist ein toller Deal, Bernie«, sagte Martin abschließend. »Tschüs.«

Martins einziger Trost war, dass Ecclestone vier Jahre später Einspruch erhob, als ITV das Qualifikationstraining für das Rennen in Frankreich zeigte. Die Anwälte von ITV, stellte er klar, hatten das Kleingedruckte nicht richtig gelesen. Ihr Vertrag beschränkte sich auf die Rennen. Das Qualifikationstraining kostete zusätzlich. Ecclestone hatte eine Glückssträhne, aber bei hohen Einsätzen. Er hatte persönlich eine Menge Geld in das Digitalfernsehen gesteckt, das zu diesem Zeitpunkt noch in den Kinderschuhen steckte: Man schätzte, dass er im ersten Jahr ungefähr 40 Millionen Pfund ausgegeben hatte, und er brauchte Einnahmen. Er war dabei, ein

Geschäft in der Größenordnung von 50 Millionen Pfund abzuschließen, um 1996 Digitalfernsehen an Kirch TV in Deutschland,
Berlusconi in Italien und an eine französische Sendeanstalt zu liefern. Aber noch war nichts entschieden. Trotzdem hatte er die
Absicht, sich für das vergangene Jahr 54 Millionen Pfund zu zahlen, wodurch er Großbritanniens höchstbezahlter Manager wurde.
50 Jahre früher hatte er Pennys damit verdient, Motorrad-Teile zu
verkaufen, wobei er das Telefon des Gaswerks benutzte. Mittlerweile konnte kaum jemand abschätzen, wie viel die Fernsehrechte
der Formel 1 wert waren.

7 MILLIARDÄR

Niemand war misstrauischer, was Ecclestones Reichtum und Ambitionen anging, als Ron Dennis. In einer Beziehung war Dennis ihm ähnlich: Er glaubte ans Gewinnen. Dennis, der rastlos, peinlich genau, zwanghaft und aggressiv war, gab zu: »Die Schmerzen, die ich bei einem Misserfolg empfinde, sind ein solcher Ansporn zum Erfolg. Ich bin nur ein schrecklich schlechter Verlierer.« Er war schwer zufriedenzustellen und ständig bemüht, McLaren zu einem leistungsfähigen Herausforderer zu machen. Sprunghaft und zu Wutausbrüchen neigend, tat er seine Kritiker als Leute ab, die erkannt hätten, dass »ich mir höhere Maßstäbe setze, als sie erreicht haben«.

Ecclestone machte sich über die Beschreibung lustig, die Dennis von sich gab. »Dennis hat einen Minderwertigkeitskomplex, weil er minderwertig ist«, sagte er zu seinen Mitarbeitern. Dennis' Ehrgeiz, in seine, Ecclestones, Fußstapfen zu treten, sei ein lächerliches Unterfangen für einen Mann mit seinem beschränkten Durchblick. Er habe Schwierigkeiten, das Kunststück zu verstehen, das darin bestand, mit vier rivalisierenden Interessen – der Teams, der Sponsoren, der Sender und der Rennstrecken – zu jonglieren, die zahllosen verschiedenen Nationalitäten angehörten und in letzter Instanz jedes Jahr 16 Mal ein makelloses Ergebnis produzierte. Nach Ecclestones Meinung schuldete Dennis ihm Dankbarkeit, weil er ihn von der Stellung eines Mechanikers bei Brabham ins Leben eines Multimillionärs katapultiert hatte. Dennis' Feindseligkeit beeinflusste seine Reaktion auf eine Reihe von Ereignissen, die sich erst allmählich im Jahr 1995 herauskristallisierten, nicht zuletzt, weil sie im Geheimen stattgefunden hatten.

Ende des Jahres 1996 würde das Concorde-Agreement zwischen den Teams und der FIA auslaufen und Mosley würde neue Bedingungen aushandeln müssen. Die FIA war eindeutig angreifbar. Balestre war bei der Vereinbarung von 1992 von Ecclestones geschickter Verhandlungsführung ordentlich ausgetrickst worden, wodurch die FIA rund 65 Millionen Dollar aus den Fernsehrechten verloren hatte. Ecclestone und McNally hatten dagegen über 200 Millionen Dollar verdient. Ob das Gewicht wieder zugunsten der FIA verschoben werden konnte, hing von Mosleys Fähigkeit ab, ein besseres Abkommen mit seinem Freund auszuhandeln.

In Mosleys Augen hatte Ecclestone einen Amateursport in ein globales Unternehmen verwandelt und war, unabhängig von seinen Tricksereien, unentbehrlich geworden. Sobald das Digitalfernsehen gewinnbringend etabliert worden war – seiner Ansicht nach unvermeidlich –, wäre die Formel 1 ein Bombengeschäft. Der Sport gehörte im Grunde zur FIA, obwohl Balestre es versäumt hatte, das Eigentum juristisch feststellen zu lassen. Mosley fürchtete, dass Ecclestone diese Unklarheit jederzeit ausnutzen und zur FIA sagen könne: »Ich nehme die Teams mit und gründe meine eigene Formel 1« – eine definitive Möglichkeit, weil die FIA nie eine Vereinbarung mit Ecclestone persönlich unterschrieben hatte. Nach Mosleys Vorstellung »hätte Bernie sagen können: ›Ich zahle keinen Penny‹, und was hätte ich dagegen tun können?«

Die Ungewissheit war noch dadurch erhöht worden, dass Ecclestone Mosley gegenüber während ihrer häufigen Fahrten nach Biggin Hill geäußert hatte: »Ich denke darüber nach, die Formel 1 an die Teams zu verkaufen.« Seit Ron Dennis von ihm diese »Vereinbarung im Todesfall« verlangt hatte, forderte Ecclestone die Teams immer wieder auf, ihm sein Geschäft abzukaufen, aber sie weigerten sich, nicht zuletzt, weil einige bezweifelten, dass ihm die Formel 1 überhaupt gehöre. »Ich biete sie ihnen mit einem Rabatt von 30 Prozent an«, meinte Ecclestone zu Mosley, um ihm zukünftige Verhandlungen mit Ron Dennis, Flavio Briatore, Frank Williams und Ken Tyrrell in Aussicht zu stellen. Um dieses Schreckensszenario zu vermeiden, wollte Mosley ein Abkommen mit

Ecclestone allein abschließen, aber im Verlauf ihrer Gespräche wollte Ecclestone sich nicht festlegen lassen.

»Die Teams haben kein Recht an der Formel 1«, drängte Mosley seinen Freund. »Du solltest eine Abmachung mit der FIA treffen, weil es längerfristig und sicherer ist.« »Ich denke darüber nach«, erwiderte Ecclestone. Je stärker Mosley auf eine Vereinbarung pochte, desto mehr zog Ecclestone ihre Verhandlungen in die Länge. Mit Mosley zu pokern war so viel einfacher, als auf der Warren Street zu feilschen.

Nichtsdestotrotz brauchte Ecclestone Sicherheit. Sein geistiger Taschenrechner kam zu dem Ergebnis, dass die Formel 1 nach Verhandlungen über die Fernsehrechte mit fast 125 Staaten Bruttoeinnahmen von ungefähr 225 Millionen Dollar pro Jahr erwarten könne. Hinzu kamen die Einkünfte von 16 Rennstrecken und der Anteil an McNallys Gewinn. Insgesamt konnte er jährlich mehr als 300 Millionen Dollar kassieren, bevor er den Teams ihren Anteil auszahlte. Nur Mosley konnte das Funktionieren dieser Gelddruckmaschine sicher- oder in Frage stellen. Statt der Unsicherheit, was seine kommerziellen Rechte betraf, wollte Ecclestone einen unumstößlichen Vertrag, der ihm weltweit das unanfechtbare Eigentum an der Formel 1 zugestand. Also äußerte er ganz offen: »Die Formel 1 gehört mir.« Mosley war nicht seiner Meinung, obwohl er im Rückblick zugab: »Mir war nicht klar, wie fraglich die Besitzrechte an der Formel 1 waren. Aber ich wusste, dass ich das Geschäft in juristischer Hinsicht wieder unter die Kontrolle der FIA bringen musste.« In dieser unsicheren Situation konnte Ecclestones Behauptung, er sei Eigentümer der Formel 1, nicht direkt vom Tisch gewischt werden. Mosley, der es nicht gewohnt war zu handeln, hatte den Eindruck, seine Position sei »schwach«: »Man kann sich darauf verlassen, dass Bernie immer seine Interessen im Blick hat. Auf kurze Sicht hatte er die Trümpfe in der Hand.«

Ecclestone bestritt, dass es irgendwelches juristisches Durcheinander gebe. Mosley solle sein unangefochtenes »vollständiges Eigentumsrecht« anerkennen, beharrte er. Am Ende einer Fahrt nach Biggin Hill hielt Mosley ihm vor: »Bernie, du bist kein Lügner, aber deine Auffassung der Wahrheit unterscheidet sich von der anderer Menschen.« Um die Auseinandersetzung zu beenden, bot Mosley Ecclestone schließlich die Rechte an der Formel 1 für 15 Jahre an. Beim Auslaufen des Vertrags würden die Rechte an die FIA zurückfallen.

Die Idee gefiel Ecclestone. 15 Jahre waren eine lange Zeit, und falls er dann noch am Leben war, gab es einen großen Spielraum für neue Verhandlungen. Also schlug Ecclestone aus Mosleys Zugeständnis Kapital, indem er vertraglich vereinbarte, dass er der FIA für dieses Exklusivrecht lediglich 9 Millionen Dollar pro Jahr und keinen Anteil aus den Fernseheinnahmen bezahlen würde. Wichtiger noch, er würde den neuen Vertrag nicht im Namen der FOCA unterschreiben, der Organisation, die alle Teams repräsentierte. Stattdessen würde er ihn im Namen der FOCA Administration Ltd. unterzeichnen, einer Gesellschaft, die ihm selbst gehörte. »Ein genialer Deal«, sagte Mosley, nachdem der Vertrag im Dezember 1995 unterschrieben war.

Der Vertrag mit seiner Laufzeit von 15 Jahren war ein beachtliches Weihnachtsgeschenk für Ecclestone. Sein persönliches Jahreseinkommen aus den Fernsehrechten stand für 1996 mit 103 Millionen Dollar bereits fest. Nach dem ursprünglichen Vertrag wäre der 30-Prozent-Anteil der FIA 67 Millionen Dollar wert gewesen. Stattdessen erhielt sie neun Millionen Dollar. Zu seiner Verteidigung brachte Mosley vor, die Teams hätten es nicht akzeptiert, wenn die FIA sich derart hohe Beträge als garantiertes Einkommen ohne finanzielles Risiko gesichert hätte. Es habe keine Alternative gegeben, weil Ecclestone unersetzlich sei; und schließlich, dass Ecclestone eine gewisse Sicherheit gebraucht habe, um das Digitalfernsehen voranzutreiben, das den weltweiten Erfolg der Formel 1 vergrößere. Auch wenn die FIA ein Flugzeug von Ecclestone für Mosleys Privatgebrauch gekauft hatte, befürchtete er nicht, dass man ihm Fehlverhalten vorwerfen könnte. Der Verkauf beruhte – ebenso wie ihre Zusammenarbeit bei kleineren Immobiliengeschäften – auf einer langjährigen Beziehung zwischen einem Straßenkämpfer und einem Politiker, die der Wille zusammengeschweißt hatte, alle Klagen von Seiten der Teams im Keim zu ersticken.

Die Stimmung der Teams war gemischt, als Ecclestone im März 1996 zum ersten Rennen der Saison nach Melbourne flog. Damon Hill war sicher, dass Williams das Feld dominieren würde; Ron Dennis glaubte, McLaren sei kurz davor, die Weltmeisterschaft zu gewinnen; Ken Tyrrell erkannte widerstrebend an, dass seine ruhmreiche Zeit vorbei war; und Flavio Briatore war düster gestimmt, weil Michael Schumacher mit einigen wichtigen Ingenieuren von Jean Todt zu Ferrari gelockt worden war. Schumachers Weggang bedeutete einen schweren Schlag für Benettons Aussichten, und Briatore würde ein Jahr später entlassen werden, allerdings mit einer hohen Abfindung.

Obwohl sie Rivalen auf der Rennstrecke waren, ärgerten sich die Teamchefs über die Art und Weise, wie Ecclestone seine finanziellen Fangarme ausstreckte. Als Dennis sich den Entwurf für das neue Concorde-Agreement für zehn Jahre durchlas, das 1997 in Kraft treten sollte, hatte er die Änderungen bemerkt, die Ecclestones Bereicherung erkennen ließen. Mit der Unterstützung von Williams und Tyrrell widersprach er dem Abkommen, durch das Mosley die Rechte an der Formel 1 für 15 Jahre Ecclestone persönlich zugewiesen hatte. »Ich habe die Rechte an der Formel 1 der FOCA übertragen, nicht an FOCA Limited«, sagte Dennis. »Bernard, ich halte das nicht für fair«, fügte Frank Williams hinzu, der im Rückblick begriff, dass er und die anderen während der 1970er Jahre »leichte Beute« gewesen waren.

Williams warf einen Blick auf Dennis, der, wie er zugab, »viel weiter gesehen hatte« als er selbst. Dennis fand, Ecclestone wolle zu viel herauspressen. »Ich bin der gleichen Meinung wie Frank«, sagte Dennis in seinem griesgrämigen Ton. »Das ist gierig. Das ist nicht richtig.« »Was ist nicht richtig?«, fragte Ecclestone. Er wusste, die Teams waren wütend, dass »irgendjemand so viel Geld verdienen sollte wie ich. Aber ich hatte ihnen angeboten, ihnen das Geschäft mit einem Rabatt zu verkaufen, und sie haben abgelehnt.«

»Hier gibt's keine Queensberry-Regeln«, sagte Dennis zu Ecclestone. »Es geht nur ums Geld.« Als Ecclestone Ken Tyrrell anschaute, sah er einen enttäuschten Mann, dessen Rennstall in der Startaufstellung nach hinten gerutscht war und seit 1983 kein Ren-

nen mehr gewonnen hatte. Er ermunterte Tyrrell, sein Team zu verkaufen, und vermittelte ein gutes Geschäft zwischen Tyrrell und
British American Tobacco. »Tyrrell hat mir nie gedankt, nie was zu
mir gesagt«, meinte Ecclestone. Selbst dieser Freundschaftsdienst
erregte Verdacht bei Dennis. Seiner Meinung nach war Ecclestone
selten hilfreich, sondern immer auf der Suche nach Vergeltung.
»Bernie ist nachtragend und wartet auf den Moment, wo er zuschlagen kann.«

Im April 1995 hatten alle Teams bis auf Tyrrell, Williams und
McLaren (die »Drei«) das Concorde-Agreement für 1997 unterschrieben, aber die Drei hatten nach Ecclestones Informationen
davon gesprochen, »zusammenzuhalten« und »nicht zuzulassen,
dass Bernie zu seinen alten Tricks greift, um uns gegeneinander
auszuspielen«. Stattdessen bat er Eddie Jordan, der von manchen
als »Rohdiamant« gepriesen wurde, bei den folgenden Treffen unangenehme Fragen zu stellen. Jordan verdankte Ecclestone, den
Bankrott seines Teams abgewendet zu haben, und tat ihm gern den
Gefallen, die Angriffe der Drei wiederholt von ihrem Ziel abzulenken. Er wendete die unmittelbare Gefahr ab, bis sich Dennis und
Luca Montezemolo im Frühling 1996 in einem Hotel in Heathrow
trafen, um über die Erneuerung des Concorde-Agreements zu
sprechen. Sie waren zwar beide der Ansicht, die Rechte an der Formel 1 von Ecclestone unmöglich zurückgewinnen zu können, aber
sie erinnerten sich wieder an die Idee der »Vereinbarung im Todesfall«. Beim nächsten FOCA-Treffen sagte Dennis zu Ecclestone, sie
seien der Ansicht, dass die Rechte schließlich an die Teams zurückfallen sollten. Ecclestone war über dieses Ansinnen nicht weiter
schockiert. »Die Rechte haben nie den Teams gehört«, erwiderte er.
»Sie haben der FIA gehört, und jetzt gehören sie mir.« Die Rechts-
nachfolge stehe nicht auf seiner Tagesordnung. Außerdem, fügte er
hinzu, sei sein Aktionsbereich in Sachen Rennsport größer geworden. Mosley hatte gerade ISC, einer Gesellschaft Ecclestones, die
Fernsehrechte an jedem großen Motorsportereignis, einschließlich
Le Mans, der Rallye Paris – Dakar und internationalen LKW-Rennen, für 14 Jahre übertragen. All diese Veranstaltungen hatten ein
treues, wenn auch schrumpfendes Fernsehpublikum. Der Vertrag

würde, so Ecclestone, mit Sicherheit von den 120 Delegierten der Generalversammlung gebilligt werden. Ecclestones Monopol in der Fernsehberichterstattung über alle Rennsportarten war also vollständig. Zusammen mit Mosley konnte er den Teams nun die Geschäftsordnung diktieren. Frank Williams nahm es gelassen: »Wir waren mehr erpicht darauf, unsere Konkurrenten anzupissen als mit Bernie zu streiten. In der Schlussphase ging es darum, das Rennen zu gewinnen.« Am Ende des Treffens waren alle schlecht gelaunt – außer Ecclestone.

Silverstone war immer schon für Prominente attraktiv gewesen, und ihr Zugang zum Fahrerlager war durch die Einführung von Magnetstreifenkarten erleichtert worden. Zu denen, die Max Mosley eingeladen hatte, gehörte Tony Blair, der Vorsitzende der Labour Party, der im folgenden Jahr zum Premierminister gewählt werden würde, wie man allgemein annahm. Blairs Einladung hatte eine Vorgeschichte: Im Februar 1996 tauchte Ecclestone in der Liste der Reichsten der *Sunday Times* als der höchstbezahlte Geschäftsmann Großbritanniens auf. Jonathan Powell, Blairs Stabschef, rief daraufhin David Ward an, einen ehemaligen Funktionär der Labour Party, der inzwischen für Mosley bei der FIA arbeitete, und fragte, ob Ecclestone vielleicht als Spender infrage käme. Ward war überzeugt, dass Ecclestone nie Labour gewählt hatte und politisch konservativ war. Ecclestone hatte Margaret Thatcher 1981 bei der Präsentation von Colin Chapmans Lotus-Wagen in der Royal Albert Hall kennengelernt und auf einer Party wiedergetroffen, die 1987 am Vorabend von Mark Thatchers Hochzeit in Downing Street stattfand. In jüngerer Zeit hatte Ward gerüchteweise von Ron Walker und Spenden an die Konservativen gehört, die nicht zu der erhofften Ehrung geführt hatten. Ecclestones Skepsis glich die Gewissheit aus, dass Mosley, Wards neuer Arbeitgeber, Labour durch den Thousand Club finanziell unterstützte.

»Weißt du, wie wir mit Ecclestone Verbindung aufnehmen können?«, fragte Powell Ward. »Blair ist bereits im Juli zum Grand Prix in Silverstone eingeladen«, erwiderte Ward, »und wir können arrangieren, dass er Bernie kennenlernt.« An diesem Tag begrüßte

Ecclestone also auf Mosleys Wunsch Blair in seinem Wohnmobil und diskutierte mit dem zukünftigen Premier, Ward und Bernd Pischetsrieder, dem Vorstandsvorsitzenden von BMW, über die Einführung des Euro in Großbritannien. Obwohl sie hinsichtlich Europa verschiedener Meinung waren, gefiel Blair Ecclestone. Was Blair nicht wusste: Er war in Ecclestones Wohnmobil empfangen worden, weil das Komitee des BRDC sich weigerte, ein Mitglied der Labour Party ihr Clubhaus betreten zu lassen. Im Anschluss daran wurde Jonathan Powell von Ward versichert, dass Mosley zu einem geeigneten Zeitpunkt mit Ecclestone über eine Spende reden würde.

Auf dem Kurs gewann Frank Williams' Wagen das Rennen, der von Jacques Villeneuve, dem Sohn von Gilles Villeneuve, gefahren wurde. Die Wagen von Williams dominierten die Saison, und Damon Hill schien dafür bestimmt, neuer Weltmeister zu werden. Ecclestone hatte diesmal ein besonderes Interesse am Ergebnis. Um Frank Williams zu helfen und um die Amerikaner wieder für die Formel 1 zu interessieren, hatte er als Vermittler dafür gesorgt, Villeneuve als Hills Rennstallgefährten zu verpflichten. Ecclestone war überrascht über seine schlechte Leistung, besonders in Australien, wo er Hill die Führung überließ und einen Ölverlust dafür vorschob. »Es kommt mir vor«, gab Ecclestone unmittelbar vor Silverstone zu erkennen, »Rothmans, Williams oder Renault hätten es lieber, wenn ein Engländer Weltmeister würde. Einen Franko-Kanadier sieht man nicht so gern; das gibt woanders Probleme.«

Anspielungen darauf, dass das Rennen manipuliert sein könne, beunruhigten Frank Williams nicht. Sein wieder erstarktes Selbstbewusstsein veranlasste Ron Dennis und Ken Tyrrell, noch einmal zusammenzukommen und sich darauf zu einigen, das vorgeschlagene Concorde-Agreement für 1997 abzulehnen. In der Zwischenzeit wollte Ecclestone die Teams mit höheren Zahlungen besänftigen. Doch für die Drei war der Betrag immer noch unzureichend, und sie fanden Ecclestones Weigerung, darüber zu reden, wem die Formel 1 nun eigentlich gehöre und wer sein Nachfolger werden solle, überheblich. Am 7. August 1996 wurde ein Treffen mit allen Teams in Heathrow vereinbart. Nachdem Dennis mit Montezemolo gesprochen hatte, war er überzeugt, dass sie eine einheitliche Front bilden würden, während Ecclestone genau kalkuliert hatte, wie er die Position der Drei schwächen konnte. Er hatte Montezemolo angerufen und ihm einen besonderen Deal versprochen: Die verbleibenden Rennställe sollten das zusätzliche Geld bekommen, das den drei britischen Teams bei Unterzeichnung des Concorde-Agreements zugestanden hätte. Zu Dennis' Überraschung akzeptierten Montezemolo und die anderen Teamchefs Ecclestones Angebot, das im Januar 1997 zum Tragen kommen sollte. Dennis räumte seine Niederlage ein, weigerte sich aber weiterhin, den Vertrag zu unterzeichnen. Ecclestone stand auf und verließ den Raum mit ausdruckslosem Gesicht.

»Ich habe die Abmachung mit Bernie getroffen«, sagte Montezemolo später, »weil er mir gegeben hat, was ich wollte. Er ist sehr gut darin, Ferrari gegen McLaren auszuspielen. Er ist der Weltmeister, wenn es darum geht, die Teams zu spalten, aber Bernie ist sehr gut für Ferrari.« Nach seiner Rückkehr nach Maranello rief Montezemolo Ecclestone an. »Bernie, das ist das letzte Mal, dass ich unterschrieben habe, um dir zu helfen«, warnte er ihn. Doch Montezemolo bezweifelte, dass Ecclestone ihn verstanden hatte. Ecclestone, so vermutete er zu Recht, war allein daran interessiert, das beste Geschäft zu machen.

Montezemolos Gefühle waren für Ecclestone irrelevant, genauso wie die aller anderen. Dennis aber meinte: »Ich fühle mich von Luca verraten. Sie setzen mich auf ein weißes Pferd und sagen: ›Greif an, wir kommen mit dir.‹ Und wenn ich dann oben auf dem Hügel ankomme, ist niemand neben mir.« Im Gegensatz zu Montezemolo kämpfte er für alle Teams, nicht nur für sich selbst, aber er tröstete sich mit dem Gedanken: »Wenn du nicht kämpfst, gehst du unter.«

Auch Ecclestone hatte Grund zur Unzufriedenheit. Die Finanzen der Formel 1 waren unrealistisch geworden. Mechaniker verdienten 150.000 Pfund pro Jahr, plus Zulagen. Dennis hatte gerade den Konstrukteur Adrian Newey für zwei Millionen Pfund pro Jahr engagiert. Frank Williams und Dennis reisten in ihren eigenen Jets, und jeder hatte mehr als 50 Millionen Pfund auf der Bank. Die

Streckenbetreiber, die 1981 noch 500.000 Pfund für ein Formel-1-Rennen bezahlt hatten, zahlten inzwischen zehn Millionen Pfund. All das verdankten sie Ecclestone, und zum Dank beschuldigte Dennis ihn der »Habgier«.

Trotzdem war Dennis durch Ecclestones granitharte Vorstellung verunsichert, sodass die Drei vier Wochen später kapitulierten. Kleinmütig erklärten sie sich bereit, das Concorde-Agreement zu unterschreiben. Zu ihrem großen Missfallen weigerten sich die anderen Teams bei ihrem Treffen im September in Maranello, den Dreien die erhöhten Zahlungen während der nächsten zwölf Monate zuzugestehen. Sie dürften weiterhin an den Rennen teilnehmen, aber nur zu den alten Sätzen. Die Drei waren aufgebracht. »Meinungsverschiedenheiten auf den billigen Plätzen«, scherzte Ecclestone, den die Konfrontation nicht beunruhigte. »Das größte Problem ist, dass wir alle zusammen groß geworden sind. Solange Geld keine Rolle spielt, ist die Familie einer Meinung. Sobald Geld im Spiel ist, denken einige Mitglieder der Familie: ›Ich sollte mehr haben.‹ Ich habe im Lauf der Jahre Teams, die sich abstrampelten, zu helfen versucht, aber es ist wie bei einem Ertrinkenden. Man wirft ihm einen Rettungsring zu, und wenn er dann an Land kommt, sagt er: ›Du Blödmann, du hast mich mit dem Rettungsring am Kopf getroffen.‹«

Am Tag vor dem Treffen der Teams in Italien hatte der 31-jährige Banker Christian Purslow seinen Job bei Salomon Brothers angetreten. Er war stolz, dass die Investmentbank ihn mit einem hohen Gehalt eingestellt hatte, um ihr Geschäft auf dem Medienmarkt anzukurbeln. Innerhalb seiner ersten Stunde im Londoner Büro erhielt Purslow den Auftrag: »Rufen Sie Bernie Ecclestone an. Ein Gewährsmann in Australien hat gesagt, er denke daran, mit der Formel 1 an die Börse zu gehen.«

Im September 1996 traf sich Purslow drei Mal mit Ecclestone. Er war angesichts von Ecclestones Geheimnis ein wenig ratlos. Die Formel 1 war eine phänomenale Profitmaschine, aber ihr fehlten all die erkennbaren Bestandteile, die ein Objekt für Investoren attraktiv machten. Die Unsicherheiten waren einzigartig. Statt des üblichen Organisationsschaubilds für Gesellschaften mit dem Vorstandssprecher an der Spitze und Verbindungslinien zu den untergeordneten Ebenen gab es einen Kreis mit Ecclestone in der Mitte, einem 66-jährigen, der alles kontrollierte. Bemerkenswerterweise gab es auch keine konkreten Aktivposten. Es gab kein Grundstück, ein Gebäude und nur einige wenige Autos. Ecclestones Vermögen beruhte darauf, dass er mit unterschiedlichen Interessen und unveröffentlichten Verträgen in englischer Sprache mit einer Vielzahl von Nationalitäten jonglierte. »Wenn sie kein Englisch können«, hatte Ecclestone gesagt, »lohnt es sich nicht, sie zu kennen.«

Rund um die Uhr überlistete oder beschwatzte Ecclestone die Teams, ein Concorde-Agreement einzuhalten, das erst im Jahr 2007 auslaufen würde, und das war ein großes Problem. In zehn Jahren gäbe es nichts außer Ecclestones Genie, um all die Einzelteile wieder zusammenzufügen. Ecclestone erkannte ein entscheidendes Faktum, würde es aber nie zugeben: Er hatte das willkürliche Wachstum des Geschäfts ausgenutzt und sich ohne einen formalen Vertrag oder einen Kaufakt aus dem Chaos das rechtsgültige Eigentum an der Formel 1 verschafft. Purslow fragte sich, ob irgendjemand in dieses Risiko investieren wollte. Auf der anderen Seite überlegte er: »Ich habe gerade einen Mann kennengelernt, der auf einer Goldgrube sitzt, von der die Welt nichts weiß.« In den Augen des Bankmannes war Ecclestone ein Agent, aber im Gegensatz zu Mark McCormack, der eine Provision von zehn Prozent erhielt, war Ecclestone ein Superagent, der jedes Jahr rund 70 Prozent des Nettogewinns von 330 Millionen Dollar einnahm. Und im Gegensatz zu den meisten anderen Branchen konnte er den Mindestprofit für die nächsten sieben Jahre vorhersagen. Purslows Bericht war begeistert: »Der Wert des Unternehmens liegt irgendwo zwischen anderthalb und drei Milliarden Pfund.«

Purslow machte eine Inventur von Ecclestones Imperium. Durch Verträge und Beziehungen kontrollierte Ecclestone Unternehmen, denen die Fernsehrechte an allen Rennen gehörten, eine Firma, die die Formel 1 durch die ganze Welt transportierte; er vermittelte die Sponsoren für die Teams, erhielt Anteile von McNallys Catering-

und Werbefirma und bezog bis zu 35 Millionen Dollar von jedem der Streckenbetreiber. In späteren Jahren würde diese Art Geschäft als »immaterielles Gut« bezeichnet und mit einer hohen Summe bewertet werden, aber im Jahr 1996 erzeugte Unkenntnis Verdacht, wenn es keine konkreten, fassbaren Vermögenswerte gab.

Ecclestone machte den Eindruck, sehr interessiert an einem Börsengang zu sein, war aber tatsächlich nach einer ärztlichen Untersuchung dazu überredet worden. Ein Angiogramm, das bei einem hohen Cholesterinwert ratsam erschien, hatte ergeben, dass seine Herzkranzgefäße verstopft waren. Eine Stentplatzierung war fehlgeschlagen, und die einzige Abhilfe schien ein Bypass zu sein. Die Operation konnte noch warten, war aber immer mit einem Risiko behaftet.

Da die Möglichkeit bestand, dass er dabei starb, sprach Ecclestone mit einem Anwalt über sein Testament. Zu seiner Überraschung erfuhr er, dass seine Frau – obwohl sie seit mehr als sieben Jahren in Großbritannien lebte – im Fall seines Todes nicht in den Genuss einer steuerfreien Erbschaft kommen würde. Stattdessen würde sein Unternehmen aufgeteilt und verkauft werden, damit vom Erlös 40 Prozent Erbschaftssteuern bezahlt werden konnten. Um diese Katastrophe zu verhindern, musste er sein ganzes Vermögen auf einen Offshore-Trust im Namen seiner Frau übertragen und hoffen, dass er weitere sieben Jahre am Leben blieb. Auf Empfehlung von Luc Argand, dem Schweizer Anwalt, den er durch Jochen Rindt kennengelernt hatte, kontaktierte Ecclestone Stephen Mullens, einen Anwalt in London, der sich auf Steuerrecht spezialisiert hatte.

Mullens erkannte, dass der Kontakt mit Ecclestone eine karrierefördernde Chance bedeutete. Er schlug Ecclestone vor, sein Eigentum an der Formel 1 an Offshore-Gesellschaften zu veräußern. Um diesen Plan durchzuführen und Sanktionen des Finanzamts zu vermeiden, waren gewisse Formalitäten erforderlich, die Anwälte und Steuerberater organisieren konnten. Die wichtigste Vorschrift lautete, wie Mullens betonte, dass Ecclestone im Anschluss an die Übertragung seines Vermögens an die Trusts keinerlei Einfluss darauf ausüben dürfe. Falls er diese Vorschrift missachte und Verbindung zu Luc Argand und seiner Frau aufnehme, die als Treuhänder eingesetzt würden, würde das Finanzamt die Übertragung für nichtig erklären und die Zahlung von Steuern verlangen. Weil Ecclestone befürchtete, dass die Übertragung des Eigentums gefährdet sein könne, bevor er starb, fühlte er sich verpflichtet, Mullens' Anweisungen zu befolgen. Im Februar 1996 überließ Ecclestone die FOCA Administration Ltd. und die Formula One Administration (FOA) der Petara Ltd., einer in Jersey ansässigen Firma, die Slavica gehörte, als Schenkung.

Durch Ecclestones Vertrauen in ihn ermutigt, schlug Mullens vor, die Formel 1 zu verkaufen und das Geld zu kassieren. Die beste Methode, so Mullens, sei ein Börsengang. Ecclestone war nicht überzeugt, aber die von Mullens in Umlauf gesetzte Idee gelangte schließlich an Purslow. Zur Verwunderung des Bankmannes redete Ecclestone viel über seine Nachfolge. »Ich will nicht, dass die Teams miteinander streiten wie im alten Rom«, sagte er. Eine Aktiengesellschaft, hoffte er, würde das Gezänk unterbinden. Purslow wusste genauso wenig wie alle anderen etwas von Ecclestones prekärem Gesundheitszustand. Er dachte an all die Voraussetzungen, die bei einem Börsengang der Formula One Holding (FOH) zu erfüllen wären: die Menge von Dokumenten und Geschäftsberichten, die ein ehrliches und profitables Unternehmen beglaubigten. Angesehene Anwälte und Steuerberater aus der City müssten bestätigen, dass das Geld der Anleger durch eine erkennbare Infrastruktur abgesichert sei. Ecclestone konnte keine dieser Zusicherungen beibringen. In seinem Bürogebäude in Princes Gate gab es ein paar hausinterne Anwälte, die die Verträge überprüften, während Ecclestones Steuerberater keiner der Riesen aus der City war, sondern Brian Shepherd, ein freundlicher Mann, der wie Ecclestone in Süd-London aufgewachsen war und in seiner Freizeit winzige Porzellaneulen sammelte.

»Wir brauchen die Führungsstruktur eines Unternehmens«, verkündete Purslow. »Wir brauchen einen Unternehmensvorstand und einen Leiter der Finanzabteilung.«

Ecclestone war entsetzt. »Ich will keine Männer in Anzügen da haben, die so tun, als würden sie das Geschäft führen. Wir brauchen keinen Leiter der Finanzabteilung. Hier sind die Verträge, man addiert die Gewinne, und dann hat man die Summen. Wo ist das Problem?«

»Das werden die Werbeträgeranalytiker nicht akzeptieren«, erwiderte Purslow. »Ein Leiter der Finanzabteilung kostet 30.000 Pfund, und das ist ein niedriger Preis für Seriosität.« »Okay«, stimmte Ecclestone widerstrebend zu.

Um den Börsengang vorzubereiten, trafen Gruppen von Anwälten ein, um seine Verträge durchzuschauen, und aalglatte Steuerberater mit Laptops schlichen durch seine Büros und suchten nach der Wahrheit. Brian Shepherd beobachtete die Invasion und erkannte Ecclestones Qual. »Bernie mag es nicht, Leuten Dinge zu erzählen, besonders, wenn es sich um Fremde handelt. Sie drangsalieren ihn und machen ihn wahnsinnig, indem sie ihm jede Menge persönliche Fragen stellen.« Ecclestone hatte Entscheidungen immer gern aus dem Stegreif getroffen. Die Concorde-Agreements waren »streng vertraulich«, besser bewacht als Staatsgeheimnisse. Nur eine Handvoll Leute kannte die Wahrheit über die Preisgelder und das Fernseheinkommen. »Wenn zwei Menschen etwas wissen, ist es kein Geheimnis mehr«, glaubte Ecclestone. Purslow aber nahm an, dass der Vorgang für Ecclestone nicht wirklich schmerzhaft sei, weil er ja die Absicht hatte, sein Geschäft zu verkaufen.

»Keine Dokumente oder Kopien von Dokumenten verlassen das Gebäude«, ordnete Ecclestone an. Dass Anwälte und Steuerberater ihn ablösten, war undenkbar für ihn. »Ich halte das nicht für richtig, und ich glaube, das Geschäft wird irgendwann darunter leiden.« Zunehmend enttäuscht von den Vorgängen in seinem Haus, stattete er der Londoner Niederlassung von Salomon's in Begleitung Eddie Jordans einen Besuch ab. Eine Bankangestellte erstattete ihnen Bericht, und nach zehn Minuten stand Ecclestone auf und verkündete: »Das ist nicht das, was ich will. Jordan, kommst du mit oder willst du hier bleiben?« Er gab Stephen Mullens die Schuld, dem Anwalt, der sich um den Trust der Familie auf den Kanalinseln kümmerte. »Der Börsengang war seine Idee«, dachte er. »Alle denken, dass ich bald sterben werde. Wenn ich will, könnte aus der Aktiensache etwas werden, aber ich bin mir nicht mehr so sicher.« Purslow blieb in Unkenntnis seines Sinneswandels.

Die Rennsaison 1996 endete Mitte Oktober. Damon Hill war klarer Sieger und Weltmeister, und sowohl McLaren als auch Benetton waren enttäuscht, weil sie kein einziges Rennen hatten gewinnen können. Hill war »überrascht«, vor seinem letzten Sieg aus einem Zeitungsartikel erfahren zu müssen, dass Williams seinen Vertrag nicht erneuern würde. Zu diesem Zeitpunkt verstand er nicht den wahren Grund. Ecclestone war mehr mit seinen eigenen Finanzen und denen der Formel 1 beschäftigt als mit den Grand-Prix-Ergebnissen. Um seine Pläne zur Vermeidung von Erbschaftssteuern durchzuführen, war immer noch viel Arbeit zu erledigen, die von den Bankleuten, Anwälten und Steuerberatern organisiert wurde.

Im Oktober fuhr er zu einem Treffen mit Tony Blair ins Unterhaus. Einen Monat zuvor hatte Jonathan Powell David Ward angerufen, um zu fragen, ob nach Ecclestones Begegnung mit Blair eine Parteispende zu erwarten sei. »Heutzutage«, fuhr Powell fort, »ziehen wir nichts unter einer Million Pfund in Erwägung.« »Ist das Ihr Ernst?«, fragte Ward ungläubig. Beide wussten, dass New Labour eine ganze Skala an Ehrungen eingerichtet hatte, die den Reichtum der in Frage kommenden Person und ihre Bedeutung für die Partei berücksichtigten, aber dieser Betrag war durchaus ungewöhnlich. Auf Wards Bitte sprach Mosley mit Ecclestone, der sich bereit erklärte, den Vorschlag in Betracht zu ziehen, sodass Michael Levy, ein ehemaliger Pop-Promoter, den Blair als Spendenbeschaffer eingestellt hatte, ein Treffen der beiden arrangierte. Nachdem er 20 Minuten mit Blair allein gesprochen hatte, verließ Ecclestone den Raum und wurde von Levy in ein anderes Büro geführt. »Wir wären dankbar«, sagte Levy, »wenn Sie einen wesentlichen Beitrag leisten könnten; wir dachten so an eine Million.« Ecclestone hörte zu, sagte nichts und ging wieder. »Bernie war nicht beeindruckt«, berichtete Mosley Ward kurz darauf. »Er hat gesagt, die Chancen für eine Spende seinerseits stünden nicht besonders gut.« Kurze Zeit später tauchte Levy in Ecclestones Büro auf. »Er ist ein Amateur«, sagte Ecclestone zu Ward.

Ecclestone kümmerte sich um die Organisation der Saison 1997 mit einem zusätzlichen Rennen, während Purslow sich bemühte, einen vorläufigen Prospekt für den Börsengang der Formula One Holding zusammenzustellen. Es gab noch ein Problem, berichtete er Ecclestone, das gelöst werden müsse. Die EU wollte das Sponsoring von Sportveranstaltungen durch die Tabakindustrie verbieten, und das würde die Formel 1 in Mitleidenschaft ziehen. Das müsse geklärt werden. Ein zufälliges Telefonat zwischen David Ward und Mosley stellte die Verbindung her. »Wenn Sie Bernie dazu bringen können, Labour Geld zu geben«, sagte Ward, »wird Blair erheblich zugänglicher werden.«

Es war also kein Zufall, als Michael Levy Anfang Januar 1997 Mosley anrief. Die Labour Party war dabei, ihre teuerste Wahlkampagne aller Zeiten in Gang zu setzen, und Levy hoffte immer noch, Ecclestone um eine Million Pfund zu erleichtern. Mosley unterstützte ihn und glaubte, einen Ansatzpunkt zu haben. Die Zeitungen hatten gerade über Tony Blairs Anweisung an Gordon Brown berichtet, den Höchstsatz der Einkommensteuer auf 40 Prozent zu beschränken und sie nicht auf 50 Prozent zu erhöhen. Mosley rief Ecclestone an. »Sieh mal, was dein Freund Tony getan hat«, sagte er. »Er unterstützt das Business und hilft dir, Steuern zu sparen.« Ecclestone blieb unbeeindruckt. Er war ein Tory und hatte kein Interesse daran, Labour zu helfen. Mosley wechselte die Taktik. »Eine Million Pfund wird uns eine große Hilfe in Sachen Tabak sein«, sagte er. Die Tabakfirmen, insbesondere Philip Morris, agitierten gegen das Verbot.

Die Beziehung zwischen Ecclestone und Philip Morris war eng. Ungefähr 30 Prozent der Werbeflächen an den Rennstrecken und 30 Prozent der Sponsorengelder für die Teams – vor allem für Ferrari und McLaren – wurden von der Tabakindustrie bezahlt. Ecclestone hatte nicht vergessen, dass Aleardo Buzzi, der ehemalige europäische Präsident von Philip Morris, 1981 den Frieden in Lausanne vermittelt hatte.

1997 nun erwartete Walter Thoma, der neue Europa-Chef von Philip Morris, dass Ecclestone der Tabakindustrie half, wo er nur konnte. Schließlich befand sich ein ansehnlicher Anteil der Milliarden Dollar, die Philip Morris in die Formel 1 gesteckt hatte, auf Ecclestones Bankkonto. »Es hat ausführliche Diskussionen mit Bernie und Max darüber gegeben, wie man Antitabak-Gesetze außen vor hält«, erinnerte sich Thoma. Ecclestone war verständnisvoll. »Ich glaube, es wäre schwierig, den Geldbetrag zu ersetzen, den die Tabakindustrie in den Rennsport gesteckt hat«, sagte Ecclestone seinerzeit, »aber dennoch glaube ich, jeder weiß, dass es früher oder später dazu kommen wird. Ich weiß nicht, warum es dazu kommen sollte, weil ich nicht glaube, dass die Leute mit dem Rauchen anfangen, weil sie Tabakwerbung sehen.«

Mosleys Vorschlag, sich den Zugang zu Blair zu erkaufen, kam Thomas Absichten entgegen, aber selbst unter diesen Umständen war Ecclestone nicht scharf darauf, seinen politischen Gegnern zu helfen. Dementsprechend erhöhte Mosley den Druck. »Du würdest mir damit einen großen Gefallen tun, Bernie«, sagte Mosley. In seiner Rolle als frustrierter Politiker erwähnte Mosley, dass eine Million Pfund ihm nicht nur die Möglichkeit verschaffen würde, die Interessen der Formel 1 gegenüber Blair zu vertreten, sondern ihm auch Gelegenheit gäbe, sich selbst als möglicher Labour-Politiker zu präsentieren.

Nach Ecclestones Ansicht änderte das die Situation. Jetzt erschien es ihm gerechtfertigt, Labour Geld zu geben. »Ich möchte, dass Max in einer guten Position ist, ein Labour-Mandat zu bekommen«, sagte Ecclestone. »Ich möchte Max dabei helfen, dass er vor Blair gut dasteht.« Der Gedanke, dass Blair Mosleys politische Ambitionen unterstützen würde, obwohl die Konservativen Oswald Mosleys Sohn einen Korb gegeben hatten, beunruhigte Ecclestone offensichtlich nicht. »Max' Vater war ein Labour-Mann«, erklärte Ecclestone. »Für Max spielte es keine Rolle, ob er Tory oder Labour war.« In Ecclestones Augen war Mosley einfach »der Mann, der die Dinge in Bewegung bringt«. Er wusste auch, dass Philip Morris in der Vergangenheit die politische Landschaft gepflegt hatte. 1992 hatte die Tabakfirma Margaret Thatcher ein jährliches Honorar von 500.000 Pfund gezahlt, damit sie gegen ein Verbot des Tabak-Sponsoring argumentierte. Eine ähnliche Kampagne würde 1997 allerdings nicht wiederholt werden, da Philip Morris keine Fingerabdrücke auf einem politischen Deal hinterlassen wollte. Er erklärte sich schließlich bereit, Labour eine Million Pfund zu zahlen. Mit seiner Spende half Ecclestone nicht nur der Tabakindustrie, sondern unterstützte auch Mosleys Liebe zur Politik.

Ward gab die Nachricht an Jonathan Powell mit einem Vorbehalt weiter: »Ich werde Bernie Ecclestones Beitrag so lange unterstützen, wie ich mit Tony reden und sensible Themen im Zusammenhang mit der Formel 1 skizzieren kann.« Powell stimmte zu. Kurz darauf saß Ward in Blairs Wohnzimmer in seinem Haus in Islington. Powell und Peter Mandelson, die Ward begrüßt hatten, blieben draußen. »Sie bekommen eine Million Pfund von Ecclestone«, sagte Ward ohne Umschweife, »aber Sie müssen wissen, dass das Thema des Tabak-Sponsoring in einer europäischen Richtlinie auftauchen wird, und wir glauben, es gibt bessere Methoden, das gleiche Ziel mit einem globalen Abkommen auf freiwilliger Basis zu erreichen.« Der Entwurf der EU-Richtlinie, erläuterte Ward, verbiete das Tabak-Sponsoring in der gesamten Europäischen Union, lasse sich aber juristisch nicht auf EU-Ebene durchsetzen. Nach EU-Recht sei Sponsoring ein untergeordneter Aspekt, in dem jeder Mitgliedsstaat Entscheidungsfreiheit habe, und deshalb sei die Richtlinie illegal. Auf jeden Fall, hob Ward hervor, sei die Formel 1 nicht gegen ein Verbot. »Wir wollen nur eine Übergangsperiode«, fuhr Ward fort. Das Problem bestehe darin, dass die Beamten in Brüssel an einem Übergang nicht interessiert seien. »Es muss deswegen keinen Streit geben, aber wir sind auf Ihre Hilfe angewiesen.« Nach 20 Minuten war Ward davon überzeugt, dass Blair die Verbindung zwischen Ecclestones Millionenspende, dem Tabak-Sponsoring und dem Umstand begriff, dass die Formel 1 einen allmählichen Übergang befürwortete. Ecclestone gab Ward seinen Barscheck, obwohl die Labour Party an ihr Programm von 1997 gebunden blieb, wonach das Tabak-Sponsoring für alle Sportarten verboten werden sollte. Für den Spieler Ecclestone bedeutete die Millionenspende das Gleiche, als hätte er seine Chips im Casino auf Rot gesetzt – rot für Labour und rot für Ferrari, gesponsert von Philip Morris.

Anfang März 1997 widmete sich Ecclestone im Vorgriff auf einen erfolgreichen Börsengang einigen juristischen Manövern, die mehrere Wochen in Anspruch nehmen sollten. Eine Reihe von Dokumenten lag auf der Insel Jersey unterschriftsbereit auf einem Tisch, um Slavica formell die Kontrolle über die Formel 1 zu entziehen. Ecclestone hatte Petara bereits die FOCA Administration Ltd. und die Formula One Administration (FOA) als Schenkung überlassen. Jetzt wurde Petara, umbenannt in Formula One Management (FOM), von Slavica an die SLEC Holdings (nach Slavica Ecclestone benannt) übertragen, eine weitere Gesellschaft mit Sitz auf Jersey. Dann unterzeichnete sie in einem letzten Stadium einige Dokumente, um eben diese SLEC-Anteile auf die Bambino Holding zu übertragen, eine auf Jersey angesiedelte Gesellschaft, die der rechtmäßige Eigentümer der Formel 1 wurde. Luc Argand, langjähriger Partner Ecclestones, war ein Direktor von Bambino, während Stephen Mullens als Berater fungierte. Die Bambino Holding gehörte ihrerseits einem Trust mit Sitz in Liechtenstein, über den kein Mitglied der Familie Ecclestone juristische Kontrolle ausübte. Um das Vermögen vor dem Finanzamt zu schützen, hatte man zwischen der Übertragung der Anteile von Ecclestone auf Slavica und der von ihr auf Bambino einige Zeit verstreichen lassen. Infolgedessen kontrollierten die Treuhänder die Formel 1, während Slavica und ihre beiden Töchter erst in den Genuss der finanziellen Erträge kämen, wenn die Formel 1 als Aktiengesellschaft an der Börse notiert wurde.

Um zu bestätigen, dass Ecclestone komplett auf jeden rechtmäßigen Besitz an der Formel 1 verzichtet hatte, würde eine Bekanntmachung erfolgen, in der Slavica als reichste Frau Großbritanniens gefeiert wurde. »Niemand auf der Welt glaubt, dass ich alles, was ich besaß, meiner Frau überschrieben hätte«, sagte Ecclestone, »aber das habe ich tatsächlich getan. Ich wollte sicherstellen, dass sie und die Kinder gut versorgt sind, falls mir etwas zustoßen sollte.« Nach britischem Recht würde Slavicas neuer Reichtum nicht mit Erbschaftssteuern belastet, wenn Ecclestone noch sieben Jahre am Leben bliebe. Slavica war reich, aber machtlos. Die Übertragung der Anteile auf Bambino und den Trust in Liechtenstein schloss aus, dass sie irgendeinen Einfluss auf die Formel 1 ausübte.

Nachdem er sein Haus bestellt hatte, flog Ecclestone zum ersten Rennen der Saison nach Melbourne. Inzwischen wurde jedes Rennen in rund 130 Ländern von mehr als 330 Millionen Fans gesehen. Der Klatsch drehte sich immer noch darum, dass Frank Williams den amtierenden Weltmeister Damon Hill entlassen hatte, der sich darum bemühte, einen neuen Rennstall zu finden.

Am Tag des Rennens, am 9. März 1997, veränderte sich Ecclestones Leben. Die Londoner *Sunday Times* meldete den geplanten Börsengang mit einem erwarteten Erlös von 2,5 Milliarden Pfund. Diese Indiskretion traf Ecclestone überraschend und schockierte die gesamte Formel-1-Gemeinde. Bis zu diesem Zeitpunkt war das Vermögen Ecclestones von den Medien auf 275 Millionen Pfund geschätzt worden. Der Zeitungsartikel schuf nicht nur einen neuen Milliardär, sondern weckte auch Zweifel. Wenige konnten sich vorstellen, dass ein Sport, zu dessen entscheidenden Faktoren Heimlichkeiten, Offshore-Fonds, ein kompliziertes Netz von Beziehungen und interne Kämpfe gehörten, für Kapitalanleger zu einem derart hohen Preis attraktiv sein könnte. Die Stimmung im Fahrerlager von Melbourne war aufgewühlt. Niemand war wütender als Ron Dennis. 2,5 Milliarden Pfund überstiegen sein Vorstellungsvermögen bei Weitem. Um nicht vor aller Augen die Fassung zu verlieren, ging er Ecclestone aus dem Weg. »Ich fand, dass Bernie habgierig war und dass er den Beitrag der Teams nicht angemessen berücksichtigte. Wir waren die Akteure, und wir hätten einen gerechten Anteil verdient gehabt.« Als sie sich schließlich später an jenem Tag trafen, sagte Dennis steif: »Bernie, was du tust, ist nicht ehrenhaft.« Ecclestone spürte den Zorn, der dahinter stand, blieb aber kühl. Die beste Taktik war, die Genauigkeit des Artikels anzuzweifeln. Später war er prägnanter. »Mein Gefühl rät mir, abzuwarten«, sagte er einem Journalisten. »Was wir auf den Markt bringen, wird an dieser Summe gemessen, also kann ich ebenso gut auf die Einnahmen vom Bezahlfernsehen warten, die für einen ernormen Gewinn sorgen und der Formel 1 ihren vollen Wert bringen werden. Salomon Brothers sagen mir, das wäre eine dumme Einstellung und im Moment sähe der Markt gut aus. Je mehr sie reden, desto weniger bin ich interessiert.«

In London machte Purslow sich Sorgen. Die Indiskretion – deren Quelle er nie herausfinden würde – war schlichtweg eine Katastrophe. »Der Bruch der Geheimhaltung ist ein absoluter Schock«, sagte er zu einem Kollegen. Er hatte noch nicht mal damit begonnen, den genauen Wert der Gesellschaft zu beziffern, weil es erhebliche Hürden gab. Ecclestones Geheimnistuerei hatte Zweifel an seinen Geschäftsabschlüssen und dem Geldfluss zwischen Großbritannien, den Kanalinseln und Liechtenstein entstehen lassen. So lange keine Klarheit herrschte, konnte Purslow als Wert für den Börsengang nur eine knappe Milliarde Pfund rechtfertigen, wodurch der in der Zeitung kolportierte Wert von 2,5 Milliarden zu einer Belastung für seinen noch unerprobten geplanten Vorstand wurde. Keiner der drei – Marco Piccinini, der ehemalige Team-Manager von Ferrari als stellvertretender Vorstandsvorsitzender, Helmut Werner, ein ehemaliger Geschäftsführer von Mercedes, als Vorsitzender, und Davis Wilson, der beim Wettunternehmen Ladbrokes gearbeitet hatte, als Finanzvorstand – hatte in der City einen Namen. Die Belustigung konkurrierender Banken über einen glanzlosen Vorstand, der einen Einzelgänger kontrollierte, war sanft, verglichen mit den groben Emotionen im Fahrerlager.

Ron Dennis und Frank Williams verlangten 20 Prozent der Aktien beim Börsengang und einen größeren Anteil der Fernseheinnahmen. »Sie wollen einen Anteil von meinem Geschäft«, sagte Ecclestone voller Verachtung. »Ich habe sie reich gemacht, warum geben sie mir dann nicht einen Anteil von ihrem Geschäft?« Ecclestone entschloss sich allerdings in Anerkennung der Realität zu einem teilweisen Rückzug. Er machte ein Gegenangebot von zehn Prozent der Aktien, die unter den Teams aufgeteilt werden sollten, wollte aber dafür das Concorde-Agreement verlängert haben. Er bot auch der FIA zehn Prozent der Aktien oder 100 Millionen Pfund vom Börsengang an. Mit diesem Angebot gewann er Mosleys Unterstützung beim Arrangement zweier wichtiger Zusagen. Zum einen erklärte Luca Montezemolo sich bereit, Ecclestone gegen die

Drei beizustehen, und zum anderen sorgte Mosley dafür, dass die Mitgliederversammlung der FIA den Börsengang befürworten und den Protest der Drei ignorieren würde.

»Das ist ein abgekartetes Spiel«, sagte Dennis verärgert. Er beschloss, die Sache verworrener zu machen, und fragte Purslow, wem denn jetzt die Formel 1 eigentlich gehöre: Ecclestone, den unsichtbaren Treuhändern oder gar der FIA. Egal, wie die Antwort laute, sagte Dennis, sie wecke Zweifel an der Gültigkeit der Fernsehverträge. Verunsichert gab der Banker zu, dass sein Zeitplan gescheitert sei. Kein formeller Prospekt zum Börsengang konnte bis zum »Startfenster« im Sommer fertig werden, und bei der nächsten Gelegenheit im folgenden Jahr könnte es zu spät sein. Ecclestone hatte dafür kein Verständnis. »Bringen wir das Ding über die Bühne«, drängte er, gewohnt, seinen Willen durchzusetzen. Purslows Lösung bestand darin, Ecclestone auf Informationsveranstaltungen um potenzielle Anleger werben zu lassen. Er würde dabei als Leiter von »Englands profitabelstem und erfolgreichstem Unternehmen« vorgestellt werden.

Nach dem ersten Treffen in London machte Ecclestone seiner Enttäuschung Luft: »Ich bin doch nicht blöd und mache ihren Job, wenn sie dafür bezahlt werden, die Gesellschaft zu vermarkten. Ich habe genug damit zu tun, die diesjährige Saison durchzuführen, und danach muss ich die für nächstes Jahr vorbereiten. Ich hab's nicht eilig, und es wird dazu kommen, wenn ich bereit bin.« Eine Zeitung nannte ihn »den Kunden aus der Hölle«, aber die ernsthafte Kritik stellte auch Fragen nach seiner Ehrlichkeit. Tom Rubython widmete ein ganzes Heft des Magazins *Formula One Business* der Frage: »Ist dieser Mann geeignet, eine Aktiengesellschaft zu leiten?« Als Ecclestone eine einstweilige Verfügung wegen Beleidigung gegen ihn erwirkte, entschuldigte sich Rubython.

An einem sonnigen Tag im Mai begrüßte Purslow die Teamchefs im Sitzungssaal von Salomon Brothers zu einer Präsentation. Ecclestone musste den Saal zwar immer wieder für Telefongespräche verlassen, aber eine Kritik blieb aus, und Purslow fand die Stimmung positiv. Er täuschte sich. Er gefiel Dennis nicht, und der Plan gefiel ihm auch nicht. »Kein Team hielt den Börsengang für richtig«, sagte er, »und ich war genauso emotional wie alle anderen.«

Die gegenseitigen Beschuldigungen erreichten bei einem Treffen mit Ecclestone am 6. Juni 1997 einen neuen Höhepunkt. Die Drei hatten endlich das Concorde-Agreement unterschrieben, aber sie verlangten eine Beteiligung an der geplanten Aktiengesellschaft. Der Streit nahm an Hitzigkeit zu. »Du hast uns nie von den ungeheuren Gewinnen erzählt, die du mit den Fernsehrechten gemacht hast«, sagte Dennis, der mit Verspätung begriff, dass eher das Fernsehen als die Teams die Formel-1-»Show« kontrollierte. »Diese Rechte gehörten den Teams, Bernie, nicht dir.« Frank Williams pflichtete ihm bei. »Das ist nicht richtig, Bernard«, sagte Williams. Ken Tyrrell, der schnell die Beherrschung verlor, stand auf, begann Obszönitäten zu schreien und stieß wütend einen der denkwürdigsten Sätze in der Formel-1-Geschichte aus: »Bernie, du hast den Teams die Formel 1 gestohlen – sie hat dir nie gehört.«

Williams schaute ihn bewundernd an. »Ken ist ausgeflippt«, dachte er. »Aber er hat recht.« Ecclestone begann zu applaudieren, verhöhnte Tyrrells Wut als Schmierenkomödie. »Gut gemacht, Ken. Bist du fertig? Dann setz dich wieder.« Dann wurde Ecclestone ungewöhnlich aggressiv. »Die Formel 1 ist größer als ihr alle«, sagte er ihnen. »Uns geht's prima, wenn ihr alle abzieht. Ich kann ohne euch an die Börse gehen, ohne euch auch nur eine Aktie abzutreten.« Er stürmte aus dem Saal. »Die Teams können zum Teufel gehen«, fluchte er. »Einige von ihnen denken, sie hätten mich jetzt geschnappt, aber ihre Hände sind nicht groß genug.« Eddie Jordan schaute sich unter den Männern um, die zurückgeblieben waren. »Wenn es zu einem Krieg kommt«, dachte er, »will ich auf Bernies Seite sein, weil es nur einen Sieger geben wird.«

Bei genauerem Nachdenken war Ecclestone nicht glücklich darüber, aus der Haut gefahren zu sein, aber sein Zorn war nicht gespielt. »Ihr Benehmen war verletzend, am meisten das von Tyrrell. Ich war auch von Frank enttäuscht, weil ich ihm geholfen hatte. Aber ich habe Frank nie angerufen und ihm gesagt: ›Du bist undankbar.‹« Von Ron Dennis war er nicht enttäuscht. »Ron war nicht illoyal, weil man nur illoyal sein kann, wenn man vorher loyal war.« Er erinnerte sich, dass Dennis seinerzeit mit 2.000 Pfund angefangen hatte, und im vergangenen Jahr hatte er sich mehr als eine Million ausgezahlt. »Ron wird mir niemals dankbar dafür sein, was ich getan habe.«

Ecclestones Rechtfertigung war immer die gleiche: »Wo hatten sie am Anfang gestanden? Und niemand sonst von ihnen war am Anfang bereit gewesen, zu investieren. Sie haben ihre Rechte 1992 abgetreten. Später hatten sie keinen Anspruch mehr darauf.« Wohlwollende Diktatoren waren besser als demokratische Inhaberschaft: »Wenn die Formel-1 den Teams gehörte, würden sie es kaputt machen. Sie können sich auf nichts einigen, nicht mal darauf, wie sie ihr Geld verteilen. Sie glauben, sie könnten das Geschäft führen – ich weiß, dass sie es nicht können.« Ecclestone erinnerte sich daran, dass es genauso sei wie beim Pokern: »Man muss das Blatt kennen, mit dem man spielt.« Er hielt sich an die Regel und beschloss, es sei besser, sie spielen zu lassen. »Wenn ich zu ihnen ginge, müsste ich einen Kompromiss eingehen. Es war am besten, abzuwarten, weil sie nicht gewinnen konnten.« Doch Ron Dennis war von seinen Beratern überzeugt worden, er könne doch gewinnen.

Der geplante Börsengang, dem die verfrühte Publicity bereits einen Schlag versetzt hatte, wurde außerdem durch Ecclestones unangebrachtes Vertrauen in das Digitalfernsehen in Mitleidenschaft gezogen. Dessen Erfolg hing von der Förderung des neuen Systems durch die Sender ab, aber die, beklagte er sich, hatten versagt. Die Formel-1-Fans in Europa kauften keinen Digital-Service, sondern blieben lieber bei dem kostenlosen terrestrischen System. Die Sponsoren wiederum warnten ihn, dass sie keine niedrigeren Einschaltquoten im Digitalfernsehen akzeptieren würden. Ecclestone begriff, dass er einen Schritt zu weit gegangen war. Am schlimmsten war, dass Kirch TV, der größte digitale Fernseh-Service der Formel 1, im Juni 1997 von einer Liquiditätskrise erschüttert wurde. Weniger als 10.000 Deutsche hatten Kirchs Digital-Service für die Formel 1 subskribiert, und Kirch konnte die Zahlungen an Ecclestone nicht mehr aufbringen.

Auch in Italien, Frankreich und Großbritannien hatte sich das Digitalfernsehen nicht durchgesetzt. Ecclestones private Verluste waren beträchtlich. Er hatte keine guten Karten. Er eilte von einem Meeting zum nächsten, bekam eine Unzahl von Vorschlägen zu hören und wusste nicht, was er tun sollte. Außerdem merkten seine Berater mit Verspätung, dass der Börsengang von der EU in Brüssel genehmigt werden musste. Insbesondere brauchte sein Vorhaben eine formelle Erklärung von Karel van Miert, dem europäischen Wettbewerbskommissar, dass die Formel-1-Operationen nicht gegen die Wettbewerbsvorschriften der EU verstießen. Ecclestones Anwälte begannen mit der mühseligen Aufgabe, einen formellen Antrag für die EU zusammenzustellen. Doch die Mühe war in mehrfacher Hinsicht überflüssig. Im Juli gab sich Purslow geschlagen. Drei Dinge standen danach dem Börsengang noch im Weg: die EU, die Teams und der Tabak. »Ich kriege das geregelt«, sagte Ecclestone, der keine Lust hatte, einen Kampf zu verlieren, nicht mal einen, über den er sich ärgerte.

In den Augen mancher erschien Ecclestone nur als Sieger. Die Zeitungen berichteten immer noch, dass er durch den Börsengang zwei Milliarden Pfund verdienen würde und dass er gerade für vier Millionen Pfund in Gstaad, dem Skiort der Superreichen, ein Chalet und das Olden, ein Hotel mit 15 Zimmern, gekauft habe, das er für 17 Millionen Pfund umbauen wolle. Außerdem hatte er sein Haus in Sardinien verkauft. »Ich wusste, dass meine Frau das Lösegeld nicht bezahlen würde, wenn man mich gekidnappt hätte.«

Inmitten dieser hektischen Aktivitäten gewann Tony Blair die Wahl und wurde zum Premierminister ernannt. Bald darauf lud Michael Levy Ecclestone zu einem Treffen ins Unterhaus ein. Im Verlauf eines kurzen Gesprächs gab Levy seiner Hoffnung Ausdruck, dass Ecclestone bereit wäre, der Partei während der nächsten drei Jahre jährlich 800.000 Pfund zu »leihen«. Natürlich würde das Darlehen nicht zurückgezahlt, erklärte Levy. Ecclestones ausdrucksloses Gesicht veranlasste Levy hinzuzufügen: »Für zweieinhalb Millionen Pfund haben Sie den Schlüssel zur Downing Street in der Tasche.« Ohne eine Sekunde zu zögern erwiderte Ecclestone: »Ich habe die Schlüssel zu ganz Rio in der Tasche, und es hat mir nichts gebracht.«

Obwohl Ecclestone sich mit einem eisigen Lächeln verabschiedete, war Levy unbeirrt und lud David Ward in sein Haus in Nord-

London ein. Irrtümlicherweise nahm Levy an, dass Ward ein Mitarbeiter Ecclestones sei. Als sie es sich im Garten bequem gemacht hatten, fragte Levy: »Denkt Bernie daran, Labour mehr Geld zu geben? Wir haben uns gefragt, ob er uns für die laufende Legislaturperiode pro Jahr eine Million Pfund zur Verfügung stellen könnte.« »Da gibt es Probleme«, erwiderte Ward.

Am 15. Mai hatte der neue Gesundheitsminister Frank Dobson im Unterhaus bekannt gegeben, dass die Regierung die Absicht habe, Tabak-Sponsoring für alle Sportarten zu verbieten. Kurze Zeit später kündigte Tessa Jowell, eine Mitarbeiterin Dobsons, die gleiche Politik in Brüssel an. »Wir müssen ein weiteres Treffen mit Tony ansetzen«, beschwichtigte Levy. Nach Wards Auffassung hieß das, dass Mosley und er ihre Probleme Blair erläutern würden. Ecclestone überließ alle Probleme im Zusammenhang mit der EU-Richtlinie Mosley und Ward, so wie er darauf baute, dass Mosley sich um alle Fragen kümmerte, die in Brüssel wegen des Börsengangs aufgeworfen wurden, und da waren einige hinzugekommen.

Neun Monate zuvor, im November 1996, hatte Wolfgang Eisele, ein deutscher Fernsehproduzent aus Heidelberg, Ecclestone in Princes Gate aufgesucht. Er hatte ihm ein Problem dargelegt und ihn um eine Lösung gebeten. Seit 1983 gehörte Eisele eine Fernsehproduktionsgesellschaft, die Sendeanstalten mit Berichten über verschiedene Motorsportveranstaltungen belieferte, darunter Rallyes, Dragracing und LKW-Rennen. Sein kleines, aber gewinnbringendes Geschäft stand 1995 vor dem Ruin, nachdem der ISC, Ecclestones Gesellschaft, von der FIA die Fernsehrechte an allen Motorsportarten zugesichert worden waren. Seitdem schien Ecclestone die Sendungen über alle Rennen außerhalb der Formel 1 im Fernsehen auf ein Minimum beschränkt zu haben. In Ecclestones Augen brachte nur die Formel 1 für seine Zwecke interessante Zuschauerquoten. Eisele gehörte zu den kleinen Produzenten und Rennveranstaltern, die sich beklagten, dass die ISC sich wie ein Monopolist verhielt. Zwei Stunden lang erklärte Eisele Ecclestone, warum es sinnvoll sei, sein Geschäft am Leben zu halten. Er erwähnte, dass europäische Gesetze es Ecclestone verböten, jede Konkurrenz zu unterdrücken, doch er biss auf Granit. Ecclestone ging davon aus, dass seine Abmachung mit Mosley von niemandem angefochten werden könne, und weigerte sich, auf Kosten der Formel 1 mehr Sendezeit für LKW-Rennen einzuräumen. Sie trennten sich im Unfrieden.

Als Eisele nach Deutschland zurückkehrte, war er entschlossen, sich nicht kampflos zu ergeben. Er strengte vor einem deutschen Gericht eine Klage an und reichte anschließend eine Beschwerde bei der Wettbewerbskommission in Brüssel ein. Artikel 85 und 86 des Vertrags von Maastricht verboten Kartells oder Unternehmen, ihre marktbeherrschende Stellung zu missbrauchen. Während Eiseles Beschwerde von Karel van Miert geprüft wurde, trug er in Deutschland einen schnellen Sieg davon. Am 4. Juni 1997 entschied ein Gericht, dass die FIA gegen europäisches Wettbewerbsrecht verstoßen hatte, indem sie Ecclestone die Fernsehrechte an LKW-Rennen zubilligte und sie Eisele vorenthielt. Ecclestone hatte allen Grund, besorgt zu sein. Wenn die Entscheidung des deutschen Gerichts von van Miert unterstützt wurde, war Ecclestones Kontrolle der Fernsehberichterstattung über alle Motorsportarten gesetzwidrig, und der Wert der Formel 1 wäre reduziert. Nach einer Besprechung mit Ecclestone entschied sich Mosley für eine drastische Alternative: Die FIA verkündete die dauerhafte Beendigung des European Truck Racing. Eiseles Anwälte reagierten schnell, wandten sich wieder an das deutsche Gericht und erwirkten eine Entscheidung, wonach der Beschluss der FIA illegal war. Sollte der Beschluss ausgeführt werden, würde die FIA eine happige Geldstrafe bezahlen müssen. Mosley trat den Rückzug an. Eiseles schleichender Erfolg brachte Ecclestone zur Weißglut. »Ich bin mir sicher, dass Mercedes das finanziert«, sagte Mosley. »Auf keinen Fall«, erwiderte Ecclestone, der davon überzeugt war, dass Jürgen Schrempp, der Vorstandsvorsitzende, nicht derart illoyal sein könnte.

Ecclestones Probleme in Brüssel wurden von Ron Dennis aufmerksam registriert. In Dennis' Augen waren Ecclestones Pläne »etwas, das keiner von uns schlucken konnte«. Die Drei beauftragten Anwälte in Brüssel, gegen Ecclestone vorzugehen. In einer ausführlichen Eingabe an den EU-Kommissar beschuldigte Dennis

Ecclestone gefährlicher Interessenkonflikte. So verhandele er gleichzeitig als Vertreter der FOCA und im Namen der FOH (Formula One Holding) mit Rennstrecken und Sendeanstalten, und während er FOCA und FOH repräsentiere, sei er zugleich ein Mitglied des FIA-Gremiums, das den Sport reglementiere. Darüber hinaus habe er sich Rechte angemaßt, die eigentlich den Teams als FOCA-Mitgliedern gehörten, und Mosley, der vorgeblich unabhängige Vorsitzende der Aufsichtsbehörde, vertrete jetzt Ecclestones kommerzielle Interessen in Brüssel anstatt jene der Teams.

»Ron hat zu lange damit gewartet, um Anspruch auf Besitzrechte an der Formel 1 anzumelden«, sagte Ecclestone, »und jetzt betrachtet er die EU-Kommission als Möglichkeit, noch einmal nachzulegen.« Der geplante Börsengang hatte das Verhältnis zwischen ihm und den Teams erheblich verschlechtert, und obwohl die Idee praktisch gestorben war, redete Ecclestone wütend davon, das Angebot mit den Aktien, die er an die Teams verteilen wollte, zurückzuziehen. Zur gleichen Zeit traf am 5. September 1997 seine Eingabe, mit der er um die Freigabe seines Börsengangs bat, in van Mierts Büro ein. Zu Ecclestones Bestürzung war der Antrag von Kopien aller Verträge zwischen ihm und der FIA, den Teams und den Fernsehgesellschaften begleitet, die bis dahin geheim gehalten worden waren. »Er ist ein Volltrottel sondergleichen«, beschimpfte Ecclestone van Miert. »Warum mischt sich die EU in Sportfragen ein?«

8 TABAK

»Er empfängt uns am 16. Oktober«, sagte Max Mosley. Die Nachricht von einem Treffen mit Tony Blair war für Ecclestone nicht sonderlich aufregend. Treffen mit Königen, Präsidenten und Premierministern waren in seinem Leben etwas Normales. Er wusste allerdings, dass seine Spende ihm den Zugang zur Downing Street ermöglicht hatte.

Blairs Zusage, Ecclestone zu empfangen, stehe in direktem Zusammenhang mit ihrem Gespräch in seinem Haus in Islington vor der Wahl, versicherte David Ward Mosley, bei dem es um die Spende und das Tabak-Sponsoring gegangen war. Ward nahm an, dass Michael Levy Jonathan Powell von seiner letzten Bitte um jährliche Spenden in Höhe von einer Million Pfund berichtet hatte. Ecclestone hatte sich nicht dazu verpflichtet, aber die Chance, mehr Geld zu bekommen, hatte dem Einfluss der Formel 1 nicht geschadet.

Ecclestone hatte nicht vor, sich allein auf Blair zu verlassen, um ein sofortiges Verbot des Tabak-Sponsorings zu verhindern. Auch der deutsche Bundeskanzler Helmut Kohl war ein Freund und ein Formel-1-Fan. Ecclestone und Mosley hatten den Politiker am 27. Juli 1997 beim Großen Preis von Deutschland am Hockenheimring kennengelernt. Mosley hatte das Sponsoring-Problem bei einem Spaziergang entlang der Rennstrecke und später in Ecclestones Wohnmobil zur Sprache gebracht. Der Kanzler hatte seine Bereitschaft erklärt, sich notfalls an der Lösung zu beteiligen. Jetzt brauchten sie seine Hilfe und flogen nach Bonn. Während eines kurzen Treffens im Büro des Bundeskanzlers erwähnte Mosley, dass die Formel 1 nach Asien umziehen würde, falls die EU-Richtlinie nicht fallen gelassen würde. Er erinnerte Kohl an die Drohung, den französischen Grand Prix im Jahr 1992 aus dem Rennkalender zu streichen. Frank Williams war mit einer Geldstrafe belegt worden, weil seine Wagen bei der Übertragung des japanischen Grand Prix im französischen Fernsehen mit Tabakwerbung bedeckt gewesen waren. Nach Ecclestones Warnung war die Geldstrafe durch eine rasche Aktion des Gesetzgebers vom Tisch gefegt worden. Ecclestone gab seiner Hoffnung Ausdruck, diese Erfahrung nicht noch einmal machen zu müssen. Kohl versicherte seinen Gästen, dass Deutschland sein früheres Veto zu der EU-Richtlinie wiederholen werde und dass er Blair von seiner Position unterrichten wolle. Ecclestone wusste, dass der Bundeskanzler zu seinem Wort stand. Tony Blair würde vor ihrem Treffen in der Downing Street eine Nachricht aus Bonn erhalten.

Der kurze Fußweg zum Eingang der Downing Street war beiden Männern vertraut. Drei Tage zuvor waren Mosley und Ecclestone auf dem gleichen Bürgersteig auf dem Weg zu einem Wohltätigkeitsempfang fotografiert worden. Diesmal beobachtete niemand ihre Ankunft.

Nachdem sie in einem kleinen Raum im Erdgeschoss zusammen mit Powell und Ward als Zuhörern Platz genommen hatten, sprach Mosley, wie er später sagte, »von Anwalt zu Anwalt« mit dem Premierminister. Seine Argumentation, wortgewandt und präzise, erschien unbestreitbar. Ein Verbot des Sponsorings sei sinnlos, weil Bilder von Grand-Prix-Rennen außerhalb der EU-Länder weiterhin Tabakwerbung präsentieren würden. Die FIA wolle lediglich eine globale Lösung, erläuterte Mosley. »Wir sind nicht gegen ein Ende der Tabakwerbung, aber wir wollen eine schrittweise Abschaffung, damit alternative Sponsoren gefunden werden können.« Blair nickte. Andernfalls, erklärte Mosley ruhig, könnten 50.000 britische Arbeitsplätze und das Digitalfernsehen ohne große Schwierigkeiten zu Standorten außerhalb der EU verlagert werden. Blair schaute Ecclestone an. Der Geschäftsmann wusste, dass in diesem Moment persönliche Dinge irrelevant waren, aber er war verärgert darüber, von Frank Dobson als Repräsentant der Tabakindustrie hingestellt zu werden. Er hatte nie geraucht, trank ab und zu mal ein Glas Bier, und es war ihm egal, wer die Formel 1 sponserte, aber, das sollte Blair doch wissen, es gab keinen Streit zwischen einem linken Gesundheitsminister und ihm. Großbritannien konnte im Handumdrehen den Grand Prix und das Motor Sport Valley verlieren. Diejenigen, die seine Warnungen ignorierten, waren immer wieder überrascht darüber, dass er sie wahr machte. Aber er hielt sich mit seiner kurzen Wortmeldung bewusst zurück. Er ließ Mosley den seiner Ansicht nach tödlichen Schlag führen. »Nach europäischem Recht ist die geplante EU-Richtlinie illegal«, sagte Mosley. In Gesundheitsfragen hatte Brüssel keine Befugnis, dem Vereinigten Königreich oder anderen Mitgliedsstaaten Richtlinien aufzuerlegen. Blair nickte verständnisvoll, und im Jahr 2000 würde Mosleys Interpretation vom Europäischen Gerichtshof bestätigt werden. »Wir bleiben in dieser Frage miteinander in Verbindung«, sagte Blair nach 35 Minuten. Die drei Besucher verabschiedeten sich in der Überzeugung, dass es zwischen den Gesprächspartnern zu einer Verständigung gekommen sei. Kurze Zeit später begegnete Mosley zufällig Peter Mandelson bei einem Empfang im Lancaster House. »Wie sieht es aus?«, fragte Mosley. »Ganz Whitehall hallt wider vom Knirschen des Getriebes«, antwortete Mandelson lächelnd, als wollte er damit sagen, dass die Bitte der Formel 1 erfüllt würde.

Am folgenden Montag hörte Ward, dass Blair die Anweisung gegeben habe, »das Formel-1-Problem aus der Welt zu schaffen«. Jonathan Powell erklärte, dass sich die Regierung in Brüssel für die Formel 1 um eine Ausnahmeregelung bemühe. Kurz darauf rief Tessa Jowell bei Mosley an. Tony Blair, sagte sie, habe angeordnet, dass die Formel 1 eine Ausnahmegenehmigung bis Oktober 2006 erhalte. Mosley war verärgert. Er wollte keine Extrawurst für die Formel 1. Er hatte für den Verzicht auf eine illegale Richtlinie plädiert. Blair hatte etwas angeordnet, was er nicht gewünscht hatte.

Am nächsten Tag flogen Ecclestone und Mosley nach Spanien zum Großen Preis von Europa in Jerez, zum letzten Rennen der Saison. Wieder einmal war die Weltmeisterschaft vor dem Rennen völlig offen. Schumacher führte mit einem Punkt vor Jacques Villeneuve, der für Williams fuhr. Frank Williams fürchtete, dass es zu einer Wiederholung der Weltmeisterschaft 1994 kommen könnte, als Schumacher absichtlich mit Damon Hill kollidiert war. Die 320 Millionen Fernsehzuschauer, die das Rennen sahen, verfolgten die angespannte Rivalität. In Runde 48 begann Villeneuve Schumacher auf der Innenseite der Curva Dry Sack zu überholen, woraufhin dieser seinen Wagen gegen den des Kanadiers lenkte. Zu Schumachers Überraschung kam sein Ferrari nach der Kollision von der Strecke ab, während Villeneuves Wagen das Rennen beschädigt fortsetzen konnte und als Dritter nach zwei McLarens die Ziellinie überquerte. Die Rennleitung erklärte den Unfall für unabsichtlich, aber Mosley war anderer Meinung und zitierte Schumacher zu einer formellen Anhörung.

Am 6. November, fünf Tage vor der »Verhandlung«, trafen sich Ecclestone und Mosley zum Abendessen im San Lorenzo in London. »Schumi hat nichts getan, wofür er bestraft werden sollte«, sagte Ecclestone zu Mosley im Verlauf einer in solchen Fällen üblichen Besprechung. »Er ist unschuldig.« Schumachers Ruhm überstieg die Formel 1, wie Ecclestone wusste, und vergrößerte das Einkommen des Sportbetriebs. Mittlerweile kostete ein kleiner Fleck auf dem Overall des Superstars mindestens 500.000 Pfund. Außerdem strahlte Schumacher »eine Magie wie von einem anderen Planeten« aus und hatte »eine bemerkenswerte Fähigkeit, das Rennen zu deuten und sich einzuteilen«. Als Fahrer war er Ecclestones Ansicht nach sogar noch besser als Ayrton Senna, aber er war außerdem noch kaltblütig, rücksichtslos und waghalsig. Ihn zu sperren oder ihm eine Geldstrafe zu verpassen würde an seinem Ehrgeiz und seinem unbedingten Siegeswillen nichts ändern, und die Formel 1 brauchte ihn für die Weltmeisterschaft. Mosley erklärte sich bereit, den Fall zu überdenken.

Ecclestone fühlte sich in letzter Zeit besonders aufgekratzt. Die FIA hatte gerade in Monaco eine Party zur Feier seiner »50 Jahre im Dienst der Motorsport-Industrie« ausgerichtet. Luca Montezemolo, Rennfahrer, Teamleiter, Fürst Albert von Monaco und eine Schar von Präsidenten und Premierministern hatten ihm ihre Anerkennung gezollt. Erfreut über diese Glückwünsche hatte Ecclestone mit Wohlgefallen verzeichnet, dass hinsichtlich des Tabak-

Sponsoring-Verbots eine einvernehmliche Lösung gefunden worden war. Der Erfolg unterstrich seine Bedeutung für die Teams. Am 4. November verkündete Tessa Jowell, dass Großbritannien für die Formel 1 eine Ausnahme von der EU-Richtlinie verlangen würde, und damit schien das Problem gelöst zu sein.

Zwei Tage später wurde David Hill, Blairs Pressesprecher in der Downing Street, von einem Journalisten gefragt, ob die Labour Party eine große Spende von Ecclestone empfangen habe. »Großer Gott, ich habe keine Ahnung«, erwiderte Hill. Kurz darauf bestritt er nachdrücklich, dass Ecclestone eine Spende gemacht habe oder dass es eine Verbindung zu der Ausnahmeregelung für die Formel 1 gebe. Die gleiche Frage wurde an Ecclestone gerichtet. Er war beunruhigt. Auf eigene Faust beauftragte er Herbert Smith, die Anwaltskanzlei in der City, eine Erklärung abzugeben, dass »… Mr. Ecclestone der Labour Party keine Spende gegeben habe …«, verbunden mit einer Drohung, eine Verleumdungsklage anzustrengen, wenn die Behauptung veröffentlicht werde. Mosley war entsetzt. »Das ist ein Fehler«, sagte er zu Ecclestone. »Du hättest nichts sagen sollen.« Schadensbegrenzung war unbedingt erforderlich.

Nach einem Mittagessen mit Mosley eilte David Ward in die Downing Street, um sich mit Jonathan Powell und Alastair Campbell, Blairs Leiter des Bereichs Kommunikation, zu treffen. Mosleys Anweisungen lauteten, er müsse die Politiker dazu bringen, sich nicht zu dem Thema zu äußern, »damit das Problem verschwindet«. Nach seiner Rückkehr berichtete Ward: »Es herrscht das totale Chaos.« Niemand wolle zugeben, dass Hill einen Fehler begangen habe. »Sie wollten nicht auf mich hören«, erzählte er Mosley, der den Verdacht hatte, Powell und Campbell wollten, um den Premierminister zu schützen, Ecclestone als Bösewicht hinstellen und Blair ermutigen, notfalls zu lügen. »Du könntest in Schwierigkeiten geraten«, sagte Mosley zu Ecclestone. »Das geht niemanden was an«, konterte Ecclestone, der nicht erkannte, dass die finanzielle Unterstützung einer politischen Partei keine private, sondern eine öffentliche Angelegenheit war.

Während seine Unruhe wuchs, nahm Ecclestone mit Erleichterung zur Kenntnis, dass Mosley einen legalen Ausweg entdeckt hatte.

Spenden über 5.000 Pfund mussten erst bei der Veröffentlichung der Parteibuchhaltung im folgenden Jahr aufgeführt werden. Von entscheidender Wichtigkeit war, keinen Kommentar abzugeben. »Ich habe diesen Clowns gesagt«, erinnerte sich Ecclestone, »dass ich kein Wort zu der Spendensache sage, und wenn man mir eine Pistole an den Kopf setzt. Sie meinten: ›Okay, okay, das machen wir auch.‹«

Ward rief Powell an und bat ihn wieder eindringlich darum, die Regierung solle sich nicht zu der Spende äußern. In Ecclestones kleinem Kreis gleich gesinnter Geschäftsleute wurde ein verabredetes Stillschweigen problemlos eingehalten, aber er befand sich jetzt in einer anderen Welt. Er spielte zusammen mit Alastair Campbell, der von seinen Feinden als prinzipienloser Gauner kritisiert wurde, und einem Premierminister, der sich seines Wahlversprechens brüstete, sich »weißer als weiß« zu verhalten. Eine Absprache mit Ecclestone, die Wahrheit zu unterdrücken, kam für Blairs Gefolge nicht wirklich in Frage. Im Gegenteil, Blair hatte sich bereits über Ecclestones Interessen hinweggesetzt und Justizminister Derry Irvine gebeten, etwas zur Schadensbegrenzung zu unternehmen.

Großbritanniens höchster Jurist glaubte, dass es »völlig absurd« sei, die Wahrheit zuzugeben. Stattdessen riet er Blair, ohne Rücksicht auf Ecclestone eine Nebelwand zu erzeugen. Also heckte Blair zusammen mit Schatzkanzler Gordon Brown eine Kriegslist aus. Sie wiesen den Generalsekretär der Partei, Tom Sawyer, an, einen Brief an Sir Patrick Neill, den Vorsitzenden des Komitees für Standards im öffentlichen Leben, zu schreiben, der auf einer Unwahrheit beruhte. In Sawyers Brief stand, die Labour Party habe eine Spende von Ecclestone akzeptiert, als sie sich in der Opposition befand, und »Mr. Ecclestone habe nach der Wahl eine weitere Spende angeboten«. Bislang, schrieb Sawyer, sei das zweite Angebot abgelehnt worden, weil die Partei wegen des anstehenden Verbots des Tabak-Sponsorings einen Interessenkonflikt befürchtete. Neill wurde gefragt, ob die Befürchtung der Partei gerechtfertigt sei. Ecclestone sollte auch später nicht herausfinden, ob Sawyer oder Blair wussten, dass er Levys Bitte um eine zweite Spende ignoriert hatte, aber er begriff, dass der Brief »katastrophal war, weil er implizit zugab, dass die ursprüngliche Spende fragwürdig war«. Sawyers Brief wurde am 7. November abgeschickt. Ecclestone ahnte nichts Gutes. »Ich habe mit einer Menge Politiker zu tun gehabt«, sagte er zu David Ward, erstaunt über Blairs Naivität, »und ich hatte nie irgendwelche Probleme. Ich denke gern, dass ich Menschen vertrauen kann – und er ist der Premierminister –, aber die Labour-Leute sind wie Pfadfinder, und die Torys sind abgebrühte Verbrecher. Die Torys hätten gewusst, wie man das unterbindet.« Am gleichen Tag begann David Hill damit, die Tatsachen zu verdrehen. Er entdeckte die Wahrheit, aber er benutzte Ausflüchte und Drohungen, um die Fragen der Journalisten abzuwenden.

In einer Exklusivmeldung berichtete die *Sunday Times* am 9. November von Ecclestones Spende und der Verbindung zu der politischen Kehrtwende der Regierung in Brüssel. Bislang kannte niemand den Betrag, den Ecclestone gespendet hatte, und in dem Ratespiel wurden Schätzungen zwischen 100.000 und 1,5 Millionen Pfund genannt. Das Geld, so der Artikel, sei eine plumpe Bestechung, weil Ecclestone immer Tory gewählt und, Tory-Funktionären zufolge, die Partei in der Vergangenheit auch finanziell unterstützt hatte. Über Nacht war es mit Ecclestones Anonymität vorbei. Zur Frühstückszeit war sein Name in den Medien ein Synonym für jemanden, der mit Spendengeldern eine Vorzugsbehandlung erkaufen wollte. »Sie stellen es so dar, als wollte ich die Regie-rung schmieren«, sagte Ecclestone mit kühler Stimme zu Mosley. »Ich kann nichts dagegen machen, und es ist mir auch egal. Es schockiert mich nicht.« Da wenige Fakten über Ecclestone in der Öffentlichkeit bekannt waren, wurden die alten Mythen wieder hervorgeholt. Sein Widerwille gegen Publicity hatte das Bild eines finsteren Geschäftsmannes provoziert, der seine Konkurrenten skrupellos zugrunde richtete, während er mit einer 28 Jahre jüngeren und 30 Zentimeter größeren Frau verheiratet war. Um die »Korruptions«-Berichte zu illustrieren, zeigten die Fernsehnachrichten Bilder von Ecclestone und Mosley, wie sie durch die Downing Street gingen. Die Zuschauer nahmen an, dass sie Zeugen des historischen Augenblicks wurden, nachdem die großzügige Spende der Formel 1 den Weg geebnet hatte, aber in Wirklichkeit handelte es sich um die Aufnahmen, die früher in der Woche anlässlich der Wohltätigkeitsveranstaltung gemacht worden waren.

Am Ende des Sonntags suchten alle hektisch Schutz. Am nächsten Morgen, dem 10. November, erschien Gordon Brown im Radioprogramm *Today* der BBC. Als er nach der Spende gefragt wurde, machte er wenig überzeugende Ausflüchte und stritt ab, irgendetwas von Ecclestones Geld zu wissen. Die Ereignisse waren von der Regierung und von Ecclestone nicht mehr unter Kontrolle zu bringen. Patrick Neill reagierte mit bemerkenswerter Geschwindigkeit. Unabhängig von der Wahrheit, schrieb er später am gleichen Tag, habe der Anschein, die Partei hätte Ecclestones Geld angenommen, Fragen der Ehrlichkeit aufgeworfen und die Regeln verletzt. Deshalb solle nicht nur die zweite Spende abgelehnt, sondern die erste auch zurückgezahlt werden. In der Downing Street herrschte Panik. Niemand hatte mit dieser Interpretation gerechnet. Die so genannten Spindoktoren sprachen davon, den Schaden dadurch zu begrenzen, dass ein Teil der Wahrheit zugegeben wurde. Also antwortete Hill auf Journalistenfragen, dass Ecclestone der Partei »mehr als 5.000 Pfund« gespendet habe. Dieses Eingeständnis widersprach der Erklärung Herbert Smiths, und Ecclestones Position verschlechterte sich zusehends. Ein anderer Sprecher der Regierung war von Hill autorisiert worden zu erklären, dass Ecclestone bei seinem Treffen mit Blair »keine Bitte hinsichtlich einer politischen Entscheidung geäußert« habe. Parallel dazu gab Ecclestone eine von Ward und Mosley verfasste Stellungnahme heraus, in der er zugab, eine Spende geleistet zu haben, aber hinzufügte: »Ich habe weder die Labour Party noch ein Mitglied der Regierung um eine Gefälligkeit gebeten und auch keine erhalten.« Als Ecclestone am Abend die Nachrichten im Fernsehen und am nächsten Morgen in den Zeitungen sah, war er »stocksauer«. Niemand glaubte eines der Dementis. Labour hätte sich an ihre Abmachung halten sollen, seine Spende nicht zu erwähnen, klagte er.

Ecclestone kam sich vor wie Treibgut auf den Wellen – er hatte sein Schicksal nicht mehr in der Hand. Von der Downing Street im

Stich gelassen, konnte er nur noch auf Mosley vertrauen. »Was haben sie vor?«, fragte er. »Finde raus, was los ist.« Mosley schickte Ward wieder in die Downing Street, wo er den Premierminister bitten sollte, Ecclestone öffentlich zu entlasten – und ihn vom Korruptionsverdacht zu befreien. Bis zum Mittag gab es keine Reaktion, und Ecclestone und Mosley führten in Colnbrook, Berkshire, eine Anhörung im FIA-Disziplinarverfahren wegen Schumachers Zusammenstoß mit Villeneuve in Jerez durch. Bis zu diesem Zeitpunkt hatte Ecclestone nie daran gedacht, Vergleiche zwischen beiden Vorfällen anzustellen: Wie einfach konnte ein Betrug in der Formel 1 und wie kompliziert die Unaufrichtigkeit in Westminster sein. Wie sich herausstellen sollte, war auch der einfache Unfall in einem Netz von Verschwörungen verheddert.

Am Abend vor der Anhörung Schumachers hatte Ecclestone den Fahrer und Jean Todt, den Manager des Ferrari-Rennstalls, in einem Londoner Hotel getroffen. Beim Abendessen wurde Ecclestone davon unterrichtet, dass das Ferrari-Team während des Rennens in Jerez den Funkverkehr zwischen der Teamleitung von Williams und Villeneuve belauscht hatte. Jemand informierte Villeneuve, dass Mika Häkkinen von McLaren direkt hinter ihm sei und er ihn überholen lassen solle. »Häkkinen hat uns sehr geholfen«, sagte die Stimme. »Lass mich nicht hängen. Wir haben das besprochen.« Kurz darauf ließ Villeneuve Häkkinen überholen und gewinnen. Es gebe eindeutige Beweise dafür, sagte Todt, dass Williams und McLaren den Ausgang des Rennens manipuliert hatten. Um Mosley unter Druck zu setzen, war unmittelbar vor der Anhörung eine Abschrift der Gespräche der *Times* zur Veröffentlichung übergeben worden. In der Zeitung wurde der Fall so dargestellt, als sei Schumacher zu dem Zusammenstoß animiert worden, um die Verschwörung zu vereiteln. Im Gegenzug brachten Frank Williams und Ron Dennis ihre »Enttäuschung« darüber zum Ausdruck, dass Ferrari ihren Funkverkehr abgehört habe. Manche glaubten, Ferrari habe einen Vorwand gebraucht, um von Schumachers Böswilligkeit abzulenken, während andere auf den Zusammenhang mit Williams' und McLarens Position zu dem Concorde-Agreement hinwiesen. Ecclestone teilte Todt mit, dass die Tonbänder den Ausgang des Verfahrens nicht beeinflussen würden. »Ich habe Max gesagt, dass Schumi unschuldig ist«, berichtete Ecclestone. »Ich bin sicher, er ist der gleichen Ansicht, wenn Michael die richtigen Worte findet.« Schumacher gab nickend sein Einverständnis zu erkennen.

Während der eigentlichen Anhörung gab Schumacher widerstrebend Mosley gegenüber in einem Punkt nach. »Ich sah ihn an mir vorbeiziehen«, sagte er, »und dachte: Ich muss ihn stoppen.« Nach reiflicher Erwägung änderte Mosley seine Position. »Ich muss in Betracht ziehen, was im Interesse des Sports ist«, sagte er zu Ecclestone, »und es bringt nichts, Schumacher zu sperren oder ihm eine hohe Geldstrafe aufzubrummen. Das wird den Fans nicht gefallen.« Also erklärte Mosley, dass Schumachers Schlenker »instinktiv« gewesen und »nicht mit böser Absicht geschehen« sei. »Es war nur ein schwerer Fehler.« Statt einer Sperre strich er Schumachers zweiten Platz in der Gesamtwertung – eine im Grunde bedeutungslose Geste, wie er wusste. Villeneuve war als Weltmeister bestätigt. Der Gerechtigkeit war Genüge getan.

Bevor er das Gebäude mit Mosley verließ, hörte Ecclestone »zufällig«, dass Alastair Campbell in Gesprächen mit ausgewählten Journalisten Ecclestones Spende an die Partei als Versuch darstellte, auf die Politik Labours Einfluss zu nehmen. »Tony Blair hat angefangen zu reden«, schimpfte Ecclestone. »Das ist schlechtes Benehmen.« Als er auf die Straße trat, kam eine Gruppe von Journalisten auf ihn zu. Blair habe die Spende zugegeben, riefen sie ihm entgegen. »Nun, wenn Mr. Blair das gesagt hat, wird es wohl stimmen, nicht wahr?«, erwiderte Ecclestone. »Wie viel haben Sie gespendet?«, wurde er gefragt. »Eine Million«, antwortete er.

Das war eine sensationelle Enthüllung. Witzbolde nannten eine Million Pfund »einen Bernie«, und Politiker bezeichneten Downing Street Nr. 10 als »Bernie's Inn« in Anspielung auf die beliebten Restaurants der 1960er und 1970er Jahre. Abweichend von der Parteilinie gab Innenminister Jack Straw öffentlich zu, dass Blair »von dem zweiten Spendenangebot Mr. Ecclestones wusste, als sie sich in der Downing Street trafen«, und verschwand dann aus dem Blickfeld. Um dem Schrecken ein Ende zu machen, organisierte Campbell Blairs erstes Fernsehinterview nach der Wahl. Die Worte des Premierministers waren mit Sorgfalt so formuliert, dass alle Schuld auf Ecclestone geschoben wurde. Noch bevor ein Journalist die erste Frage gestellt habe, erzählte Blair seinem Publikum, habe die Labour Party Ecclestone mitgeteilt, dass sie trotz seiner »erklärten Absicht«, eine weitere Million Pfund zu zahlen, »keine weiteren Spenden akzeptieren könne«. Erst dann habe die Regierung Neill gebeten, die Zulässigkeit der ersten Spende zu überprüfen, die nach seiner Empfehlung natürlich zurückgezahlt würde. Um gegenüber einem ehemaligen Gebrauchtwagenhändler noch besser dazustehen, schloss Blair mit der Bemerkung: »Ich bin ein ziemlich geradliniger Typ.« Die Lügen retteten Blair, aber Ecclestones Ruf war beschädigt.

»Man hat mich im Regen stehen lassen«, klagte er. In der Vergangenheit war ihm egal gewesen, was über ihn gesagt wurde, aber jetzt konnte ihn jedes Wort ein Vermögen kosten. Der Börsengang war durch seine Verwicklung in den Bestechungsskandal gefährdet. Um Ecclestones Ruf wiederherzustellen, verfasste Mosley in seinem Namen einen Brief an die *Times*: »Die Spende an die Labour Party habe ich geleistet, weil ich glaube, dass Mr. Blair ein Mann mit außergewöhnlichen Fähigkeiten ist, der unserem Land einen hervorragenden Dienst erweisen könnte, wenn man ihn lässt.« Er habe Labour aus der Abhängigkeit von den Gewerkschaften befreien wollen, erklärte er und fuhr fort: »An die Spende waren keine Bedingungen geknüpft.« Er habe im vergangenen Jahr 27 Millionen Pfund Einkommensteuer »für das einfache Privileg« bezahlt, »in England zu leben statt in einem Steuerparadies«. Dafür habe er auch »die gleichen Rechte wie alle anderen« und könne jede Partei seiner Wahl mit einer Spende unterstützen. »Alles andere ist eine Unterstellung, dass ich etwas Unrechtes getan habe, und eine krasse, beleidigende und irrationale Beschränkung meiner Freiheit.«

In einem Interview mit der *Times* erklärte Ecclestone, dass Blair genauso »gegen Europa« sei wie er selbst und dass er seine Partei unterstützt habe, weil er sich über die Schmutzkampagne der Konservativen gegen Blair geärgert habe. Anderen gegenüber war er offener. Seine Integrität war in Zweifel gezogen worden: »Ich hoffe nur, dass ich den Ruf habe, offen und ehrlich zu sein, und nicht den, Leute übers Ohr zu hauen, weil ich das nicht getan habe. Mein Ruf ist mir wichtiger als Geld. Ich möchte als der Handschlag-Mann in Erinnerung bleiben, der alles mit einem Händedruck besiegelte.«

Ecclestones Erwartung, dass seine Erklärung akzeptiert werde, verriet, dass er bestenfalls eine allzu simple Auffassung vom Zynismus der Wählerschaft hatte. Schlimmstenfalls glaubten einige seine Zusammenfassung des Dilemmas. »Nett zu Leuten zu sein, um etwas zu erreichen, entspricht nicht meiner Natur … Ich mag es, wenn Geschäfte anständig und ehrlich gemacht werden. Ich bin nicht daran interessiert, was andere Leute von mir denken … Ich habe so viel Geld, dass ich nicht bestechlich bin … Alles, was ich getan habe, habe ich ehrlich getan. Ich bin nur ein Mann, der seine Arbeit macht. Ich habe nie jemanden betrogen.« Seine Aufrichtigkeit zu beteuern war wichtig für den Börsengang. Das Geschäft war nie besser gelaufen. Christian Vogt hatte gerade mit dem französischen Fernsehsender Canal Plus einen Zehnjahresvertrag über rund 500 Millionen Dollar abgeschlossen.

Die Hoffnung, dass der Brief an die *Times* Ecclestones Ruf wiederherstellen könne, wurde von Ron Dennis angeknackst. »Ich glaube nicht, dass der Geizhals Bernie, der jeden Penny umdreht, eine Million aus seiner eigenen Tasche gespendet hat«, sagte er. Nachdem die beiden sich getroffen hatten, um ihre Differenzen auszuräumen, sagte Dennis: »Bei Bernie weiß man immer, woran man ist. Man weiß, dass er alles tun würde, um mehr Geld rauszuholen.« Obwohl der Börsengang so gut wie gestorben war, weigerte sich Ecclestone, seine Niederlage anzuerkennen, und wiederholte sein Angebot von zehn Prozent der Aktien für die Teams und zehn Prozent für die FIA. »Bernie gibt einem nichts von sich aus«, erinnerte sich Dennis. »Man muss dafür kämpfen.« Das Angebot wurde zurückgewiesen. Dennis genoss Ecclestones Unbehagen und vermutete, dass weitere Schwierigkeiten entweder dazu führen würden, dass der Börsengang völlig scheiterte oder er einen größeren Anteil bekäme.

Als Ecclestone aus dem Meeting mit Dennis herauskam, erwartete ihn eine Fülle von Telefonnotizen. Darunter war eine dringende Aufforderung, Slavica in Kroatien anzurufen. Eindeutig durcheinander offenbarte ihm seine Frau, dass eine Lokalzeitung einen ausführlichen Bericht über ihre wilden Jahre als Teenager veröffentlicht habe, der mit Nacktfotos illustriert war. Der Reporter Momir Blagojevic, der früher mit ihr befreundet gewesen war und auch die Fotos beigesteuert hatte, beschreibe darin, dass Slavica als Prostituierte vom kroatischen Geheimdienst auf Ecclestone angesetzt worden sei. Ecclestone war überzeugt, dass diese Beschuldigungen aus der Luft gegriffen waren. Er hatte gewusst, dass es Aktfotos von ihr gab, und akzeptierte, dass sie den Rest abstritt. Er wiederholte sein Mantra: »Ich mache mir keine Sorgen darüber, was Leute waren; mich interessiert nur, was sie sind.«

Blagojevics Erpressung und Ron Dennis' Verstocktheit hatten, wie Ecclestone begriff, beide mit der traurigen Berühmtheit seiner Millionenspende zu tun. »Ich wünschte bei Gott, Labour hätte die Million akzeptiert, die ich ihnen gegeben habe«, sagte er dem *Sunday Mirror*, »weil jeder Verrückte auf der Welt ein Stück davon haben will, seit ich sie wiederhabe.« Als das Gewitter vorüber war, erkannte Ecclestone, dass Blair ein besserer Spieler war als er selbst und Westminster eindeutig härter als die Warren Street. »Blair hat mit Chips gespielt«, dachte er, »und ich mit echtem Geld. Blairs Karten waren gezinkt. Diese Leute haben sich so gut dargestellt, wie es ging, und mich zu begraben versucht.«

Im Rückblick konnte man allenfalls Mosley die Schuld geben, und der war aufgebrachter als Ecclestone. Das Vertrauen, das sein Partner in Labour gesetzt hatte, hatte ihnen die Suppe versalzen. Dem Establishment, darin waren sich beide einig, konnte man nicht trauen. Ecclestone hatte gegen kein Gesetz verstoßen und nichts Unrechtes getan, während die Politiker gelogen und ihre Versprechen gebrochen hatten. Er weigerte sich, sich von Sir Patrick Neills Ausschuss dazu befragen zu lassen, was er für eine Million Pfund erwartet hatte. »Wenn man vor ihm erscheint, wird man in die Sache hineingezogen«, erklärte er. Nur dass er bereits hineingezogen worden war. Zu Slavicas Entsetzen las eine Schülerin an der

Schule ihrer Töchter bei der täglichen Versammlung einen Aufsatz über Ecclestones offensichtliche Bestechung der Labour Party vor. »Blair ist hassenswert«, sagte seine Frau. Ecclestone bekam einen Scheck über eine Million Pfund zugeschickt, den er bis zum letzten Tag aufbewahrte, bevor er ihn einlöste. Während der nächsten fünf Jahre strich er Rennen wegen des Verbots von Tabakwerbung und drohte andere zu streichen, sollte das geplante Verbot verwirklicht werden.

Ecclestones unangenehme Lage in London rüttelte die Bürokraten in Brüssel wach. Nachdem van Mierts Anwälte die Dokumente der Formel 1 überprüft hatten, entdeckten sie ein Netz von Verträgen, die es Ecclestone ermöglichten, ein Geschäft zu kontrollieren, das Konkurrenten ausschloss. In seinem förmlichen Schreiben an Ecclestone bestätigte van Miert, dass die Formula One Holding »ihre beherrschende Position missbraucht, um die Formel 1 zu bevorzugen«. Die restriktiven Bestimmungen in den Verträgen der Gesellschaft mit den Rennstrecken verhinderten alle Rennen außerhalb der Formel 1 und beschränkten die Fernsehübertragung anderer Veranstaltungen. Das anstößigste Dokument in den Augen der EU-Bürokraten war der »überzogene« Vertrag über 15 Jahre mit der FIA. Nach EU-Vorschriften war jeder Vertrag, der länger als fünf Jahre dauerte, »ein schwerwiegender Verstoß gegen das Wettbewerbsrecht der Europäischen Union«, der mit Geldstrafen geahndet werden konnte. Zusammenfassend schrieb van Miert, die FOH sei nicht nur ungeeignet für einen Börsengang, sondern könne ihr Geschäft ohne Änderungen nicht weiterführen.

Auf der Suche nach einer Erklärung für van Mierts Voreingenommenheit stieß Ecclestone auf den Streit um den belgischen Grand Prix in Spa-Francorchamps. Am 1. Dezember 1997 hatte die von flämischen Sozialisten gebildete belgische Regierung das Tabak-Sponsoring der Formel 1 verboten. Daraufhin hatte Ecclestone den im französischen Teil Belgiens angesiedelten Grand Prix für 1998 abgesagt. Seine Entscheidung, sagte Ecclestone, werde nur zurückgenommen, wenn das Tabakverbot aufgehoben würde. Die französische Lokalregierung war entsetzt bei der Vorstellung, Einnahmen in Höhe von 27 Millionen Dollar zu verlieren, und versprach, das Gesetz zu widerrufen. Van Miert, ein Flame, schlug zurück. Er listete seine Kritikpunkte an der Formel 1 für das *Wall Street Journal* auf und veröffentlichte seine vertraulichen Briefe an Mosley und Ecclestone, womit er seine Verschwiegenheitspflicht brach. So deutlich seine Voreingenommenheit zu zeigen, untergrub zudem die Glaubwürdigkeit der EU. Mosley freute sich auf die Gelegenheit zum Kampf und reichte eine Klage vor dem Europäischen Gerichtshof ein, in der er eine Entschuldigung und Kostenerstattung verlangte und van Mierts Brief als gespickt mit »falschen Tatsachenbehauptungen« beschrieb.

Einen förmlichen Beschluss zu erwirken konnte, wie Ecclestone wusste, Jahre dauern. Um die Angelegenheit zu beschleunigen, wandten er und Mosley die gleiche Taktik an, mit der sie ursprünglich auch Tony Blair überzeugt hatten. Mosley gab zu erkennen, dass die Formel 1 Europa den Rücken kehre, falls die Europäische Kommission der Formel 1 vorschreiben wolle, wie sie ihr Geschäft zu betreiben habe. Die »Ausstiegsalternative« wurde nach Mosleys Ansicht durch die Statistik untermauert. Nur 15 von 113 Mitgliedsstaaten der FIA waren in der EU und nur ein Fünftel der Fernsehzuschauer lebte in der EU. Das Hauptquartier des Sports umziehen zu lassen würde Europa mehr Schaden zufügen als den Organisatoren, fand Mosley. In der Öffentlichkeit unterstützte Ecclestone seinen Freund, aber er war unsicher, was die Kosten und die Unterstützung durch die Teams betraf. Die meisten bezweifelten seine Fähigkeit, Rennen in Südkorea, Malaysia und China auf die Beine zu stellen. »Der asiatische Traum«, berichtete ein Insider der Presse, »ist durch die Finanzkrise geplatzt.« Ecclestones Einfluss, vermutete er, »wird nie wieder der gleiche sein.« Ron Dennis war besonders bissig. Er frohlockte, weil er 1998 200 Millionen Dollar von Mercedes für einen Anteil von 40 Prozent an McLaren kassiert hatte, und war überzeugt, dass er noch mehr Geld bekäme, sobald van Miert Ecclestone und Mosley gezwungen hätte, die Formel 1 aus der Hand zu geben.

Selbst Ecclestone, der es nicht gewöhnt war zu kapitulieren, spürte, dass die Zeit für Kompromisse gekommen war. Da er wusste, dass ein Börsengang nicht mehr in Frage kam, konnte er den Teams problemlos zehn Prozent der geplanten Aktiengesellschaft anbieten – jedes Team bekäme ein Prozent – und sein Angebot mit 50 Prozent der Fernseheinnahmen versüßen. Aber im Gegenzug bestand er darauf, dass das Concorde-Agreement von 1997, das schließlich im Mai 1998 von zehn der elf Teamchefs unterschrieben wurde, trotz der EU-Kommission auf zehn Jahre verlängert werde. Nur Peter Sauber unterzeichnete nicht die 36. und letzte Fassung. Die Verhandlungen mit van Miert würden härter werden, so viel wusste Ecclestone. Eiseles Klage aus dem Weg zu räumen wäre ein Anfang. »Mit manchen Leuten kann man nicht argumentieren«, befand Ecclestone. »Wir müssen uns einfach mit ihm einigen.«

Im Juli 1997 hatte sich Ecclestone mit Eisele in Deutschland getroffen. Wenn Eisele seine Klage zurückziehe, so Ecclestone, könnten sie als Partner eine Fernsehgesellschaft gründen, die über alle Motorsportarten außer der Formel 1 berichtete. Eisele lehnte ab. »Glauben Sie, Sie können gegen mich gewinnen?«, fragte Ecclestone ihn. Eisele nickte. Einen Monat später trafen sich die beiden wieder in Ecclestones Hotel in Gstaad. Im Verlauf ihres Gesprächs einigten sie sich darauf, dass der Deutsche seine Klage zurückziehen würde, wenn Ecclestone ihm fünf Millionen Dollar bezahle. Ecclestone legte die Zahlungsbedingungen im Detail dar. Um sicherzustellen, dass er auch den Gegenwert für sein Geld bekomme, sollten die Zahlungen gestaffelt sein. Er würde 500.000 Dollar sofort und den Rest in zwei Raten bezahlen: die erste, nachdem Eisele seine Klage zurückgezogen habe, und die zweite, wenn die Formel 1 an der Börse notiert sei. Ecclestone wollte auch die Namen derer wissen, die Eiseles Anwälte finanzierten. Eisele weigerte sich, die Namen zu nennen, erklärte sich aber mit dem Rest einverstanden und schrieb die Daten des Kontos auf, auf das die Zahlungen erfolgen sollten. Ecclestone stellte fest, dass es sich um ein Privatkonto in der Schweiz handelte. »Er sollte sich mit jemandem anlegen, dem er gewachsen ist«, sagte er zu seinem Anwalt. Eisele erhielt die erste Zahlung, und danach war er in Ecclestones Augen in Schwierigkeiten.

Mittlerweile hatten auch andere bemerkt, dass Ecclestone verwundbar war. Patrick Peter, ein französischer Rennveranstalter, wollte die Fernsehrechte an Gran-Turismo-Rennen erwerben und reichte Beschwerden in Brüssel ein, dass er von Rennstrecken ausgeschlossen werde. Privat trat er an Ecclestone heran und verlangte Schadenersatz in Höhe von 14 Millionen Pfund, die an eine Gesellschaft in Panama gezahlt werden sollten. Ein weiterer Geier tauchte aus der Europäischen Kommission auf. Panayotis »Panos« Adamopoulos, ein griechischer Funktionär, der sich selbst als »Speerträger für van Miert« beschrieb, warnte Mosley: »Sie wissen nicht, womit Sie es zu tun haben.« Die Sache der Formel 1, erläuterte er, stünde sehr viel besser, wenn er zum Grand Prix nach Monaco eingeladen würde. Mosley stimmte zu. Adamopoulos fügte hinzu, dass seine Familie ebenfalls Eintrittskarten bekommen solle. Vier Leute erhielten das Bewirtungspaket über 16.000 Dollar, aber Mosley hatte nicht einkalkuliert, dass Adamopoulos die Stadt verlassen würde, ohne eine Rechnung zu bezahlen. »Das ist ein Mann, der gekauft werden kann«, sagte Ecclestone über einen Funktionär, der 2006 in Griechenland wegen Erpressung angeklagt wurde und deshalb auch später eine Gefängnisstrafe antrat. Van Miert war ebenfalls unredlich, vermutete Ecclestone, weil er zur Produktion einer *Panorama*-Sendung des BBC-Fernsehens beitrug, in der Ecclestone undurchsichtiger Finanzen bezichtigt wurde. Mosley wollte die BBC verklagen. »Spar dir die Mühe«, sagte Ecclestone, dem Kritik inzwischen herzlich egal war. Er konzentrierte sich aufs Geschäft und darauf, eine Alternative zum Börsengang zu finden.

Bei seiner Suche nach Bargeld bot ihm Karl Essig, ein Banker von Morgan Stanley, eine Lösung an. Statt eines Börsengangs, meinte Essig, »könnten Sie mit Obligationen arbeiten«. Die Formula One Group würde zwei Milliarden Dollar in Anleihen an Banken verkaufen, womit Ecclestone an Geld käme, während die Firma Formula One Administration das Darlehen aus ihren Einnahmen zurückzahlte. Die größte Hürde war, potenzielle Investoren davon zu überzeugen, dass die Formel 1 gesund war. Egal, welchen Maßstab man anlegte, es gab kein Geschäft, das sicherer war.

Im Jahr 1998 meldeten Ecclestones Gesellschaften Gewinne von 122 Millionen Pfund bei einem Umsatz von 244 Millionen Pfund. Dieser außergewöhnliche jährliche Ertrag wurde unterstützt von 4,9 Milliarden Zuschauern in 131 Ländern. Ecclestones Einkommen war durch die Fernsehverträge garantiert, von denen manche eine Laufzeit von zehn Jahren hatten.

Um Investoren zu gewinnen, bat Ecclestone Mosley um Hilfe. Der FIA-Präsident hatte Bedenken. Er wollte Ecclestone beistehen, fürchtete aber, dass »die unternehmerische Seite des Rennsports die Obergrenze fast erreicht hat«. Jeder in der Formel 1 war richtig reich geworden. Doch trotz ihres Reichtums, schimpfte Mosley, stritten sich die Teams ständig. Über niemanden ärgerte er sich mehr als über Ron Dennis, den er für einen aufgeblasenen Geldscheffler hielt. Sein erklärtes Ziel, dass die Teams selbst die Formel 1 betrieben, hielt er für unsinnig. Trotzdem lud er Dennis, um Ecclestone zu helfen, in die Poissonnerie ein, ein traditionelles Fischrestaurant in South Kensington. Dennis nahm die Einladung an, auch wenn er Mosley, trotz seines scharfen Verstands, für verweichlicht und unzuverlässig hielt.

Um seinen Gast für sich einzunehmen, lobte Mosley den Erfolg McLarens als Weltmeisterschaftsteam. »Sie sollten sich entspannen«, meinte Mosley. »Sie sind reich und mit einer schönen Frau verheiratet. Es besteht kein Grund, dauernd zu streiten.« Mosleys Predigt verärgerte Dennis. »Er hielt mir einen Vortrag, wie glücklich ich mich schätzen sollte, weil mir alles in den Schoß fällt, und ich dachte, ich habe hart dafür gearbeitet. Und es hat allen Teams genützt.« Dennis wollte, dass die Teams die Kontrolle über die Formel 1 oder zumindest einen viel größeren Anteil der Gewinne bekämen. Mit weniger wäre er nicht zufrieden. Zunächst antwortete er Mosley mit halb verschluckten Sätzen, aber schließlich brach es aus ihm heraus. »Ich habe Bernies Börsengang verhindert«, prahlte er, voller Freude, weil er Ecclestone einen Strich durch die Rechnung gemacht hatte. Mosley musste an Ecclestones Witzelei denken: »Wenn ich den Teams ein Prozent vom Geschäft geben würde, wären sie wütend darüber, dass jemand anderes 99 Prozent hat.« Mosley fragte sich, ob Dennis psychiatrische Hilfe in Anspruch nehmen solle. »Er tut mir leid«, berichtete er Ecclestone. Trotzdem machte Ecclestone Dennis klar, dass Morgan Stanleys Lösung auch für ihn seine Vorteile habe, und versicherte sich seiner Unterstützung zur Propagierung der Anleihen.

Am 16. November 1998 erschien Ecclestone in Begleitung von Dennis, Luca Montezemolo und Marco Piccinini bei Essigs erster Informationsveranstaltung in London. Dennis hatte sich bereit erklärt teilzunehmen, weil »Bernie mir zugesichert hat, dass die Teams von der Anleihe profitieren würden«.

»Ich habe Ron um einen Gefallen gebeten«, sagte Ecclestone später. »Er hat seine Sache besser gemacht als ich.« Montezemolo war anwesend, weil »Bernie uns ein Stück von dem Kuchen versprochen hat«. Alle vier beteuerten, dass sie zusammen in einem soliden Geschäft arbeiteten. Der Banker selbst hoffte, »das schlecht informierte und irreführende Hintergrundgeräusch« zu überwinden. Am schlimmsten waren van Mierts Beanstandungen. Normalerweise bemühte sich die Kommission darum, Probleme durch private Verhandlungen aus dem Weg zu räumen, und auf dieser Grundlage verteilte Ecclestone bei dem Treffen eine Stellungnahme an die Finanzmakler der City, in der er zusicherte, dass »alle von der Kommission aufgeworfenen Fragen geklärt worden sind oder geklärt werden können«. Er wiederholte Stephen Mullens' Beteuerung gegenüber der *Financial Times*, es müssten »nur einige wenige kleine Probleme gelöst werden«.

Ecclestones Garantie verärgerte van Miert. Der Kommissar, der den Streit in aller Öffentlichkeit austragen wollte, gab nachfragenden Journalisten gegenüber mit einiger Genugtuung zu erkennen, dass Ecclestone sich im Irrtum befinde. Es gebe Probleme, die noch nicht gelöst seien, sagte van Miert, der wusste, dass seine Erklärung zur Folge haben würde, dass die Londoner Börse sich weigerte, die Anleihen zu genehmigen. Die Bewertung der City wurde Ecclestone in seinem Büro von Robin Saunders überreicht, einer attraktiven Bankerin aus den Vereinigten Staaten. Sie arbeitete bei der Westdeutschen Landesbank, die von Essig gebeten worden war, die Anleihen zu zeichnen. »Zu diesem Deal wird es nie kommen«, erklärte sie. Ecclestones Glaubwürdigkeit war beschädigt. Seine Berater hatten es nicht geschafft, der City klarzumachen, dass die Formel 1 ein solides Geschäft im Wert von zwei Milliarden Dollar war. Einige Tage später berichteten die Händler von Morgan Stanley: »Es hat zu viel Lärm gegeben. Die Sache ist zu heiß.« Und Essig gab schließlich seine Niederlage zu.

Ecclestone war verblüfft. Die Zusagen von Bankern wurden immer wieder gebrochen. »Es scheint schwierig für sie zu sein«, überlegte er, »all die Geschäfte zu begreifen, an denen sie sich beteiligen. Merkwürdig ist nur, dass sie offensichtlich verstehen wollen, wie ein Geschäft funktioniert, und dass sie es dann als Erstes ändern wollen.« Ron Walker schlug Ecclestone vor, sich mit Brian Powers in Verbindung zu setzen, dem Vorstandsvorsitzenden von John Fairfax, einem australischen Medienkonzern, und Direktor von Hellman & Friedman, einem Investmentfonds in San Francisco. Ecclestone stellte fest, dass Powers die Vorzüge der Formel 1 verstand. Es war ein einfaches Geschäft mit festen Einkommensquellen – den Rennstrecken, McNallys Allsport, Sponsoren und Fernsehen –, das pro Jahr einen Gewinn von 400 Millionen Dollar abwarf. Die einzige Schwierigkeit bestand darin, dass man sich darauf verlassen musste, dass Ecclestone die Konflikte zwischen den unberechenbaren Teams geregelt bekam. »Nach was für einem Typ von Investor suchen Sie?«, fragte Powers Anfang 1999. »Er sollte taub, stumm und blind sein«, war Ecclestones Antwort. »Na ja«, erwiderte Powers etwas perplex, »reichen vielleicht zwei von den drei Eigenschaften?« »Wir könnten zusammen Geschäfte machen«, meinte Ecclestone.

Nach acht Meetings mit Powers war klar, dass Ecclestone alle Details beherrschte, aber auch, dass es weder ein Budget gab, noch eine zuverlässige Vorhersage der Gewinne. Nach harten Verhandlungen um den Preis erklärte Powers, die 1,4 Milliarden, die Ecclestone haben wolle, seien zu hoch, »und wir haben Angst wegen der EU-Untersuchung«. Widerwillig kehrte Ecclestone zu den Bankern zurück – wenigstens saß Morgan Stanley in der Falle. Ecclestone hatte der Bank die Verpflichtung abgerungen, Investoren für zwei Milliarden Dollar zu finden. Die Bank brauchte einen Retter. Der

248

Rettungsring wurde von Robin Saunders offeriert. Endlich hatte Ecclestone einen Bankmenschen gefunden, der an sein Geschäft glaubte. »Können wir Morgan Stanley loswerden?«, fragte Ecclestone. »Nein«, antwortete Saunders. »Sie haben die Arbeit eines Jahres erledigt. Sie wollen das nicht alles noch mal durchmachen.«

Als sie die Konten der Formula One Administration Ltd. durchforstete, bemerkte Saunders, dass die FOA im Jahr 1997 rund 150 Millionen Dollar von den Rennstrecken und 219 Millionen Dollar von den Fernsehsendern erhalten hatte. Mosley hatte gerade die Einschaltquoten für 1996 veröffentlicht, wonach Formel-1-Rennen von 4,99 Milliarden Zuschauern in 202 Ländern gesehen worden waren; das waren mehr Menschen, als sich Fußball oder die Olympischen Spiele anschauten. 1999 würde die FOA 241 Millionen Dollar verdienen, und bis zum Jahr 2004 rechnete die Gesellschaft mit weiteren Einkünften in Höhe von 1,5 Milliarden Dollar. Mehr als die Hälfte dieses Geldes ging direkt an Ecclestone. Nach diesem Zeitraum würden sich die Bruttoeinnahmen der FOA in den folgenden fünf Jahren, von 2005 bis 2010, vermutlich auf ungefähr 2,3 Milliarden Dollar belaufen. Nach Saunders Meinung war der erste Teil der Emission »wasserdicht«. Der Stolperstein war Ecclestones Glaubwürdigkeit. Kein Investor aus der City konnte glauben, dass er solche Riesengewinne einfuhr, ohne dass irgendein Haken dabei war. Saunders musste Ecclestones Verträge mit Sendeanstalten, Rennveranstaltern, Sponsoren und den Teams überprüfen. Jeder Vertrag musste daraufhin abgeklopft werden, ob die Rechte Ecclestone gehörten und nicht der FIA, und dass Mosley mit Ecclestones Inhaberschaft einverstanden war. Wann immer Zweifel entstanden, war Mosleys Unterschrift erforderlich, um zu beweisen, dass Ecclestone der Eigentümer war. »Max ist äußerst hilfreich gewesen«, berichtete sie Ecclestone.

Um die Zustimmung der City sicherzustellen und ihr Risiko zu minimieren, reduzierte Saunders die Anleihe auf 1,4 Milliarden Dollar und garantierte, dass die Westdeutsche Landesbank und Morgan Stanley den Anleiheinhabern ihr Geld zurückzahlen würden. Ecclestone erklärte sich bereit, den Banken sofort 400 Millionen Dollar zurückzuzahlen und acht Prozent Zinsen für die restliche Milliarde zu zahlen, bis die Anleihe im November 2010 komplett erstattet war. Der hohe Zinssatz wäre ein Anreiz für Ecclestone, die Anleihe so schnell wie möglich zurückzuzahlen. Die Unterschriften der Banker brachten die Verhandlungen am 28. Mai 1999 zum Abschluss, der in einem Londoner Restaurant gefeiert wurde – allerdings ohne Ecclestone. Dennoch war er voll des Lobes für Saunders, obwohl er während des ganzen Vorgangs ungeduldig gewesen war: »Sie war diejenige, die alle Beteiligten kompromisslos in den Arsch getreten und dafür gesorgt hat, dass die Sache weitergeht.« Sie tat noch mehr. Sie verlieh dem ehemaligen Gebrauchtwagenhändler Glaubwürdigkeit. Das war sein Durchbruch.

Am nächsten Morgen rief Ecclestone Saunders an. »Ich bin ein böser Junge gewesen«, berichtete er der Bankerin. »Worum geht es?«, fragte sie. »Ich brauche einen dreifachen Bypass«, antwortete er. »Wann?« »Heute.« Später erzählte sie, es sei »der schlimmste Tag ihres Lebens« gewesen. Sie hatte angenommen, der Gesundheitszustand des 69-Jährigen sei von Versicherungsseite überprüft worden. Wenn seine Operation fehlschlüge, würde jemand dafür verantwortlich gemacht werden.

Ecclestone erholte sich noch von der Operation, als van Miert am 30. Juni 1999 seine Entscheidung offiziell bekannt gab: »Wir haben Beweise für ernste Verletzungen des europäischen Wettbewerbsrechts festgestellt, die beträchtliche Geldstrafen zur Folge haben könnten.« Die FIA und Ecclestone wurden beschuldigt, ein Monopol geschaffen zu haben, das andere vom Markt ausschloss, um unangemessene Gewinne einstreichen zu können. Die FIA, so van Miert, »missbraucht ihre Macht« zugunsten Ecclestones und dürfe die Fernsehrechte an internationalen Motorsportveranstaltungen nicht mehr an Ecclestone übertragen. Im Gegenteil, alle Rechte, die Ecclestone durch Verträge mit der FIA erworben habe, seien wertlos. Die Investoren, die Anleihen im Wert von 1,4 Milliarden Pfund aufgenommen hatten, hatten allen Grund zu der Sorge, dass die »wenigen kleinen Probleme«, von denen Ecclestone geredet hatte, den Ruin der Formel 1 bedeuten konnten. Ecclestone fühlte sich von Mosleys vernichtender Entgegnung getröstet, dass die »hoffnungslos mangelhafte« Entscheidung »mit Fehlern und irrigen Annahmen« geradezu durchsetzt sei. Mosley war in seinem Element. Er liebte es zu kämpfen, und er war davon überzeugt, dass die Position van Mierts unhaltbar war. Sein erster Sieg war van Mierts Entschuldigung dafür, dass er dem *Wall Street Journal* Dokumente zugespielt hatte.

Weil Ecclestone unbedingt vor dem Ende des Steuerjahres Geld auftreiben wollte, fragte er Saunders, ob sie 50 Prozent der Formel 1 kaufen wolle. »Nein«, war ihre Antwort, »aber ich kenne jemand, der Lust dazu hat.« Ihr Kandidat war Robert Tschenguiz, ein Londoner Unternehmer. Die beiden trafen sich. Ecclestones Preis war hoch. Er schätzte den Wert der Formel 1 auf 3,5 Milliarden Dollar und wollte 1,1 Milliarden für 50 Prozent der Anteile und zusätzlich die Verpflichtung des Käufers, die Anleihen von 1,4 Milliarden Pfund zurückzuzahlen. Tschenguiz stieg aus, aber Saunders hatte einen Ersatzmann – Scott Lanphere von Morgan Grenfell Private Equity.

Lanphere war Formel-1-Fan. Er hatte Ecclestone bereits kennengelernt, als er daran dachte, in Tom Walkinshaws Formel-1-Rennstall zu investieren. »Er tut alles, womit er ungestraft davonkommen kann«, hatte Ecclestone gesagt, um Walkinshaw zu charakterisieren, einen begnadeten Team-Manager. Lanphere vertraute Ecclestones Einschätzung und kaufte im Oktober 1999 12,5 Prozent der Formel 1 für 325 Millionen Dollar mit der Option, bis zum 1. Februar 2000 weitere 37,5 Prozent für 975 Millionen Dollar zu kaufen. Wenn man diese Preise zugrunde legte, lag der Wert der Formel 1 also bei 2,6 Milliarden Dollar.

Obwohl Lanphere das Geschäft mit Ecclestone aushandelte, trat Stephen Mullens als offizieller Verkäufer auf. Um genügend Kapital für den Kauf der 37,5 Prozent aufzutreiben, organisierte Lanphere ein Gipfeltreffen auf Mustique, einer Karibikinsel, um potenzielle Partner anzulocken. Zu seinen Gästen gehörten Leo Kirch, der saudi-arabische Geschäftsmann Mansour Ojjeh, Teilhaber der Investmentfirma TAG und der McLaren Group, ein Direktor von Lehman Brothers sowie Tommy Hilfiger, der Modedesigner. Nach Lanpheres Meinung waren sie »alle reich, exzentrisch und wollten eine Scheibe von dem Geschäft abbekommen, ohne von Bernie übervorteilt zu werden«. Bevor er in die Karibik flog, verlangte Lanphere von Ecclestone und Mullens, der die Trusts der Familie repräsentierte, mehr Informationen »für meine Anwälte«. Wie üblich betrachtete Ecclestone das als Zumutung. Er hasste es, Geheimnisse preiszugeben, besonders was die Verträge und die Concorde-Agreements betraf. Außerdem wollte Lanphere noch ein Schreiben von Ecclestone haben, in dem dieser bestätigte, dass seine Einlassungen zu van Mierts Vorwürfen der Wahrheit entsprachen.

»Sie wissen nicht, mit wem Sie spielen, mein Junge«, sagte Ecclestone zu Lanphere. »Sie spielen mit mir«, rief Lanphere. Schließlich erklärte Ecclestone sich bereit, ihm einige Informationen zur Verfügung zu stellen, und Lanphere flog nach Mustique, um die von ihm ins Auge gefassten Investoren zu ködern. Lanpheres Plan war es, den Anteil von 37,5 Prozent zu verkaufen, selbst aber die Kontrolle über die Formel 1 zu behalten. Er kehrte mit leeren Händen nach London zurück.

Ecclestone begann Zweifel an Lanpheres Urteil zu hegen. Nachdem Morgan Grenfell den Anteil an der Formel 1 gekauft hatte, bezahlte die Investmentbank auch noch 40 Millionen Pfund für einen 25-Prozent-Anteil am Arrows-Rennstall, dessen Eigentümer Tom Walkinshaw gemeinsam mit einem obskuren nigerianischen »Prinzen« war. Kurze Zeit später verschlechterte sich die finanzielle Lage von Arrows dramatisch, während der »Prinz« unsichtbar blieb und Walkinshaw Gelder auf Konten seiner privaten Firma auf den britischen Virgin Islands abzweigte. Schließlich verklagte Morgan Grenfell Walkinshaw, der von Richter Lightman als »ausgesprochen unehrlich« bezeichnet wurde. Solange er nicht persönlich in Mitleidenschaft gezogen wurde, war Ecclestone tolerant üblen Tricks gegenüber, und deshalb stellte er die Kaution von 3,2 Millionen Pfund für Walkinshaw – aber er beurteilte alle Spieler nach ihren Deals, und Lanphere war auf dem besten Weg, den Test nicht zu bestehen.

Weil er befürchtete, den 37,5-Prozent-Anteil nicht vor dem Ende des Steuerjahrs zu verkaufen, schlug Ecclestone Lanphere vor, Thomas Haffa, den 47-jährigen Geschäftsführer von EM.TV, einem rasch expandierenden deutschen Medienunternehmen, als Partner bei dem 975-Millionen-Dollar-Kauf in Erwägung zu ziehen. »Aber Ihre Option wird am 9. Februar 2000 um 17 Uhr mitteleuropäischer Zeit auslaufen«, warnte Ecclestone ihn.

Juristisch gesehen verhandelte Lanphere mit Mullens als dem Repräsentanten der Familien-Trusts. Der Steueranwalt stand dem Banker schon früh skeptisch gegenüber, nachdem Morgan Grenfell nur 12,5 Prozent der Anteile gekauft hatte. Mullens war »enttäuscht«, und um seine Interessen zu schützen, hatte er eine Klausel in den Vertrag mit der Bank aufgenommen, der die Familientrusts ermächtigte, neue Anteile zum Verkauf an einen anderen Interessenten herauszugeben, falls Lanphere den Termin nicht einhielt. Mullens fragte sich, ob er oder seine Berater die Bedeutung dieser Klausel verstanden hatten.

Als der Termin näher rückte, diskutierten Lanphere und Haffa immer noch, aber Lanphere war überzeugt, dass der von Ecclestone festgelegte Termin verlängert werden könne. Er und Haffa glaubten, Ecclestone würde sich als flexibel erweisen. Keiner von beiden erinnerte sich an Robin Saunders' Bemerkung: »Bernie tut immer, was er sagt.«

Ohne dass Lanphere davon wusste, hatte Mullens gleichzeitig Verkaufsverhandlungen mit Brian Powers aufgenommen. Früh am 9. Februar 2000, dem Tag, an dem Lanpheres Option um 17 Uhr auslaufen sollte, rief Ecclestone Powers an. Er lachte vor sich hin, weil Lanphere und Haffa in seinem Büro über die abschließenden Bedingungen verhandelten. »Raus aus meinem Büro«, wies Ecclestone sie an. Als sie die Tür hinter sich zugemacht hatten, sagte Ecclestone zu Powers: »Die beiden vermasseln die Sache. Sie treiben es ein wenig zu weit.« Dann fuhr er fort: »Wenn sie den Termin nicht einhalten, gehört Ihnen der Anteil für 712 Millionen Dollar.« Um eine Minute nach 17 Uhr stritten sich Lanphere und Haffa immer noch. Ecclestone rief Powers an. »Ich habe schlechte Nachrichten für Sie«, sagte er, »wir sind Partner.« Während sie miteinander sprachen, betrat Lanphere Ecclestones Büro, um zu verkünden, dass er mit Haffa einig sei. »Sie sind zu spät«, sagte Ecclestone, der an der Abmachung mit Powers festhalten würde, obwohl die

Familientrusts rund 265 Millionen verloren hatten. Lanphere war schockiert. Er hielt es für »sittenwidrig« von Ecclestone, die Besitzverhältnisse an der Formel 1 zwischen ihm und den Trusts so durcheinanderzubringen. »Sie wissen, das es falsch war, was Sie getan haben«, sagte Lanphere zu Mullens, aber Schuldzuweisungen waren fruchtlos.

Erstaunlicher war der Deal, den Powers abschloss. Nur rund 400 Millionen Dollar wurden von seinem Fonds bezahlt, während ihm der Rest von Ecclestones Familientrust geliehen wurde. Die Formel 1 war mit 1,7 Milliarden Pfund bewertet worden, und Ecclestone hatte immer noch 50 Prozent der Anteile. Der Verkauf war eine Erleichterung. Aus dem Chaos hatte Ecclestone rund zwei Milliarden Dollar kassiert. Jetzt konnte er diesen hochnäsigen Pinkeln aus der City ins Auge sehen, die an ihm kein gutes Haar gelassen hatten, während sie gleichzeitig Geld in fragwürdige Internetgeschäfte steckten, die von dämlichen Niemanden verkauft wurden, und auch den Typen von der gleichen Sorte, die ihn nach einer gescheiterten Gerichtsverhandlung gezwungen hatten, die Website Formula One.com für zehn Millionen Dollar von einer kalifornischen Gesellschaft zu kaufen, die die Domain hatte registrieren lassen, bevor er das Internet verstand. Für viele sah es so aus, als würde Ecclestone Kasse machen und aussteigen. Er behauptete das Gegenteil: »Geld bedeutet mir nichts. Geld ist das Abfallprodukt, nicht mein Ziel, obwohl mein Erfolg am Geld gemessen wird.«

Brian Powers war hungrig auf mehr. Er wollte Allsport kaufen. Patrick McNallys Handy klingelte genau in dem Moment, als eine Kette Rebhühner auf ihn zuflog, während er mit Guy Sangster, dem Rennpferdbesitzer, auf der Pirsch war. Die Vögel konnten unbeschadet weiterfliegen, als McNally eine Stimme sagen hörte: »Ich will aus Ihnen einen sehr reichen Mann machen.« Drei Tage später erwähnte Luca Montezemolo, dass viele Rennställe über Ecclestones Verkauf verärgert seien und sich von der Formel 1 abspalten wollten. Powers bekam es mit der Angst zu tun und nahm Abstand davon, seine Investition auszudehnen.

Bei genauerem Nachdenken war Ecclestone nicht glücklich mit dem Verkauf, doch es schien keine Alternative zu geben. Wenn er starb, würde der Wert des Unternehmens sofort sinken, und die Treuhänder konnten gefährdet sein. »Stellen Sie sich mal folgendes Szenario vor«, sagte er zu einem Fragesteller. »Ich bin nicht mehr, Slavica heiratet einen strammen jungen Kerl, der all die Dinge tun kann, die ich nicht mehr tun kann … er kommt an und sagt: ›Darling, was ist denn mit der Formel 1 los? Der Wert ist gesunken. Das ist absolut nicht zu verstehen. Du solltest die Treuhänder verklagen.‹ Und wenn sie schrecklich verliebt ist und es ihr gut auskommt, könnte er zu einem Anwalt gehen, und sie würden den Trust verklagen.« Dichtung und Wahrheit zum Thema Treuhänder waren uninteressant für Powers und Lanphere, die zusammen immer noch 50 Prozent der Formel 1 besaßen. Beide hatten bislang nicht verstanden, dass der Besitz der Anteile nicht bedeutete, dass sie die Formel 1 kontrollierten. Ecclestone sah es so: »Ihre 50 Prozent sind wie fünf Prozent. Der Trust kontrolliert die Formel 1, nicht die Anteilseigner.«

In das Kleingedruckte seines Vertrags mit Lanphere und Powers hatte Ecclestone eine scheinbar harmlose Klausel eingefügt, die in Wirklichkeit finanzielles Dynamit bedeutete, nämlich dass die Anteilseigner unabhängig vom Gewinn – und die Geldmaschine der Formel 1 würde in diesem Jahr rund 400 Millionen Dollar ausspucken – erst dann Geld ausgezahlt bekämen, wenn die Treuhänder von Bambino zustimmten. In normalen Gesellschaften würde der Vorstand immer einer Dividende zustimmen, um die Anteilseigner zu belohnen, aber Ecclestone hatte andere Pläne. Bambino durfte Dividenden so lange einbehalten, bis die Anleihe von 1,4 Milliarden zurückgezahlt war.

Von dieser »Dividendenklausel« war Powers nicht betroffen. Sein Vertrag mit Ecclestone gab ihm, wie er glaubte, genügend Einfluss, aber er hatte keine Zeit, ihn auszuüben. Nur einen Monat nach dem Erwerb seiner Anteile erfuhr Powers von Ecclestone, dass Haffa »einen guten Preis« für seinen Anteil bezahlen werde. Haffa war ein ehemaliger Autohändler, der durch Leo Kirch in die Medienwelt eingeführt worden war, und wies einige Ähnlichkeiten mit Ecclestone auf, aber wo Unterschiede bestanden, waren es Fehler des Deutschen, die ihm zum Verhängnis werden sollten. Er liebte die Publicity und hatte den Ehrgeiz, das europäische Pendant zu Disney zu schaffen. Aber so sehr er sich danach sehnte, im Rampenlicht der Formel 1 zu stolzieren, so wenig hatte er, wie die anderen, begriffen, dass ihm die Anteile nur den Anspruch auf die Vermarktungsrechte der Formel 1 einräumten, aber nicht auf die Kontrolle des Unternehmens. Haffa war dafür bekannt, dass er selten Verträge studierte. Seine Aktenschränke waren voller abgeschlossener Verträge für den Erwerb von Filmen und anderen künstlerischen Projekten, die er nicht ganz verstanden hatte. Das nutzte Powers aus, als er Haffa im März 2000 dazu überredete, in Geld und EM.TV-Aktien dreimal so viel für die Anteile zu bezahlen, als er einen Monat zuvor Ecclestone bezahlt hatte. Lanphere erklärte sich ebenfalls bereit, seinen 12,5-Prozent-Anteil an Haffa zu verkaufen, aber nur im Austausch für EM.TV-Aktien. Insgesamt bezahlte Haffa 712,5 Millionen Dollar bar und 880 Millionen Dollar in Aktien für seinen 50-Prozent-Anteil. Über Nacht war der Wert der Formel 1 von 2,6 Milliarden auf 3,2 Milliarden Dollar gestiegen. In dem nicht geregelten Neuen Markt stieg der Kurs der EM.TV-Aktie um 3.000 Prozent über den Ausgabekurs. In seiner saloppen Art unterließ es Haffa, Anwälte mit der Überprüfung der Vertragsbedingungen zu beauftragen, und nahm stattdessen an, er könne sich darauf verlassen, dass Powers und Lanphere die im Verkehr übliche Sorgfalt angewandt hätten.

Ecclestone hatte wenig für Silverstone übrig, eine Rennstrecke im Besitz des British Racing Drivers Club (BRDC), auf der seit dem Beginn des Wettbewerbs im Jahr 1950 und seit 1987 jedes Jahr der Große Preis von Großbritannien veranstaltet wurde. Die heruntergekommenen Gebäude, die schäbige Umgebung und die schlechten Zufahrtsstraßen stellten dem Management des Clubs in Ecclestones Augen kein gutes Zeugnis aus. Andererseits erhielt Silverstone im Gegensatz zu anderen Grand-Prix-Rennstrecken der Welt keine staatliche Unterstützung, und angesichts von Ecclestones Erfolg war es äußerst unwahrscheinlich, dass britische Politiker einer Subventionierung zustimmten, die letzten Endes Ecclestone noch reicher machen würde.

Diese Entschuldigungen interessierten Ecclestone nicht. Die BRDC-Manager sollten mehr Geld auftreiben, um Ecclestone und die Teams bezahlen und gleichzeitig die notwendigen Verbesserungen an ihrer Rennstrecke vornehmen zu können. Er hielt wenig von Win-win-Situationen – wenn er so viel wie möglich gewann, war das schon in Ordnung. Der endlose Streit zwischen den beiden Seiten endete mit einer abrupten Weigerung von BRDC und RAC, Silverstone internationalen Maßstäben anzupassen. Ecclestones Reaktion kam von Herzen: »Wenn Sie nicht mitspielen, kann ich den Grand Prix woanders stattfinden lassen.«

Ecclestones Animosität dem BRDC gegenüber und seine Ablehnung von Silverstone hatten rein kommerzielle Gründe, beharrte er. Ausländische Regierungen flehten ihn an, einen Grand Prix ausrichten zu dürfen, obwohl sie Ecclestone bis zu 30 Millionen Dollar jährlich für einen Zehnjahresvertrag bezahlten und damit mit ziemlicher Sicherheit Millionen Dollar in den Sand setzten. Zu diesen Bedingungen kaufte sich Malaysia in die Formel 1 ein, weil keine andere internationale Veranstaltung in gleicher Weise weltweit Werbung für das Land machen konnte. Die Regierung Singapurs wollte das gleiche Geschäft machen, und andere Länder standen Schlange, um dafür zu bezahlen, dass sie berühmt wurden. Alle waren gezwungen, Ecclestones Erwartungen präzise zu erfüllen. Dubai fiel als Gastgeber eines Grand Prix aus, weil die Al Maktoums, die Herrscherfamilie des Landes, Ecclestone mehrere Stunden im Carlton Tower Hotel in London hatte warten lassen. Auch ihr späteres Angebot, dass eine durch Ecclestone finanzierte Rennstrecke beinhaltete, war indiskutabel. Die Popularität der Formel 1 war seine Botschaft an den BRDC. Da die Teams nur 16 Mal im Jahr antreten wollten, würde eine neue asiatische Rennstrecke an den Platz eines langjährigen Austragungsortes rücken. Der französische Grand Prix sollte gestrichen werden, wie Ecclestone ankündigte, und als Nächstes konnte Silverstone an der Reihe sein.

Seit seinem ersten Fünfjahresvertrag für den britischen Grand Prix in Silverstone im Mai 1986 hatte es ständige Diskussionen darüber gegeben, ob der Grand Prix nicht auf Dauer zu einer umgebauten Strecke in Donnington oder Brands Hatch verlegt werden solle. 1999 entfachte die Diskussion erneut. Die 23-jährige Nicola Foulston hatte Brands Hatch geerbt und plante nun, den Grand Prix zu ihrer modernisierten Rennstrecke zu holen, nachdem sie Silverstone gekauft und stillgelegt haben würde. Nachdem der BRDC ihr aber einen Korb gegeben hatte, trat sie an Ecclestone heran. Der war gerade zum Spielen aufgelegt und wollte darum kämpfen, einen besseren Deal zustande zu bringen. Wenn Foulston ihm zehn Jahre lang zehn Millionen Dollar pro Jahr für die Veranstaltung des Grand Prix zahlte, erklärte Ecclestone sich bereit, das Rennen 2002 von Silverstone nach Brands Hatch zu verlegen. Foulston hatte nicht die Absicht, 60 Millionen Dollar in den Umbau der Strecke zu investieren. Stattdessen fand sie einen Käufer: Octagon. Die Sportvermarktungsagentur mit Sitz in New York wurde von Sir Frank Lowe geleitet, der ein begeisterter Formel-1-Anhänger war. Foulstons Unternehmen war 13,2 Millionen Dollar wert und erbrachte einen Jahresgewinn von neun Millionen Dollar, aber wegen der Aussicht auf den Grand Prix wollte sie 192 Millionen Dollar von Octagon haben. Lowe gab sein Interesse zu erkennen, unter der Bedingung, dass Ecclestone den Umzug nach Brands Hatch unterstützte und die behördliche Genehmigung für den Umbau des Kurses erteilt wurde.

Bevor Ecclestone den Vertrag unterschrieb, statteten ihm Sir Tommy Sopwith, der Vorsitzende des BRDC, und Denys Rohan, Silverstones Geschäftsführer, einen Besuch ab. Beide baten Ecclestone dringend, mit dem Grand Prix nicht nach Brands Hatch umzuziehen. »Ich bleibe in Silverstone«, erwiderte Ecclestone, »wenn Sie mir dasselbe bezahlen – zehn Millionen pro Jahr.« »Aber das ist doppelt so viel, wie wir jetzt bezahlen«, protestierte Rohan. »Nun ja, das ist der Deal«, stellte Ecclestone fest. »Das ist zu teuer für uns«, war ihr letztes Wort. Daraufhin unterschrieb Ecclestone am 14. Mai 1999 einen Vertrag mit Foulston, wonach er im Juli 2002 nach Brands Hatch wechseln würde. »Es war ein Angebot, das ich nicht ablehnen konnte«, erklärte er. Das britische Motorsport-Establishment war außer sich. Die Grafschaft Kent stimmte der Neugestaltung zu, und Anfang Dezember 1999 kaufte Lowe Brands

Hatch für 120 Millionen Pfund, womit Foulston einen deutlichen Gewinn machte.

Das Wetter sorgte für weitere Triumphe. Normalerweise fand der britische Grand Prix im Juli statt, aber für das Jahr 2000 hatte Ecclestone das Datum auf den 23. April verlegt. Wie zu erwarten war, machten starke Regenfälle einige Zufahrtsstraßen unbefahrbar, die Parkplätze wurden zu Schlammfeldern, in denen die Zuschauer und ihre Wagen stecken blieben. Damit schien Ecclestones Kritik an der Inkompetenz des BRDC bestätigt. Er genoss immer noch die Verlegenheit des BRDC, als er fünf Wochen später zu dem sonnenhellen Rennen in Monaco flog.

Thomas Haffa lud Ecclestone und Slavica zu einer Party auf seine in der Nähe des Fahrerlagers vertäute Jacht ein. Der Deutsche war in einer mitteilsamen Stimmung. Sein Aktienkurs würde sich in naher Zukunft verdoppeln – in dieser Woche lagen sie bei 120 Euro –, und bald würde er Disney Konkurrenz machen. Ecclestone fand es irgendwie rührend, dass ein Deutscher die Unterhaltungsindustrie weltweit dominieren wollte. »Ich habe hier den teuersten Sitzplatz«, vertraute Haffa Ecclestone an. Der lächelte. Haffa war eindeutig auf einem Höhenflug. »Alles was er will«, dachte Ecclestone, »ist, mit mir zu den Boxen zu gehen. Daran ist nichts auszusetzen.« Powers befürchtete das Schlimmste und verkaufte schnell die EM.TV-Aktien, die er besaß, wobei er akzeptierte, dass er statt theoretischer 300 Prozent nur 100 Prozent Gewinn machte. Lanphere traute Haffas Vorhersage, dass der Kurs der EM.TV-Aktie sich verdoppeln würde, und beschloss, die Aktien zu behalten. Es war ein kurzes Vergnügen. Nicht lange nach dem Wochenende in Monaco wurde Haffa beschuldigt, die Unternehmensverhältnisse falsch dargestellt zu haben, und der Aktienkurs brach ein. Lanpheres Investition von 325 Millionen Dollar schrumpfte auf sechs Millionen Dollar zusammen. Ecclestone wurde von Haffas Selbstzerstörung und ihren Auswirkungen überrascht. Mit Finanzmärkten hatte er keine Erfahrung, und er sah nicht voraus, dass Haffas Zusammenbruch auch Zweifel an der Eigentümerschaft der Formel 1 nach sich ziehen würde. Die Abneigung der Teams gegen Ecclestones Verkauf der Anteile schien plötzlich gerechtfertigt. Als ein

unerwarteter Retter auftauchte, wurden ihre Befürchtungen untermauert.

Leo Kirch hatte schon immer die Formel 1 haben wollen. Wie
so viele andere wurde er von den Gewinnen, dem Glamour und
den Möglichkeiten für sein Fernsehimperium angezogen. Um sich
seinen Traum zu erfüllen, bezahlte er 550 Millionen Dollar für
die Anteile von EM.TV und besaß damit 50 Prozent der Formel 1.
Ron Dennis und Luca Montezemolo waren empört. Beide waren
über Ecclestones ursprünglichen Verkauf wütend gewesen. Dennis'
Feindseligkeit war nicht neu, aber Montezemolo hatte sich erst
nach einem Treffen mit Haffa in Maranello der Opposition angeschlossen. »Ich dachte, er kann allenfalls einen Wagen aus dem
Ausstellungsraum kaufen, aber nicht die Formel 1«, sagte Montezemolo. »Ich konnte ihn nicht ernst nehmen. Der Mann war ein
Witz.« Die Belustigung verschwand, sobald die Anteile an Kirch
übergegangen waren, dessen Absicht, die Formel 1 vom Free-TV
zum Pay-TV zu verschieben, äußerst beunruhigend war. Sogar
Ecclestone geriet bei der Aussicht außer Fassung, dass der schweigsame und teilweise blinde Einsiedler, der kein Englisch sprach,
Sponsoren abschreckte, weil er ein kleineres Publikum bediente.

Inzwischen hatte sich eine andere Komplikation aufgelöst. Im
März 1999 waren van Miert und andere EU-Kommissare zurückgetreten, weil sie der Veruntreuung öffentlicher Gelder beschuldigt
wurden. Mario Monti, ein italienischer Professor für Wirtschafts-
wissenschaften, wurde zum Nachfolger des Belgiers ernannt. Mosley wusste bereits, dass Monti ein Formel-1-Fan war. Als Zehnjäh-
riger, hatte er Mosley erzählt, war er von seinen Eltern mit zum
Grand Prix nach Monza genommen worden. Der große Juan Fangio hatte gewonnen, und seine Eltern hatten den legendären argentinischen Rennfahrer im Auto mit nach Mailand genommen, während der junge Mario auf dem Rücksitz die Siegertrophäe im Arm
hielt. Mosley war über den Wechsel erleichtert und nahm, von
Montis Geschichte ermutigt, Kontakt mit dem Italiener auf, um
ihn zu einem Vergleich zu bewegen. Monti erklärte sich zu einem
partiellen Rückzug bereit und ließ Ecclestones Reich weitgehend
unberührt. Zu Montis Bedingungen gehörte, dass Ecclestone einen

Vergleich mit Patrick Peter aushandelte, dem französischen Rennveranstalter. Ecclestone bezahlte Peter weniger als zwei Millionen Pfund. Mosleys Erfolg wurde allerdings kaum zur Kenntnis genommen, weil mittlerweile ein erbitterter Streit darüber ausgebrochen war, wem die Formel 1 jetzt gehörte.

Dass Kirch 50 Prozent der Anteile besaß, löste einen Disput zwischen Ecclestone und den Teams aus, ob nun die FIA, Ecclestone, die Teams oder Kirch juristische Eigentümer der Formel 1 seien. Zu diesem Zeitpunkt kündigte Paolo Cantarella, der Vorstandsvorsitzende von Fiat und damit Inhaber von Ferrari, eine Abspaltung an, um Kirchs Beteiligung entgegenzutreten. Da die Hersteller die Formel 1 finanzierten, erklärte Cantarella, würden sie und nicht Kirch ihre eigene Rennsaison organisieren und die Gewinne einstecken. Kirch, der befürchten musste, seine Investition zu verlieren, wenn Ecclestones Vertrag mit der FIA 2010 auslief, wartete Ecclestones Reaktion ab, der seinerseits sehen wollte, was Mosley unternahm.

Mosley wiederum hatte Angst, die FIA könne die Kontrolle über den Sport verlieren, und traf sich mit Ecclestone in Paris, um die Frage zu klären, wer Eigentümer der Formel 1 war. Nach Mosleys Ansicht gehörte der Sport entweder der FIA oder Ecclestone, aber mit Sicherheit nicht den Teams oder Kirch. Ungewöhnlich war, dass sein Gespräch mit Ecclestone in eine hitzige Auseinandersetzung mündete. »Ich habe alle Risiken auf mich genommen«, sagte Ecclestone, »ich habe das Geschäft aufgebaut, und deshalb gehört es mir.« Er leugnete, dass die FIA auch nur ein anderes Recht habe als das, ein Rennen für offiziell zu erklären. »Du musst mir erlauben, die Formel 1 komplett zu kaufen.« »Nein«, erwiderte Mosley, »das sind unsere Kronjuwelen. Das würde niemals von den Mitgliedern genehmigt werden.« Ecclestone packte seine Papiere ein und machte Anstalten zu gehen. »Falls irgendjemand versucht, sich die Formel 1 unter den Nagel zu reißen«, warnte er, »werde ich eine Politik der verbrannten Erde betreiben. Ich sorge dafür, dass nichts übrig bleibt, wenn ich weg bin.« Mosley hatte allen Grund, Ecclestones Drohung ernstzunehmen. »Sogar die EU-Kommission ist der Auffassung, dass wir die Formel-1-Lizenz besitzen«, erwiderte

Mosley mit ruhiger Stimme. »Aber ich finde auch, dass wir Sicherheit brauchen.« Ecclestone nickte. Er wollte das Gleiche.

Mosley konnte die FIA-Mitglieder nicht dazu überreden, das Markenzeichen an Ecclestone zu verkaufen, aber nach ein wenig Nachdenken legte er eine originelle Lösung auf den Tisch. Genauso wie die Eigentümer von Immobilien in Großbritannien häufig ihre Häuser für 100 Jahre vermieten, schlug er vor, dass die FIA den 15-Jahres-Vertrag mit Ecclestone zu einem Lizenzvertrag mit Nutzungsrechten auf 100 Jahre verlängern sollte. Ecclestone wollte schon ablehnen, überlegte sich dann aber, dass er sich als Inhaber einer Lizenz von 100 Jahren leichter mit Cantarellas Splittergruppe Association des Constructeurs Européens d'Automobiles (ACEA) auseinandersetzen und mit Mosleys Hilfe die Teams verunsichern könnte. Er lenkte ein. »Ich brauche Montis Zustimmung«, sagte Mosley. Der EU-Kommissar war interessiert. »Eine Vermietung ist kein Verstoß gegen die Wettbewerbsgesetze«, erklärte Mosley, »und die Alternative könnte bedeuten, dass die FIA die Kontrolle über die Formel 1 verliert.«

Monti übernahm Mosleys Hinweis, die Idee sei gerechtfertigt, um die »äußerst risikoreiche und kostspielige Investition« für neue Technologien zu schützen. Im Gegenzug müsse der Erwerber der 100-Jahres-Mieten die FIA als Regelbehörde des Sports anerkennen. »Du wirst zahlen müssen«, eröffnete Mosley Ecclestone. »Du versuchst mir mein eigenes Geschäft zu verkaufen«, konterte Ecclestone, der damit rechnete, dass auch andere, unter ihnen Kirch, die Gelegenheit ergreifen würden, die Lizenz für 100 Jahre zu kaufen. »Sie ist 500 Millionen Dollar wert«, meinte Mosley. »Dann verkauf sie dafür«, erwiderte Ecclestone, der im April 2000 nur 50 Millionen Dollar und ein paar zusätzliche Zahlungen anbot.

Um sich von den Verhandlungen zu distanzieren, stellte Mosley ein Team von vier Männern zusammen, die sich mit Ecclestone treffen sollten, der sich am 11. Mai schließlich bereit erklärte, 360 Millionen Dollar zu bezahlen. »Ich würde 360 Millionen nur dafür bezahlen, die FIA loszuwerden«, sagte Ecclestone wütend. »Ich brauche das wirklich nicht zu kaufen.« »Nun gut, dann finde ich einen anderen«, erwiderte Mosley. Am 20. Juni 2000 informierte

Paolo Cantarella Mosley, dass die ACEA vorhabe, ein Konkurrenzgebot abzugeben. Mosley war alles andere als glücklich darüber, weil jedes Geschäft mit Cantarella zu endlosen Rechtsstreitigkeiten mit Ecclestone führen würde, und antwortete, dass das Gebot der ACEA bis zum 28. Juni bei ihm eingehen müsse und nicht niedriger sein dürfe als Ecclestones 360 Millionen Dollar. »Max hat uns als Präsident keinen Gefallen getan«, klagte Ecclestone. Diese Ansicht wurde von Cantarella nicht geteilt: »Mosley ist seit ihren gemeinsamen Tagen als Rennstallbesitzer Ecclestones Verbündeter gewesen.« Cantarella gab schließlich kein Gebot ab.

Am 28. Juni war Ecclestone in Warschau und sah zu, wie die Mitglieder der FIA einstimmig dem Verkauf der Lizenz mit einer 100-jährigen Laufzeit an die Bambino Holding ihren Segen gaben, womit das Exklusivrecht von FOM bestätigt wurde, mit den Veranstaltern zu verhandeln, Geld von ihnen zu kassieren und die Fernsehrechte an Sendeanstalten zu verkaufen. Um den Anforderungen der EU zu entsprechen, erklärte sich Ecclestone bereit, als Leiter der Werbeabteilung der FIA zurückzutreten, die Rechte an anderen Rennveranstaltungen an Dave Richards, einen erfolgreichen Formel-1-Investor, zu verkaufen, und seine Fernsehverträge in Zukunft auf fünf Jahre zu beschränken. Trotz ihrer Auseinandersetzungen hatten Ecclestone und Mosley die gleiche Sprache gesprochen und eine für beide befriedigende Lösung gefunden.

Die Unruhe und der Vertrag weckten aufs Neue den Verdacht der Teams, was Mosleys Verhältnis zu Ecclestone beeinflusste. »Wir fanden, ein Deal über 100 Jahre war sehr unanständig«, sagte Frank Williams. Die Kritiker verglichen Ecclestones 3,6 Millionen Dollar pro Jahr für die Formel 1 mit den 743 Millionen Dollar, die Sky TV 1997 für einen Vier-Jahres-Vertrag mit der britischen Premier League bezahlt hatte. Bestenfalls, so ein Teamchef, war Mosley dem provisorischen Flügel der IRA vergleichbar und leitete eine Organisation parallel zur formellen FIA. Schlimmstenfalls waren unbegründete Gerüchte über eine unehrenhafte Verbindung mit Ecclestone zu hören, für die es keinen Beweis gab und deren Existenz von beiden Männern vehement bestritten wurde. Der an Kritik gewöhnte Mosley wischte die lächerliche Idee beiseite, Schmiergelder von einem früheren Gebrauchtwagenhändler entgegenzunehmen. Es den Teams recht zu machen, seufzte er, war immer schwierig, weil sie ihm die einstimmige Bestätigung durch die FIA-Mitglieder übel nahmen, nachdem sie so viel Geld ausgegeben hatten. Insbesondere Ron Dennis missfiel die herablassende Bemerkung Mosleys, als er ebenfalls die Möglichkeit einer Abspaltung zur Sprache brachte. »Ron spielt in der Formel-1-Weltmeisterschaft der FIA keine andere Rolle als die, die ihm zusammen mit den anderen Teams durch das Concorde-Agreement zugestanden wird«, sagte Mosley. »Leider findet er das alles schwer zu verstehen.« Aber Mosleys Redegewandtheit vermochte Dennis oder Montezemolo nicht zum Schweigen zu bringen.

Ecclestones vertragliche Verpflichtung, den britischen Grand Prix ab 2002 in Brands Hatch zu veranstalten, wurde von Jackie Stewart abgelehnt, dem neuen Präsidenten des BRDC. Um den Umzug zu verhindern, nahm der frühere Weltmeister Kontakt mit John Prescott auf, dem Minister für Verkehr, Umwelt und Regionen. Zu Stewarts großer Freude machte die Regierung am 8. September 2000 die Genehmigung der Grafschaft Kent zur Neugestaltung von Brands Hatch rückgängig. Frank Lowe, der Geschäftsführer von Octagon, der Gesellschaft, die Brands Hatch gekauft hatte, war entsetzt. Dank Stewarts Finesse drohten seiner Gesellschaft riesige Verluste. Lowe konnte nur hoffen, dass Stewarts Sieg der Wind aus den Segeln genommen wurde, wenn Ecclestone den britischen Grand Prix aus dem Rennkalender strich.

Wieder einmal kam es zu einer Konfrontation zwischen Stewart und Ecclestone. »Bernie«, sagte Stewart, »ich bekomme 100.000 Dollar für eine Rede, aber wenn es um eine gute Sache geht, tue ich es für viel weniger. Das solltest du vielleicht auch tun. Geh mit deinem Preis für England runter. Denk an das nationale Interesse, an den Nutzen für die Industrie und an die Empörung, wenn du den Grand Prix streichst.« »Da kannst du lange reden«, konterte Ecclestone. »Ich bezahle in England Steuern, und du lebst seit 20 Jahren in der Schweiz, um Steuern zu sparen. Ich schulde England gar nichts. Mir ist es egal, ob es einen britischen Grand Prix gibt, und mir ist auch egal, ob die Medien mir die Hölle heiß machen.«

Frank Lowe verstand nicht viel vom Rennsport, aber er machte sich Sorgen um den finanziellen Status seiner Gesellschaft. Ecclestone hatte eine Lösung zu bieten, aber um eventuelle Verdächtigungen gar nicht erst aufkommen zu lassen, sorgte er dafür, dass Ron Dennis im Oktober 2000 den Plan Lowe und Martin Brundle, dem früheren Rennfahrer und ITV-Kommentator, der Vorsitzender des BRDC werden sollte, bei einem Treffen in Princes unterbreitete.

Ecclestones Verhältnis mit Brundle war heikel. Als Zeitgenosse Ayrton Sennas hatte der Fahrer es eindeutig versäumt, nachdrücklich auf sich aufmerksam zu machen, aber da die meisten seiner ehemaligen Kollegen tot waren, konnte man ihm als Überlebenden und Fernsehkommentator eine gewisse Autorität nicht absprechen. Natürlich hatte er seinen Job nur mit Ecclestones Zustimmung bekommen, und gelegentlich verließ er sich auf Ecclestones Beziehungen, wenn er wollte, dass bestimmte Prominente in seiner Sendung erschienen.

Ecclestones Vorschlag lautete, dass Lowe Brands Hatch aufgab und stattdessen die Rechte erwarb, 15 Jahre lang den Grand Prix in Silverstone zu veranstalten. Im Gegenzug würde der BRDC sich verpflichten, 100 Millionen Dollar zur Verbesserung der Rennstrecke auszugeben. Um die Neugestaltung zu finanzieren, würde Ecclestone sieben Millionen Dollar pro Jahr beisteuern und die verbindliche Zusage erteilen, dass die Formel 1 gegen eine Zahlung von einer Million Dollar pro Jahr mit einer jährlichen Steigerung von zehn Prozent zehn Jahre lang in Silverstone bliebe. Als Ausgleich für seine Kosten würde er nach wie vor die jährliche Zahlung von zehn Millionen Dollar von Lowe erhalten, der außerdem 14 Millionen Dollar für den Umbau von Silverstone an den BRDC zahlen sollte. Insgesamt hätte Silverstone mit einem warmen Regen von 21 Millionen Dollar pro Jahr zu rechnen. Bevor er zustimmte, bat Lowe Ecclestone, mit ihm vor die Tür zu treten. »Bernie, ich verstehe nicht viel vom Rennsport, aber ist das ein gutes Geschäft? Glauben Sie, wir könnten damit Geld verdienen? Würden Sie mir zuraten?« Ecclestone erwiderte: »Ja.« Später würde Ecclestone sagen, der Vertrag wäre »ein Witz und unwirtschaftlich« und er hätte Lowe nicht empfohlen, ihn zu unterschreiben. Der Vertrag wurde am 2. Dezember 2000 bekannt gegeben. Obwohl Brundle über den Geldregen entzückt war, der über Silverstone niedergehen sollte, übte er Kritik an Ecclestone: »Für jeden ist deutlich zu sehen, dass Bernie sich anscheinend große Mühe gegeben hat, den britischen Grand Prix, Silverstone und den BRDC zu destabilisieren.«

9 REVOLTE

Am Samstag, dem 26. Mai 2001, gab Ecclestone im Hafen von Monaco eine Party, um Slavicas 43. Geburtstag zu feiern. Im Gegensatz zu seinem bescheidenen Lebensstil im Alltag – normalerweise kam er nach 18 Uhr nach Hause und aß in der Küche, was seine Frau gekocht hatte – hatte er sich an diesem Tag *Le Grand Bleu* ausgeliehen, die Jacht des amerikanischen Geschäftsmanns John McCaw, die kürzlich erst vom Stapel gelaufen war. »Sie werden die neuen Decks ruinieren«, warnte Ecclestone den Besitzer einer der größten privaten Motorjachten. »Keine Sorge«, erwiderte McCaw großzügig. Früh am nächsten Morgen ging Ecclestone an Deck und stellte fest, dass das makellose Holz mit Rotweinflecken und Löchern von Pfennigabsätzen übersät war. Während Slavica schlief, drängte er die Crew, den Schaden zu beheben. Der Wirbel, den er machte, wurde von niemandem außer seiner Frau bemerkt, die seine Pingeligkeit nicht besonders schätzte.

Wie üblich hatte Ecclestone keinen Gefallen an der Party gefunden. Nachdem er die an Bord kommenden Gäste abgecheckt hatte, schlich er sich in den Hintergrund des Empfangs und verzog sich schließlich in seine Kabine. Slavica nahm indessen ihren Platz im Zentrum der Aufmerksamkeit ein. Alle waren sich ihrer explosiven Beziehung bewusst. Slavica war halsstarrig, eifersüchtig und kompromisslos, und sie fing lieber einen Streit mit ihrem Mann an, als ihm aus dem Weg zu gehen. Er hatte sie häufig prahlen hören, ihre gesellschaftliche Popularität sei der Grund für seinen Erfolg – ließ es aber unkommentiert. Besonders Alkohol machte sie unverfroren und davon überzeugt, er sei ihr untreu. »Sie schreit ziemlich viel«, gab er einer Zeitung gegenüber zu, »und manchmal wirft sie mit Geschirr um sich. Dann verstecke ich mich im Nebenzimmer, weil sie es offenbar liebt, mich zu terrorisieren.« Zum Scherz befestigte er ein Schild an der Küchentür: »Keine Angst vor dem Hund, bissige Frau.« Slavica wusste, dass sich manche über ihre Dreistigkeit ärgerten, aber Ecclestone fand ihre Vulgarität attraktiv. »Slavica ist eine tolle Begleiterin«, ließ er seine Umgebung wissen. Ihm war klar, dass sie auf ihrer Geburtstagsparty einigen Gästen aus dem Weg gegangen war, besonders denen aus der Formel 1. Umgeben von Prominenten – die Sorte, die ihr Mann verabscheute – erkannte sie nur eine Handvoll für beide akzeptable Gäste an, darunter Max Mosley und Flavio Briatore. »Steig aus der Formel 1 aus«, schrie sie Ecclestone an, »oder ich verlasse dich.« Ecclestone war sich nie ganz sicher, ob seine Frau das ernst meinte.

Grundsätzlich liebte er ihren Elan, der einen Unterschied zu seinen früheren Beziehungen und zum Leben mit seinen Eltern ausmachte. »Slavica kann eine echte Nervensäge sein, aber sie ist trotzdem eine verdammt gute Mutter und eine sehr moralische Frau – eine richtige italienische Mamma, die keine Geschirrspülmaschine im Haus haben will und nie ein Kindermädchen hatte. Sie hat alle Windeln selbst gewechselt.« Das Lob löste bei ihr Sarkasmus aus: »Und ich liebe dich auch, Darling. Auch wenn du mich zum Wahnsinn treibst.« »Er kapiert einfach nicht«, klagte sie, »dass ich emotionale Unterstützung brauche und dass Geld mir nicht viel bedeutet.« Das war nicht überraschend: Verglichen mit Kroaten hielt Bernie seine Gefühle sehr zurück, aber ihre angebliche Gleichgültigkeit seinen Spielereien gegenüber nahm er ihr nicht ab. Zugegeben, die Jacht, das Hotel in Gstaad, die von Johnny Humphries trainierten Rennpferde und die Privatflugzeuge wurden selten zum Vergnügen benutzt, aber er liebte es einfach, sie zu haben. Das fand sie unbegreiflich. »Es ist unangenehm, mit einem Workaholic verheiratet zu sein«, klagte sie. »Er widmet mir nicht genug Zeit.« Es machte sie zornig, dass er so wenig Freude an seinen Milliarden hatte; seine Passivität zu Hause und bei ihrer Geburtstagsparty zeigten nicht das Glück, das er vermeintlich aus seinem Glauben an das einfache Leben ziehen wollte.

Weil ein Freund sie darauf aufmerksam machte, dass die Gerüchte über ihre Auseinandersetzungen weder für ihre Kinder noch für das Image der Formel 1 hilfreich seien, beschlossen sie, Interviews zu geben, in denen von ihrem gemeinsamen Glück die Rede war. »Wir tun alles zusammen«, erzählte Ecclestone einem Journalisten. »Samstags gehen wir zusammen bei Waitrose einkaufen.« Zurück zu Hause, fuhr er fort, half er seinen Töchtern gern bei den Schularbeiten oder verbrachte den Nachmittag damit, ihnen beim Schulsport zuzuschauen. »Meine Mädchen sind immer bei mir«, sagte er mit echter Zuneigung. Slavica lobte ihre Töchter, weil »sie den Wert des Geldes kennen. Ich habe ihnen beigebracht, sparsam zu sein … Sie sind nicht verrückt auf bestimmte Marken, sie wollen nicht Sachen von Gucci oder Prada haben – das ist eine Krankheit.« Am schönsten seien die Abende, fuhr sie fort, an denen sie *Who wants to be a millionaire?* schauten oder die Beatles hörten. Slavica, die Tochter eines Feuerwehrmanns, tönte: »Wenn ich eines Tages nach Kroatien zurückkehre, werde ich auf einer Insel leben und kleine Fische von meinem Boot aus fangen und glücklich sein. Ich würde niemals die Formel 1 betreiben.« Für diejenigen, die die Schilderung des Eheglücks übertrieben fanden, trug Slavica noch etwas dicker auf: »Ich liebe es, größer zu sein als er, weil ich ihn besser knuddeln kann. Er ist so süß.« Früher hatte es geheißen, sie sei 1,88 m und er 1,57 m groß, aber um die neue Harmonie zu unterstreichen, gab sie ihre Größe mit 1,75 m und seine mit 1,62 m an. Sein Beitrag war etwas derber: »Ich habe gemerkt, das Slavica etwas Besonderes war, als ich zum dritten Mal mit ihr schlief.«

Slavica hatte vom Business und der Londoner Gesellschaft wenig Ahnung und konnte gleichzeitig nicht mit der Angst ihres Mannes umgehen, im Alter auf die Hilfe anderer angewiesen zu sein, sodass sie frustriert um sich schlug. Selbst in den Augen derer, die sie gut kannten, schien sie ständig wütend zu sein. Als sie bei einer Gelegenheit damit drohte, die Polizei zu rufen, rief Ecclestone Ron Shaw zu Hilfe. Shaw und Vee, seine Frau, eilten nach Knightsbridge, um Frieden zu stiften. Bei diesen unangenehmen Streitigkeiten ging es nach Meinung einiger Freunde um die Kinder. Andere vermuteten, dass Ecclestone sich das Eheleben einfach nicht ohne gegenseitige Attacken vorstellen konnte, selbst wenn sie zu einem blauen Auge führten, mit dem er eines Morgens im Büro eintraf. Es war Slavicas Strafe dafür, dass Ecclestone an der Seite eines schönen Models gesehen worden war. »Slav dachte, ich hätte es ernst gemeint mit der jungen Dame, aber es war nur ein Spaß«, erklärte Ecclestone. In solchen Momenten hatte er für die Ausbrüche seiner Frau Verständnis. Seit Momir Blagojevics Erpressungsversuch in einer kroatischen Zeitung hatte sie immer wieder Anfälle von Depressionen und gelegentliche Panikattacken. Mit Ecclestones Hilfe hatte der *Sunday Mirror* zwar Blagojevics Unehrlichkeit enthüllt, aber es waren andere, peinliche Details aufgetaucht. Die *Bild*-Zeitung hatte ihm äußerst kompromittierende Fotos angeboten, die ein anderer Fotograf von Slavica gemacht hatte, und Ecclestone war gezwungen gewesen, eine großzügige Summe lockerzumachen, um die Veröffentlichung zu verhindern. Andere Geschichten über ihr Leben in kroatischen Hotels während der kommunistischen Ära belasteten ihre Beziehung. »Ich gebe zu, dass ich in meiner Jugend kein Engel war«, sagte sie zu ihm. »Ich habe verrückte Sachen gemacht, aber ich war niemals eine Prostituierte.«

Zur Ablenkung kaufte er durch einen Offshore-Trust eine Villa mit mehr als 5.000 Quadratmetern in Kensington Palace Gardens, einer einzigartigen Privatstraße am Westrand des Hyde Park. Zwei Gebäude, ehemalige Botschaften, waren von David Khalili, einem iranischen Bauunternehmer, aufwändig zu einem Haus umgebaut worden, eine Maßnahme, die angeblich insgesamt 84 Millionen Pfund gekostet hatte. Der Trust der Ecclestones bezahlte 50 Millionen Pfund für einen Marmorpalast mit einem riesigen Ballsaal, elf Schlafzimmern und einer Tiefgarage für 20 Wagen. Bei ihrem ersten Besuch verkündete Slavica, sie weigere sich, in dieses Haus einzuziehen. Auch zwei weitere Besuche vermochten sie nicht umzustimmen. »Ich habe es gekauft, weil es billig war«, sagte er später, bevor er es 2004 für 105 Millionen Dollar an Lakshmi Mittal verkaufte, den indischen Stahlmagnaten.

Slavicas Stimmung hatte sich beim 71. Geburtstag ihres Mannes noch nicht gebessert. Als er in die Küche kam, um sich seinen Geburtstagskuchen anzusehen, bekam er zu hören: »Warum bist du so schlecht gelaunt? Heute ist ein Feiertag. Geh doch in dein Büro und arbeite noch ein bisschen.« Er arbeitete hart und wollte eigentlich nur seine Ruhe haben. In letzter Zeit waren die Mahlzeiten oft unerfreulich gewesen. Während er aß und ein Bier trank, redete Slavica nur mit ihren Töchtern. An seinem Geburtstag verließ er die Küche, eindeutig aufgebracht. Am Tisch blieben sitzen: die 17-jährige Tamara und John Keterman, ihr 22 Jahre alter Freund, der vier Tage, nachdem er Tamara kennengelernt hatte, um ihre Hand anhielt und von der Familie akzeptiert worden war. Er war häufiger Zeuge von Wutanfällen der Eltern. Einmal hatte er hinten im Wagen gesessen, als alle zusammen auf dem Weg ins Kino waren. Slavica hatte ohne Vorwarnung geschrien: »Langsamer! Du fährst zu schnell, du Irrer!« Ecclestone war ihrer Meinung nach falsch abgebogen, weshalb sie ihn an den Haaren packte und seinen Kopf gegen das Fahrerfenster knallte. Ecclestone fuhr links ran, wo sie ausstieg und zu weinen begann. Schließlich beruhigte sie sich wieder, und schweigend gingen sie zum Kino. Tamaras Verlobung wurde irgendwann aufgelöst und Keterman verkaufte die Story dieses und anderer Erlebnisse mit der Familie Ecclestone an eine Sonntagszeitung. Am folgenden Samstagmorgen konnten Ecclestones Freunde beim gemeinsamen Kaffee der Versuchung nicht widerstehen, das Gespräch auf die sensationelle Beschreibung zu bringen, wie Slavica ihren Mann geschlagen hatte. »Hört mal«, erwiderte Ecclestone, »manche Leute bezahlen dafür. Ich kriege es umsonst.«

Von ihrer schwierigen Beziehung war am Tag nach Slavicas Geburtstag ausnahmsweise nichts zu spüren, während Bernie in einer Barkasse von der Jacht durch den Hafen Monacos zu seinem Wohnmobil im Fahrerlager fuhr. Die Besucher in seiner Zufluchtsstätte, unter ihnen Karl-Heinz Zimmermann, der Hausherr des Wohnmobils, ließ Ecclestones nichts von seiner Ambivalenz gegenüber seiner Ehe erahnen. Jedes Zugeständnis von Eheproblemen betrachtete er als Schwäche. Egal, was Slavica tat, er würde die Ehe nie aufgeben, nicht zuletzt deshalb, weil er Konflikte als wesentlichen Bestandteil seines Lebens akzeptiert hatte.

Von seinem Ledersessel am Ende des Wohnmobils aus beobachtete Ecclestone, wie die Welt der Formel 1 auf vier mit versteckten Kameras verbundenen Monitoren vorüberzog. Eine von ihnen deckte den Eingangsbereich vor dem Bus ab, sodass er seine Besucher vorab abschätzen konnte. Außer denen, die geschäftliche Dinge mit ihm besprechen wollten, kamen Männer, die seinen Namen benutzen wollten, solche, die aus ihrer Bekanntschaft Kapital schlagen wollten, und ein paar, die sich ihm als der Sohn anbieten wollten, »den er nie gehabt hatte«. Einige Besucher vertraten die sieben Länder, die 2004 einen neuen Grand Prix veranstalten und die beiden noch ungenannten Rennstrecken ersetzen wollten, die Ecclestone aus dem Kalender streichen wollte. Einige waren bereit, Ecclestone 40 Millionen Dollar für ein Rennen mit einer zehnprozentigen jährlichen Zuwachsrate zu bezahlen, während er von den traditionellen europäischen Rennstrecken nur zehn Millionen Dollar bekam. »In den nächsten zehn Jahren wird Europa den Status eines Entwicklungslandes erreichen«, sagte er voraus. »Auf keinen Fall wird Europa in der Lage sein, mit China, Korea und Indien zu konkurrieren.« Wenn sich die Zahl der Fernsehzuschauer in Asien erhöhte, garantierte das neue Gewinne. Für jene Bittsteller war er der Patriarch, andere sahen einen Mann in einem Käfig, den er selbst errichtet hatte, in privater und professioneller Hinsicht. Jenseits seiner persönlichen Festung bewohnten die Teams eigene Gemeinschaftslager, in die jeder an der Startaufstellung ungehinderten Einblick hatte. Mosley pendelte zwischen den Käfigen hin und her, roch die Spannungen und ermittelte wie Ecclestone die Ursache.

Luca Montezemolo war besonders empfindlich geworden. Außerhalb seines Büros in Maranello hatte er ein riesiges, unscharfes Schwarzweißfoto von Niki Lauda aufgehängt, als der 1974 den Großen Preis von Spanien gewann. Neben dem Wagen und der karierten Flagge war eine verschwommene Gestalt zu erkennen, die in wilder Begeisterung die Arme schwenkte. Das war Montezemolo, Ferraris Team-Manager, bei der unvergesslichen Gelegenheit seines ersten Formel-1-Siegs. Seit Jean Todt zu Ferrari gestoßen war, hatte der selbstbewusste Italiener den Rennstall reorganisiert, indem er Ross Brawn, den besten Motorsport-Manager, und Rory

Byrne, einen hervorragenden Rennwagendesigner, einstellte. Gemeinsam hatten sie es nach 20 Jahren voller Misserfolge geschafft, mit Michael Schumacher im Jahr 2000 den Weltmeister zu stellen. Ein Jahr später dominierten Ferrari und Schumacher wieder die Saison. »Es ist eine Schande, dass es nicht ein paar mehr von Michaels Sorte gibt, weil er Rennen fährt, um zu gewinnen«, jubelte Ecclestone. In Monaco hatten McLaren und Williams wenig Chancen, Montezemolos Team in einem Rennen die Stirn zu bieten, das nach Ansicht der meisten nicht besonders aufregend werden würde. Ecclestone hatte sich bislang den Egoismus der Teamchefs zunutze machen können, aber plötzlich war Montezemolo gegen seine Durchtriebenheit resistent geworden. Der Besuch von Leo Kirchs Repräsentanten Dieter und Wolfgang Hahn in Maranello hatte den Italiener aufgebracht. »Sie haben nichts mit der Formel 1 zu tun«, sagte er zu Ecclestone. »Sie können die Formel 1 nicht verbessern.« Nach kurzer Überlegung fuhr er fort: »Du hast verkauft, was nach deinen Worten dein Geschäft ist. Aber es ist unser Geschäft.« Er wusste, dass Ecclestone bereits mehr als zwei Milliarden Dollar kassiert hatte und ungeduldig auf eine weitere Milliarde von Kirch wartete.

Der deutsche Medienmogul saß in der Falle. Nachdem er die Anteile der EM.TV an der Formel 1 übernommen hatte, besaß er 50 Prozent und war vertraglich gebunden, weitere 25 Prozent für eine Milliarde Dollar von Ecclestone zu kaufen. Kirch hatte natürlich wenig Lust, dieser Verpflichtung nachzukommen, aber, wie Ecclestone ihm klarmachte: Die Alternative war noch viel teurer. Ecclestone hatte von den vereinbarten 360 Millionen Dollar für den Mietvertrag über 100 Jahre erst 60 Millionen gezahlt und weigerte sich, die restlichen 300 Millionen zu zahlen, solange er die eine Milliarde von Kirch nicht erhalten hatte. Und falls Ecclestone nicht bezahlte und der Mietvertrag nicht zustande kam, würde Kirchs Beteiligung an der Formel 1 im Jahr 2010 auslaufen. Trotz seiner zahlreichen anderen Forderungen, inklusive der Fernsehrechte an der Fußballweltmeisterschaft, würde Kirchs Medienimperium zusammenbrechen, sollten sich die Rechte an der Formel 1 im Jahr 2010 als wertlos entpuppen. Wenn er solvent bleiben wollte, musste Kirch sein Unternehmen an die Börse bringen, um eine Milliarde Dollar aufzutreiben, und dazu musste Ecclestone den Mietvertrag unterschreiben.

Weil er Kirch zwingen wollte, Druck auf Ecclestone auszuüben, flog Mosley nach Turin, um sich mit Paolo Cantarella, dem Manager von Fiat, zu treffen, damit dieser seine Abspaltungspläne wieder aus der Schublade holen würde. Im Oktober 2000 hatte Cantarella im Namen der fünf Hersteller an Ecclestone geschrieben und angeboten, »einen beträchtlichen Anteil« der Formel 1 zu kaufen. Im Januar 2001 hatte sich ein von Cantarella beauftragter Banker von Goldman Sachs mit Mullens in Paris getroffen, um ihm einen detaillierten Plan zur Übernahme der Kontrolle in der Formel 1 vorzulegen. Kurz darauf waren die Verhandlungen gescheitert. »Wollen Sie Ihr Angebot nicht noch mal hervorholen?«, fragte Mosley. »Um die Formel 1 kümmern wir uns nach 2010«, erwiderte der Italiener. Am 4. April verkündete Cantarella dann offiziell, dass er eine Gruppe von Teams bilden wolle, die der Formel 1 Konkurrenz machen werde. Einige Tage später verpflichteten sich Renault, BMW und Mercedes, mit Ferrari an einem Strang zu ziehen. Auch der Geschäftsführer des neuen Jaguar Racing Teams schloss sich ihnen an. »Die Aussicht auf ein Gegenangebot wird Bernies Aufmerksamkeit konzentrieren«, dachte Mosley. Als Ecclestone von Mosleys Schachzug erfuhr, beschuldigte er ihn der »Erpressung«.

»Bezahl bis zum 21. April«, ließ Mosley ihn wissen, »oder wir treffen andere Vorkehrungen.« Dann wandte er sich an Kirch. »Sie laufen Gefahr, alles zu verlieren«, warnte Mosley ihn, »wenn der Vertrag über 100 Jahre nicht unterzeichnet ist.« Kirch erklärte sich bereit, die eine Milliarde Dollar sofort zu bezahlen. Als Nächstes willigte Ecclestone widerstrebend ein, den Mietvertrag über 100 Jahre zu unterschreiben, obwohl er nur verpflichtet war, ein Viertel der 300 Millionen Dollar zu bezahlen. Der Rest würde von Kirchs Geld beglichen werden. Nachdem sie am 21. April insgesamt sieben verschiedene Verträge unterzeichnet hatten, zahlten Kirch und Ecclestone 300 Millionen Dollar an die FIA. »Ich möchte die wegen der Verzögerung entstandenen Zinsen erstattet haben«, sagte Mosley. »Das macht 13,6 Millionen Dollar.« Am Tag der Vertragsunterzeichnung verriet Ecclestone eine ungewöhnliche Nervosität. Er rief Stephen Mullens wiederholt an, bis er hörte, dass die Milliarde Dollar auf dem Bankkonto des Trust eingegangen war. Letztendlich hatte Ecclestone auch ohne mit dem Unternehmen an die Börse zu gehen mehr als drei Milliarden Dollar kassiert. Und obwohl er nur noch 25 Prozent der Anteile hielt, lag die Kontrolle nach wie vor bei ihm.

Die unbemerkt gebliebene Zeitbombe war Kirchs Milliarde. Er hatte sich das Geld im letzten Augenblick von drei Banken geliehen, hauptsächlich von der Bayerischen Landesbank in München, deren Verwaltungsratsvorsitzender Edmund Stoiber, ein Freund Kirchs, zugleich bayerischer Ministerpräsident war. Dass im Gegenzug für die Gewährung des Kredits Kirchs Fernsehsender die in Bayern regierende CSU im nächsten Wahlkampf unterstützen würden, verstand sich ohnehin von selbst. In der Eile versäumte die Bayerische Landesbank bemerkenswerterweise, die Unterlagen der Formel 1 in London von Anwälten oder Steuerberatern überprüfen zu lassen. Die Banker überwiesen vielmehr eine Milliarde Dollar in der Annahme, die Berater von EM.TV seien ihrer Sorgfaltspflicht nachgekommen. Sie hatten keine Ahnung von der »Dividendenklausel«, die Kirch alle Einkünfte verwehren konnte, mit denen er die Zinsen für seinen Kredit hätte zahlen können – von der Rückzahlung des Kredits ganz zu schweigen –, und seine Möglichkeiten, die laufenden Geschäfte zu überprüfen, gravierend einschränkte. Demnach besaß Kirch zwar 75 Prozent der Formel 1, Ecclestone fungierte aber als Alleineigentümer, der alle Gewinne kassierte.

Die Nachricht von Ecclestones fünfter bedeutender finanzieller Transaktion brachte Luca Montezemolo in Rage. Rückblickend bezeichnete er diesen Tag als Beginn »meines wirklichen Kampfs gegen Bernie«. Einen Monat später saß Ecclestone in seinem Wohnmobil in Monaco. Nach der Hälfte des Rennens wurde er zum Hubschrauber gebracht und flog von Nizza nach London, ohne Schumacher in einem Ferrari gewinnen zu sehen. Montezemolo freute sich für sein Team, blieb aber Ecclestone gegenüber unerbittlich. Die erste Forderung Montezemolos und Cantarellas lautete, dass die Teams 100 Prozent der Einkünfte aus Fernsehrechten, Werbung und Bewirtung erhalten sollten, die jetzt zu annähernd 70 Prozent in Ecclestones Tasche flossen.

»Paolo Cantarella träumt davon, die Formel 1 zu besitzen«, bemerkte Ecclestone, als sich die erste Aufregung gelegt hatte. Die Formel-1-Show war für die Automobilhersteller wertvoll geworden: Mercedes, Fiat, BMW, Toyota, Ford und Renault benutzten die Formel 1 als Werbeplattform in Russland, China, Indien, Brasilien und anderen sich entwickelnden Märkten. Renault war zur Formel 1 zurückgekehrt, um bis zum Jahr 2010 zusätzliche zwei Millionen Wagen zu verkaufen. »Wir treten in eine neue Epoche ein«, sagte Montezemolo zu Ecclestone. »Du verdienst sehr gut, aber es ist auch unser Geschäft. Wir sind die Schauspieler, und ohne Schauspieler gibt es keine Vorstellung.« Darüber konnte Ecclestone nur lachen. Schauspieler wurden engagiert und entlassen, und das Theater gehörte nicht ihnen. Trotzdem spekulierte Montezemolo darauf, dass seine Splittergruppe Ecclestone umgehen und direkte Abkommen mit Banken, Rennstrecken und Fernsehsendern abschließen könne. Anfangs würde die Gruppe 100 Prozent der Einkünfte fordern, aber sie waren bereit, sich mit 85 Prozent des Jahreseinkommens der Formel 1 in Höhe von 700 Millionen Dollar zufriedenzugeben.

In der Erwartung, dass Ecclestone sich weigern würde, beauftragte Cantarella Gordon Diall, einen Banker von Goldman Sachs, die Grand Prix World Championship (GPWC) nach Auslaufen des Concorde-Agreements im Jahr 2007 zu planen. Nicht alle Hersteller waren davon überzeugt, dass die Schwierigkeiten eines Bruchs mit der Formel 1 zu überwinden waren. Die FIA wäre mit einer Abspaltung nicht einverstanden; die Rennstrecken, die Verträge mit Ecclestones FOM abgeschlossen hatten, könnten sich weigern, der GPWC Zutritt zu gewähren; die Fernsehsender wären durch Verträge an Ecclestone gebunden und die Unterstützung der Sponsoren war ungewiss. Unabhängig von den Hindernissen einte sie ihre Abneigung gegen Kirch.

Kurz vor Weihnachten gab die Deutsche Bank bekannt, dass Kirchs Unternehmen nicht mehr kreditwürdig sei. Im Februar

2002 bot ein Bevollmächtigter der drei Banken (außer der Bayerischen Landesbank auch J.P. Morgan und Lehmans), die Kirch 1,55 Milliarden Dollar zum Kauf der Formel 1 geliehen hatten, Cantarella und den GPWC-Herstellern die Gelegenheit, Kirchs 75-Prozent-Anteil an der Formel 1 zu kaufen. Ecclestone war nicht überrascht, als Cantarella auf das Angebot nicht einging. Trotz all seiner Prahlerei wollte er Fiat, aber kein Rennunternehmen leiten. Montezemolo ignorierte Cantarellas Ablehnung des Angebots und kritisierte Ecclestone, weil der es zuließe, dass die Formel 1 in drei Jahren zum vierten Mal den Besitzer wechsele. Insgeheim machte Ecclestone die Sache sehr wohl zu schaffen. Eine Finanzierung durch die Banken »hatte wie eine gute Idee ausgesehen, war aber eine Zeitverschwendung«. Das Fehlen guter sachkundiger Berater hatte ein Chaos verursacht. Öffentlich gab er den Treuhändern des Familientrusts die Schuld am Verkauf seiner Anteile. »Ein Teil meines Lebenswerks ist inzwischen nicht mehr unter meiner Kontrolle«, täuschte er im Hinblick auf seine Kritiker vor. Stephen Mullens, deutete er an, habe jetzt das Heft in der Hand.

Kirchs Insolvenz in einer Gesamthöhe von 1,8 Milliarden Dollar löste derweil eine politische Krise in Bayern aus. Ecclestone erblickte in den Problemen der Bayerischen Landesbank eine glänzende Gelegenheit, die Formel 1 billig zurückzukaufen. »Wenn die Banken versuchen, die Formel 1 zu leiten«, sagte er zu Brian Powers, »werden sie das Geschäft schnell in den Sand setzen.« Glücklicherweise war Thomas Fischer, der Vertreter der Bayerischen Landesbank, ein Mann, mit dem er Geschäfte machen konnte. Ecclestone bemerkte, dass der ehemalige Boxer »locker bleiben, aber notfalls auch zuschlagen« konnte und mit einem großen Ego gesegnet war. Fischer wurde von Ecclestone zu mehreren Rennen eingeladen und im Fahrerlager herumgeführt. »Ich bin der neue Vorstand«, verkündete der Deutsche und fuhr mit einem Blick auf Ecclestone fort: »… und das hier ist mein Geschäftsführer.« Zu seinem Vergnügen spürte Ecclestone die Verwunderung des Bankenmanns, als er von den Schwierigkeiten erfuhr, die mit dem Management der Formel 1 verbunden waren. Von München aus kündigte Fischer an, dass die Bank an einem raschen Verkauf interessiert sei. Ecclestone bot 600 Millionen Dollar an und rechnete damit, dass Fischer verhandlungsbereit sei, da keine besseren Angebote vorlagen.

In der Zentrale der Bank war der 44-jährige Risikovorstand Gerhard Gribkowsky entsetzt. »Das ist eine törichte Verkaufsmethode«, informierte er Fischer. »Auf diese Weise erhalten Sie nur Angebote, die lächerlich oder unrealistisch sind.« Zu Ecclestones Enttäuschung sorgte Gribkowsky im März 2003 für Fischers Abgang. Schlimmer noch war für Ecclestone, dass Gribkowsky Journalisten gegenüber verlauten ließ: »Die Bank kontrolliert die Formel 1 und hat beschlossen, ihre Formel-1-Anteile nicht zu verkaufen.« Ecclestone bat Powers, nach München zu fliegen und über den Rückkauf der Anteile zu verhandeln. »Ich bin von der Münchener Mafia geschlagen worden«, berichtete Powers ihm nach seiner Rückkehr. »Ich werde mir diesen Kerl vorknöpfen und ihm seine Zukunft voraussagen«, kündigte Ecclestone seiner firmeneigenen Anwältin an. Am nächsten Tag rief Ecclestone Gribkowsky an. »Hier spricht Bernie. Sie kontrollieren gar nichts. Falls Sie mir was zu sagen haben, kommen Sie nach London.«

Gribkowsky gab zu, dass seiner Ankunft in Princes Gate »ein angespannter Moment« folgte. Er saß auf dem Sofa in Ecclestones Büro, als er erklärte, dass er 75 Prozent der SLEC-Anteile repräsentiere. »Sie«, sagte er zu Ecclestone, »sind nur der Geschäftsführer, der im Auftrag der Anteilseigner arbeitet.« Ecclestone lächelte und verabschiedete sich abrupt von Gribkowsky. »Ich habe ihm gesagt, wie die Sache aussieht«, informierte Ecclestone seine Mitarbeiter. Gribkowsky hatte verstanden. Bei einem Kampf gegen Ecclestone würde Blut fließen. »Wir müssen einen Krieg vermeiden«, berichtete er seinen Vorgesetzten in München.

In Wirklichkeit hatte der Banker gerade erst damit begonnen, Ecclestones sorgfältig konstruiertes Firmenlabyrinth aufzudröseln. Bambino, der Trust der Familie Ecclestone auf den Kanalinseln, besaß 25 Prozent der Anteile an der Formel 1, kontrollierte aber das Netzwerk der Formel-1-Gesellschaften. Ecclestone hatte die einzigartige Fähigkeit, neue Wände zu errichten, um zu verhindern, dass sich ein Außenseiter Zutritt zu dem Labyrinth verschaffte oder, falls er schon drinnen war, wieder hinausfand. Wie Martin Brundle im Scherz sagte: »Bernie bindet Fäden an die Anteile, verkauft sie und zieht sie dann alle wieder zurück.« Als Nächstes hatte Ecclestone vor, die Machtlosigkeit des Bankers auszunutzen: »Die Banken haben einen Anteil an etwas, das sie nicht haben wollten, und jetzt versuchen sie, da herauszukommen, ohne zu viel Geld zu verlieren. Wenn sie auch nur ansatzweise ihre Sorgfaltspflicht erfüllt hätten, was sie hätten tun sollen, als sie Kirch das Geld geliehen haben, hätten sie gemerkt, dass sie wegen der Art und Weise, wie der Gesellschaftervertrag strukturiert ist, nicht das Geringste ohne die Erlaubnis von Bambino tun können.«

Für Ecclestones Strategie entscheidend war Stephen Mullens, der Treuhänder von Bambino, der ein Büro in Princes Gate erhalten hatte. »Er ist eine große Hilfe und sehr klug«, bestätigte Ecclestone. Ohne die Banken zu informieren, hatte Mullens vorgeschlagen, dass die Satzung der FOA 2002 insofern geändert werde, als der Vorstand nur noch aus drei Mitgliedern bestehen sollte – ihm selbst als Vertreter von Bambino, Ecclestone als Geschäftsführer der FOA und einem Vertreter der drei Banken. Bei der Verwirrung, die Kirchs Konkurs im April 2002 folgte, versäumten es die Banken und der deutsche Konkursverwalter, ihre Rechte geltend zu machen, und Mullens' Vorschlag wurde von ihm und Ecclestone im September 2002 »genehmigt«. Dementsprechend waren die Banken ständig in der Minderheit und konnten von der Mehrheit des Vorstands – Ecclestone und Mullens – überstimmt werden.

Als er begriff, dass Ecclestone einen klugen Coup gelandet hatte – die Inhaber von 25 Prozent der Anteile kontrollierten effektiv die Formel 1 –, trat Gribkowsky an die beiden amerikanischen Banken heran. Ohne die Kontrolle über die FOA und die FOH, Ecclestones zwei Gesellschaften, zurückzugewinnen, sagte Gribkowsky, verlören alle drei Banken ihr Geld. Zu seiner Überraschung weigerten sich beide Banken, Ecclestone die Stirn zu bieten. Ein Rechtsstreit, fürchteten sie, würde fehlschlagen, und sie würden unter schlechter Publicity leiden. Stattdessen plädierten beide für Kooperation. Die Uneinigkeit der Banker beflügelte Ecclestone in seiner Lieblingstaktik, Verwirrung zu verbreiten. Er rief die amerikanischen Banker an, widersprach Gribkowsky, drohte, die Formel 1 aufzulösen und die GP2-Serie zu starten, ein etwas kleineres Format. Das Versäumnis der Banken, die Verträge zu überprüfen, betonte er, sei verantwortlich dafür, dass sie jetzt der Möglichkeit beraubt seien, eine wertlose Investition zu kontrollieren, die ihnen nicht mal eine Dividende einbrächte. Außerdem gebe es die Drohung der Autohersteller, mit der GPWC ihre eigene Weltmeisterschaft zu starten. Mit einer letzten überraschenden Wendung täuschte Ecclestone seine Machtlosigkeit vor. Bambino, sagte er, sei nicht mehr von ihm zu kontrollieren. Gribkowsky solle sich mit seinen Klagen an die Treuhänder bei den Vorstandssitzungen der FOM wenden, an denen er nicht teilnahm.

Stephen Mullens, dachte er lächelnd, war das ideale Gegenmittel gegen Banker, die sich beklagten. »Mullens ist ein Arschloch«, schimpfte Gribkowsky in einem Telefongespräch mit Ecclestone. »Er macht solche Schwierigkeiten und spielt seine Karten perfekt aus.« Ecclestone wusste, dass Mullens den Kampf gegen Gribkowsky persönlich nahm. »Ich bin ganz Ihrer Meinung«, erwiderte Ecclestone verständnisvoll. »Ich kann Mullens nicht ausstehen. Ich wünschte, die Banken könnten an der Geschäftsführung partizipieren, aber ich habe nichts zu sagen.« Indem er mit Gribkowsky gute Beziehungen unterhielt, wollte er der Frustration des Bankers darüber, keinen Einfluss auf die Formel 1 nehmen zu können, die Spitze nehmen.

So flog Gribkowsky auf Ecclestones Einladung zu den Rennen nach Istanbul und Schanghai und besuchte auch andere Rennstrecken. Indem er den Banker umarmte, dachte Ecclestone bei sich, könne er seinen Feind entwaffnen. Wenn er wollte, konnte Ecclestone sich bei jedem beliebt machen. Während er mit ihm durchs Fahrerlager ging, ihn am Arm oder an der Schulter berührte und ihm indiskrete Beobachtungen über Frank Williams, Ron Dennis, Luca Montezemolo, Max Mosley und die Sponsoren und Fahrer anvertraute, hoffte Ecclestone, der Deutsche bekäme eine Vorstellung davon, was es hieß, die widerstreitenden Interessen der einzelnen Beteiligten jahraus, jahrein im Gleichgewicht zu halten. Allmählich begann Gribkowsky von Frieden und gegenseitigem

Verständnis zu reden – von Zusammenarbeit, um den Erfolg der Formel 1 sicherzustellen. Ecclestone ermutigte ihn in dieser Ansicht. In seinen Augen war es ein Zeichen von Schwäche, Frieden zu suchen. Aber gleichzeitig hoffte Ecclestone, dass die Rennstallbesitzer sich mit vollendeten Tatsachen abfänden, wenn er mit dem Banker an seiner Seite erschien. Andererseits brauchte er die Existenz der GPWC, um der Angst Gribkowskys vor einer möglichen Auflösung der Formel 1 Nahrung zu geben. Die Formel 1 stand vor einer Epoche beispielloser Turbulenz.

Obwohl Luca Montezemolo sich zu der Rebellion bekannte, hing Ferraris Schicksal von der Formel 1 ab. Michael Schumachers Sieg in der Weltmeisterschaft hatte dazu beigetragen, dass im Jahr 2002 400 Sondermodelle eines Ferrari für je 600.000 Dollar verkauft wurden, was einen Umsatz von rund 240 Millionen Dollar und einen ansehnlichen Gewinn bedeutete. Montezemolo wurde mit einem Bonus von 19 Millionen Dollar belohnt. Um die Gewinnchancen des Teams nicht zu verringern, plante er für 2003 ein Budget von 295 Millionen Dollar ein, während etwa Minardi mit 27 Millionen Dollar ungefähr so viel ausgab wie Ferrari im Jahr 1990. Ferraris Hauptrivalen – Patrick Head bei Williams und Adrian Newey bei McLaren – lagen im finanziellen Rennen auf gleicher Höhe, aber keiner von beiden konnte die Tricks voraussehen, die Ferrari abziehen würde, um an der Spitze zu bleiben.

2001 hatte Ferrari mit Bridgestone vereinbart, dass die Scuderia mit besseren Reifen ausgestattet würden als die von der Konkurrenz benutzten Michelins. Außerdem hatte das Unternehmen 200 Computertechniker eingestellt, die Softwareprogramme schreiben sollten, mit denen die Wagen über jeden Meter jeder Rennstrecke geführt wurden. Um nicht zurückzufallen, stellte Ron Dennis 120 Programmierer ein. Williams würde am Ende der Saison zwar den zweiten Platz in der Konstrukteurswertung belegen, noch vor McLaren, aber der Abstand zu Ferrari kam einer Deklassierung gleich. Wenn die Rivalität der Teams auf Technologie und Einfallsreichtum beschränkt geblieben wäre, hätte Montezemolo ihr Bündnis gegen Ecclestone stärken können. Seine Arroganz schwächte jedoch seine Stellung.

Beim Großen Preis von Österreich wurde Rubens Barrichello, Ferraris zweiter Fahrer, in der letzten Runde angewiesen, Schumacher überholen zu lassen, damit dieser das Rennen gewann. Die Buhrufe der Zuschauer wurden lauter, als Schumacher, der von der Manipulation peinlich berührt war, seinen unterlegenen Stallgefährten während der im Fernsehen übertragenen Siegerehrung nötigte, den obersten Podiumsplatz einzunehmen und den Siegerpokal zu akzeptieren. Stirling Moss schrieb von »einer PR-Katastrophe«, und Ecclestone, der das Stadion wie üblich vor dem Ende des Rennens verlassen hatte, fand auch: »Was auf dem Podium passiert ist, war reine Dummheit.« Obwohl Mosley Ferrari mit einer Geldstrafe von einer Million Dollar belegte, war Montezemolo nicht beschämt. Im September war Schumacher wieder in die Manipulierung eines Rennausgangs verwickelt. In den letzten Sekunden des Großen Preises der USA ließ Schumacher sich von Barrichello überholen, der mit elf Tausendstelsekunden Vorsprung gewann. Die Zuschauerquoten sanken dramatisch, und manche Sponsoren, darunter Orange und die Deutsche Post, zogen sich zurück. »Die Formel 1 wird durch die Überlegenheit Ferraris beschädigt«, beklagte sich Ecclestone.

Die Formel 1 war an einem Tiefpunkt angekommen. »Das größte Problem«, gab Ecclestone in einem aussichtslosen Versuch zu, den Schaden wiedergutzumachen, »ist die Wahrnehmung der Zuschauer, dass manipuliert wird. Das mögen die Leute nicht. Wenn es zu einem Rennen zwischen Michael und Rubens käme, jedes Mal zu einem richtigen Rennen, dann würde uns niemand erzählen, dass ein Grand Prix langweilig ist.« Ecclestones Herausforderung war es, die Formel 1 zu retten. Die Zuschauer wollten, dass die Rennen so spannend waren wie in der guten alten Zeit, aber er hatte keine Lust, zu den Schrecken tödlicher Unfälle zurückzukehren. »Ich glaube nicht, dass ein rücksichtsloser Fahrer ein guter Rennfahrer ist«, sagte er. »Ich habe nie geglaubt, dass die Leute Unfälle sehen wollen. Es ist so, als ginge man in den Zirkus, um einen Typ auf dem Hochseil zu sehen. Man will ihn nicht fallen sehen, aber wenn er fällt, will man dabei sein, wenn es passiert. Niemand hofft, dass er fällt … Wir haben heute so viele Unfälle wie damals, aber es stirbt keiner mehr, was eine gute Sache ist.«

Die verbesserte Sicherheit war ein Verdienst Mosleys gewesen, aber der fühlte sich dadurch gekränkt, dass der Sport so anfällig zu sein schien. Es lag nicht nur daran, dass Ferrari das Ergebnis von Rennen manipulierte – auch die anderen Teams beschäftigten eine Armee von Experten, die Reifen, Getriebe, Bremsen und Elektronik verbessern sollten, damit nach einem mörderischen Rennen von zwei Stunden bei Geschwindigkeiten von mehr als 300 Stundenkilometern am Ende ein Sieg mit einer Zehntelsekunde Vorsprung herauskam. Es war absurd, dass es 200 Millionen Dollar im Jahr kostete, eine minimale Geschwindigkeitserhöhung zu erzielen, und dass man andererseits für knappe 20.000 Dollar einen Wagen zehn Sekunden schneller machen konnte, indem man Verbesserungen vornahm, die gegen die Regeln waren. Mosley befürchtete, dass neue Teams von vornherein chancenlos wären und der Sport irreparablen Schaden erlitte, wenn die Automobilhersteller nicht daran gehindert würden, unbegrenzte Geldbeträge auszugeben.

Ohne sich lange zu beraten, änderte er die Vorschriften zur Einführung neuer Technologien und beschränkte auch die Zahl neuer Reifen und Motoren, die von den Teams eingesetzt werden durften. »Seit 40 Jahren ändere ich in der Nacht von Samstag auf Sonntag noch etwas an den Motoren«, plädierte Frank Williams. »Nun, dann ändere jetzt einfach deine Gewohnheiten«, erwiderte Mosley. Williams wusste, dass die Autohersteller seinen Protest unterstützten. Sie wollten Geschwindigkeit, um zu gewinnen. Montezemolo setzte sich an die Spitze der Opposition gegen Mosleys Beschränkungen, und führte ins Feld, dass Ferraris »exotische Wagen«, die an die Öffentlichkeit verkauft wurden, auf die technischen Innovationen der Formel 1 angewiesen seien. »Der Bereich Forschung und Entwicklung ist von entscheidender Bedeutung für Ferraris Umsätze«, erklärte er Mosley, »und ich kann meine Umsätze nicht von der Formel 1 trennen.« Seine Position wurde von Ron Dennis unterstützt, dem von Mercedes anscheinend ein unbegrenztes Budget zur Verfügung gestellt wurde. »Du fährst mit einer Pferdekutsche durch das Concorde-Agreement«, sagte er zu Mosley.

Mit dem Eintritt von Toyota in die Formel 1 wurden die Einsätze nochmals erhöht. Der weltgrößte Automobilhersteller hatte beschlossen, ein enormes Budget zur Verfügung zu stellen, um die Weltmeisterschaft zu gewinnen. John Howett, der britische Manager, wurde von Ecclestone bei seinem ersten Treffen mit den Teamchefs im Hilton in Heathrow begrüßt. Innerhalb weniger Minuten war Howett von dem Chaos entmutigt. Die sechs Punkte der Tagesordnung wurden in zwölf Worten zusammengefasst. Ecclestone war »charmant, aber destruktiv«, machte Scherze über umstrittene Kosten und Transaktionen, um die Aufmerksamkeit der Anwesenden abzulenken. Als das Treffen nach zwei Stunden beendet wurde, war Howett überzeugt, dass »Bernie mich begrüßt und dann dafür gesorgt hat, dass ich mich unwohl fühle«. Am Ende der Saison hatte Toyota nur zwei Punkte erzielt, Ferrari dagegen 221. Um das Abschneiden seines Teams zu verbessern, wollte Howett in der folgenden Saison mindestens 250 Millionen Dollar ausgeben. Ferraris offizielles Budget wurde auf 302 Millionen Dollar angehoben, aber manche hatten den Verdacht, es sei noch höher. Für Ecclestone bestand das Missverhältnis darin, dass die Teams sich weigerten, die Zahl der Rennen zu erhöhen – wobei er jedes Jahr 30 Grand-Prix-Rennen hätte organisieren können – gleichzeitig aber ihre Budgets erhöhten und mehr Geld forderten.

Das Einkommen der FOM schwankte. Die Großen Preise von Kanada, Ungarn, Malaysia und Österreich waren die größten Sportereignisse des Jahres in ihren Ländern, und die Regierungen trugen bis zu 30 Millionen Dollar bei, um den Saldo der FOM auszugleichen. Die Veranstaltung des Rennens in Melbourne kostete die regionale Regierung rund 60 Millionen Dollar, aber der Verlust wurde durch die 440.000 Fans wieder hereingebracht, die zum Rennen in die Stadt kamen. Dafür, dass sie den reibungslosen Zirkusablauf über drei Tage garantierte, einschließlich Fernsehproduktion, Trophäen, Bewirtung, Reklame und den Rennen, verdiente die FOM durchschnittlich 35 Millionen Dollar pro Rennen, deren Veranstaltung im Durchschnitt ungefähr 19 Millionen Dollar kostete – wobei die Kosten in Europa beträchtlich niedriger waren als anderswo.

Der Schlüssel zum finanziellen Erfolg der Formel 1 waren die Fernsehverträge. Die Rennen wurden live in mehr als 125 Länder übertragen. Die jährlichen Einkünfte der Formel 1 lagen bei rund 700 Millionen Dollar, von denen rund 400 Millionen durch das Fernsehen und die Rennstrecken bestritten wurden. Die Rennställe erhielten auf einer gleitenden Skala insgesamt 47 Prozent der Fernseheinnahmen und rund 35 Millionen Dollar an Preisgeldern – ungefähr 25 Prozent der Gesamteinnahmen des Sports, einschließlich Allsport. Der größte Teil dieser Einnahmen war Ecclestones Reingewinn, weil die Kosten der Rennstrecken und die Ausgaben der Teams nicht von ihm bezahlt wurden. Theoretisch hätten drei Viertel der 77 Prozent der Gewinne, die er einnahm, an die drei Banken gehen sollen, aber Ecclestone – oder die Bambino Holding – behielt alles: mehr als 500 Millionen Dollar. Wie nicht anders zu erwarten war, sorgte diese Regelung für Neid, der das Märchen hervorbrachte, Ecclestone wäre in seinem Learjet zu einem Grand Prix eingetroffen und hätte festgestellt, dass seine Frau vergessen hatte, seine Unterhosen einzupacken, weswegen er das Flugzeug zurück nach Biggin Hill geschickt hätte, um sie abzuholen, statt sich vor Ort neue zu kaufen. Diese Geschichte wurde von seinen Kritikern gern wiederholt, um Ecclestones übertriebenen Reichtum zu illustrieren, besonders von Montezemolo, obwohl dieser die tatsächlichen Einkünfte nicht kannte. »Unser Anteil an den Fernseheinnahmen ist ungerecht, Bernie«, beschwerte sich Montezemolo. »Du hast zu viel verdient. Du isst zu viel Kuchen. Du leidest an Verstopfung.« Ecclestone verzog keine Miene. Er begann Pläne zu schmieden, wie er Ferraris Dominanz auf der Rennstrecke verringern konnte, damit es nicht wieder zu einer Art Prozession hinter Schumacher kam.

Ecclestone ging es vor allem darum, die »Show« zu verbessern. Er wollte mehr Wettbewerb, mehr Überholen, er wollte Fahrer, die auf die Fans reagierten. Um die Formel 1 zu einem wahrhaft globalen Sport zu machen, hatte er Verträge unterschrieben, die den Bau von Rennstrecken in Bahrain und Schanghai vorsahen; ein Kurs in der Nähe von Istanbul würde folgen. Jedes Rennen würde FOM mehr als 30 Millionen Dollar einbringen, und viele Kosten würden von den Veranstaltern getragen werden. Die zusätzlichen Einnahmen deckten die Kosten für den Flug von sechs Boeing 747 aus

Europa – drei mit der gesamten Fernsehausrüstung und drei für die Teams. Er bestritt, einen Anteil von Hermann Tilke bekommen zu haben, der die neuen Strecken entwarf und realisierte. Die neue, weltumspannende Publicity war für die Teams und ihre Sponsoren ein Vermögen wert. Montezemolo bedachte Ecclestones Erfolg mit Applaus, aber er wollte noch mehr. Wie er wusste, war Ecclestone in der Lage, besondere Gefälligkeiten zu erteilen.

Als freundschaftliche Geste hatte Ecclestone im Jahr 2002 Flavio Briatore die Fernsehrechte in Spanien überlassen, eine Konzession, deren Verwertung die Spanier Ecclestone nicht gestatten wollten. Briatore machte einen geschickten Zug, indem er den Spanier Fernando Alonso als Fahrer für Renault verpflichtete und dafür sorgte, dass Renault Spitzenpreise für umfangreiche Werbemaßnahmen während des Großen Preises von Spanien bezahlte. Um Briatore zusätzliche Hilfestellung zu leisten, organisierte Ecclestone ein weiteres Rennen in Valencia. Im Gegensatz dazu – und für Montezemolo von geringem Interesse – trug der Zusammenbruch von Alain Prosts Rennstall zu einem abrupten Rückgang der Zuschauerzahlen in Frankreich bei und senkte die Zahlung von TF1 an Ecclestone von 25,9 auf 13,2 Millionen Dollar.

Montezemolo sah nur, dass Schumachers Erfolg die Zuschauerzahlen in Deutschland erhöht hatte und dass ITV Verhandlungen über einen neuen Fünfjahresvertrag bis 2010 über 130 Millionen Pfund mit Ecclestone führte. Die Gewinne würden an Ecclestone (und theoretisch die Banken) gehen, während jedes Team nur 400.000 Dollar dafür bekam, dass es zu jedem Rennen antrat. Nach Montezemolos Berechnungen bekäme Ferrari mehr Geld vom Fernsehen, wenn die GPWC und nicht Ecclestone den Laden schmissen. Er hatte einen Vorgeschmack des Potenzials beim Grand Prix in Monza bekommen, der von den Verträgen mit der FOM ausgenommen war. Die Übertragung des Rennens wurde von einem Viertel aller italienischen Haushalte – 13,3 Millionen Zuschauern – gesehen, weil Ferrari um den Titel kämpfte. Barrichello gewann und Schumacher wurde mit einer Viertelsekunde Rückstand Zweiter. Wenn diese Einschaltquoten in allen Rennen erzielt werden könnten, würden die Teams viel besser verdienen.

Ecclestone simulierte Gleichgültigkeit gegenüber Montezemolos Drohung. Die Rennstrecken und die Fernsehsender waren an Verträge gebunden, was die GPWC-Teams dazu zwang, ihr Auslaufen abzuwarten. Darüber hinaus gab es seinen Mietvertrag über 100 Jahre und die Lizenzen für Markenzeichen, die er in jedem Land besaß. Schließlich würde er gegen jeden Abspaltungsversuch prozessieren. Montezemolo war ebenso kämpferisch aufgelegt: »Wir sind nicht in einem Gefängnis«, erwiderte er. »Genauso wie die englischen Fußballmannschaften die Premier League gegründet haben, gründen wir unsere eigene Liga.« Sein Damoklesschwert würde Ende 2007 fallen, wenn das letzte Concorde-Agreement ausliefe. Mit dieser zeitlichen Perspektive konnten beide Seiten noch lange bluffen und drohen, während die Rennen unverändert fortgesetzt wurden.

Die ersten drei Rennen der Saison 2003 erweckten den Eindruck, Mosleys Reformen zeigten Wirkung. Schumacher konnte keines der drei gewinnen, und McLaren lag in der Konstrukteurswertung vorn. Der Große Preis von Brasilien in São Paulo sorgte für einen neuen Einschaltrekord – 4,4 Millionen Zuschauer allein in Großbritannien. Vier Tage später schlug Montezemolo zu. Patrick Faure, der Chef des Renault-Rennstalls, verkündete, dass alle zehn Teams einen Vertrag unterschrieben hätten, um die GPWC offiziell zu gründen und eine konkurrierende Rennserie zur Formel 1 zu schaffen. »Wir werden keine Kompromisse schließen«, sagte Faure. Diall, der Banker von Goldman Sachs, war auf der Suche nach einem Nachfolger für Ecclestone. »Ecclestone hat ungeheure Geldbeträge verdient«, sagte Montezemolo, der für Verwirrung sorgen wollte, »und ist einer der reichsten Männer in Großbritannien geworden, aber er will zu viel für sich selbst haben. Das ist sein größter Fehler. Es ist ein Fehler, dass der Sport jetzt zu 75 Prozent den Banken gehört und die Teams nur 47 Prozent der Fernseheinnahmen bekommen und nichts von den anderen Einnahmen. Wir haben das alles schon vor drei Jahren gesagt, aber leider hat das niemand verstanden.« Normalerweise hatte Ecclestone wenig für Montezemolo übrig, der »Enzo Ferrari zu kopieren versucht, aber keine Ausstrahlung hat. Außerdem redet er zu viel ...«, aber diesmal war Ecclestones Reaktion pointiert. »Niemand ist gierig gewesen ... Wenn Luca so clever ist, wieso hat er dann die Probleme bei Fiat nicht gelöst?« Er parodierte Montezemolo als erschöpften Schauspieler, der jedes Jahr das gleiche Klagelied anstimmt, und beschuldigte die Teams: »Sie versuchen mir mein Geschäft zu stehlen. Sie wollen die Formel 1 kontrollieren, ohne dafür zu bezahlen, und sie als Ausstellungsraum zum Verkauf ihrer Autos benutzen.«

Ecclestone hasste die Unzuverlässigkeit der Automobilhersteller – nie wollten sie sich für zehn Jahre verpflichten. Stattdessen kamen und gingen sie, wie es ihrer wirtschaftlichen Lage passend erschien, und setzten ihre finanzielle Stärke zu ihrem Vorteil gegen die privaten Rennställe ein. Ihr Engagement in der Formel 1 endete häufig in Tränen. Die Krise bei Jaguar Racing, dem Rennstall, den Ford 1999 für 65 Millionen Dollar von Jackie Stewart gekauft hatte, bestätigte sein Vorurteil. Niki Lauda hatte als Manager 17 Millionen Dollar bekommen und war bei seinem Weggang kritisiert worden, Motor und Fahrgestell seien schlecht konstruiert gewesen. Sein Nachfolger John Hogan konnte die Probleme nicht beheben. Oberboss Richard Parry-Jones gab jährlich 125 Millionen Dollar aus, erstickte aber in dem Chaos, das bei vier unterschiedlichen Managementteams in vier Jahren und der ständigen Einmischung durch die Ford-Zentrale in Detroit unvermeidlich war. Überzeugt, dass die Formel 1 nicht mit Sprit, sondern mit Geld betrieben wurde, war Parry-Jones einer der Anführer der GPWC. »Er ist bald weg vom Fenster«, sagte Ecclestone ziemlich exakt voraus. In diesem Krieg war sein Monopol sorgfältig abgesichert. Mosley hatte in den Mietvertrag über 100 Jahre eine Klausel aufgenommen, die der FIA das Recht gab, Einspruch gegen einen Wechsel in der Leitung der Formel 1 zu erheben. Außerdem würde er verhindern, dass die GPWC Rennen auf Strecken veranstaltete, die Verträge mit der Formel 1 abgeschlossen hatten. »Einstweilige Verfügungen werden wie Herbstblätter fallen, wenn sie es versuchen«, sagte Ecclestone.

Davon unbeirrt beauftragten Montezemolo und die Hersteller Goldman Sachs, den drei Gläubigerbanken zu drohen, dass die

Neugründung der GPWC ihre 75-Prozent-Anteile an der Formel 1 wertlos machte, falls sie diese nicht mit einem anständigen Rabatt verkauften. Gribkowskys Preisschild von 1,8 Milliarden Dollar wurde nicht akzeptiert. Ecclestone, dem die Pattsituation gefiel, drängte Gribkowsky, gegen die Teams zu pokern. Schließlich hätte er vier Jahre Zeit zum Verhandeln. Gribkowsky weigerte sich. Da er Angst davor hatte, sie könnten ihre Drohung wahr machen, wollte er einen Deal mit den Herstellern – ein stabiles, transparentes Geschäft mit gerechter Aufteilung von Inhaberschaft, Management und Gewinn. Ecclestone lachte ihn aus. Die Teams der GPWC redeten von Gleichberechtigung, sagte er, aber Montezemolo erwartete, dass alles zu Ferraris Gunsten ausgerichtet sei. Ferraris Erfolg sei durch die Zuverlässigkeit seiner Wagen garantiert, während McLaren mit Motorproblemen zu kämpfen habe; Schumacher verdiene 2003 mindestens 22 Millionen Dollar, rund ein Viertel der Gesamtsumme aller Fahrergehälter; und die neuen Bridgestone-Reifen waren den Michelin-Reifen überlegen. Aber Montezemolo war offenbar nicht damit zufrieden, Rennen zu gewinnen, und genehmigte eine überraschende Attacke auf seine Konkurrenten.

Zu Anfang der Saison 2003 begann Ross Brawn heimlich die Michelin-Reifen seiner Konkurrenten während der Rennen zu fotografieren und berechnete, dass sie sich über die vorgeschriebenen 270 Millimeter Breite hinaus ausdehnten. Montezemolo machte ein Riesentheater und verlangte Gerechtigkeit. Mosley und Charlie Whiting, technischer Direktor der FIA, flogen sofort im Learjet der FIA nach Maranello. Der mikroskopische Befund, urteilte Mosley, habe bestätigt, dass Pierre Dupasquier, der Reifenexperte Michelins, einen Fehler gemacht hatte. Der französische Reifenhersteller war gezwungen, für die letzten drei Rennen der Saison neue Reifen zu produzieren, und Ferrari gewann jedes dieser Rennen. Williams und McLaren hielten sich durch Mosleys Entscheidung für benachteiligt.

Neun Monate später glaubte Gribkowsky, er hätte einen Frieden vermittelt. Bei einem Treffen in Genf am 19. Dezember 2003 schlug er ein neues Concorde-Agreement vor, das den Teams zusätzliche 240 Millionen Dollar zu den 174 Millionen, die sie bereits bekamen, zusicherte. Da die Einnahmen der FOA 2004 798 Millionen Dollar inklusive der 450 Millionen Dollar von den Fernsehsendern betragen würden, schien Gribkowsky die Obergrenze durchstoßen zu haben. Endlich würden die Teams mehr bekommen als Ecclestone, obwohl die Verteilung ungleich war. Die kleinen Teams, zu denen Jordan, BAR, Sauber, Toyota und Minardi gehörten, würden keinen Bonus bekommen, während McLaren und Williams zusätzliche zwölf Millionen Pfund erhalten würden. Die wichtige Zahlung waren die zusätzlichen 30 Millionen Pfund für Ferrari, wie Ecclestone feststellte. Ferrari zu bestechen war immer seine Trumpfkarte. Ohne Ferrari gäbe es keine Abspaltung, und dass Montezemolo sich als zufrieden bezeichnete, war ein gutes Vorzeichen. »Bernie macht immer einen besonderen Deal für Ferrari«, bemerkte Mosley, »aber für ihn ist die einzige Frage ›Wie viel?‹ – das Maximum für sich selbst und das Minimum für Ferrari.« Gribkowsky gratulierte sich selbst, dass seine neuen Bedingungen zum Durchbruch geführt hatten und die drohende Abspaltung vom Tisch war. Ecclestone war nicht überzeugt. Die Teams hatten sich einen größeren Anteil vom Geld verschafft, aber sie würden sich damit nicht zufriedengeben, und der Kampf würde unweigerlich wieder aufgenommen werden.

Die unmittelbare Folge war verstärkte Publicity. Journalisten, die Ecclestone in seinem Büro aufsuchten, wurden rasch eingeschätzt. Wer sein Leben sondieren wollte, ohne vorher vernünftig recherchiert zu haben, wurde mit Verachtung oder bestenfalls oberflächlich behandelt. »Ich habe tatsächlich Eltern, obwohl viele das nicht für möglich halten«, erzählte er einem Reporter, der ein Profil für den *Observer* schrieb, »aber ich sehe sie heutzutage nicht häufig. Ich habe keine Zeit dazu. Ich habe meinen Vater vor zwei Jahren besucht. Ich nehme an, ich habe nicht viel mit ihnen gemeinsam. Ich habe mit Familienangelegenheiten nicht viel am Hut.« Sein Vater war seit 14 Jahren tot. »Meine Mutter«, sagte er, »war eine Mutter.« Das Image war das eines herzlosen, harten Einzelgängers. Kein Leser konnte auf den Gedanken kommen, dass er seine Eltern regelmäßig besucht hatte, seinen Vater eingestellt, einen langen Urlaub für sie in Marbella organisiert, ihre Häuser finanziert und seine Mutter im Rollstuhl herumgefahren hatte. Oder dass er ihre Fotos immer in seiner Aktentasche bei sich hatte. In demselben Interview sagte er auch, dass er keinen Chauffeur beschäftigen und seinen Kindern selten etwas zum Anziehen kaufen würde und dass er in der Touristenklasse flöge.

Am Donnerstag, dem 4. März 2004, traf Ecclestone zum ersten Rennen der neuen Saison in Melbourne ein. Wenige bezweifelten, dass Schumacher in einem Ferrari gewinnen würde. Am Vorabend des Rennens gab Ecclestone eine Dinnerparty für Gribkowsky, Brian Powers und Ron Walker. Am Ende des Essens verkündete er: »Wir gehen ein bisschen spielen. Möchte jemand mitkommen?« Powers und Gribkowsky bejahten. Die drei kamen auf dem obersten Stock des Crowne Plaza an, gingen durch das Casino und wurden von zwei Wachmännern in einen besonderen Raum für High Roller geführt. Ecclestone wurde zu einem Blackjack-Tisch geführt. Der Manager des Casinos hatte sechs Multimillionäre aus Melbourne eingeladen, die gegen Ecclestone als Bankhalter spielen sollten. Die Einsätze waren unbegrenzt. Die Karten wurden über das grüne Billardtuch geschoben, und Ecclestone beobachtete mit ausdruckslosem Gesicht, wie hunderttausende Dollars den Besitzer wechselten.

Nach 50 Minuten flüsterte der Manager Ecclestone zu: »Mr. Ron Dennis steht an der Tür und möchte mit seiner Frau hereinkommen.« Ohne den erwartungsvoll 20 Schritt entfernt stehenden Mann zur Kenntnis zu nehmen, erwiderte Ecclestone: »Ich kenne den Burschen, aber er hat nicht genug Geld. Nein.« Dennis blickte finster in seine Richtung. Nachdem weitere 40 Minuten verstrichen waren, wurde Ecclestone die Sache langweilig. »Das reicht jetzt«, verkündete er. Sein Gesicht verriet keine Gefühle. »Sie liegen 400.000 Dollar vorn«, wurde ihm mitgeteilt. Wenn er denselben Betrag verloren hätte, wäre er genauso wenig beeindruckt gewesen. Als Gribkowsky das Hotel verließ, verstand er schließlich Ecclestones Selbstbeherrschung.

Der Große Preis von Australien war eine Katastrophe gewesen. Nur 100.000 Zuschauer waren erschienen, um der Prozession hinter Schumacher beizuwohnen, der, anstatt ein richtiges Rennen zu fahren, der Menge zuwinkte. Über Nacht war der Wert der Formel 1 gesunken, erkannte Gribkowsky. Auf seinem Rückflug nach Europa dachte er über sein Verhältnis zu Ecclestone nach. Ein neues Problem war aufgetaucht. Die deutsche Bankenaufsicht wollte präzise Unterlagen haben, um die Formel 1 bewerten zu können, und die Bayerische Landesbank war nicht in der Lage gewesen, diese beizubringen, weil Stephen Mullens sich wiederholt weigerte, Gribkowsky eine Bilanz zur Verfügung zu stellen. Außerdem berief Sacha Woodward-Hill, die in der SLEC für die juristischen Belange zuständig war, nie eine Vorstandssitzung ein, bei der eine Bilanz hätte überprüft werden können. »Die Anteilseigner werden ihrer Rechte beraubt«, sagte Gribkowsky zu Ecclestones Anwältin. »Ich werde nicht auf meine 1,8 Milliarden Dollar verzichten.« Er beschloss, den Kampf gegen sie und damit indirekt gegen Ecclestone aufzunehmen.

Im August gewann Schumacher in Ungarn das zwölfte von dreizehn Rennen. Montezemolo verlangte zusätzliche 100 Millionen Dollar jährlich, obwohl das Interesse der Zuschauer weltweit nachließ, weil sie das, was Ecclestone als »Bland Prix« – als »Faden Preis« – bezeichnete, nicht mehr spannend fanden. Sogar die Fahrer, spottete er, waren geklont: »Alle tragen die gleichen Klamotten, benehmen sich wie Gentlemen und haben eine Heidenangst, irgendetwas zu sagen, was ihre Teamchefs oder ihre Sponsoren vor den Kopf stoßen könnte.« Er vermisste Persönlichkeiten wie Nigel Mansell: »Er war wunderbar, ein brillanter Fahrer, und die Zuschauer liebten ihn.« Ecclestones Geringschätzung war zeitweilig auch gegen Mosley gerichtet. Dann rief er Mosley an und fragte ihn: »Wie viel Uhr ist es?«. Mosley hatte einen Teil von Ecclestones 373 Millionen Dollar dazu verwendet, teure Büroräume am Trafalgar Square mit einem herrlichen Blick auf Big Ben zu mieten, was Ecclestones Meinung nach Geldverschwendung war.

Alexandra Irrgang, Gribkowskys juristische Assistentin, bombardierte Sacha Woodward-Hill mit Forderungen nach Fakten, Zahlen und Memoranden. Da diese die Anweisung hatte, so wenig wie möglich preiszugeben, antwortete sie, wenn überhaupt, mit Verzögerung und ausweichend. Daraufhin überschüttete Irrgang Ecclestone mit Faxen – weil er keine E-Mails zur Kenntnis nahm –, in denen sie Informationen verlangte. Ecclestone reagierte gereizt. Er rief Gribkowsky jeden Tag an, der seine Anrufe an Irrgang umleitete. »Wenn Sie weiterhin nicht mit uns zusammenarbeiten wollen, werden wir eine gerichtliche Verfügung erwirken«, warnte ihn die Anwältin, die über die Entwicklung nicht unglücklich war: Ecclestone lieferte ihr den perfekten Beweis dafür, dass er den Banken die ihnen zustehenden Rechte verweigerte. Sie wollten darlegen, dass Ecclestone die Formel 1 widerrechtlich als sein Privateigentum behandelte. Am 26. März 2004 beantragten die Banken im High Court eine einstweilige Verfügung, mit der die SLEC zur Offenlegung der Bilanz verpflichtet werden sollte. »Die einstweilige Verfügung hat nichts mit mir zu tun«, beschied Ecclestone Journalisten, die mehr wissen wollten. »Ich habe mir noch nicht mal die Mühe gemacht, herauszufinden, worum es sich handelt.« Seine ungerührte Reaktion war darauf ausgerichtet, sich in der Öffentlichkeit von den Familientrusts zu distanzieren, die die Gesellschaft kontrollierten. In der Zwischenzeit versuchten die Anwälte der Trusts, das Verfahren mit juristischen Tricks zu verzögern.

Da Ecclestone es selten zuließ, dass geschäftliche Auseinandersetzungen persönliche Beziehungen beeinträchtigten, und die gerichtliche Verfügung seinen Respekt vor Gribkowsky erhöht hatte, lud er den Banker Ende August 2004 zum Großen Preis von Belgien nach Spa ein. Die Rennstrecke, die sich durch die Ardennen wand, gefiel Slavica besonders gut. Die Fahrer feierten zusammen mit den begeisterten Zuschauern die Rückkehr des Grand Prix, nachdem die Regierung das im Jahr zuvor verhängte Verbot der Tabakwerbung aufgehoben hatte. Ecclestones Freude darüber, dass seine Frau mit zu dem Rennen gekommen war, verpuffte, als eine Gruppe sich am Tag des Rennens in Karl-Heinz Zimmermanns Wohnmobil zusammenfand. Am Tisch saßen außer Slavica an einem und Ecclestone am anderen Ende Flavio Briatore, Marco Piccinini, Niki Lauda und Gribkowsky. Slavica hatte schon vor längerer Zeit das Alkoholverbot ihres Mannes in seinem Wohnmobil außer Kraft gesetzt, und Zimmermann öffnete eine Flasche Rotwein. »Du

Mistkerl«, schrie Slavica unerwartet ihren Mann an. Gribkowsky war fassungslos. Lauda und die anderen nahmen an, es handele sich um einen Scherz. Ecclestone bat seine Frau, sich zu beruhigen. Sie erwiderte: »Motherfucker«, ohne jede Provokation. Ecclestone schaute seine Frau gelassen an, die offensichtlich angetrunken war.

»Man kann prima mit ihr auskommen«, wiederholte er oft. Eine Woche zuvor hatte sie sich eine Handtasche für 50.000 Euro gekauft. Selbst wenn sie sich jeden Tag eine ähnliche Handtasche kaufte, könnte Slavica nicht einmal die Zinsen für die Milliardensummen verbrauchen, die er auf Schweizer Bankkonten deponiert hatte. Stattdessen vergalt sie ihm den Reichtum, den er mit seinem genialen Geschäftssinn produzierte, dadurch, dass sie ihn in Verlegenheit brachte. Ihr gemeinsames Leben war zu einem Schlachtfeld geworden. Er war dankbar, dass diesmal – im Gegensatz zu ihrem letzten Ausbruch in Bahrain – ihre gemeinsamen Töchter nicht anwesend waren. Sie liebte er uneingeschränkt, und um ihretwillen war er bereit, Slavicas Beschimpfungen zu ertragen. »Von außen betrachtet«, gab er zu, »ist es eine seltsame Beziehung.« Slavica war zu stolz, um sich zu entschuldigen. Fehler zuzugeben war ihr fremd.

Gribkowsky nach Belgien einzuladen hatte Ecclestones Sache nichts genützt. Als er nach London zurückkam, erschien Sacha Woodward-Hill mit Tränen in den Augen bei ihm im Büro und erklärte, dass sie sich nicht länger beleidigen lassen wolle. »Ich kann nicht mehr, ich bin verzweifelt«, sagte sie. »Ich bin isoliert und stehe völlig allein da.« Ecclestones Mitleid hielt sich in Grenzen. Ihr wurde klar, dass er nicht verstehen konnte, warum sie sich von aggressiven Briefen beeindrucken ließ. Woodward-Hill schwankte zwischen Kampf und Resignation und forderte eindeutige Anweisungen, wie sie sich gegen die Banken zur Wehr setzen solle. »Ignorieren Sie die Briefe«, befahl Ecclestone. »Vergessen Sie sie. Die können ihre Pläne machen, und ich mache meine.« In seinem Kampf gegen die Banken würde er eher reagieren als jeden Schachzug im Voraus zu planen. Mit Mullens' Zusicherung glaubte er seine Verzögerungstaktik fortsetzen zu können.

Gribkowsky zog die Daumenschrauben allmählich enger. Er hatte Headhunter beauftragt, einen Ersatz für Ecclestone zu finden. Zunächst wurden Bewerber aufgefordert, in einer untergeordneten Stelle zu arbeiten, um sich mit dem Geschäftsgang vertraut zu machen. Als dabei kein geeigneter Kandidat herauskam, sah das Szenario des Headhunters Ecclestones Entlassung vor. Zu Ecclestones Befriedigung war in der Stellenbeschreibung davon die Rede, dass zwei Leute eingestellt werden sollten, um seinen Job zu übernehmen. Verärgert durch das ganze Manöver rief Ecclestone Gribkowsky in München an. »Wenn Sie so weitermachen, werden Sie schon sehen, was passiert«, warnte er den Banker. Gribkowsky war schockiert. »Falls mir irgendwas zustößt«, erwiderte Gribkowsky, der glaubte, es handele sich um eine Drohung gegen seine Person, »wird es immer einen zweiten Gerhard geben.« Ecclestone ließ sich nicht ablenken. Härte zu beweisen war kein Spiel für ihn. »Dieser Typ, den Sie hierher schicken wollen, taugt nichts«, sagte er über einen Kandidaten, der insgeheim ins Auge gefasst wurde. »Er taugt zu gar nichts. Der kommt mir nicht ins Haus.«

Um sein Veto zu besiegeln, sorgte er dafür, dass Mosley Gribkowsky zum Abendessen einlud. »Die Anteilseigner lassen sich von Bernie nicht so behandeln«, sagte Gribkowsky. »Natürlich nicht«, erwiderte Mosley diplomatisch, »aber als Präsident der FIA habe ich das letzte Wort, was seinen Nachfolger angeht.«

Mosley gefiel sich in der Rolle des perfekten Vermittlers, aber auch er vermochte den Antrag der Banken nicht abzuwehren. Am 6. Dezember 2004 wies Richter Park die Einlassung Ecclestones zurück, er sei nur ein neutraler Geschäftsführer, und übergab die Leitung von Formula One Holdings (FOH) an Gribkowsky. »Das ändert überhaupt nichts«, sagte Ecclestone. Er war überzeugt, dass der deutsche Banker die Familientrusts nicht zwingen konnte, die Auflagen zu erfüllen. »Niemand weiß hier, wovon er redet«, sagte er zwei Tage nach seiner Niederlage vor Gericht dem *Observer*, »oder auch nur, über welche Gesellschaft er redet.« Richter Park, sagte er, »liegt völlig daneben, wenn er meint, ich wäre von einer Gesellschaft namens Bambino eingestellt worden, was ich nicht bin. Wir sind gerade dabei, einen Schriftsatz zu verfassen, der ihn darüber aufklärt.« Der Fehler, den Gribkowsky gemacht hatte, wurde nicht erwähnt. Die wirkliche Entscheidungsbefugnis über die Formel 1 lag bei der Gesellschaft namens Formula One Administration (FOA), nicht bei der FOH. Im Januar 2005 beschloss Woodward-Hill, von ihrem Posten als Rechtsberaterin der SLEC zurückzutreten. Ecclestone und Mullens kam es sehr zupass, ihren Posten unbesetzt zu lassen.

Da Ecclestone keine Lust hatte, an zwei Fronten zu kämpfen, flog er nach Maranello. Verhandlungen mit Montezemolo waren unvermeidlich. Um endlich einen Keil in die GPWC zu treiben, wollte Ecclestone, dass Montezemolo Ferraris Bindung an das Concorde-Agreement von 2007 bis 2012 verlängerte. Für diese weiteren fünf Jahre bot er Ferrari ein zusätzliches Honorar von 55 Millionen Dollar bei der Unterzeichnung und jährliche Zahlungen in Höhe von 50 Millionen Dollar. Das Gesamtpaket für die zehn Teams würde jährlich 500 Millionen Dollar für fünf Jahre ausmachen. Am Ende des Tages hatte Montezemolo zugestimmt. »Ich weiß, dass Ferrari Vernunft annehmen würde«, sagte Ecclestone später. »Ich habe ihnen gegeben, was sie wollten.« Ecclestone glaubte, die Revolte damit endgültig erstickt zu haben. Ohne Ferrari würden die anderen GPWC-Teams kapitulieren.

Ecclestone irrte sich. Ron Dennis wollte Ferraris Dominanz ein Ende setzen. »Ich kann dieses interne Gerangel nicht ausstehen, das die Formel 1 wie den sportlichen Ableger der Mafia aussehen lässt«, sagte Dennis. »Ich will Chancengleichheit.« Falls die GPWC gestorben war, beabsichtigte Dennis, Ecclestones Diktatur mit einer neuen Gruppierung zu ersetzen, auf die sich »die Neun« (ohne Ferrari) in einem Hotel in der Nähe des Münchner Flughafens geeinigt hatten und der sie den Namen Grand Prix Manufacturers Association (GPMA) gegeben hatten. Ihre Beraterin war Christina Booth, eine frühere Bankerin bei Goldman Sachs. Obwohl er gleichgültig tat, war Ecclestone wütend, dass Dennis und Frank Williams ihn wieder herausforderten. Während er Montezemolo als guten Verhandlungspartner schätzte, hatte er vor den Drohungen dieser beiden keinen Respekt. Weil er überzeugt war, dass Dennis' Rebellion scheitern würde, nannte er einen Stichtag: Falls sein Angebot von

500 Millionen Dollar nicht bis zum Saisonbeginn in Melbourne Anfang März 2005 akzeptiert worden sei, werde er es zurückziehen. »Rennt auf keinen Fall in Ecclestones offene Arme«, drängte Dennis die Teams. Bei früheren Auseinandersetzungen hatte Ecclestones geduldige Überredungskunst immer den Sieg davongetragen, aber bei dieser Gelegenheit wurde ihm eine Abfuhr erteilt. Als der Termin verstrichen war, zog er sein Angebot zurück.

Anderthalb Monate später, kurz nach dem ersten Rennen der neuen Saison in Melbourne, empfing Ecclestone Gribkowsky in seinem Londoner Büro. In Ecclestones Welt verursachte eine Niederlage selten einen Groll. Er zog einfach weiter in die nächste Schlacht. »Verhandle ich jetzt mit Bambino oder Bernie?«, fragte der Deutsche skeptisch. Ohne Rücksicht auf seine Niederlage vor Gericht teilte Ecclestone Gribkowsky mit, dass er auf Bambino keinen Einfluss habe. Seine Antwort war bedeutungslos. Höflich ließ Gribkowsky Ecclestone wissen, dass sein Spiel ihre Freundschaft zerstört habe. Dies war eine Schlacht, die er gewinnen wollte. Im Januar 2005 hatten die Banken in London erneut gerichtliche Schritte gegen Bambino eingeleitet, bei denen es um die Kontrolle über die FOA ging. Drei Wochen nach ihrem letzten Treffen erschien Gribkowsky wieder in Ecclestones Büro. Er hatte nicht vor, lange zu bleiben. Nach einem kurzen Austausch von Höflichkeiten lächelte Gribkowsky, verabschiedete sich und fuhr in seiner Limousine nach Heathrow. Ecclestones Anruf nach zehn Minuten kam nicht unerwartet. »Was ist das hier für ein Schriftstück?«, fragte Ecclestone mit ungewöhnlicher Stimme. »Was für ein Schriftstück?«, fragte Gribkowsky fröhlich zurück, während sein Mercedes über die M4 raste. »Das auf meinem Schreibtisch«, antwortete Ecclestone. »Ich habe keine Ahnung«, sagte Gribkowsky, Erstaunen heuchelnd. »Auf Wiedersehen.«

Während der vergangenen Monate hatte Gribkowsky wichtige Lektionen von Ecclestone gelernt, nicht zuletzt die, dass der Feind deines Feindes dein Freund ist. Wolfgang Eisele war ein perfektes Beispiel. Von seinem Kampf mit Ecclestone gezeichnet, begrüßte Eisele Gribkowskys Besuch in seinem Haus in Heidelberg als

Chance zur Rache. Während ihrer Unterhaltung erwähnte Eisele, dass sich in seinen Unterlagen ein Brief befand, der auf eine enge Beziehung zwischen Ecclestone und Bambino, den vorgeblich unabhängigen Familientrust, schließen ließ. »Können wir den Brief haben?«, fragte Gribkowsky aufgeregt. »Der kostet 100.000 Euro«, erwiderte Eisele. Der Banker war schockiert. Beweise zu kaufen war völlig inakzeptabel, aber eine Seite des Briefes könnte eventuell die 1,8 Milliarden Dollar der Banken sichern. Er handelte den Preis auf 20.000 Euro herunter.

Kurz darauf hatte er während des kurzen Treffens in Ecclestones Büro eine Kopie des Briefs unbemerkt auf Ecclestones Schreibtisch geschoben. Der Brief stellte eine Verbindung zwischen Luc Argand, dem Schweizer Anwalt für die Familientrusts, und Ecclestone her. Gribkowsky hatte Ecclestones Reaktion richtig eingeschätzt. Eine Veröffentlichung des Briefs – ein Brief, der Ecclestone als Sprecher für Bambino vorstellte – würde ihn in Verlegenheit bringen, und Gribkowsky hatte seinem Gegner zu Recht gezeigt, dass er nicht nur seine Hausaufgaben gemacht, sondern auch gelernt hatte, wie man Ecclestone mit seinen eigenen Waffen schlug. Zu Ecclestones Lieblingsmaximen gehörte: »Was du nicht weißt, macht dich nicht heiß.« Jetzt wusste Ecclestone nicht, was Gribkowsky sonst noch hervorzaubern konnte, indem er seine Position bei der FOH ausnutzte. Die Parteien warteten auf ein vorläufiges Urteil in einem zweiten Prozess vor dem High Court, bei dem es um die Leitung der FOA ging und die Beziehung zwischen Ecclestone und Bambino zur Debatte stand. »Das ist alles andere als hilfreich«, gab Ecclestone zu. »Der Brief könnte beweisen, dass ich eine Marionette von Bambino bin.« Um seine Veröffentlichung zu vermeiden, schloss Bambino am 23. März 2005 einen Vergleich mit Gribkowsky. Ecclestone stimmte endlich zu, dass eine Mehrheit der Vorstandsmitglieder von den Banken gestellt wurde. »Wir haben jetzt die Macht, Ecclestone zu entlassen«, verkündete Gribkowsky. »Wenn ich nicht ungehindert arbeiten kann«, sagte Ecclestone, »dann gehe ich. Wenn sie es anders machen wollen, bitte sehr.« Gribkowsky hatte die juristische Kontrolle erstritten, aber seine Anteile waren wertlos ohne Ecclestones Management. »Mir ist es egal, wer im Vorstand sitzt. Die Eigentumsfrage kümmert mich einen Dreck. Ich bin so arrogant zu glauben, dass das, was ich tue, richtig ist. Wenn ich die Formel 1 nicht so betreiben kann, wie ich will, nehme ich meinen Abschied.«

Als Ecclestone am nächsten Morgen aus seinem Haus trat, musste er feststellen, dass von seinem speziell angefertigten silbernen Mercedes AMG, der am Tag zuvor vom Hersteller geliefert worden war, zwei Räder gestohlen worden waren. Die Sicherheitskameras hatten den Diebstahl nicht aufgezeichnet. »Das ist wirklich ärgerlich«, meinte er. Nein, er würde den Diebstahl nicht der Polizei melden. »Die habe ich seit Jahren hier nicht mehr gesehen.« Zu denen, die ihm sein Beileid aussprachen, gehörte Flavio Briatore. »Sie werden mir die Räder aus Deutschland schicken müssen«, sagte Ecclestone zu seinem Freund.

10 BETRUG

Bei seinen Manövern, die Kontrolle über die Formel 1 zu behalten, war Ecclestone überzeugt, er könne sich auf Flavio Briatore verlassen. Dieser schillernde Playboy, der gerne im Rampenlicht stand und sich mit schönen Frauen auf Jachten und in Privatflugzeugen blicken ließ, hatte sich seit seiner Rückkehr im Jahre 2000 einen festen Platz bei der Formel 1 erobert. Unter seiner Leitung hatte Renault das ehemalige Benetton-Team neu aufgebaut und mit Fernando Alonso 2005 die Weltmeisterschaft gewonnen. Unverhohlen verband Briatore den eigenen Erfolg mit demjenigen der Formel 1. »Ich weiß, was die Leute wollen«, erklärte er. »Es geht um den Lebensstil, da alle Autos einander gleich sind. Niemand kommt zu mir nach der Weltmeisterschaft und sagt: ›Ihr Getriebe oder Ihre Federung waren Spitze.‹«

Nach seinen Weltreisen mit Ecclestone begriff er besser als andere, wie ständige Improvisationen den ganzen Zirkus in Bewegung hielten. »Ich kann sehr viel von Bernie lernen«, beteuerte er, »weil Bernie ein gewiefter Typ ist, der alles schnell, sehr schnell in den Griff bekommt.« Die Formel 1 hatte Briatore reich gemacht – nicht nur durch sein Gehalt von Renault, sondern auch, weil er auf einer 20-Prozent-Provisionsbasis als Agent für seine Fahrer fungierte, darunter Nelson Piquet und Fernando Alonso. Gute Fahrer in seinem Team, die nicht seine Kunden wurden, waren entlassen worden. Ecclestone ließ sich von den dreisten Ambitionen Briatores nicht aus der Ruhe bringen. Während seiner 55 Jahre im Sport war Ecclestone allen möglichen Figuren begegnet, aber seit dem Tod von Colin Chapman fehlte ihm ein Freund im Fahrerlager. Briatore, der vor Kurzem auf seiner Jacht vom *Hello*-Magazin im Minislip mit Naomi Campbell fotografiert worden war, füllte eine Lücke aus. Im ganzen Fahrerlager hätte Ecclestone keinen besseren Gesellschafter gefunden. Frank Williams war dank seiner Couragiertheit immer noch am Leben, aber ihre Gespräche waren auf notwendige Dinge beschränkt, während Ron Dennis nicht mehr damit zufrieden zu sein schien, in der eigenen Maschine um die ganze Welt zu fliegen und einen Luxus zu genießen, den sich nur wenige ehemalige Mechaniker erlauben konnten. »Es ist alles nicht mehr so, wie es mal war«, beklagte sich Ecclestone gegenüber Niki Lauda, als er wie gewohnt in dem großräumigen Wohnmobil Karl-Heinz Zimmermanns saß. »Ich vermisse die gute alte Zeit.« Um sich abzulenken, lud er Zimmermann zu ein paar Partien Backgammon ein, ein Spiel, das er in der Regel gewann, und viele im Fahrerlager hatten den Ehrgeiz, es mit ihm aufzunehmen.

Der Aufenthalt mit Slavica auf Briatores Jacht im Mai 2005 während des Grand Prix in Monaco war wie immer amüsant – nur beklagte sich Briatore darüber, dass McLaren zwei Wochen vorher in Spanien gegen Renault gewonnen hatte und dass McLaren auch in Monaco wieder die Favoritenrolle spielte. Ecclestone ließ sich kaum eine Reaktion anmerken. Das Ergebnis eines Rennens bekümmerte ihn selten – alles, was er wollte, war ein aufregendes Duell –, nur hatte Ron Dennis nicht nur den Ehrgeiz, die Weltmeisterschaft zu gewinnen, sondern auch die Kontrolle über die Formel 1 an sich zu reißen. Ecclestone hatte Dennis in Verdacht, sich Frank Williams' Unterstützung bei der GPMA dadurch gesichert zu haben, dass er dem Altmeister im Rollstuhl versprochen hatte, nach dessen Tod für seine Frau zu sorgen. Schließlich – so meinte er – hatte Williams es Dennis nachgesehen, dass dieser ihm viele lukrative Geschäftsbeziehungen weggelockt hatte, und mit der Abnahme von Williams' Erfolgen beim Rennen war er verwundbarer geworden. »Wie kann denn Ron dein bester Kumpel sein«, hatte Ecclestone Williams gefragt, »wenn er alles, was du hast, an sich reißt?« Auf diesen Vorwurf reagierte Williams, indem er sich mit Dennis gegen Ecclestones neues Abkommen mit Montezemolo verbündete. Um dieses letzte Abspaltungsmanöver zu vereiteln, brauchte Ecclestone die Freundschaft Briatores. »In diesem Spiel«, pflegte Ecclestone zu sagen, »machst du das, was du willst, nicht das, was die anderen von dir wollen. Du darfst nicht aufgeben. Du musst gewinnen.«

Es machte ihm immer großen Spaß, Dennis auszutricksen. Zu Beginn der Saison hatte Dennis damit gedroht, McLaren würde beim ersten Rennen nicht antreten, wenn Ecclestone nicht mehr Geld herausrückte. Dennis hatte Toyota überredet, sich auf seine Seite zu schlagen. »Wenn sie auf mich schießen wollen«, erklärte Ecclestone, den man mit leeren Drohungen nicht beeindrucken konnte, »sollten sie erst mal nachschauen, ob die Knarre geladen ist.« Wenn dieser Tage sein Handy klingelte, hörte man die Titelmelodie aus dem Clint-Eastwood-Western *Zwei glorreiche Halunken*. Die Kraftprobe zur Beendigung des Konflikts mit Dennis begann in Ecclestones Wohnmobil im Fahrerlager von Monaco. »Das Concorde-Abkommen wird nicht unterschrieben«, erklärte Dennis Ecclestone. »Ich halte dagegen«, erwiderte Ecclestone. »Gut, um 100.000 Pfund!«, konterte Dennis. »Abgemacht«, sagte Ecclestone. »Wie wär's mit 250.000?«, fragte Dennis. »Abgemacht«, sagte Ecclestone. Ein kurzes Schweigen trat ein, das von Ecclestone unterbrochen wurde: »Ich unterschreibe es.« Dennis sah verdutzt aus: »Aber das war nicht der Sinn der Wette.« »Doch«, sagte Ecclestone. »Wir haben niemals festgelegt, wie viele es unterschreiben müssen, bloß dass es nicht unterschrieben wird.« Ecclestone erwartete nicht, dass Dennis zahlen würde. Gewinnen war befriedigend genug für ihn.

Während er die brutalen Auseinandersetzungen im Geschäftsleben relativ gelassen hinnahm, fiel es ihm nicht leicht, das besonders peinliche Benehmen Slavicas an diesem Wochenende zu ignorieren, die ihn vor der versammelten Formel-1-Prominenz anschrie. Er zog sich in sein Wohnmobil zurück und suchte Trost bei Zimmermann. Trotz ihrer früheren Differenzen war sogar Niki Lauda willkommen, stundenlang an seinem runden Tisch zu sitzen. Die beiden Österreicher hatten Verständnis für seine Lage. Seine Töchter waren eine Entschädigung für alle Unzufriedenheit. Briatore war der Seelenverwandte, mit dem er vereint den Teams entgegentrat.

Briatores Eitelkeit war Max Mosley ein Dorn im Auge, besonders wenn er ostentativ durch das Fahrerlager stolzierte und sich für die Kameras zur Schau stellte. Teamchefs, so meinte Mosley, sollten sich den Feinheiten des Sports widmen und sich nicht mit Bagatellen und Intrigen abgeben. Ecclestones enges Bündnis mit einem Mann, dessen Karriere hinter einem Bankschalter begonnen hatte, war für Mosley unbegreiflich. Die Abneigung beruhte auf Gegenseitigkeit. Briatore konnte Mosley nicht ausstehen, obwohl Renaults Erfolg zum Teil der jüngsten Regelung Mosleys zu verdanken war, die einen Reifenwechsel während des Rennens verbot. Dadurch, dass er die Teams dazu zwang, sich am Anfang des Wochenendes für harte oder weiche Reifen zu entscheiden, hatte er Ferrari eines Vorteils beraubt. Montezemolo war es auch nicht gelungen, sich Mosleys neuen Vorschriften zur Aerodynamik anzupassen. Im Gegensatz dazu hatten Renault und McLaren die Neuregelung befolgt und waren auf dem besten Weg, Ferrari eine vernichtende Niederlage zu bereiten. Obwohl Briatore für Konstruktionsfragen und Vorschriften wenig übrig hatte, war er gemeinsam mit Mosley ein entschiedener Gegner der steil ansteigenden Kosten. »Die Formel 1 sollte profitabel sein«, erklärte der Italiener und ergriff damit offenkundig Partei für Ecclestone und gegen Ron Dennis und Montezemolo.

Vier Wochen später schwelten all diese Konflikte immer noch, als die Teams sich in Indianapolis zum Großen Preis der USA auf der ältesten Rennstrecke der Welt einfanden. Die Wiedereinführung der Formel 1 in den Vereinigten Staaten basierte auf einer Abmachung, die Ecclestone und Tony George, der Rennstreckenbesitzer, 1998 unterzeichnet hatten, und die einen aufwändigen Umbau der Rennstrecke vorsah. George verließ sich darauf, dass Ecclestone für ein aufregendes Rennen sorgen würde.

Die Konkurrenz zwischen Renault und McLaren war zu diesem Zeitpunkt äußerst scharf, während Michael Schumachers Ferrari als sicherer Verlierer galt. In Erwartung eines fesselnden Wettkampfs hatten 130.000 Fans Karten gekauft. Ecclestone war nicht besonders optimistisch angereist. Die Formel 1 war in den Vereinigten Staaten nicht sehr beliebt und erbrachte kaum Gewinn. Im

Vergleich mit den populären NASCAR-Rennen auf 1.200 Strecken wäre die Formel 1 bald auf nur einen Wettbewerb beschränkt. In den Augen seiner Kritiker war dies auf Ecclestones Nachlässigkeit zurückzuführen. Es sei ein Aberwitz, fanden sie, in welchem Maß die Formel 1 auf dem größten Automarkt der Welt im Verlauf der letzten 20 Jahre heruntergewirtschaftet worden sei. Er entgegnete unverblümt, dass die Amerikaner nicht in der Lage seien, sich zwei Stunden lang auf ein Formel-1-Rennen zu konzentrieren und dass auch die wenigen, die sitzen blieben, sich über das Fehlen amerikanischer Fahrer und die unangenehmen Sendezeiten der Rennen in anderen Erdteilen ärgerten. Auch in finanzieller Hinsicht sei es wenig attraktiv. Die Indy-Rennstrecke, deren Besucher an billige NASCAR-Rennen gewöhnt waren, könne es nicht mit der Ausbeute aufnehmen, die von den neuen Veranstaltern aus dem Nahen Osten und Asien geboten wurde. »Wenn ihr aber so überzeugt seid«, forderte Ecclestone seine Kritiker heraus, »wollt ihr dann ein bisschen Geld in die Indy-Rennen investieren?« Einstimmig lehnten sie ab. Das Indy war ein Kreuz, das getragen werden musste. Im Juni 2005 konnte niemand voraussehen, dass ein gewöhnlicher Zwischenfall die ohnehin prekäre Situation der Formel 1 in den Vereinigten Staaten und die gespannten Beziehungen zwischen den konkurrierenden Teamchefs weiter zuspitzen sollte.

Zwei Tage vor dem Rennen rief Charlie Whiting, der Renndirektor der FIA, Mosley mit der Nachricht an, dass Ralf Schumachers Toyota in Kurve 13 mit einem geplatzten Reifen verunglückt sei. Eine kurze Untersuchung hatte festgestellt, dass die Michelin-Reifen der Belastung durch hohe Geschwindigkeiten in dieser Kurve nicht standhielten. Zunächst versicherte das Michelin-Team, dass neue Reifen aus Frankreich über Nacht nach Indianapolis geflogen werden würden. Weitere Tests erbrachten jedoch den Nachweis, dass überhaupt keine Michelin-Reifen in Kurve 13 sicher waren. Während des vorigen Jahres war die Seitenwand des Reifens neu konstruiert worden, und trotz vieler Tests auf einem Simulationsapparat war es nicht gelungen, die Schwachstelle zwischen Lauffläche und Seitenwand des Reifens zu entdecken.

Sieben Teams benutzten Michelin-Reifen. Alle Teamchefs riefen Mosley, der sich in Monaco aufhielt, an, um seine Zustimmung zu einer einfachen Lösung zu erhalten. Um die Renngeschwindigkeit zu reduzieren, sollte die FIA eine zusätzliche Schikane vor der Steilkurve in Auftrag geben. Mosley war nicht bereit zu helfen. Drei Teams, darunter Ferrari, benutzten Bridgestone-Reifen, und er stellte die rhetorische Frage: »Warum sollte ich sie dafür bestrafen?« Bevor er seine Entscheidung bekannt gab, telefonierte er mit Jean Todt, um sich die Unterstützung Ferraris für seine Entscheidung zu sichern. Todt war hoch erfreut: »Wir hatten keinen guten Wagen und unsere Reifen waren auch nicht gut genug – also stimmte ich mit Max überein.« Da er wusste, dass Ferrari ihn nicht in Verlegenheit bringen würde, weigerte sich Mosley, den Bau einer Schikane zuzulassen. Damit hatte er im Grunde sieben Teams aus der Konkurrenz ausgeschlossen. Im Verlauf des Samstags wurde Mosley mit hektischen Anrufen von Ron Dennis, Flavio Briatore und Ecclestone bestürmt, sich seine Entscheidung nochmals zu überlegen. Briatore war besonders aufgebracht. Er warf Mosley vor, das ganze Problem dadurch verursacht zu haben, dass er zum Saisonbeginn die neue Regelung eingeführt hatte, die jeden Reifenwechsel während des Rennens untersagte.

»Ich werde das in Ordnung bringen«, sagte Ecclestone, weil er glaubte, er könne Mosley und Todt dazu überreden, einer Schikane zuzustimmen. Aber an diesem Samstag bekam Ecclestone seine Machtlosigkeit zu spüren. »Max will nicht nachgeben«, erklärte er Briatore. Im Fahrerlager wurde er von Martin Brundle von ITV gefragt: »Was geht hier vor, Bernie?« »Keine Ahnung«, antwortete Ecclestone. Mosley, der 7.000 Meilen von Indianapolis entfernt und nicht bereit war, über den Atlantik zu fliegen, weigerte sich nachzugeben. »Ich hatte den Verdacht«, sagte er, »dass das Problem mit den Reifen bei Weitem nicht so gravierend war, wie sie es darstellten. Ich hatte eher das Gefühl, dass man diese Situation künstlich und absichtlich herbeigeführt hatte.« Da er von einem Schwindel überzeugt war, interpretierte Mosley die Appelle von Dennis und Briatore, zwei Männern, die er nicht mochte, als vorsätzliche Herausforderung seiner Autorität, die Sicherheits- und Fairnessregeln der Formel 1 durchzusetzen. »Ecclestone und die Teams glaubten, sie könnten den Gang der Ereignisse bestimmen«, konstatierte er. »Und sie konnten es nicht.«

Das Rennen am Sonntag, dem 19. Juni, wurde zur Katastrophe. Alle 20 Wagen nahmen ihre Startaufstellung ein, aber nach der ersten Runde schieden 14 aus. Die Zuschauer, die nichts von den Hintergründen wussten, pfiffen und warfen Bierdosen auf die Rennstrecke. In dem Tumult wurde das eher geruhsame Rennen zwischen den Ferraris und den Nachzüglern zu einem entscheidenden Augenblick für die Beziehungen zwischen den Drahtziehern der Formel 1. Mosley wurde allgemein beschimpft, und ihm wurde vorgeworfen, die Krise verursacht zu haben. Briatore sprach über das Vergnügen Mosleys, lieber die Teams in Verlegenheit zu bringen als eine Lösung zu finden – ein Vorwurf, der Mosley in Rage brachte. Sogar Ecclestone äußerte sich kritisch: »Max hatte ein überzeugendes Argument, aber er hätte darum herumkommen können. Er war nicht sehr hilfreich. Es schien ihm gleichgültig zu sein, dass dies das Ende der Formel 1 in Amerika bedeuten würde.« »Das war dumm, wirklich dumm«, schrieb Mike Mulhern, ein Reporter des *Winston Salom Journal.* »Überheblichkeit und Dummheit haben dies verursacht. Es zeigt keinen Respekt für die Zuschauer auf den Tribünen und vor dem Fernseher. Es ist ein Schlag ins Gesicht der amerikanischen Öffentlichkeit.« Trotz des Eklats zeigte Mosley keine Reue. »Bernie weiß, dass ich nicht gut darin bin nachzugeben. Mir kam die Sache unglücklich vor, aber nicht katastrophal.« Um seine Macht zu beweisen, zitierte er die sieben Teams wegen »Handlungen, die geeignet sind, die Interessen des Wettbewerbs zu schädigen«, vor das World Motor Sport Council (WMSC), wo sie in zwei Punkten für schuldig befunden wurden. Im Juli 2005 wurden die Strafen aufgehoben, nachdem Michelin die volle Verantwortung für den Skandal übernommen hatte. »Vertrauliches Beweismaterial«, sagte Mosley, »hat die Begründung der Schuldsprüche gegenstandslos gemacht.« Seine Kapitulation kam zu spät. Man warf Mosley vor, »sich zu profilieren«, und es sei ihm egal, wenn die Formel 1 nicht wieder gutzumachenden Schaden erlitte. Die Teams, erkannte Ecclestone, »wollen Mosleys

Kopf.« In Wirklichkeit hatten sie auch seinen Kopf aufs Korn genommen.

Rückblickend räumte Ecclestone ein, dafür verantwortlich zu sein, dass die Formel 1 aus seiner Kontrolle geraten war. Wenn er die Anteile nicht verkauft hätte, »wäre uns dieser ganze Unsinn erspart geblieben«. Um seine Schwäche zu kaschieren, gab er vor, nicht zu wissen, was die Teams für Zielvorstellungen hätten. »Ich weiß nicht, was sie tun wollen, und ich glaube, sie wissen es auch nicht. Ich glaube, es ist einer dieser Fälle, wo jemand etwas gesagt hat, es im Nachhinein bereut, und jetzt keine Ahnung hat, wie er sich aus der Sache herauswinden soll.« Das Bedauern, das er den Teams unterstellte, war nicht so glaubwürdig wie seine sonstige Offenheit anderen gegenüber: »Früher hatten wir mehr oder weniger eine Diktatur – und ich war der Diktator. Jetzt gibt es eher eine Art Demokratie – und sie scheint nicht zu funktionieren, weil die Leute zu viel Freiheit haben und alles sagen und tun können, was sie wollen.« Wenn man ihm zusetzte, gab er den Teamchefs die Schuld: »Ich bin dieses kleinliche Gezänk ein bisschen leid, und ich bin es auch leid, dass ich es mit Leuten zu tun habe, die sich unbedingt aufspielen müssen und sich für bedeutender halten, als sie sind. Ich habe es schon oft gesehen. Diesen Leuten sage ich immer: ›Kommt mal mit mir zum Friedhof, und ich zeige euch, wo wir eine ganze Menge von euresgleichen begraben haben.‹« Er war besonders wütend auf Männer wie Ron Dennis, die ihm ihren Reichtum verdankten. »Sie haben keinen einzigen Dollar investiert, aber sehr viel herausgenommen. Jetzt fliegen sie in ihren Privatmaschinen herum, besitzen Jachten und drei Villen. Sind diese Leute nicht ein klein wenig undankbar, wenn man bedenkt, was mit ihnen passiert ist?« Jetzt war die Zeit gekommen, beschloss er, sie Farbe bekennen zu lassen.

Seit Gribkowskys Sieg hatte Ecclestone über einen Bruch mit dem Banker nachgedacht, dessen kleinliche Formalitäten es ihm schwerer machten, seine Geschäfte auf die gewohnte Art zu führen. »Wenn ich die Formel 1 nicht so betreiben kann, wie ich will«, wiederholte er ungeduldig, »nehme ich meinen Abschied.« Seine Unbeugsamkeit beunruhigte Gribkowsky. Der deutsche Banker hatte seine Siege vor Gericht errungen, und ihm war es auch gelungen, die beiden amerikanischen Banken auszuschalten, sodass er allem Anschein nach die volle gesetzliche Kontrolle über die Formel 1 hatte – nur war er ohne Ecclestone im Endeffekt machtlos. Um seine Unentbehrlichkeit zu demonstrieren, inszenierte Ecclestone ein Drama. Er wusste, dass Gribkowsky das Geld der Bank zurück- bekommen wollte, und ermutigte ihn noch einmal dazu, die An- teile an die Automobilhersteller zu verkaufen – Ferrari, BMW, Ford und Renault –, die sich zum Fürsprecher der gescheiterten Abspal- tung gemacht hatten. »Ich bin überzeugt, dass sie die Formel 1 kau- fen wollen«, versicherte Ecclestone Gribkowsky, fügte jedoch nicht hinzu: »Ich wäre überrascht, wenn sie kaufen würden, aber ich werde nicht überrascht sein, wenn sie es nicht tun.«

Also unternahm Gribkowsky, der die Gewissheit Ecclestones mit Skepsis betrachtete, den Versuch, Rick Parry-Jones von Ford, Burkhard Göschel von BMW, Patrick Faure von Renault und Mon- tezemolo zu ködern. Bei jedem Treffen wurde Gribkowsky begeis- tert begrüßt, und jeder der Männer deutete in weiteren Gesprächen an, wie Ecclestone »im Lauf der Jahre« die Teams »betrogen« hätte, was – so meinten alle – seine Absetzung unausweichlich machte. Gribkowsky war fasziniert. Die blutigen Kämpfe hatten auch bei ihm den Verdacht erregt, dass es mit der Ehrlichkeit Ecclestones nicht so weit her war, und die Formel-1-Hersteller, die Ecclestones Integrität nun in Zweifel zogen, waren offenbar glaubwürdige Zeu- gen. Je weiter er aber die Lage sondierte, desto klarer wurde, wie viel Übertreibung hier im Spiel war. Keiner von denen, die Ecclestone beschuldigten, konnte den geringsten Beweis dafür erbringen, dass er sie »betrogen« hätte oder dass sie in irgendeinem Sinn Opfer einer Unredlichkeit geworden wären. Stattdessen begriff Grib- kowsky allmählich, dass ihre Anschuldigungen lediglich Ausdruck ihrer Eifersucht auf Ecclestones Erfolg waren. Um die Sache weiter voranzutreiben, forderte Gribkowsky Montezemolo und die ande- ren Hersteller auf, die Formel 1 bis 2006 zu übernehmen. Da er keine abschlägige Antwort erhielt, meldete er Ecclestone seinen »Erfolg«. Ecclestone war nicht überzeugt. »Sie wollen 50 Prozent des Einkommens und 50 Prozent der Aktien – also müssen sie sich dazu verpflichten, die Formel 1 mindestens fünf Jahre lang zu unterstützen«, erklärte er Gribkowsky. Er hatte die Erfahrung gemacht, dass die Hersteller mal in die Formel 1 einstiegen, kurz darauf wieder ausstiegen, wusste aber, dass sie sich niemals vertraglich verpflichten würden, mehr als eine Milliarde Dollar auszugeben. Wenn sie Rennen verloren oder wenn es eine Rezession gab, würden ihre Vorstände sofort einen Rückzieher machen. Gribkowsky ging wieder auf seine Ochsentour und gab sich nach weiteren Gesprächen geschlagen. »Leider haben diese Leute die Vorstellung«, tröstete Ecclestones ihn, »dass 90 Prozent von 50 Prozent besser sind als 70 Prozent von 100 Prozent. Es liegt alles daran, dass Rechnen nicht ihre Stärke ist.«

Während Gribkowsky mit seinem Latein am Ende war, wollte Ecclestone ein für allemal dem Aufstand ein Ende machen. Er bat Brian Powers um Hilfe. »Ich bin bereit«, sagte er zu Powers, »völlig auszusteigen, wenn die Teams die Sache übernehmen.« Powers wurde angewiesen, den Teams zu zeigen, wie sie das ganze Unternehmen innerhalb von fünf Jahren ohne weitere Ausgaben in ihren Besitz bringen konnten, wenn sie die Anteile der Banken kauften. Ecclestone sagte, er sei sogar bereit, seinen eigenen Anteil von 25 Prozent zu verkaufen. Powers wandte sich zunächst an Ron Dennis. Der lehnte ab. »Er hat Angst, jemand könnte ihn übers Ohr hauen«, berichtete Powers. »Versuchen Sie es weiter« erwiderte Ecclestone. Die letzte Station auf Powers' Reise war die BMW-Zentrale in München, wo er ein Gespräch mit Burkhard Göschel führte, dem Sprecher der GPMA. Powers zeigte dem für den Motorsport zuständigen Direktor, wie er seine Investition innerhalb von fünf Jahren wieder hereinholen könnte. Wie alle Teamchefs hatte auch Göschel den Verdacht, dass jedes Angebot von Ecclestone darauf angelegt sei, ihn auszutricksen. »Ich will keinen Kredit aufnehmen«, sagte Göschel. »Von Schulden ist nicht die Rede«, entgegnete Powers. »Sie werden alle Ihr Geld innerhalb der nächsten fünf Jahre zurückbekommen.« Der Deutsche ließ sich nicht überzeugen. »Wir wollen an Rennen teilnehmen, nicht ins Geschäft mit den kommerziellen Rechten einsteigen.« Ecclestone, den die Ablehnung seines Vorschlags nicht überraschte, tat so, als könne er das alles nicht verstehen. »Die ganze Sache ist ein einziger Albtraum. Wir haben ihnen das angeboten, was sie immer haben wollten.« Und jetzt hatten sie die Chance nicht wahrgenommen. In Bluff und Gegenbluff zeigte sich, dass niemand besser pokern konnte als Ecclestone.

Die Verwirrung, die unter den Teams herrschte, war für Ecclestone günstiger als irgendein Zerwürfnis, das er selbst inszeniert hatte. Zunächst wollten sie ohne Ferrari eine neu formierte GPMA gründen. Dann gingen sie auf das Angebot Ecclestones ein, mehr Geld durch ein neues Concorde-Agreement zu erhalten. Schließlich waren sie ratlos, als Ferrari das Angebot ablehnte. »Wir wollen keine Spaltung«, meinte John Howett von Toyota, »wir wollen nur eine ordentliche professionelle Geschäftsführung; nichts, was an einen Gebrauchtwagenladen aus den 1960er Jahren erinnert.« »Bernie, Sie tun immer so, als ob Sie mich nicht verstehen«, flehte ihn Howett an, »aber wir müssen Gewissheit haben.« Ecclestone legte Bitten um »einen Dialog« als Zeichen von Schwäche aus. So oft Howett, Göschel und Patrick Faure von Renault auch nach Gewissheit über ein neues Concorde-Agreement verlangten, unternahm Ecclestone wenig, um Klarheit herbeizuführen. »Howett«, bemerkte er giftig zu Mosley, »ist nur ein Typ vom TÜV. Mein Wagen braucht keinen TÜV, und ich brauche ihn auch nicht.« Mosley stimmte ihm zu. Ohne Ferrari standen die übrigen Hersteller auf verlorenem Posten.

Anfang September kehrte Ecclestone von Monza nach London zurück. Wie üblich war er vor dem Ende des Rennens zurückgeflogen, hoch erfreut darüber, dass der Wettkampf zwischen Ron Dennis und Flavio Briatore noch immer erbittert war. McLaren hatte das Rennen gewonnen, aber Alonso und Renault führten nach wie vor in der Weltmeisterschaft. Die italienischen Zuschauer waren über das schlechte Abschneiden Ferraris deprimiert. Die Stimmung im Fahrerlager war auf einen Tiefpunkt gesunken. Natürlich hatte Ecclestone mit Montezemolo, Dennis, Williams und allen seinen anderen Kritikern Gespräche geführt, aber er wusste, dass die prekäre Lage der Formel 1 erst dann zu stabilisieren wäre, wenn die Banken nicht mehr ihre Anteile besaßen. Zwei Tage nach seiner Rückkehr löste ein unerwarteter Anruf das Dilemma. »Ich habe einen Käufer für die Formel 1«, sagte ein gewisser Hersman, den

Ecclestone bis dahin noch nicht kannte. »Wenn alles klappt, will ich eine Provision von einem Prozent.« »Die bekommen Sie von dem Käufer, nicht von mir«, erwiderte Ecclestone dem Unbekannten, den er für einen Hochstapler hielt. Dann wurde er Donald Mackenzie vorgestellt.

Donald Mackenzie, ein schottischer Jurist, war ein Seniorpartner des Londoner Finanzunternehmens CVC Capital Partners, einer internationalen Kapitalbeteiligungsgesellschaft, die über 30 Milliarden Dollar verfügte, die in einer erfolgreichen Auswahl von über 200 Unternehmen – darunter Kwik-Fit, Debenhams, IG Index und Halfords – angelegt waren. Mackenzie, dem man vorwarf, in seiner Profitgier einen Mangel an gesellschaftlicher Verantwortung an den Tag zu legen, hatte den Wert der Formel 1 richtig eingeschätzt. Seit er als Schuljunge in Schottland die Karriere Jim Clarks verfolgt hatte, war er Formel-1-Fan und stolzer Besitzer des jeweils neuesten Ferrari. Die Formel 1 war, wie Mackenzie wusste, eine Gelddruckmaschine. Ecclestone erwartete, im Jahr 2006 – vier Jahre vor dem vereinbarten Termin – die Anleihe von 1,4 Milliarden Dollar zurückzahlen zu können, und in der Zwischenzeit verkauften sich die Anleihen auf dem Markt mit einem ansehnlichen Aufschlag. Private Kapitalfonds wählten nur Unternehmen mit einem günstigen Rendite-Risiko-Verhältnis aus, die innerhalb von zehn Jahren mit einem hohen Gewinn wieder verkauft werden konnten. Mackenzie benötigte eine solche Zusicherung von Ecclestone. Wie alle Manager von privaten Kapitalfonds war er nur dann geschäftlich erfolgreich, wenn er gewiefter war als die Geschäftsführer der Firmen, die er aufkaufte. Wenn er vorhatte, Ecclestone zu überlisten, war das eine gewaltige Herausforderung.

Drei Tage nach dem Rennen in Monza verbrachte Ecclestone eine Stunde mit Mackenzie in Spa, und nachdem er sich davon überzeugt hatte, dass der Schotte es ernst meinte, rief er Gribkowsky an: »Warum kommen Sie nicht vorbei, um Donald kennenzulernen?« Gribkowsky, der sich in seinem Landhaus in Frankreich aufhielt, nahm Ecclestones Angebot an, ihm sofort sein Flugzeug aus Belgien zu schicken. »Wenn er Interesse hat«, fügte Ecclestone hinzu, »können Sie Bambinos 25 Prozent zum gleichen Preis verkaufen.«

Drei Stunden später hatte Gribkowsky, der eine große Zigarre rauchte und eine Sonnenbrille trug, Mackenzie kennengelernt. »Ich will 2,2 Milliarden Dollar«, sagte Gribkowsky. »Das ist der ursprüngliche Preis einschließlich des Zinsverlusts der letzten fünf Jahre.« Nach einer Verhandlung von einem Tag war Mackenzie einverstanden. Ecclestone war begeistert. Sein restlicher Anteil würde für 450 Millionen Dollar an CVC verkauft werden, und er würde dann zehn Prozent des endgültigen Unternehmens für 100 Millionen Dollar kaufen. Lehman Brothers sollte 15 Prozent und J. P. Morgan drei Prozent der neuen Firma kaufen. Ecclestone war dafür dankbar, dass Mosley CVC als geeigneten Eigentümer akzeptierte.

Nichts von alledem drang während der drei letzten Rennen in Brasilien, Japan und China nach außen. Der Kampf zwischen Dennis und Briatore erreichte beim 19. Rennen in Schanghai, das Renault gewann, seinen Höhepunkt. Alonso war Weltmeister und Briatore um einiges reicher geworden. Knapp sechs Wochen später, am 25. November 2005, gab CVC bekannt, sie habe die Formel 1 von der Bayerischen Landesbank und zugleich auch den Anteil Ecclestones für 2,5 Milliarden Dollar gekauft. Ecclestone erhielt 40 Millionen Dollar von der Bank für die Vermittlung an CVC, Bambino erhielt 27 Millionen

Bald darauf kaufte CVC den beiden anderen Banken die Formel-1-Anteile ab und erwarb auch noch Allsport von Paddy McNally. Obwohl der Jahresgewinn von Allsport bei ungefähr 100 Millionen Dollar lag, erhielt McNally nicht mehr als 370 Millionen Pfund und die anderen Teilhaber um die 30 Millionen Pfund. McNally vermehrte seinen Immobilienbestand in der Schweiz, wo er seit 40 Jahren seinen Wohnsitz hatte, und in Südengland, wo er zwei Landhäuser besaß, um ein Moorhuhnrevier in Schottland. Ecclestone war über den Handel erfreut. Der Lohn für seine Ausdauer wurde auf das Schweizer Konto seines Familientrusts eingezahlt.

Ecclestone hatte von einem fünffachen Besitzerwechsel profitiert, seitdem er zum ersten Mal im Jahr 1996 erwogen hatte, mit der Formel 1 an die Börse zu gehen. Sein Weg zu einem Gesamterlös von über vier Milliarden Dollar und einem persönlichen Einkommen von rund einer Milliarde Dollar wäre weniger beschwerlich gewesen, hätte er nicht dem Tod ins Auge gesehen. Seine Bypass-operation, gab er zu, hatte einen großen Einfluss auf ihn gehabt. Jetzt war die Eigentumsfrage an der Formel 1 endgültig geklärt, und Geld war nicht mehr seine erste Priorität. Sein einziges Interesse bestand darin, die Formel 1 für CVC zu managen. Sein Jahresgehalt von 2,5 Millionen Pfund plus einem Bonus von einer Million und Spesen, die den Treibstoff für seinen Falcon-Jet einschlossen, interessierte ihn nur mäßig.

Im Vorfeld der ersten Vorstandssitzung von CVC auf Jersey wurde Ecclestone darum gebeten, den »Bericht des Geschäftsführers« einzureichen. »Darf ich Ihnen den zuschicken?«, fragte Ecclestone Gribkowsky, der im Vorstand geblieben war. Aus dem Faxgerät in München kam dann lediglich eine Seite, auf der zu lesen stand: »Es gibt nichts Besonderes zu berichten.« Gribkowsky rief in London an: »Bernie, der Bericht ist vielleicht ein bisschen *zu* knapp.«

Im Verlauf der Jahre hatte Ecclestone oft Anteilnahme am Wohlbefinden seiner Gegner gezeigt. Als er hörte, dass Gribkowsky sich einer schweren Herzoperation unterziehen musste, griff er zum Telefon. Gribkowsky war dankbar, blieb aber ungerührt. Dass Ecclestone ihm seine Hilfe anbot, war seiner Meinung nach nur ein Beweis dafür, dass Milliardäre häufig zu einsamen Menschen wurden und befürchteten, niemand wage es mehr, ehrlich zu ihnen zu sein. Ecclestone fand diese Reaktion amüsant. Montezemolo, Dennis und andere Teamchefs waren unverblümt in ihrer Kritik. Freundschaft war eine andere Sache. Solche Gefühle waren ohnehin für sein Bestreben irrelevant, Mackenzie zu beweisen, dass er die Teams dazu überreden konnte, ihren Streitigkeiten ein Ende zu machen. »Ich werde es schon in Ordnung bringen«, versicherte er dem neuen Eigentümer.

Die Nachricht der Übernahme durch CVC hatte die ganze Formel-1-Gemeinde wütend gemacht. »Unser Sport ist in die Hände eines Geiers gefallen«, klagte Patrick Head, der Konstrukteur des Williams-Teams. Ron Dennis und Luca Montezemolo führten den Chor der Protestierenden an. Wieder einmal, schimpften sie, hatte Ecclestone von einem Besitzerwechsel ohne ihre Zustimmung profitiert. Während er durch den Verkauf seines 25-Prozent-Anteils 450 Millionen Dollar eingesteckt hatte, hatten sie keinen Cent gesehen.

Nachdem Mackenzie die Anteile für 2,9 Milliarden Dollar gekauft hatte, saß er im Büro Ecclestones und redete mit ihm über Strategien, um den Ankauf zu finanzieren. »Sie sollten mit Fred Goodwin reden«, schlug Ecclestone vor, der den Vorstandsvorsitzenden der Royal Bank of Scotland (RBS) persönlich kannte. »Holen Sie mir Fred an den Apparat«, forderte Ecclestone seine Sekretärin auf. Einen Moment später rief die Sekretärin zurück. »Mr. Goodwin ist im Urlaub.« »Ich habe nicht gefragt, wo er ist«, knurrte Ecclestone sie an. »Ich habe gesagt, ich möchte mit ihm reden.« Innerhalb weniger Minuten rief Goodwin, der gerade in Thailand Ferien machte, aus Phuket an. Das Gespräch endete damit, dass die Bank CVC einen Kredit von 1,5 Milliarden Dollar und später weitere 1,4 Milliarden Dollar anbot. Mackenzie beabsichtigte, die Verbindlichkeiten aus den Einkünften der Formel 1 bis 2014 zu begleichen.

Als diese Nachricht an die Öffentlichkeit drang, stellte Montezemolo fest, dass sogar Briatore seine Klage zur Kenntnis nahm, dass ein Finanzmann die Einnahmen der Formel 1 benutzte, um seine Kredite zurückzuzahlen. Vorläufig wollte sich Briatore keiner Kampagne anschließen, meldete aber die Beschwerde an Ecclestone weiter. »Sie können mich mal!«, rief er aus. Die Teams hatten es abgelehnt, Gribkowsky die Formel 1 abzukaufen, waren aber andererseits dagegen, dass jemand anders das Geschäft gemacht hatte.

Um das Kriegsbeil zu begraben, lud Ecclestone die Teams ein, Mackenzie im Heathrow Hilton kennenzulernen. Montezemolo kam zwar, weigerte sich jedoch, den Raum zu betreten. »Er möchte eine Sonderbehandlung erhalten«, berichtete Gribkowsky Ecclestone. »Er hat Angst, dass Ferrari keine zusätzlichen Zahlungen mehr bekommt.« Mit einem Blick auf Dennis stellte Ecclestone fest, dass sein alter Gegner wie üblich ein finsteres Gesicht machte, weil jetzt Mackenzie mit der Formel 1 viel Geld verdiente. Als Ecclestone sich Montezemolo näherte, um ihn dazu zu bringen, den Raum zu betreten, fing der Italiener an zu schreien: »Wir sorgen für die Show und das Geld, und jetzt werden wir abgezockt. Es wird keine Schlichtung geben. Wir steigen aus der Formel 1 aus. Basta!«»Kommen Sie doch erst einmal herein«, forderte Ecclestone den Darsteller auf. Mit ostentativem Widerwillen ließ Montezemolo sich überreden. Das Treffen endete ohne einvernehmliche Lösung. Die Teams wollten 75 Prozent der jährlichen Einkünfte, CVC bot ihnen jedoch nur 50 Prozent an. »Machen Sie sich keine Sorgen«, beruhigte Ecclestone Mackenzie beim Abschied. »Ich werde die Sache schon wieder einrenken.« Um die einheitliche Front der Teams einzureißen, fing Ecclestone an, Frank Williams zu bearbeiten. In letzter Zeit hatte das Vermögen seines alten Freundes Einbußen erlitten. Williams war deshalb bereit, für 20 Millionen Dollar seinen Widerstand aufzugeben und das neue Concorde-Agreement für 2008 bis 2012 zu unterzeichnen. »Frank ist immer ein braver Soldat«, sagte Gribkowsky. Giancarlo Minardi gab sich mit der gleichen Entschädigung zufrieden. Ein größeres Hindernis stellten die Hersteller und Ron Dennis dar.

»Rons Arroganz übersteigt jedes Maß«, bemerkte John Surtees. »Manchmal spricht er mit mir, manchmal nicht.« Zu Jody Scheckters Fasanenjagd im Winter 2006 in Hampshire reiste Dennis in seiner Spezialanfertigung eines extralangen silbernen Mercedes mit Vierradantrieb an, den er von seinem deutschen Belader steuern ließ. Im maßgeschneiderten Tweedanzug öffnete er die Heckklappe, um eine makellose Innenausstattung aus Holz zu zeigen. Links waren seine zwei Flinten, rechts eine Hundehütte für seinen schokoladenbraunen Labrador. Eine zusätzliche Klappe verhinderte, dass der Hund den Lack zerkratzte, wenn er heruntersprang. Im Mittelteil war eine Bar mit sechs Flaschen kalten Dom Perignons und sechs goldenen Kelchgläsern von Theo Fennell mit der Inschrift »Ron und Lisa«. Die hätten 2.000 Pfund pro Stück gekostet, raunte Dennis Peter Warr, dem ehemaligen Manager des Lotus-Teams, stolz zu. »Versteck sie!«, flüsterte Scheckter schelmisch, während sie die Kelchgläser leerten. Beim Versuch, seine teuren Vorzeigegläser wieder einzusammeln, kamen nur vier zum Vorschein. Dennis hatte keinen Zweifel, dass sein Gastgeber die letzten beiden behalten hatte. Die Flinte auf Scheckters Mercedes gerichtet, drohte Dennis: »Ich schieße dir ein großes Loch in dein Auto, wenn du sie nicht wieder rausrückst.« Scheckter lenkte ein. Er hatte keinen Zweifel daran, dass Dennis abdrücken würde.

Dennis' schlechte Laune wurde noch dadurch angeheizt, dass McLaren kein einziges Rennen gewonnen hatte und dass alle Teams im Verlauf der Saison 2006 erhebliche finanzielle Einbußen hatten hinnehmen müssen. Wie üblich gaben alle mehr aus, als sie einnahmen, und die Verkaufszahlen Ferraris waren von 7.000 auf 2.000 Wagen gesunken. Erschwerend kam hinzu, dass CVC sich weigerte, die jährlichen Einkünfte an jene Teams auszuzahlen, die das neue, aber noch nicht in Kraft getretene Concorde-Agreement, das ab 2007 gelten sollte, nicht unterschrieben hatten. »Concorde-Agreements sind sinnlos«, sagte Ecclestone, der ebenfalls seine Unterschrift verweigerte, »und die Teams können sich auf nichts einigen.« Dass Ecclestone und Mosley wieder einmal an der Verwirrung ihre Freude hatten, goss natürlich Wasser auf Dennis' Mühlen.

Ungeachtet eines jeden Abkommens betrieb Dennis weiterhin seinen Anspruch auf ein Prozent der Anteile oder 40 Millionen Dollar durch ein Schiedsgerichtsverfahren in der Schweiz. Am Ende verlor er, weil seine Anwälte ursprünglich eine Vereinbarung unterzeichnet hatten, die ein Vorgehen gegen die Formel-1-Gesellschaft ausschloss, die letztlich die Anteile verkaufte, aber in der Zwischenzeit brauchte er Geld, und Mackenzie wollte Frieden. Renault dominierte die Saison, als sich Dennis und Ecclestone am Vorabend des Grand Prix in Barcelona am 13. Mai 2006 im Zelt und im Wohnmobil Zimmermanns zu einer Reihe besonders hitziger Auseinandersetzungen mit Donald Mackenzie und Sacha Woodward-Hill trafen. Es kam nicht mehr in Frage, sich auf ein 700-seitiges Concorde-Abkommen bis 2012 zu einigen, sodass Dennis verlangte, die Teams sollten ein kurzes rechtskräftiges Dokument auf der Basis des Ferrari-Abkommens von 2005 vereinbaren.

Den finanziellen Einzelheiten hatte Mackenzie eine Woche zuvor auf Jersey zugestimmt. Auf einer gleitenden Skala sollten die Teams zusätzlich 500 Millionen Dollar erhalten, womit ihre früheren Einkünfte von 23 Prozent auf 50 Prozent des Gesamtertrags erhöht wurden, was 60 Prozent der Preisgelder einschloss – früher waren es 30 Prozent gewesen –, deutlich weniger als ihre ursprüngliche Forderung von 75 Prozent. Der Sieger sollte fast 58 Millionen Dollar erhalten, und man garantierte Ferrari 88 Millionen Dollar von den 750 Millionen, die im Lauf des Jahres 2006 durch Fernsehrechte und Rennveranstalter eingenommen wurden.

Dennis sah in dieser Vereinbarung den ersten Durchbruch zum Sturz Ecclestones. Andere teilten seine selbstgefällige Ansicht nicht. Da Ecclestone darauf bestanden hatte, dass diejenigen, die am längsten gezögert hatten, am meisten verlieren sollten, büßte Dennis rund 50 Millionen Dollar als »Bestrafung« dafür ein, dass er nicht früher unterschrieben hatte, wohingegen Ferrari mit zusätzlichen fünf Prozent der Preisgelder belohnt wurde. Die Unterschriften leiteten einen Waffenstillstand ein. Sogar ein Außenseiter hätte die allgemeine Stimmung der Erleichterung und Freude gefühlt, als Ecclestone zwei Wochen später an Bord von Briatores Jacht in Monaco ging, um Slavicas Geburtstag und Renaults Siege zu feiern.

»Milliardäre weit und breit«, kommentierte Mosley anerkennend. Wie immer hatte Briatore eine Menge Berühmtheiten um sich versammelt, darunter den Kronprinzen von Bahrain und die Herzogin von York, Sarah Ferguson. Mohammed Al Fayed saß mit Lakshmi Mittal und Mosley zusammen. Auf einmal hörten die drei Männer Slavica lauthals auflachen. »Sie macht sich über Ihre Frisur lustig«, eröffnete Fayed Mittal. »Das überrascht mich nicht«, gab Mittal zurück. »Ich habe mir die Haare bei Harrods schneiden lassen.« Briatore hatte allen Grund zu feiern. Am nächsten Tag gewann Alonso den Grand Prix in einem Renault und war auf dem besten Wege, seine zweite Weltmeisterschaft zu gewinnen. Briatore erlebte seine Sternstunde.

Zwei Wochen später sah Niki Lauda, wie Ecclestone bedrückt durch das Fahrerlager in Silverstone ging. »Bernie, was fehlt dir? Macht sie dir die Hölle heiß?« Ecclestone schwieg. Zu Beginn hatte er geglaubt, seine junge Frau erziehen zu können, aber sie neigte nun mal zur Hysterie und war offensichtlich frustriert. Ihr Englisch blieb rudimentär, und ihre Bildung ließ zu wünschen übrig. »Sie ist überfordert und begreift den britischen Lebensstil nicht«, sagte

Ron Shaw, der alte Freund Ecclestones. Wenn sie in Brasilien, Italien oder Japan neben ihrem Mann herging, während alle ihren »Helden« belagerten, fühlte sie sich praktisch ignoriert, meinte Shaw. Von Grand Prix zu Grand Prix zu reisen war für sie lästig geworden. Die Ehe mit einem Milliardär hätte ein Luxusleben in Designerklamotten und den endlosen Umgang mit Berühmtheiten bedeuten sollen. Stattdessen zog ihr Mann es tatsächlich vor, bei Waitrose einzukaufen und in Pubs oder zu Hause zu essen. »Er war stolz darauf, dass sie seine Hemden bügelte und ihre gemeinsamen Mahlzeiten zubereitete, aber das entsprach nicht mehr ihren Vorstellungen«, bemerkte Shaw. »Jahrelang hatte Bernie geglaubt, diese Lebensart würde ihr auch gefallen, aber er täuschte sich. Sie hatte sich verändert. Sie hoffte, dass er sich schuldig fühlen würde.«

Bei einem Dinner im Automobilclub von Monaco fragte Slavica ihren Nachbarn Ron Dennis mit lauter Stimme: »Haben Sie Sex mit Ihrer Frau?« »Ja«, gab er verdutzt zurück. Sie stellte jedem Mann am Tisch der Reihe nach die gleiche Frage, bis sie bei ihrem Mann ankam. »Ich bekomme keinen Sex!«, schrie sie. Sogar Ecclestone zuckte merklich zusammen. Früher am gleichen Tag war das Paar Prinz Albert mit einer Frau begegnet. »Haben Sie Sex?«, hatte Slavica auch hier die Frau gefragt. Donald Mackenzie meinte, er sei zufällig Zeuge jener Leidenschaft geworden, die Slavica ihrem Mann so übel nahm. Einige Wochen zuvor war er mit Ecclestone nach Genf geflogen. »Möchten Sie sich bei Prada einkaufen?«, hatte Ecclestone gefragt. »Ich könnte Sie mit den Entscheidungsträgern bekannt machen.« Zusammen trafen sie den Vorstandsvorsitzenden von Prada. Nach wenigen Minuten sagte Ecclestone: »Das wär's. Ich muss los. Ich habe noch einiges zu besorgen.« Mackenzie führte das Gespräch fort, bis er auf dem Boden die große Plastiktüte stehen sah, die Ecclestone getragen hatte. Als er später die Tüte in seinem Wagen öffnete, sah er Bündel von 50-Pfund-Noten. Er schätzte die Gesamtsumme auf mindestens 100.000 Pfund. »Danke für das frühe Weihnachtsgeschenk, Bernie«, sagte er in sein Mobiltelefon. »Wovon reden Sie?«, fragte Ecclestone.

Die Formel 1 hatte einen neuen Höhepunkt erreicht. In den ersten Monaten der Saison 2006 hatte der Sport trotz aller individuellen Probleme der Teams Rekordeinnahmen eingebracht – zum Teil aufgrund Ecclestones Erweiterung der Fernsehreportagen. Bis zu diesem Jahr war die Bildqualität unterschiedlich gewesen, und wenn die lokalen Fernsehsender die Bilder stellten – wie es in Brasilien der Fall gewesen war –, hatte die weltweite Reportage unter der Bevorzugung der einheimischen Fahrer gelitten. Da sie den Gebrauch der Technik des Bezahlfernsehens vorschrieben, stellten die neuen Verträge von 2006 jeden Grand Prix unter die Kontrolle Ecclestones. Vor jedem Rennen wurden 120 Tonnen neuer leichter Geräte in eine Boeing 747 geladen. Rund um die Rennbahn montierten 150 Techniker und Mechaniker 24 Kameras, je zwei pro Wagen mit zwei zusätzlichen auf einem Hubschrauber. Alle wurden durch über 50 Kilometer Kabel mit einem klimatisierten demontierbaren Hangar mit eigenen Generatoren verbunden. Unter der Aufsicht Ecclestones hatte Controller John Morrison die Produktion erstklassiger Bilder, Karten, Grafiken und Surroundton perfektioniert. Dies übertraf qualitätsmäßig alles, was die BBC oder irgendein anderer Sender je hatte produzieren können. Die verbesserten Sendungen zogen mehr als 154 Millionen Zuschauer für das letzte Rennen in Brasilien an. Ferrari hatte einen besseren Wagen produziert, und der Wettkampf zwischen Schumacher und Alonso hatte sich zugespitzt, nachdem der deutsche Fahrer angekündigt hatte, er werde zum Saisonende aussteigen. In den letzten Runden hatte Schumacher es knapp verpasst, Briatores Renault den Titel wegzuschnappen. Briatores Einkommen schnellte in die Höhe, aber er wusste, dass die Dinge sich ändern würden. Aus den jüngsten Ereignissen musste man eine Lehre ziehen. Schumacher hatte erheblich mehr als 300 Millionen Dollar in seiner Karriere verdient, während sein Manager Willi Weber gestanden hatte, einen Zeugen zum Meineid überredet zu haben, und eine Geldstrafe von 50.000 Euro bezahlen musste.

Bei der Vorbereitung auf die Saison 2007 sah es so aus, als sei McLaren und nicht Renault Ferraris härtester Rivale. Mehr als 1.000 Ingenieure hatten daran gearbeitet, den neuen Ferrari zu perfektionieren, aber Dennis lechzte nach dem Sieg und hatte den Weltmeister Alonso dazu bewogen, Renault zu verlassen. In Erwartung des Erfolgs hatte McLaren sich außerdem Vodafone als Sponsor gesichert. Montezemolo, der fürchtete, jährlich 100 Millionen Dollar Sponsorengeld von Marlboro zu verlieren, war es nicht gelungen, eine der vielen Banken für sich zu gewinnen, die darauf erpicht waren, an die Stelle der Tabakfirmen zu treten. Montezemolo hatte sogar Ecclestone um Hilfe in Form einer Sonderzahlung gebeten. Alles schien darauf hinzudeuten, dass McLaren nach so vielen erfolglosen Jahren in die Rolle des Herausforderers schlüpfen würde. »Die Hölle ist das Gefühl, wenn man einen Grand Prix nicht gewinnt«, sagte Ron Dennis. »Ich habe den Glauben, dass alles im Leben wichtig ist … Ich glaube, dass man zu jeder Zeit das Beste haben, oder wenigstens den Versuch machen sollte, es zu haben. Es handelt sich nicht bloß um Geld. Es geht hauptsächlich um Engagement.«

Montezemolo zeigte nach außen volle Zuversicht, was Ferraris Chancen betraf. Der einzige kleine Zwischenfall war im März 2007 die Entdeckung von Reinigungsmittel in der Nähe eines Auftankgeräts in der Werkstatt in Maranello. Sabotage fürchtend, riefen die Techniker die Polizei, aber es gab weder Anhaltspunkte noch Erklärungen. Im Juni kämpften Ferrari und McLaren nach fünf Rennen um den Vorsprung, wobei Ferrari für die verbleibenden Rennen der Favorit war. Gegen Mitte des Monats hörte Jean Todt, dass Gary Monteith, Manager eines Copyshops in England und Formel-1-Fan, bei Ferrari angerufen hatte, um ein schockierendes Ereignis zu melden. Monteith behauptete, die Frau Mike Coughlans, eines leitenden Technikers bei Ferrari, habe das 700-seitige Betriebshandbuch der Firma für 2007 – die neueste Bibel für technische und finanzielle Einzelheiten, die auch alle Personaldaten enthielt – in seinen Laden gebracht, um es auf eine CD kopieren zu lassen. Monteiths vertrauliche Mitteilung hatte eine Untersuchung veranlasst, die das Unternehmen mit ausreichendem Beweismaterial versorgte, um am 3. Juli beim High Court eine Durchsuchungsanordnung für das Haus Coughlans zu erwirken. Nachdem sie die CD sichergestellt hatten, fanden die Ermittler heraus, dass Coughlans Quelle Nigel Stepney war, der für Rennen und Tests zuständige Chefmechaniker Ferraris. Seit dem März 2007 hatte Stepney Ferraris neue Entwürfe per Mail und Kurier an Coughlan weitergeleitet. Am Vorabend von Silverstone rief Todt Mosley in Sizilien mit der Nachricht an. »Das ruiniert mir den ganzen Sommer«, dachte Mosley. Kimi Räikkönen gewann in einem Ferrari das britische Rennen. Drei Tage später gestand Coughlan vor dem High Court in London, er habe das geheime Material von Stepney erhalten, doch Stepney wies die Anschuldigung zurück.

Ron Dennis begriff sofort das Ausmaß der potenziellen Katastrophe. Mike Coughlan hatte sich vorher darüber beklagt, er fühle sich »ungeliebt« von McLaren, und hatte ihnen, um sich dort anzubiedern, bei der Saisoneröffnung in Melbourne Informationen über die Auftankstrategien Ferraris angeboten. Dennis hielt die Nachricht zunächst für den üblichen Boxenklatsch. Er hatte sogar mit Todt, sollte er später behaupten, über die Gefahr undichter Stellen gesprochen. Jetzt erkannte er, dass Coughlans Vergehen als weitaus bedrohlicher zu betrachten war. Er rief sofort bei Todt und Mosley an und bestand darauf, dass keiner seiner Angestellten irgendwelche Dokumente von Ferrari gesehen hätte. Todt nahm kein Blatt vor den Mund. Er war davon überzeugt, dass Coughlans Aussage, das Betriebshandbuch sei nach dem Kopieren auf CD in seinem Garten verbrannt worden, eine Lüge war. Er war sich sicher, dass das gestohlene Handbuch in der Zentrale von McLaren gelandet war. Dass Ron Dennis alles heftig abstritt, ärgerte das Ferrari-Team noch mehr. Todt musste nichts mehr unternehmen, denn Mosley kündigte am 12. Juli eine Anhörung von Vertretern McLarens und Ferraris vor dem World Council in Paris an. Der Einzige, der sich über die Anschuldigungen nicht aufregte, war Ecclestone, der wusste, dass Betrügereien in der Formel 1 keine Seltenheit waren. Leitende Techniker wurden laufend von der Konkurrenz bestochen, um Informationen zu ergattern. Mit einigem Zögern einigte er sich mit Mosley darauf, dass man nunmehr die Anschuldigungen nicht einfach »unter den Teppich kehren konnte«, da die Polizei und die Gerichtshöfe eingeschaltet waren und die FIA für den 26. Juli eine Anhörung in Paris anberaumt hatte.

Die Beschwerde Ferraris müsste, wie Ecclestone wusste, schlimmere Konsequenzen haben als irgendein gewöhnlicher Betrug. Die jüngsten finanziellen Auseinandersetzungen hatten die persönlichen Beziehungen unter allen Formel-1-Chefs – vor allem zwischen Ferrari und McLaren – gründlich verdorben. Todts persönliche Anschuldigungen hatten Dennis erbittert, der in der Absicht nach Paris gekommen war, McLaren als Opfer eines verärgerten Angestellten darzustellen. Dennis' Verteidigungsstrategie bestand einfach darin: Es habe keine »Spionage« gegeben, und es gebe keinen Beweis dafür, dass McLaren irgendwelchen Gebrauch von Ferraris Betriebsgeheimnissen gemacht habe. Mosley erhielt einen von McLaren in Auftrag gegebenen Bericht eines angesehenen Rechtsanwalts, der nach einer ausführlichen Untersuchung Dennis von jeglicher Mitwisserschaft entlastete.

Die Beweggründe Coughlans wurden von Nick Fry, dem Honda-Teamchef, erläutert. Coughlan und Stepney, so erklärte Fry die Sache, bewarben sich um neue Stellen und hatten die Geheimnisse Ferraris verraten, um Honda von ihrem Wert zu überzeugen. Die Unterzeichnung ihrer Arbeitsverträge, sagte Fry, sei nur durch die Höhe ihrer Gehaltsforderungen verzögert worden. Fry sollte keinen offiziellen Tadel dafür erhalten, dass er ihr Vorgehen nicht entlarvt hatte. Als Mosley und die übrigen 26 Mitglieder des World Council der FIA, zu denen auch Ecclestone gehörte, sich zurückzogen, um sich ein Urteil über das Beweismaterial zu bilden, blieben sie von der Verteidigung unbeeindruckt. »Glaubt irgendjemand Dennis?«, fragte Ecclestone beim Mittagessen. Kein Einziger sprach sich für McLaren aus. »Aber wir haben keinen schlagenden Beweis«, sagte Mosley. Trotz des allgemeinen Verdachts, erklärte er, gab es keinen Beweis dafür, dass Techniker von McLaren Dokumente von Ferrari gesehen oder zu ihrem Vorteil ausgenutzt hatten. »Es muss zu einem Freispruch kommen.« Als er in seine Suite im Hôtel de Crillon zurückgekehrt war, sah er im Fernsehen die Nachricht vom weltweiten Börsensturz. Sein Telefon klingelte. Sergio Marchionne, Vorsitzender von Fiat, kritisierte Mosley 30 Minuten lang scharf wegen der begangenen Ungerechtigkeit. Marchionne behauptete, mindestens vier McLaren-Angestellte hätten das Handbuch gesehen. »Glaube ist kein Beweis«, sagte Mosley, der keinen Hehl aus seiner Verärgerung darüber machte, dass Dennis im Jahre 1998 kompromittierende Dokumente über die Finanzen der Formel 1 der BBC-Fernsehsendung *Panorama* hatte zukommen lassen – ein Verdacht, den er nicht hatte beweisen können. Ecclestone hatte ihm damals ausgeredet, die BBC wegen übler Nachrede zu verklagen. Wie Marchionne hatte er mit Dennis noch ein Hühnchen zu rupfen.

Jean Todt konnte seinen Zorn nicht bremsen und legte Berufung aufgrund von Indizienbeweisen ein. Vor dem australischen Grand Prix, so behauptete Todt, habe McLaren sich bei Charlie Whiting erkundigt, ob die FIA es erlauben würde, Rennwagen mit einem beweglichen Unterboden auszustatten, um den Druck nach unten zu verstärken. Whiting schloss eine solche Vorrichtung als illegal aus, ohne zu wissen, dass Ferrari und nicht McLaren vorhatte, Gebrauch von diesem verborgenen Vorteil zu machen. Nur jemand mit Zugang zum Handbuch Ferraris für 2007, argumentierte Todt, könne von dieser geheimen Vorrichtung gewusst haben. Erst nachdem die Entscheidung Whitings bekannt geworden war, hatte Ferrari Verdacht gegen Stepney geschöpft. Ermittlungen hatten gezeigt, dass der Ingenieur Coughlan in Spanien getroffen hatte, um Ferraris Pläne zu besprechen. »Warum in Spanien?«, fragte Mosley. »Dort sind die Banken weniger streng«, lautete die rätselhafte Antwort Todts. Die Geschichte hätte damit ein Ende genommen, wäre nicht bei Mosley ein leidenschaftliches Interesse geweckt worden, was Todt nicht ahnen konnte.

Mitte Juli hatte Fernando Alonso in Silverstone hart kämpfen müssen, um knapp vor Lewis Hamilton, seinem Teamkollegen bei McLaren, auf den zweiten Platz zu gelangen. Hamilton, der vom Geld und von der Unterstützung seines Vaters profitiert hatte, war als Ron Dennis' Protégé gut bekannt, während er im Anlauf auf die Formel 1 der Reihe nach Meisterschaften gewann. Diese Beziehung schürte die Rivalität zwischen den beiden Teamkollegen. Alonso war zu der Überzeugung gelangt, Hamilton gefährde seinen Versuch, Kimi Räikkönens Ferrari herauszufordern, obwohl dessen Beziehung zu Dennis nicht ohne Konflikte verlief. Aus diesem Grund wollte Alonso bei McLaren aussteigen, falls die finanziellen Voraussetzungen stimmten. Er rief Flavio Briatore, seinen früheren Arbeitgeber, mit der Information an, dass es E-Mails zwischen ihm selbst und einem McLaren-Ingenieur auf seinem Computer gab, die nahelegten, dass McLaren im Besitz des Ferrari-Handbuchs war. Briatore, der nicht unglücklich darüber war, dass sein ehemaliger Fahrer jetzt Dennis Probleme machte, gab die Nachricht an Ecclestone weiter, der die Geschichte wiederum an Mosley kolportierte. Alle drei beschlossen, nichts zu unternehmen. Den Fall wieder aufzurollen und den Sport in Verruf zu bringen, hätte keinen Zweck. Bald darauf gewann Alonso das Rennen am Nürburgring und lag in der Weltmeisterschaft mit zwei Punkten Rückstand an zweiter Stelle.

Zwei Wochen später war Alonso beim Großen Preis nicht glücklich über Hamiltons gutes Abschneiden beim Qualifikationstraining. Der verärgerte Weltmeister trat am Morgen des Rennens an Dennis heran und erklärte seinem Arbeitgeber: »Ich möchte, dass Sie dafür sorgen, dass Hamilton der Treibstoff ausgeht.« In Dennis' Version des Gesprächs soll Alonso dann gesagt haben: »Wenn Sie das nicht machen, habe ich Material auf meinem Computer, das beweist, dass McLaren das Ferrari-Handbuch doch kannte.« Dennis war angesichts dieser »Erpressung«, wie er es nannte, fassungslos und rief Martin Whitmarsh, seinen Teamchef, hinzu. »Sagen Sie Martin, was Sie mir gerade gesagt haben«, verlangte Dennis. Nachdem Alonso seine Drohung wiederholt hatte und verschwunden war, rief Dennis Mosley an, der sich im Urlaub in Frankreich befand. »Ich bin erpresst worden«, sagte er und wiederholte, was Alonso von ihm gefordert hatte. »Was wirst du unternehmen?«, fragte Mosley. »Ich schmeiße ihn raus!« »Beruhige dich«, riet ihm Mosley. »Lass Alonso am Rennen teilnehmen und dann machen, was er will.« »Einverstanden«, stimmte Dennis zu, ohne zu wissen, dass Mosley bereits über Alonsos E-Mails unterrichtet war. Bis zum Monatsende war Mosley in Besitz von Kopien der E-Mails gelangt und hatte das World Council der FIA für Ende September einberufen. Zu diesem Zeitpunkt nahm die Geschichte eine fatale Wendung, die die Formel 1 in eine Reihe von beispiellosen Katastrophen stürzte, die sich bis ins Jahr 2010 fortsetzen sollten.

Fünf Wochen später gewann Alonso den italienischen Grand Prix und kam zu Dennis, um sich für sein Ultimatum zu entschuldigen, was dieser für bare Münze nahm. Dennis wusste nicht, dass sein Fahrer die E-Mails bereits Mosley zur Verfügung gestellt hatte. Dieser hatte wiederum jedem Fahrer schriftlich eine Amnestie angeboten, sollte sich belastendes Material im Fall »Spygate« in seinem Besitz befinden. Als Reaktion stellte Alonso Mosley seinen persönlichen Computer zur Verfügung, der einen E-Mailwechsel auf Spanisch über das neue Bremssystem Ferraris und über das Gas für die Reifen enthielt. Mosley hätte das Indizienmaterial ignorieren und den Mangel an stichhaltigen Beweisen für Dennis' persönliche Verwicklung als Begründung dafür akzeptieren können, die Untersuchung einzustellen. Als er aber von Ecclestone erfuhr, dass die italienische Polizei Kopien von 323 SMS-Nachrichten über drei Monate zwischen Coughlan und Stepney besaß, kam er zum Schluss, dass Dennis nicht die volle Wahrheit gesagt hatte. »Man bekommt nicht mehr als 300 Nachrichten, um einen Besuch bei Honda zu arrangieren«, sagte Mosley zu einem Journalisten.

Nach Protest von Dennis erklärte sich Mosley bereit, seine Anschuldigungen gegen ihn abzuschwächen, und schlug eine »Versöhnungsaufnahme« nach Ankunft der Teams zum belgischen Grand Prix in Spa-Francorchamps im September vor. Dieser Auftritt, so protestierte Dennis im Nachhinein, war eine Provokation. Während er vor der Außentreppe des McLaren-Wohnmobils vor einer Fotografenschar lässig mit einer Thermoweste bekleidet stand, stellte sich Mosley im Anzug eine Stufe höher und lächelte souverän. Auf jeden Fall war niemand von der Inszenierung überzeugt, da sogar Dennis zugeben musste, er kämpfe um seine Integrität und die seines Unternehmens. Ecclestone stellte fest, dass die Atmosphäre in Spa vergiftet war, aber niemand erwartete einen Eklat. Die Einzigen, denen die Sache wirklich zu schaffen machte, waren die beiden darin verwickelten Teams, und die anderen waren vergnügt darüber, dass diese beiden aus dem Weg geräumt waren. Seit Silverstone hatte sich die Rivalität zwischen McLaren und Ferrari zugespitzt. Die Weltmeisterschaft würde durch die letzten vier Rennen entschieden werden. Am Vorabend des belgischen Rennens tauchte Alonso im Büro Mosleys auf. »Er will von dir die Bestätigung«, hatte Ecclestone zu Mosley gesagt, »dass ihm keine persönlichen Schwierigkeiten bevorstehen.« Unter allen Fahrern galt Alonso als einer der besten, aber auch als einer der unbeliebtesten. Mosley interessierte sich nicht für den Charakter des Fahrers; er gab seinem Besucher einfach die erwünschte Bestätigung. »Max mag es einfach nicht, wenn Dennis ihn verarscht«, erklärte Ecclestone im Freundeskreis. »Ron ist ein Manager, der gerne selbst zupackt – also muss er etwas gewusst haben.« Mosleys Unterrichtung der Journalisten fiel schlimmer aus, als Dennis befürchtet hatte. »Bis jetzt«, erklärte Mosley, »habe ich alles geglaubt, was Ron mir gesagt hat. Ich kenne ihn ja seit 40 Jahren. Heute aber glaube ich nicht mehr, dass Ron die ganze Wahrheit gesagt hat.«

In Mosleys Augen hatte Dennis eine Lüge nach der anderen erzählt, um seine Verschleierungstaktik durchzusetzen. Die Feindschaft zwischen den beiden Männern war im Fahrerlager legendär geworden, aber sogar Dennis reagierte schockiert, als Journalisten ihn wenige Minuten später mit der Anschuldigung Mosleys konfrontierten. »Unter der Herrschaft Mosleys«, sagte Dennis, »gehen alle Teams auf Zehenspitzen aus Angst, sie könnten seine Gunst verlieren.« Für sein Gefühl war die Justiz im Motorsport nach dem Modell von *Alice im Wunderland* gestaltet, und er befürchtete deshalb, dass die Verurteilung dem Prozess vorangehen würde. Mosley, behauptete er, sei dabei, »das Beweismaterial zu frisieren, denn je weiter er forscht, desto weniger hat er in der Hand.« Dennis spekulierte: »Max ist seit eh und je eifersüchtig auf Franks, Kens und meinen Erfolg, weil seine eigenen Wagen alle versagt haben. Er war mal einer von den Jungs, aber nachdem man ihn zum Präsidenten gemacht hat, ist ihm seine Macht in den Kopf gestiegen.« Als er von diesen Vorwürfen erfuhr, ordnete Mosley eine unabhängige Untersuchung des Computersystems von McLaren an. Über 30 Experten unter der Aufsicht von Sidley Austin, einer amerikanischen Anwaltsfirma, unterzogen alle Mitteilungen einer minutiösen Überprüfung, und ein Anwalt verhörte die McLaren-Ingenieure. Bevor sie ihren Bericht abgeben konnten, trafen sich Mosley und 26 Mitglieder des World Council der FIA in Paris, um sich Dennis' Verteidigung gegen die Last des neuen Beweismaterials anzuhören.

Vor dem Hearing telefonierten Ecclestone und Dennis häufig miteinander. »Komm zum Hearing allein in einem sauberen Hemd«, riet ihm Ecclestone, »und leg ein Geständnis ab.« »Aber ich bin unschuldig« protestierte Dennis, der den Rat eines Mannes ausschlug, den er für »herzlos« hielt.

»Aber Bernie« sagte Dennis, »Coughlan ist nur ein Mann. Allein konnte er nicht 136 McLaren-Konstrukteure beeinflussen. Es ist nicht möglich, und alles Beweismaterial zeigt, dass es nicht geschehen ist. Ich werde nicht kapitulieren.« Solche Spiele waren nicht Dennis' Stärke. Ecclestone sollte für ihn einen Deal vermitteln, so wie er es 1994 in Paris für Briatore gemacht hatte. Aber seine Beziehungen zu Ecclestone und Mosley waren nicht durch die gleiche »Kumpanei« gekennzeichnet. »Max kostet meine Erschütterung aus« sagte Dennis wütend. »Er betrachtet Ehre als Schwäche.« Obwohl er bei früheren Verfahren Einsprüche vor der Anhörung zugelassen hatte, weigerte sich Mosley, Dennis den Gefallen zu tun. Offenbar gab es nichts mehr zu bereden.

Dennis, der inzwischen nach jedem Strohhalm griff, gab Anfang September ein psychologisches Profil Mosleys bei David McErlain in Auftrag. Der Bericht, der Mosley mit wenig schmeichelhaften Worten darstellte, schilderte Dennis' Kontrahenten als »überaus charmant, aber mit vielen Charakterschwächen. Er betrachtet seine Mitmenschen nicht als Freunde, sondern als Opfer«. Dies bestätigte Dennis' eigene Ansichten, war jedoch für das Verfahren wertlos. Dennis gab außerdem eine Untersuchung von Mosleys Privatfinanzen in Auftrag. Die Ermittler konnten nur unbestätigte Gerüchte ans Licht bringen. »Es ist alles so ungerecht«, beklagte sich Dennis. Seine Freunde meinten: »Ron ist zu alt, zu reich und zu ehrlich, um den Kampf auszufechten.« Nach Ecclestones Ansicht wollte Dennis niemandem zuhören. »Dennis hat alle Glaubwürdigkeit eingebüßt«, erklärte Todt Ecclestone. McLaren hatte Kapital aus einem Verbrechen geschlagen. Mosley war der gleichen Meinung.

Während der dreistündigen Anhörung in Paris behauptete Dennis, dass die führenden Manager bei McLaren nichts von den Machenschaften von Coughlan und anderen gewusst hätten. Es gebe, so beteuerte er, keinerlei Beweise für eine Verschwörung – außer von Seiten Ferraris, wo etwas Illegales geplant worden sei. Die Beschuldigung Ferraris von der Anklagebank aus schlug auf ihn zurück. Anschließend wurde Dennis im Kreuzverhör gedemütigt. Es gebe Indizien dafür, sagte Mosley, dass McLaren die Pläne Ferraris kopiert habe, um das Bremssystem zu ändern. »Wir haben nur das von Ferrari abgeguckt, was wir im Fernsehen sahen«, antwortete Dennis. »Ron hält das Ganze für einen Klassenkampf«, bemerkte Mosley, als Dennis den Raum verlassen hatte und draußen auf das Urteil wartete. Niemand, so schloss Mosley, hielt Ron Dennis für glaubwürdig. McLaren wurde einstimmig für schuldig befunden. Als Präsident der FIA sprach Mosley das Urteil aus: »McLaren wird für zwei Jahre von der Formel 1 suspendiert.«

»Ein bisschen happig«, sagte Ecclestone, der als Erster seine Meinung äußerte. Die Aussicht darauf, dass Mosleys Urteil die einzige Konkurrenz für Ferrari ausschalten und dadurch die Weltmeisterschaft ruinieren könnte, alarmierte Ecclestone, der eine Sperre von zwei Jahren einem Todesurteil gleichsetzte. »Du musst eine Skala von Strafen haben, die den Verbrechen angemessen sind«, fuhr er fort. »Es geht nicht um dein persönliches Vorurteil, das sich danach richtet, wie du dich beim Aufstehen gefühlt hast.« Während andere Manager nach Lösungen suchten, stritt sich Dennis herum und wartete darauf, dass entweder Ecclestone oder Mosley einen Fehler begingen. Jetzt tendierte Mosley zum gleichen Irrtum. Ecclestone schlug eine Geldstrafe von 100 Millionen Dollar vor, die bei Weitem schwerste Strafe, welche die FIA je verhängt hatte. Nach einer weiteren Diskussion stimmte Mosley diesem Kompromiss zu. »Fünf Millionen Dollar für das Delikt«, scherzte er, »und 95 Millionen dafür, dass Ron sich wie ein Arsch benommen hat.«

Als er in den Saal zurückbeordert wurde, fühlte sich Dennis durch die Demütigung erschüttert. Die Konsequenzen sollten sich als horrend herausstellen, nicht zuletzt durch die Reaktion von Mercedes, das 40 Prozent des Teams besaß. Dem Unternehmen missfiel die erbarmungslose Kritik in den Medien, dass es »mit einer Gaunerbande liiert« sei. Da Dennis wusste, dass Ecclestone und Mosley sich mit Mercedes über sein Schicksal berieten, geriet er über die Ungerechtigkeit in Wut. »Schaut doch mal, was für eine Geldstrafe Unternehmen für Totschlag zahlen müssen«, sagte er. »Ein oder zwei Millionen Pfund, und ihr verhängt 50 Mal so viel über McLaren. Das ist Wahnsinn.«

Ron Dennis fühlte sich als Opfer. In der Vergangenheit hatten andere Teams betrogen, und man hatte es ignoriert. Renault hatte sich soeben der Tatsache schuldig bekannt, dass Entwürfe von McLaren im Computersystem Renaults entdeckt worden waren. Auf Ecclestones Vorschlag hin hatte Briatore sich ausgiebig dafür entschuldigt und keine Strafe von Mosley erhalten. Toyota hatte auf illegale Weise technisches Material benutzt, das ihnen ein ehemaliger Aerodynamiker von Ferrari zugespielt hatte, um ihre 2003-Modelle zu bauen, und Mosley hatte nichts unternommen. Es hatte sich herausgestellt, dass Honda einen Wagen mit einem verborgenen Treibstofftank gebaut hatte. Dies war erst dann ans Licht gekommen, als Renault einen Honda-Mitarbeiter eingestellt hatte, aber die Strafe hatte sich auf den Ausschluss von drei Rennen beschränkt. Ross Brawn war mit allen seinen Entwürfen von Benetton zu Ferrari gewechselt. Dazu noch hatte Ferrari die Weltmeisterschaft mit einem illegalen Zubehör, nämlich der Unterbodenvorrichtung, gewonnen, und auch dies war ignoriert worden. Dennis gab sich trotzig: »So gebeutelt ich auch sein mag, so viele Schläge ich auch abbekommen haben mag, es bleibt dabei, dass ich Formel 1 liebe.« Obwohl sein Zorn vor allem Mosley galt, nahm er es auch Ecclestone übel, dass er einen aufrichtigen Kritiker nicht geschützt hatte.

Mosleys Urteil wurde von vielen Seiten – nicht zuletzt von Jackie Stewart – als »unfair und unzumutbar« kritisiert. Mosley hasste solche »völlig verantwortungslose Kritik« von jenen, welche die großen Probleme nicht zur Kenntnis nehmen wollten, die es aufwarf, wenn man das Gleichgewicht der Formel 1 aufrecht erhalten wollte. »Da Stewart nie zu reden aufhört«, sagte er, »hat er niemals die Chance zuzuhören – und deshalb weiß er nie, was wirklich los ist. Unter den Fahrern gilt er als Witzfigur, die im Kostüm eines Varietésängers aus den 1930er Jahren herumstolziert. Er ist ein ausgemachter Idiot.« Stewart wusste nicht, dass die Leute von Sidley

Austin bald nach dem Verfahren ihren Bericht bei Mosley einge-reicht hatten. Die Anwälte hatten 1,3 Terabytes an Information – das Äquivalent von 80 Millionen Seiten – auf den McLaren-Com-putern unter die Lupe genommen und einen Austausch zwischen den Chefmechanikern McLarens gefunden, der den »Maulwurf bei Ferrari« erwähnte. Den Fall nochmals aufzugreifen, darin waren sich Mosley und Ecclestone einig, hätte sowohl McLaren als auch die Formel 1 zerstört. Stattdessen riefen beide bei Mercedes an und plädierten für Dennis' Absetzung. »Sie hatten sich auf dünnes Ein gewagt« stellte Ecclestone unbekümmert fest, »und es war keines-falls nötig. Mir ist es egal, was mit Ron geschieht.«

11 SKANDAL

Die Demütigung von Ron Dennis hinterließ bei Mosley einen bittersüßen Nachgeschmack. Die Formel 1 vor den Fehlern ihrer führenden Persönlichkeiten zu bewahren, war eine undankbare Aufgabe, aber um zu zeigen, dass er auch den größten Herausforderungen gewachsen war, musste er sich einfach durchsetzen. Abgesehen von der Sicherheit hielt Mosley keine Aufgabe für wichtiger, als die Kosten der Teams zu senken. Wenn ihm dies nicht gelang, war die Formel 1 seiner Ansicht nach nicht überlebensfähig. Ecclestone war anderer Meinung. Er hielt es für sinnlos, die Ausgaben der Teams einschränken zu wollen, weil die Hersteller ihre wirklichen Kosten mühelos verschleiern konnten. Für ihn machte der Darwinismus am meisten Sinn: sollten die Stärksten überleben. »Du kannst die Leute nicht davon abhalten, Geld zu verpulvern«, sagte er, obwohl er wusste, dass es sinnlos war, mit einem Mann zu streiten, der davon überzeugt war, dass er klug war und recht hatte. Mosleys Leidenschaft und seine Unfähigkeit, seine Vorschläge taktvoll zu verkaufen, meinte Ecclestone, würden bald einen neuen Eklat verursachen. Mosley blickte mit Nostalgie auf die 1970er Jahre zurück, als sein March-Team Niki Lauda mit 14 Mitgliedern unterstützt hatte. Nur vier Mechaniker hatten revolutionäre Designs für die ganze Formel 1 entworfen. Jetzt beschäftigten Ferrari, Toyota und McLaren jeweils fast 1.000 Experten. McLaren hatte allein 120 promovierte Ingenieure angestellt, ausschließlich um die Bände der FIA-Vorschriften unter die Lupe zu nehmen, den technischen Wortschatz zu meistern und semantische Lücken in den Vorschriften ausfindig zu machen, damit die Aerodynamik eines

Wagens auf legale Art modifiziert werden konnte. Bei diesem Katz-und-Maus-Spiel war Mosleys Stab den Elitekonstrukteuren gegenüber im Nachteil, die angeblich bis zu zehn Millionen Dollar im Jahr verdienten, um die Höchstgeschwindigkeit eines Wagens um eine Zehntelsekunde zu erhöhen. Mosleys Ehrgeiz bestand darin, wieder Vernunft in das kostenträchtige Durcheinander der Formel 1 zu bringen. »Die Budgets nähern sich 400 Millionen Dollar«, erklärte er, »und ein Windtunnel kostet 40 Millionen Dollar. Das muss ein Ende nehmen.« Er wollte eine Maximalausgabe von 64 Millionen Dollar festlegen.

Um seine Maßnahmen zur Kostendämpfung durchzusetzen, berief Mosley ein Gipfeltreffen der Teamchefs für den 11. Januar 2008 in Paris ein. Er machte den Vorschlag, die FIA-Inspekteure sollten die Befugnis erhalten, die Geschäftsbücher jedes Teams zu überprüfen. Nach der Sitzung war Mosley überzeugt, dass alle Teams mit Ausnahme Ferraris seinem Plan zugestimmt hätten. Ecclestone war jedoch verhalten. »Du solltest diesen Vorschlag unterstützen«, sagte Mosley. »Je weniger die Teams ausgeben, desto weniger Geld werden sie von dir verlangen.« Ecclestone sagte wenig dazu. In Mosleys Abwesenheit empörten sich einige Teamchefs darüber, dass er vorhatte, in ihre finanziellen Geheimnisse einzudringen. Die Aussicht auf ein weiteres Zerwürfnis kam Ecclestone und Mackenzie von CVC sehr gelegen, obwohl beide die potenziellen Konsequenzen für die Formel 1 nicht voraussahen. Zur gleichen Zeit erfuhr Ecclestone, dass einer der Feinde Mosleys in Paris einer Ermittlungsfirma eine »erhebliche Summe« bezahlt hatte, um »unsaubere Geschäfte« in seinen finanziellen Angelegenheiten aufzudecken. »Da wünsche ich ihnen viel Glück«, sagte Ecclestone zu seinem Informanten, »weil sie nichts finden werden.«

Die Abneigung gegen das autoritäre Durchgreifen Mosleys ließ das Interesse an der Abspaltung der GMPA wieder aufleben. Sogar Montezemolo fand wieder Gefallen an der Idee, eine Alternative zur Formel 1 zu gründen, und sprach davon, namhafte Sponsoren für den Plan zu gewinnen. Ecclestone blieb unbesorgt.

Die Saison 2008 versprach, alle Erwartungen zu übertreffen. Es würde ein neues Rennen bei Nacht durch die Straßen Singapurs geben, und die neue Rennbahn für den Grand Prix in Valencia würde ebenfalls die Stadt durchqueren – ein spektakuläres Ereignis, das mehr wohlhabende Fans und mehr Zuschauer als die weniger günstig gelegenen Rennstrecken anziehen sollte. Trotz der schlechten Konjunktur schwamm die Formel 1 im Geld, nicht zuletzt durch den Verkauf der Fernsehrechte. Nach einer raschen Absprache mit Michael Grade war Ecclestone von ITV zurück zur BBC gewechselt – selbstredend mit einem Gewinn für sich selbst. Grade wollte das Formel-1-Geld dafür verwenden, ein Angebot für die europäischen Fußballrechte zu finanzieren: »Ich werde die Rechte zurücknehmen«, hatte Ecclestone Grade erklärt, »wenn Sie heute den Vertrag unterschreiben und eine Anzahlung leisten.« Am späten Nachmittag rief die Empfangsdame in der ITV-Zentrale in Grades Büro an: »Der Assistent von Mr. Ecclestone ist hier mit dem Vertrag und wartet auf Ihren Scheck.« »Sie hätten eine Rechnung schicken können, Bernie!«, brüllte Grade ins Telefon. Er fand es lustig, dass Ecclestone seinen Profit auf der Stelle einstecken wollte.

Die Zuschauer konnten sich auf eine spannende Saison freuen, nachdem die ersten beiden Rennen in Melbourne und in Kuala Lumpur zunächst von McLaren und dann von Ferrari gewonnen worden waren. Mit leichter Wehmut nahm Ecclestone zur Kenntnis, dass Jean-Marie Balestre wenige Tage nach dem Großen Preis von Malaysia im Alter von 86 Jahren gestorben war, 36 Jahre nachdem seine Niederlage den Grundstein für Ecclestones Vermögen gelegt hatte. Die Aufgabe, alle Chancen auszunutzen und alle Konflikte zu regeln, schien Ecclestone mit der Situation in allen früheren Jahren vergleichbar zu sein, bis ein Ereignis am Sonntag, dem 30. März, seine Welt ins Wanken brachte.

Durch einen Anruf von Ed Gorman, dem Motorsportkorrespondenten der *Times*, erfuhr Ecclestone, die *News of the World* hätten einen siebenseitigen Bericht über Max Mosley gebracht, der mit fünf Prostituierten in einem Londoner Souterrain während einer langen sadomasochistischen Orgie gefilmt worden sei. Das Eindringen in die Privatsphäre Mosleys wurde dadurch gerechtfertigt, dass die Frauen Naziuniformen getragen und sich über die Opfer des Holocaust mokiert hätten – ein besonders gravierender Vorwurf angesichts der Sympathien von Mosleys Vater Oswald während des Zweiten Weltkriegs. »Scheiße, Scheiße, Scheiße!«, fluchte Ecclestone. Er war über die sexuellen Vorlieben Mosleys erstaunt. »Nicht mein Bier«, sagte er und rief sofort seinen Freund an. Mosley hatte erst durch einen Telefonanruf um 10 Uhr 30 von seiner Bloßstellung erfahren, als die Zeitung ihn um eine Stellungnahme bat – nachdem die erste Ausgabe veröffentlicht worden war, sodass Mosley keine Chance hatte, bei einem Richter eine einstweilige Verfügung zu erwirken. Nach dem Anruf hatte er selbst die Zeitung gekauft und sie seiner Frau Jean gezeigt. »Soll das ein Witz sein, den du extra für die Kinder hast drucken lassen?«, fragte sie. Nach 50 Jahren Zusammenleben konnte das Ehepaar nach Mosleys Ansicht eine »gemeinsame Katastrophe« überstehen.

»Jemand hat mich reingelegt«, erklärte Mosley Ecclestone und war wütend über diese Verletzung seiner Privatsphäre. »Ich werde es ihm heimzahlen!« Ecclestone hatte den gleichen Verdacht wie Mosley. Auf einmal ergab das Gerücht Sinn, das einen Monat zuvor im Umlauf war, Leute hätten in Paris versucht, Verfängliches über Mosley aufzudecken. »Das sind doch bloß die üblichen Schmierereien der Klatschpresse«, antwortete Ecclestone, »und du solltest sie einfach ignorieren. Was soll's?« Das wilde Sexleben von James Hunt war von der gleichen Zeitung gefeiert worden, die jetzt das Treiben Mosleys geißelte. An diesem Tag bekundete Ecclestone ständig seine Solidarität mit Mosley. »Wenn er nur im Bett mit zwei Nutten fotografiert worden wäre«, flachste er mit den zahlreichen Anrufern, »wäre er glimpflich davongekommen.« Während er Mosley verteidigte, hörte er den Mutmaßungen seines Freundes über die Identität des Verräters geduldig zu. Um sein Missgeschick in einem etwas günstigeren Licht erscheinen zu lassen, schrieb Mosley sofort an alle FIA-Mitglieder und bestritt, seine Domina-Orgie habe irgendetwas mit dem Nationalsozialismus zu tun gehabt.

Am folgenden Tag war Ecclestone weder zum Scherzen aufgelegt, noch dazu bereit, den internationalen Eklat herunterzuspielen. Die Teams waren im Begriff, für das Rennen am folgenden Sonntag nach Bahrain abzufliegen. Die Titelmelodie von *Zwei glorreiche Halunken* erklang unablässig aus seinem Handy. In jedem Anruf wurde die Lage Mosleys als unhaltbar bezeichnet. »Mir leuchtet nicht ein, was das Ganze mit der FIA zu tun haben soll«, antwortete Ecclestone. Die Geschäftsführer der Automobilhersteller mit Teams in der Formel 1 waren anderer Ansicht. »Er soll auf jeden Fall zurücktreten«, sagte der Vorstandssprecher von Mercedes.

Die Nachrichten aus Bahrain waren besonders unangenehm. Ein Vertreter des Staatsoberhaupts hatte bereits bei Jackie Stewart angerufen. »Was geht hier vor?«, fragte Stewart Ecclestone. »Seid ihr alle von Sinnen?« Ecclestone erfuhr, dass der muslimische Kronprinz vorhatte, Mosley vom Gand Prix auszuschließen – nicht etwa wegen der Vorwürfe des Nazismus, »sondern wegen der Nutten«. Als nächstes kamen die Anrufe eines Toyota-Managers, der damit rechnete, dass Mosley Harakiri begehen würde. Anschließend war Frank Goodwin, der Vorstandsvorsitzende der Royal Bank of Scotland und ein wichtiger Sponsor, am Apparat. Er erwartete den Rücktritt Mosleys, während auch der König von Spanien drängte: »Max muss gehen«. Die Nachricht des Königs war besonders schmerzlich: »Ich werde weder auf dem Podium mit Max stehen, noch seine Hand schütteln, wenn er nach Spanien kommt«, mahnte er im Hinblick auf das Rennen in Barcelona, das nächste nach Bahrain. An nächsten Morgen rief Gorman von der *Times* erneut bei Ecclestone an und verlangte eine Stellungnahme. Er schnitt seine Antwort auf Tonband mit: »Ja – er ist ein dicker Freund von mir, aber er darf nicht weitermachen.« Eine Stunde später rief Ecclestone Gorman zurück. »Was schreiben Sie?«, fragte er. »Dass Ecclestone sagt: ›Mosley muss zurücktreten‹.« »Das habe ich aber nicht gesagt«, widersprach Ecclestone. »Aber Bernie, ich habe Ihre Worte auf Tonband mitgeschnitten.« »Ich habe das nicht gesagt«, beteuerte Ecclestone. »Das kann nicht auf dem Tonband sein.«

Der Interessen- und Loyalitätskonflikt machte Ecclestone schwer zu schaffen. Er verdankte Mosley, seinem engsten Verbündeten seit 40 Jahren, unermesslich viel. Für einen Geschäftemacher, dessen Handschlag eine feste Zusage war, schien es undenkbar, seinen Partner im Stich zu lassen. Dieses Gefühl verstärkte sich, als Mosley darüber spekulierte, einer seiner Feinde aus der Formel 1 habe einen Agenten auf ihn angesetzt, um ihn auszuspionieren. Ecclestone versicherte ihn seiner Loyalität, riet ihm aber, den Rennen fern zu bleiben.

Zufällig hatte sich Mosley kurz zuvor von John Stevens beraten lassen, dem ehemaligen Polizeichef von Scotland Yard, der soeben Geschäftsführer von Quest, einer privaten Ermittlungsfirma, geworden war. Bei einem Mittagessen im Februar hatte Stevens im Gespräch über Sicherheitsmaßnahmen in der Formel 1 erwähnt, dass eine mit Quest konkurrierende Firma herauszufinden versuchte, ob Mosley durch Ecclestone bestochen worden war. Ohne einen Beweis dafür zu haben, vermutete Mosley, diese Ermittlung sei von einem Feind in der Schweiz angezettelt worden, der sich an ihm rächen wollte. Da er sein geheimes Sexualleben als verwundbare Stelle erkannte, hatte er Quest dafür bezahlt, ihn in der Abwehr von Überwachungsmaßnahmen zu unterweisen. Nachdem er durch die *News of the World* bloßgestellt worden war, war er überzeugt davon, dass ein Feind eine der Prostituierten engagiert hatte. Die Drohung kam also von innen, nicht von außen.

48 Stunden nach dem Skandal hatte Quest ein Treffen von »Woman A«, die für Mosley die meisten Orgien seit 2006 organisiert hatte, mit Mosley in der Kings Road arrangiert. Sie erzählte, die *News of the World* habe bereits damit gedroht, sie in der nächsten Sonntagsausgabe mit einer Nacktaufnahme bloßzustellen, wenn sie der Zeitung kein Interview gebe. Darüber erzürnt versprach sie, Mosley zu helfen. Bis dahin hatte Mosley aus den Reportagen geschlossen, dass »Michelle«, als »Woman E« bezeichnet, die Quelle für seine Feinde war. Die winzige Kamera zur Aufzeichnung der Sexorgie war von den *News of the World* zur Verfügung gestellt worden. Quests Ermittlungen hatten auch ans Licht gebracht, dass »Michelle« mit einem Überwachungsexperten des Inlandgeheimdiensts MI5 verheiratet war. »Woman A« und »Woman E« waren häufig in einem Pub in Milton Keynes zu sehen, und »Woman A«

war der Überzeugung, dass der MI5-Agent von den Zusammenkünften seiner Frau mit Mosley wusste. Erstaunlicherweise sollten
auch »Jasons« Vorgesetzte von den sexuellen Eskapaden seiner Frau
mit Mosley gewusst haben. Mosley hatte den Verdacht, sowohl die
britische Regierung als auch ein Bürger der Schweiz hätten es auf
ihn abgesehen. Seine Empörung über die Verletzung seiner Privatsphäre und die krasse Verzerrung der Geschichte durch die *News of
the World* wurde von Ecclestone und – zu seinem Trost – von den
meisten FIA-Clubs geteilt.

Bis Mitte Mai war Mosley drei Rennen ferngeblieben, aber der
bevorstehende Grand Prix von Monaco verlangte eine andere Strategie. Nicht nur hatte er im Fürstentum seinen Wohnsitz, sondern
dieses Rennen rangierte im Formel-1-Kalender an erster Stelle.
Mosley war störrisch. Er war entschlossen, sich in die Höhle des
Löwen zu wagen und möglichst schnell eine Klage wegen Verletzung der Privatsphäre gegen News International, den Besitzer der
News of the World, vor dem High Court anzustrengen. Nach Lage
der Dinge riskierte er durch dieses Vorgehen seine Selbstzerstörung, aber seiner Ansicht nach war ein Prozess die einzige Chance,
das ihm widerfahrene Unrecht wiedergutzumachen.

Ecclestone kam vier Tage vor dem Rennen, am 21. Mai, in
Monaco an. Ein Höhepunkt des Besuchs sollte die übliche Geburtstagsfeier für Slavica an Bord der Jacht Flavio Briatores sein,
zumal Slavica diesmal 50 wurde. Zeitungen hatten bereits darüber
berichtet, dass ihre Tochter Petra der Mutter ein Kleid von Pucci
und Schuhe von Terry de Havilland mit ihrem Geburtsdatum in
Zahlen aus Kristall auf den Sohlen gekauft hatte. Die Party war seit
Wochen geplant. Mosley stand auf der Gästeliste. Vor der Feier
sollte das künftige Schicksal Mosleys von allen FIA-Clubs im Automobilclub des Fürstentums besprochen werden. Mosley wusste,
dass 85 Prozent der Clubs schriftlich seinen Rücktritt verlangt hatten, aber da diese Clubs nur 25 Prozent der Stimmen ausmachten, war er sich der Unterstützung durch die Mehrheit sicher.
Weniger leicht war es, Donald Mackenzie und Martin Sorrell, die
Direktoren von CVC, zu ignorieren. Beide hatten Ecclestone nahe-
gelegt, den Rücktritt Mosleys zu verlangen. Sorrell war als Jude

besonders über den angeblich nazistischen Kontext von Mosleys Treiben beunruhigt. Die beiden setzten Ecclestone in seinem Wohnmobil unter Druck. Mit der Behauptung, sie hätten die Unterstützung von Montezemolo, Briatore, Ron Dennis und John Howett, bedrängten sie Ecclestone, er solle den Rücktritt Mosleys bewerkstelligen.

Zwei Wochen zuvor hatte Ecclestone auf einem Treffen der Teameigentümer in Barcelona Briatores Vorschlag zugestimmt, alle sollten einen Brief unterschreiben, in dem Mosley zum Rücktritt aufgefordert wurde. Darüber herrschte Einstimmigkeit, bis Adam Parr, der Williams vertrat, Einspruch erhob. »Warum lassen Sie nicht einen Entwurf herumgehen, und wenn er bei mir ankommt, werde ich meine Entscheidung treffen.« Briatore ging in die Luft, und Ecclestone explodierte ebenfalls. »Du beschissener Amateur!«, schrie Ecclestone. »Du versuchst eine Nummer abzuziehen, die ich mit 16 nicht mehr abgezogen habe.« Parr vermutete, der Brief sei deshalb nie herumgeschickt worden, weil Ecclestone sich »hin- und hergerissen« gefühlt habe.

Zwei Wochen später nahm Ecclestone Sorrell seine Aufdringlichkeit übel. Er hatte seine Ernennung zum CVC-Beirat für die Formel 1 befürwortet. Der Inhaber der größten Werbeagentur der Welt war Formel-1-Fan und stolz darauf, Wasserträger Jackie Stewarts gewesen zu sein. Jetzt bezichtigte ihn Sorrell öffentlich des Antisemitismus. Trotz allem lenkte er ein. Mit Mackenzie und Sorrell machte er sich durch das Fahrerlager zum Wohnmobil Jean Todts auf. »Wir müssen Max loswerden«, sagte Sorrell. »Nein, das müssen wir nicht«, entgegnete Todt. Nutten waren in der Formel 1 nichts Neues, und Nazis auch nicht. Todt würde sich nicht zu moralischen Urteilen hinreißen lassen. Auch Ecclestone überlegte es sich noch einmal anders. »Max ist im Paddock willkommen«, erklärte er kurz darauf dem BBC-Fernsehen und ließ sich zusammen mit seinem Freund fotografieren, wobei Mosley die Gelegenheit wahrnahm, den FIA-Mitgliedern für ihre Unterstützung bis zum Ende seiner Präsidentschaft zu danken.

Als Ecclestone zu seinem Wohnmobil zurückkehrte, lief ihm Briatore über den Weg. Zwei Wochen vorher, während des Großen

Preises der Türkei, war es Ecclestone nicht so gut gegangen, und Briatore hatte derart besorgt angerufen, dass Ecclestone Verdacht schöpfte. Er wusste, dass Briatores Feindschaft gegen Mosley nicht durch moralische Entrüstung motiviert war, denn es hatte zahllose Pressereportagen über Briatores wenig engelsgleiche Sexabenteuer und Geschäftspraktiken gegeben. Ecclestone hatte eher den Verdacht, es gehe Briatore um sein eigenes Schicksal. Renault schnitt 2008 bei der Weltmeisterschaft schlecht ab und konnte die überzeugende Herausforderung Ferraris durch McLaren nicht einholen. Zusätzlich hatte Briatore ein finanzielles Problem: Das Renault-Team sah sich einer Schuldenlawine ausgesetzt, und obwohl Ecclestone Briatore bereits 30 Millionen Dollar seiner künftigen Profite von CVC geliehen hatte für den Fall, dass das Concorde-Agreement unterzeichnet werden sollte, gab Briatore Mosleys teuren »Kostensenkungen« und Regeländerungen die Schuld an seiner misslichen Lage bei Renault. Briatore war der Meinung, Mosley sperre sich gegen das neue Concorde-Agreement, weil er befürchtete, er und die FIA könnten ihre Macht verlieren.

Im Vergleich zu seiner offenen Feindschaft gegen Mosley verhielt sich Briatore Ecclestone gegenüber entgegenkommend. Er hatte allen Grund, dankbar zu sein. Weil er die spanischen Fernsehrechte für die Formel 1 besaß und Alonso 2005 und 2006 Weltmeister geworden war, hatte sich sein Vermögen beträchtlich vermehrt – einige meinten um 100 Millionen Dollar. Trotz alledem war er unzufrieden. Im Gegensatz zu anderen Teamchefs war Briatore kein Mechaniker, sondern Geschäftsmann. Sein 78-jähriger Freund konnte nicht ewig leben, und einige Insider sahen in ihm selbst den idealen Nachfolger. Ecclestone hatte diese Möglichkeit nicht in Erwägung gezogen, bis er Briatore auf dem Rückweg vom Wohnmobil Todts begegnete.

»Max darf nicht zur Party kommen«, sagte Briatore und meinte damit Slavicas Geburtstagsfeier. »Du musst ihm das klarmachen. Wenn er kommt, dann bleibt Carlos Goshn weg, und Renault wird ausscheiden, und das wäre unmöglich.« Ecclestone starrte Bria-tore an. »Was willst du denn von mir?« »Du musst es ihm sagen«, erwiderte Briatore. »Warum denn ich?«, fragte Ecclestone, der nicht wusste, was schlimmer wäre: es Mosley oder Slavica zu sagen.

Im Wohnmobil Zimmermanns sah Niki Lauda, wie Ecclestone eintrat und zu seiner Frau ging. »Flavio meint, ich müsste Max sagen, dass er nicht kommen darf«, sagte Ecclestone und erklärte ihr die Gründe. »Du bist verrückt!«, schrie Slavica. »Ich werde Max das nicht antun. Es ist meine Party. Ich bestimme die Gästeliste.« Niki Lauda wurde Zeuge, wie die Frau den Ruf Briatores demontierte. »Flavio wird dir in den Rücken fallen!«, schrie sie. Sie war besonders über dessen jüngstes Zeitschrifteninterview aufgebracht, in dem er sich seiner großartigen Leistungen für die Formel 1 rühmte. Sie wusste, dass auch ihr Mann das mit Missfallen zur Kenntnis genommen hatte. Briatore hatte sich allzu stark in die Formel-1-Politik eingemischt, und sie hatte Ecclestone bereits erzählt, Briatore habe ihr gesagt, man könne sich im Falle von Ecclestones Tod auf ihn verlassen, was die Weiterführung des Formel-1-Geschäfts betraf. Diese Fürsorglichkeit konnten weder Ecclestone noch Slavica gutheißen. »Siehst du nicht ein, dass Flavio dich immer bescheißen wird?«, zeterte Slavica. »Nein, das tut er nicht«, entgegnete Ecclestone. »Er ist Teil der Formel 1, und er hat geschäftliche Interessen.« Slavica war nicht überzeugt. »Er sagt, er wäre dein Freund«, sagte sie mit einem beißenden Sarkasmus, den Ecclestone später als gerechtfertigt anerkennen sollte. Noch war Ecclestone von dem vermeintlichen Verrat nicht überzeugt. Instinktiv trennte er seine persönlichen Beziehungen von seinen Geschäften. »Entweder hörst du mit all dem hier auf und schmeißt die Arbeit hin, oder ich verlasse dich!«, brüllte Slavica.

Die Wut Slavicas bewog Ecclestone dazu, sich den Medien gegenüber zugänglicher zu zeigen, aber zunächst erledigte er eine unangenehme Aufgabe. Er rief Mosley mit der schlechten Nachricht an. Ausgeladen zu werden – und das in seiner Heimatstadt – war schmerzlich für Mosley, auch wenn der anschließende Anruf Slavicas, die sich bei ihm entschuldigte, erheblich dazu beitrug, seinen verletzten Stolz zu besänftigen. In Wirklichkeit war er darüber erleichtert, dass er nicht zusehen musste, wie Slavica zum Applaus von Briatores Prominenten und Milliardären auf dem Tisch tanzte.

Slavica jedoch weigerte sich, Briatore zu verzeihen. Sie verbot Ecclestone, nach Rom zu Briatores Hochzeit mit Elisabetta Gregoraci zu reisen. »Sie ist in einer von ihren ›Ich-mag-Flavio-nicht‹-Stimmungen«, sagte Ecclestone zu seinem Freund, »und ich will keinen Ärger mit ihr.« Außerdem konnte er Hochzeiten nicht ausstehen.

Als Ecclestone am Sonntagabend wieder in London eintraf, konnte er den unablässigen Anrufen und Faxen, die den Rücktritt Mosleys verlangten, nicht mehr Widerstand leisten. Mosleys Lage, das sah er jetzt ein, war unhaltbar geworden. »Du musst gehen«, sagte er ihm am gleichen Abend am Telefon. »Kommt nicht in Frage«, erwiderte Mosley. Um den Druck auf sich etwas zu erleichtern, erklärte sich Ecclestone zu einem Interview mit dem *Daily Telegraph* bereit. Mosley, sagte er, werde von allen Seiten bedrängt. Die Formel-1-Gemeinde könne nicht verstehen, warum er nicht in den ersten 24 Stunden zurückgetreten sei. »Es ist zu bedauern, dass er diese Entscheidung nicht getroffen hat«, fügte er hinzu, »weil niemand mehr etwas mit ihm zu tun haben möchte.« Zur Entlastung Mosleys machte er geltend: »Max wird zu Unrecht bestraft.« Nach der Veröffentlichung des Interviews am 31. Mai fühlte sich Ecclestone verletzt, als Mosley sich weigerte, seine Telefonate anzunehmen. Das war nicht fair, dachte er. Wenn man die Bilanz ihrer Freundschaft zog, hatte Mosley mehr davon profitiert als er. Es hatte Mosley in den Kram gepasst, Ecclestone zu helfen, und jetzt wollte er die Bedrängnis nicht verstehen, in die Ecclestone geraten war. Mosley war natürlich vom Gegenteil überzeugt.

Das nächste Rennen war in Montreal, und Ecclestone flog über New York, um Montezemolo zu treffen. Die Weltmeisterschaft zog Unmengen von Fans an. Die führende Position Ferraris in der Konstrukteurswertung wurde von Lewis Hamilton in einem McLaren bedroht. Der Sieg des britischen Fahrers in Monaco hatte den Ruf von Ron Dennis zum Teil wiederhergestellt. Bei einem Treffen in der Bar des St. Regis Hotels, wo sie über die künftigen Finanzen der Formel 1 reden wollten, kamen sie auch auf das Schicksal Mosleys zu sprechen. »Wir müssen Max zum Rücktritt überreden«, sagte Ecclestone zu Montezemolo. Der Ferrari-Chef gab sich auffällig unentschieden. »Ich fühle mich nicht berufen, Max abzuschießen oder zu retten«, erwiderte er, »und ich will nicht den Sittenrichter spielen – also bleibt es seine Entscheidung.« Das war nicht das, was Ecclestone hören wollte. Er flog weiter nach Montreal, wo ihn ein neuer Streit erwartete. Die Formel 1 war Kanadas bedeutendste Sportveranstaltung, zog 300.000 Zuschauer an und brachte der Stadt über 50 Millionen Dollar ein. Die Stadtväter hatten es aber dreimal versäumt, die zweite Rate ihrer Zahlung zu leisten. Wenn sie jetzt nicht ihre Schulden von 30 Millionen Dollar beglichen, warnte Ecclestone die Organisatoren, würde 2009 kein Rennen mehr stattfinden. Den Kanadiern wurde eine Zahlungsfrist bis Oktober gesetzt. Eine weitere Frist wurde Mosley am Telefon diktiert: »Luca sagt, du musst zurücktreten.« Mosley war wütend. Frank Williams, hatte er gehört, sollte Ecclestone gesagt haben: »Was Max macht, geht uns nichts an.« Jetzt rief er den Assistenten von Montezemolo an. Der Italiener bestritt, dass es irgendeine Vereinbarung mit Ecclestone gebe, was Mosleys Rücktritt betraf. Mosley zog es vor, Montezemolo Glauben zu schenken. »Du musst zurücktreten«, legte Ecclestone Mosley erneut nahe. »Ich überlasse die Entscheidung den Mitgliedern der FIA«, gab Mosley zurück. »Du wirst bei der Abstimmung verlieren und gedemütigt werden«, konterte Ecclestone. »Nein, ich überlasse es ihnen. Sie sollen abstimmen.« Die Generalversammlung war für den 3. Juni in Paris anberaumt. »Bernie hält nichts von der unbedingten Treue«, schloss Mosley resigniert. Für ihn markierte dieser Tag das Ende ihres unverbrüchlichen Bündnisses. Einige Wochen lang wechselten sie kein Wort miteinander, aber Ecclestone hatte den Einfluss Mosleys unterschätzt. Am 3. Juni gewann er bei der Abstimmung des World Council der FIA mit 103 Stimmen gegen 55. Jetzt sollte Mosley seine Macht geltend machen.

Durch seinen Sieg ermutigt ordnete Mosley sofortige Kostensenkungen und Änderungen einiger technischer Vorschriften an. Montezemolo erklärte ihm als Erster den Krieg. »Die Belastungsgrenze ist überschritten. Max ist durchgedreht. Er ist verrückt!« Seine Ansichten wurden von allen Teams geteilt. Die Mehrheit der

Formel-1-Bruderschaft hatte sich nicht über Nutten oder Nazis aufgeregt, aber jetzt gab es Ärger, weil Mosley es nicht nur wagte, Großunternehmen zu diktieren, wie sie ihr Geld auszugeben hätten, sondern auch damit drohte, Wirtschaftsprüfer in die Betriebe zu schicken, um ihre Geschäftsbücher unter die Lupe zu nehmen. »Sie zerstören den Traum von der Formel 1! Ihre Kostensenkungen sind brutal«, hielt Montezemolo Mosley vor. Ecclestone fühlte sich derweil zerrissen. Bis zum März hatte Montezemolo nie den Verdacht gehabt, es könnte irgendwelche dubiosen finanziellen Beziehungen zwischen Ecclestone und Mosley geben, aber er hatte angenommen, es existiere so etwas wie ein »strategisches Bündnis« zwischen ihnen. In der Regel war Ecclestones Geschäftsführung für die Formel 1 durch die Uneinigkeit der Teams erleichtert worden, weil sie jeweils die von ihnen bevorzugten Vorschriften durchsetzen wollten. Jetzt aber, so glaubte Montezemolo, opponierte Ecclestone gegen die Ziele Mosleys, da er sie für »unklar und unbeständig« hielt. Da er ihm diese Kritik übel nahm, genehmigte Mosley ohne Umschweife die Lancierung einer Formel-2-Serie, die vom Williams-Team unterstützt wurde, als Konkurrenz für die sehr ähnliche GP2-Serie, die Briatore mit Hilfe Ecclestones ausgearbeitet und an CVC verkauft hatte. Formel-2-Wagen sind etwas kleiner, aber viel billiger als Formel-1-Modelle. Sie werden von Formel-1- und anderen Fahrern, die sich Grand-Prix-Meisterschaften zum Ziel gesetzt haben, zum Training benutzt. Nach dem Entwurf Briatores sollten die Wagen rund 1,5 Millionen Euro kosten, aber die Williams-Wagen, die Adam Parr liefern sollte, kosteten nur rund 300.000 Euro. Ecclestone machte aus seinem Zorn keinen Hehl. »Er hat das gemacht, um mir zu schaden und ein gutes Geschäft zu ruinieren.« Mosley empfand keine Reue. Die Profite Briatores zu schmälern, war für ihn nicht schmerzhaft.

Ecclestone suchte vergeblich nach der Lösung eines Dilemmas. Zuerst wollte er Mosley beschwichtigen. Er unternahm einen ungewöhnlichen Schritt, indem er Ed Gorman aufforderte, die Gerüchte über seine Beteiligung an der *News of the World*-Affäre zu dementieren. »Es hat überhaupt nichts mit mir zu tun. Sie machen Witze. Zweitens wäre so was einfach nicht mein Stil – so gehe ich nicht mit den Leuten um. Drittens hätte ich überhaupt keinen Grund, Max ruinieren zu wollen.« Dann aber verbreiteten sich Gerüchte über Mosleys Plan, die Verteilung der Formel-1-Einkünfte zum Nachteil Ecclestones zu ändern. Da es zu keinem Gespräch mit Mosley kam, weil der auflegte, sobald er Ecclestones Stimme hörte, erklärte dieser: »Die FIA hat ein eindeutiges und verbrieftes Abkommen mit der europäischen Union, dass sie die Aufsicht über die sportlichen Belange hat. Mit den Finanzen hat sie überhaupt nichts zu tun. Wenn Max jetzt ankommt und sagt, wir sollen den Teams mehr Geld geben, dann werde ich ihm sagen, er solle sich um seinen eigenen Kram kümmern.« Trotz Ecclestones Entrüstung argwöhnte er eine Verschwörung gegen seinen alten Freund. »Die jüdische Gemeinde kontrolliert sehr viel von dem Geld, das auf direkte oder indirekte Weise der Formel 1 zufließt«, sagte er der *Times*. »Diese Leute sagen, die FIA solle es nicht zulassen, dass jemand wie Max sie vertritt.«

Die offensichtliche »Scheidung« zwischen Ecclestone und Mosley heizte die Gerüchteküche heftig an. Die vielen Feinde Mosleys sahen jetzt eine Gelegenheit, auch Ecclestone zu beschädigen. Unter ihnen war John Howett der Lauteste. Der Teamchef von Toyota hatte mit Ron Dennis und den anderen Teams gemeinsame Sache bei dem Versuch gemacht, Ecclestone und Mosley dazu zu bringen, die Absichtserklärung von Barcelona in ein neues Concorde-Agreement umzusetzen. Howett verübelte es Mosley, dass er »ständig die technischen Regeln umschrieb«, und missbilligte auch, dass Ecclestone dauernd für Verwirrung sorgte. »Seit Barcelona«, erklärte Howett Mosley, »hören wir nichts als Ausflüchte von Bernie. Wir haben es langsam satt.« Er wollte das Chaos durch ein strukturiertes Reglement ersetzt sehen. »Man verlangt von mir, dass ich Geld aus der Formel 1 raushole«, sagte er, »aber jedes Mal, wenn ich mit Bernie darüber rede, geschieht nichts.« Mosley schob Ecclestone die Schuld zu. Um die Sache in Bewegung zu halten, beschuldigte Ecclestone Mosley. »Ich will keinen Krieg mit Max«, sagte er zu Howett, »und ich hoffe, er will keinen mit mir. Wenn es aber zu einem Krieg kommt, werden wir uns zur Wehr setzen.«

Es hatte sich ein Teufelskreis gebildet. Die CVC weigerte sich, das Geld auszuzahlen, das sie den Teams schuldete, solange die neuen Concorde-Agreements nicht endgültig festgeschrieben waren, und obwohl die Teams ihre Unterschriften geleistet hatten, verweigerte Mosley die seine, weil die FIA dadurch ihre Kontrolle über die Kosten und er die Befugnis verlieren würde, nach seinem Gutdünken technische Regeln zu ändern. Ecclestone weigerte sich ebenfalls zu unterschreiben, weil er überhaupt kein Abkommen wollte. Sollte es aber eines geben, so verlangte er, dass es bis 2015 gültig sein solle. Die drei Parteien gaben einander die Schuld für die Pattsituation. In Ermangelung eines neuen Concorde-Agreements blieb die unreformierte FIA an der Macht. Besonders unter den Automobilherstellern gerieten Disziplin und Loyalität ins Bröckeln.

In Tokio waren die Direktoren Toyotas darüber enttäuscht, dass Ecclestone wenig unternommen hatte, eine enge Beziehung zu ihrem Unternehmen aufzubauen, und Mosley schenkten sie überhaupt kein Vertrauen. Sein diktatorisches Gebaren in Sachen »Spygate«, Indy-Rennen und anderen Kontroversen, in die Benetton, Ferrari und Renault verwickelt waren, hatte ihre Begeisterung für die Formel 1 deutlich abgeschwächt. Mosleys Reaktion auf den durch die *News of the World* verursachten Skandal hatte ihr prinzipielles Engagement auf die Probe gestellt. Sie waren auch über die ambivalente Haltung Ecclestones den Herstellern gegenüber bestürzt, was Ecclestone geflissentlich ignorierte. Toyota, dachte er, hatte in jenem Jahr 350 Millionen Dollar ausgegeben; nur selten hatte ein Toyota-Fahrer es geschafft, auf dem Podium zu stehen, und kein einziger hatte je ein Rennen gewonnen. Honda und BMW waren gleichermaßen erfolglos. Keines dieser Teams hatte Manager, die ein erfolgreiches Team aufbauen konnten. Er wusste, dass diese drei Teams wegen ihres schlechten Abschneidens keine gute Presse bekamen, die dafür hätte sorgen können, ihre Verkaufszahlen anzuheben. Das alles berührte ihn nicht. Wenn Honda, wie gerüchteweise zu hören war, den gleichen Kurs wie Ford-Jaguar einschlagen und aus der Formel 1 ausscheiden wollte, würde er in seiner Überzeugung von der Unzuverlässigkeit der Hersteller nur verstärkt. Seine Gelassenheit war jedoch ausnahmsweise durch die ungewohnt einhellige Feindseligkeit der restlichen Teams gegen ihn und Mosley leicht erschüttert. Ohne Mosley konnte er gegen diese Allianz nicht siegen.

27 Jahre lang hatte Ecclestone zahllose Schlachten ausgefochten, um die Formel 1 in seine Macht zu bringen und die Kontrolle über sie zu behalten. Dabei war er stets auf den Beistand Mosleys angewiesen gewesen. Rückblickend musste er feststellen, dass es ein Fehler gewesen war, Mosley zum Rücktritt zu drängen. Seine eigene Karriere war auf Loyalität aufgebaut gewesen, und er hatte seine Prinzipien verraten. Jetzt hatte die Bescherung in Form einer vereinten Revolte der Teams. Um seine Position wieder zu stärken, schrieb er an die Präsidenten aller FIA-Clubs, lobte die Arbeit Mosleys und schwor, »meinem Freund seit 40 Jahren« die Treue zu halten. Diese öffentliche Kehrtwendung stellte die Beziehung zu Mosley wieder her, und dieser bestärkte wiederum Ecclestone in seinem Verdacht. »Alle Teams wollen die FIA zerstören und ihre eigene Weltmeisterschaft einführen«, erklärte Mosley Ecclestone. »Für uns macht das alles keinen Sinn. Wir müssen uns selbst schützen.« Was jetzt in persönlicher und finanzieller Hinsicht auf dem Spiel stand, sah Ecclestone plötzlich ein, war kaum je von größerer Bedeutung gewesen. »Es schweben viele Bälle auf einmal in der Luft«, sagte Ecclestone, »und zwei davon gehören mir. Ich will mich in Sicherheit bringen.«

Als die Teams am 6. Juli 2008 in Silverstone ankamen, war die Feindseligkeit gegen Ecclestone noch gewachsen. Dietrich Mateschitz, der österreichische Inhaber von Red Bull, hatte seine frühere Neutralität gegenüber der Formel-1-Politik abgelegt und schlug sich in der Frage der neuen finanziellen Regelungen auf die Seite Howetts. Seitdem er 1994 in die Formel 1 eingestiegen war, hatten die Verkaufszahlen seines Getränks kräftig zugenommen. Dies galt besonders, seit der Sport sich auch auf den Nahen Osten und Asien ausgedehnt hatte, wo der Absatz 2008 um 79 Prozent gestiegen war. An Rennen teilzunehmen, kostete eine Menge Geld. Das Red-Bull-Team hatte Mateschitz um die 400 Millionen Dollar im Jahr gekostet, aber seine direkten Einkünfte von CVC beliefen sich auf kaum 15 Prozent dieser Investition. Die Lücke wurde durch die massive

Publicity für Red Bull überbrückt, aber dass CVC plante, einen Profit von sechs Milliarden Dollar über zehn Jahre zu erwirtschaften, brachte ihn trotzdem auf die Palme. Stillschweigend schloss sich Mateschitz jenen an, die die Macht Ecclestone und Mosley aus den Händen reißen und sie mit CVC teilen wollten. Der Vorlauteste in dieser Gruppe war Flavio Briatore, und Mosley war noch mehr als sonst von dem Italiener enttäuscht. Dieser hatte die Schwierigkeiten ausgenutzt, in die Ron Dennis geraten war, um Alonso wieder für Renault zu gewinnen. Statt aber die Mängel an seinem Wagen zu beheben, fing er an, sich in die Formel-1-Politik einzumischen. Der Vorwand, er sei durch seine Firmenchefs unter Druck gesetzt worden, mehr Geld aus der Formel 1 herauszupressen, diente lediglich dazu – glaubte Mosley –, den Griff nach der Macht zu tarnen. Donald Mackenzie war ebenfalls alarmiert. Der Seniorpartner von CVC legte Mosley einen Rücktritt nahe und forderte Ecclestone auf, einem weiteren Spaltungsversuch zuvorzukommen.

Während einer hitzigen Debatte in seinem Wohnmobil in Silverstone machte Ecclestone den Vorschlag, alle Teams sollten sich am Dienstag, dem 29. Juli, in Maranello treffen, bevor sie nach Budapest weiterreisten. Vor allen Teamchefs rief er Montezemolo an und vereinbarte, dass sich alle in der Ferrari-Zentrale versammeln sollten. Er hoffte, er könne mit Hilfe Montezemolos alle Teams ohne ein neues Concorde-Agreement auf Kurs bringen. Bevor er nach Italien abflog, hatte er eine Unterredung mit Jean Todt. »Am besten treffen Sie im Voraus eine Sondervereinbarung mit Luca«, riet Todt Ecclestone, »wobei er mehr als die anderen bekommt.«

Die gespannte persönliche Beziehung zwischen Montezemolo und Ecclestone sowie Mosleys Zerwürfnis mit Ferrari über die Kosten sorgten dafür, dass alle Versuche scheiterten, eine verbindliche Vereinbarung vor der Sitzung zu treffen. Ecclestones Mangel an Voraussicht war zweifellos dadurch zu erklären, dass er sich nicht von Mosley beraten lassen konnte. Genau in diesen Tagen musste Mosley seine Klage wegen Verletzung seiner Privatsphäre vor dem High Court gegen die *News of the World* führen. Es gelang ihm nach und nach, die Journalisten dieser Zeitung als Scharlatane zu entlarven. Am 24. Juli wurde seiner Klage stattgegeben, und ihm wurde ein Schadenersatz von 60.000 Pfund zuerkannt. Mosley fühlte sich beschwingt. Ecclestone war erfreut. Vier Tage später flog Ecclestone mit den Teamchefs nach Italien.

In den Tagen vor dem Flug hatte sich Ron Dennis über die Lage den Kopf zerbrochen. Seit 1966 waren 106 Teams aus dem Formel-1-Geschäft ausgestiegen. Nur zwei – McLaren und Ferrari – war es gelungen, während der ganzen Zeit dabei zu bleiben. »Man kämpft oder man stirbt«, so viel wusste er. Er verlangte verzweifelt nach einem Sieg – nicht so sehr über Ecclestone als über Mosley. Eines Morgens wachte er auf und hatte eine Erleuchtung: »Ich muss Ferrari ein Friedensangebot machen.« Er rief Montezemolo an. Seine ersten Worte waren: »Wir müssen die alte Feindschaft zwischen unseren beiden Teams begraben.« Montezemolo, fuhr er fort, müsse sich überlegen, was in Ferraris Interesse sei. »Im Nachhinein muss Ihnen die Sache klar sein, Luca. Sehen Sie sich mal die Summen an. Sie haben 50 Millionen Dollar von Bernie erhalten, aber Sie haben damals nicht begriffen, wie viel auf dem Spiel stand. Sie können viel mehr herausholen.« Sehr viel, betonte er, könne von dem Gipfeltreffen in Maranello abhängen. Er redete von seiner Befürchtung, »Bernie könnte die versammelten Teams unter seine Kontrolle bringen«, und forderte Montezemolo auf, der üblichen Methode, mit der Ecclestone die Teams manipulierte, zuvorzukommen.

Ecclestone hatte erwartet, beim Treffen den Vorsitz zu führen, aber er kam zu spät und fand Montezemolo an seinem Platz vor. Als er Montezemolos melodramatische Rede über Geld hörte, kam er Ecclestone wie eine Zeichentrickfigur vor. Bis zur Mittagspause hatte Ecclestones unverhohlene Verachtung Montezemolos einen Gegenschlag provoziert. Nach einer vorherigen Absprache mit Briatore, Dennis und Howett hatte er geschworen, Ecclestones gewohnte Strategie des Teilens-und-Herrschens zu vereiteln und zur Gründung einer neuen Gruppierung aufzurufen, die Formula One Team Association (FOTA) heißen sollte. Dabei fasste er eine Dreieckskonstellation zwischen den Teams, der CVC mit Ecclestone und der FIA ins Auge. Bis zum Mittagessen, als Dennis an

Montezemolo herantrat, waren nur wenige Fortschritte zu verzeichnen. »Spygate« war noch immer ein wunder Punkt, aber Dennis' Plädoyer, die Teams sollten eine einheitliche Position beziehen, hatte manches für sich. »Wenn wir wieder da hineingehen«, schlug Dennis Montezemolo vor, »sollten wir Bernie dazu auffordern, den Raum zu verlassen.« Montezemolo sollte sich später gut daran erinnern, in welches Staunen ihn Dennis mit der Aufforderung versetzt hatte, »Bernie loszuwerden«. Dennis wiederum war sicher, dass Briatore den Vorschlag gemacht hatte. Am Ende wollte niemand die Verantwortung dafür auf sich nehmen, den Ausschluss Ecclestones vorgeschlagen zu haben. »Bernie ist *simpatico*«, meinte Montezemolo im Nachhinein, »aber er sagt allen immer etwas anderes. Wir haben ihm zu viel Spielraum gelassen. *Basta!*« Dann spielte Dennis seinen Trumpf aus: »Luca, warum werden Sie nicht Vorsitzender der FOTA?« »Das gab den Ausschlag«, sagte er zu einem Assistenten, zufrieden damit, der Eitelkeit des Italieners geschmeichelt zu haben.

Bei Wiederaufnahme der Diskussion fing Montezemolo an, Ecclestone zu kritisieren und schloss mit den Worten: »Bernie, du hast eine sehr wichtige Rolle gespielt, und wir sind dir für alles äußerst dankbar, aber wir möchten jetzt unter uns weiter machen.« Einige waren der Meinung, Ecclestone sei über die Ungezogenheit Montezemolos wütend gewesen – was er jedoch abstritt. Als er aber zusammen mit Mackenzie den Raum verließ, konnte er die neue Allianz gegen ihn nicht ignorieren. »Sie haben uns rausgeworfen«, berichtete er Mosley wenige Minuten später am Telefon. »Nun ja, du kennst doch Luca«, erwiderte Mosley. »Er greift dich öffentlich an und entschuldigt sich dann unter vier Augen.« In der Sitzung war Howett darüber erleichtert, dass die Zeit der privaten Deals zwischen Montezemolo und Ecclestone offenbar vorüber war. Die Teams hatten sich darauf geeinigt, 80 Prozent der Einnahmen einzufordern, was die Investition der CVC unrentabel gemacht hätte. Im Vorfeld der Spaltung wurden die Aufgaben verteilt. Briatore sollte dafür verantwortlich sein, die entscheidenden kommerziellen Verträge für die FOTA auszuhandeln. »Sie sind beide Italiener, und Luca ist sehr gewieft«, meinte Ecclestone, der eine Verschwörung witterte. »Luca ist ein geschickter Politiker. Er lässt Flavio Dinge sagen, für die er selbst nicht verantwortlich gemacht werden möchte.« Briatores offensichtlicher Ehrgeiz amüsierte Ecclestone. Er hatte Briatore so sehr vertraut, dass er zusammen mit ihm als Miteigentümer im vorigen Jahr rund 25 Millionen Pfund in die Queens Park Rangers investiert hatte, den wenig erfolgreichen Fußballclub in West London. Briatore hatte Reichtümer versprochen, aber bislang waren die Verluste größer als vorhergesehen. Während er sich auf die Frage der Loyalität Briatores konzentrierte, stellte Ecclestone seltsamerweise den Einfluss von Ron Dennis nicht in Rechnung. »Luca hat Bernie das Leben schwergemacht«, bemerkte Todt, als er von dem Showdown erfuhr, »aber Bernie hätte es sich leichter machen können. Bernie war geizig. Er hätte früher großzügiger sein sollen.«

»Es ist nur ein Bluff«, versicherte Ecclestone Mackenzie, weil er überzeugt war, Montezemolo ließe sich nicht durch Schmeichelei dazu verleiten, gegen seine eigenen finanziellen Interessen zu handeln. »Sie wollen, dass alles sich ändert, damit nichts sich ändert«, fuhr Ecclestone fort. »Luca ist nicht in der Lage, eine Sache zu Ende zu denken.« Trotzdem machte Mackenzie sich Sorgen. »Auch wenn es den Teams gelingen sollte, mehr Geld aus CVC herauszupressen«, tröstete Ecclestone den Finanzier, »wären das nur Peanuts.« Vier Tage später in Budapest bemerkte Niki Lauda zu Ecclestone: »Du siehst so aus, als ob du verlieren könntest.« Die Herausforderung, die FOTA darstellte, wäre keinesfalls leicht zu nehmen, und die Beziehung Ecclestones zu Mosley schien ruiniert zu sein, doch Ecclestone ließ sich keine Angst anmerken. Seine »Maulwürfe« bei FOTA bestärkten ihn in der Erwartung, er könne jede Verschwörung an die Wand spielen. Wie immer müsste jede neue Gruppierung der Formel 1 an seinen Verträgen mit den Fernsehsendern und den Veranstaltern scheitern. Und ohne Fernsehsendungen gäbe es keine Sponsoren. Es machte ihm Spaß, sich mit seinen Kritikern anzulegen, zumal wenn sich dies auf Montezemolos heimischer Bühne beim Großen Preis von Italien in Monza abspielen würde, nachdem Montezemolo die Schlacht mit einer öffentlichen Kritik an Ecclestone und Mosley begonnen hatte. »Bei jedem Rennen in Monza«, erklärte Ecclestone Montezemolo, »stehst du auf und verlangst, die Teams sollten mehr Geld und ich weniger bekommen. Du solltest dir nicht die Mühe machen, hierher zu kommen, und stattdessen eine Tonbandaufnahme schicken.«

Die Revolution bei der Formel 1 ging seltsamerweise mit einer Verhaltensänderung Slavicas einher. »Auf einmal ist sie mit 50 eine andere geworden.« Ihr Zorn hatte sich beträchtlich verstärkt. Beim Dinner mit John Coombs hatte sie aus heiterem Himmel ihren Mann angegriffen. »Er hält sich für einen großen Mann, aber er ist ein Zwerg!«, hatte sie geschrien. Coombs war erschüttert. »Armer kleiner Kerl«, dachte er. »Er wird sie nie glücklich machen können.« Doch staunte er noch mehr über Ecclestones Erwiderung. »John meint, du hättest ihm das schlechteste Essen vorgesetzt, das er je erlebt hat.« Für die Ecclestones waren offene Beschimpfungen anscheinend inzwischen normal.

Um ihren Zorn zu beschwichtigen, war Ecclestone einverstanden, im Sommer einige Tage auf seiner 60-Meter-Jacht Petara, mit seiner Frau, seinen Töchtern und ihren Freunden vor der kroatischen Küste zu verbringen. Er rief Niki Lauda an, ob er Lust habe, dabei zu sein. Der Fahrer war überrascht. Wenige Wochen zuvor, als Lauda nach einer Hüftoperation an Krücken ging, hatte er Ecclestone um eine zusätzliche Eintrittskarte zum Fahrerlager für seinen Sohn gebeten. Als er ankam, erfuhr er zu seiner Überraschung, Ecclestone habe sich geweigert, die zusätzliche Karte zu genehmigen. »Bernie«, sagte Lauda, »ich gehe weg. Ich brauche diesen Ärger nicht.« Ecclestone rief Pasquale Lattuneddu an: »Haben Sie denn meine SMS wegen Niki nicht erhalten? Warum haben Sie Niki seine Extrakarte nicht gegeben?« Lauda schmunzelte. Er wusste, dass Ecclestone noch nie im Leben eine SMS-Nachricht geschickt hatte. Solche Kabbeleien waren jedoch für ihn kein Grund, die Gesellschaft Ecclestones abzulehnen. Also nahm Lauda die Einladung an und arrangierte eine gemeinsame Hinfahrt mit Karl-Heinz Zimmermann. Zu seiner Überraschung war Ecclestone die ganze Zeit über gut gelaunt, und sogar Slavica sorgte fröhlich dafür, dass alle sich wohl fühlten. »Sie ist eine hervorragende Gastgeberin«, dachte Ecclestone und nahm an, die Normalität sei wieder eingekehrt.

Während eines Aufenthalts in einem Hafen wurde Ecclestone von einem lokalen Fotografen zusammen mit einer schönen jungen Frau geknipst. Er berichtete, Ecclestone habe gesagt: »Ich suche eine neue Frau, weil Slavica mich nicht glücklich macht.« Der Bericht wurde mit den Fotos in Kroatien und Italien gedruckt. »Ich habe ihm mein Leben geopfert«, sagte Slavica empört zu Monty Shadow. »Ich bin ihm treu geblieben, ich habe ihm wunderbare Kinder geschenkt – und jetzt das! Und er hat keine Zeit für mich. Es ist aus.«

»Es war nur ein Witz«, erklärte Ecclestone später seiner Frau. »Wenn es sich um etwas Ernsthaftes gehandelt hätte, hätte ich nichts gesagt.« Die turbulenten Verhältnisse zu Hause entsprachen den Beziehungen in seiner Firma. Ecclestone war der Nähe Stephen Mullens überdrüssig geworden. »Er ist manipulativ, aalglatt und löst nur selten ein Versprechen ein«, beschwerte sich Ecclestone, »und wir brauchen sein Büro.« Dem Anwalt wurde gekündigt, wobei Ecclestone keine unangenehmen Konsequenzen erwartete.

Ende September trafen die Teams für den ersten Grand Prix in Singapur ein, was einen organisatorischen Triumph für Ecclestone bedeutete. Die dicht bevölkerte Halbinsel hatte das Angebot gemacht, das erste nächtliche Rennen der Formel 1 um die Marina Bay zu veranstalten. Im Fahrerlager machte Flavio Briatore sich große Sorgen. In den letzten 14 Rennen war es den beiden Renault-Fahrern nur einmal gelungen, einen Platz auf dem Podium zu gewinnen. Er musste aus der Nähe mit ansehen, wie Ron Dennis in helle Begeisterung darüber geriet, dass Lewis Hamilton knapp vor Ferrari an führender Stelle lag, während Alonso seit seiner Rückkehr zu Renault kein einziges Rennen gewonnen hatte und Nelson Piquet junior in seiner ersten Formel-1-Saison große Mühe hatte, sich der Legende seines Vaters würdig zu erweisen. Nach dem Qualifikationstraining in Singapur hatten die beiden Renault-Wagen keine günstige Startposition. Im Wohnmobil Renaults schnaubte Briatore vor Wut.

Am Vorabend des Rennens wurde irgendwo im Renault-Lager ein Komplott ausgebrütet, um das Ergebnis zu manipulieren. Piquet, so wurde entschieden, sollte in der 14. Runde an einer bestimmten Stelle einen Unfall bauen. Dies würde unvermeidlich das Safety Car auf den Plan rufen und das Rennen neutralisieren. Die Verschwörer hatten bestimmt, dass Alonso kurz vor dem Unfall in die Boxen fahren würde, um aufzutanken, damit er dann, nachdem die Trümmer weggeräumt worden waren und der Rettungswagen nicht mehr im Wege war, ohne Unterbrechung weiterfahren könnte, während die anderen Fahrer auftanken müssten. Als das Rennen in die 14. Runde gekommen war, fuhr Alonso, der bereits aufgetankt hatte, noch unter den Nachzüglern. Im vorher vereinbarten Augenblick trat Piquet stark auf das Gaspedal und gab, als er spürte, dass der Wagen außer Kontrolle geraten war, noch mehr Gas und krachte seitlich gegen eine Betonmauer. Der Wagen prallte von der Mauer ab und schleuderte über die Strecke in die gegenüberliegende Mauer.

Die Fernsehzuschauer weltweit, darunter Ecclestone in seinem Büro, schöpften nicht den geringsten Verdacht, als sie sahen, dass Piquet – wie durch ein Wunder – unversehrt aus dem zertrümmerten Wagen ausstieg. Als das Rennen wieder begann, änderten sich die Positionen schnell. Jeder Wagen mit Ausnahme Alonsos musste auftanken, während dieser in Führung ging und den ersten Sieg der Saison für Renault errang. Ecclestone gratulierte Briatore und flog nach London zurück, während sich die Teams auf den Flug nach Japan vorbereiteten. Briatore und Alonso wurden in den Medien als Helden gefeiert. Als er gefragt wurde, warum er so früh im Rennen aufgetankt habe, antwortete Alonso: »Ich bin nur meinen Anweisungen gefolgt.« Und nein – er habe nicht nach den Gründen gefragt. Piquet zufolge hatte Briatore ein Komplott zugunsten Alonsos geplant und durchgeführt, das möglicherweise tödliche Folgen hätte haben können.

Nach Europa zurückgekehrt, flog Ecclestone zu einer Sitzung des FIA-Weltkongresses in Paris, wo er sich zur Freude Mosleys öffentlich für seinen Mangel an Loyalität dem Präsidenten gegenüber entschuldigte. Auch begann er einen Dialog mit Montezemolo, um die Spaltung zu verhindern. »Es hat keinen Zweck, deinen Weg einzuschlagen, Luca«, sagte er zu Montezemolo, »weil du am Ende als Verlierer dastehen wirst.« Um seinen Argumenten

Nachdruck zu verleihen, erwähnte er, dass Honda den Ausstieg aus der Formel 1 plane. »Du kannst dich auf die Hersteller nicht verlassen«, fügte er hinzu. Um seine Macht geltend zu machen, wies er eine Regierungsdelegation aus Quebec ab, die mit ihm über das Rennen in Montreal im kommenden Jahr sprechen wollte. Ecclestone wollte 175 Millionen über fünf Jahre garantiert haben. Weil sie keinen kommerziellen Sponsor hatte, versuchte die Regierung in Quebec, Ecclestone dazu zu überreden, seine Forderungen einzuschränken. »Die Formel 1 kostet weitaus mehr, als die Steuerzahler sich leisten können«, erklärte ihm die Delegation, die sich um die Höhe der Subvention Sorgen machte. »Sie schulden mir mehr als 30 Millionen Dollar«, erwiderte Ecclestone. »Ich will dieses Geld und einen Vertrag für fünf Jahre haben. Sonst gibt es nächstes Jahr in Montreal keinen Grand Prix.« Dann flog er zum nächsten Grand Prix nach Japan. Alonso gewann auch dieses Rennen, weil er von Kollisionen und den Strafpunkten seiner Rivalen profitierte. Ecclestone gratulierte Briatore.

In seinem gewohnten Tempo hielt sich Ecclestone kurz in London auf, bevor er nach Brasilien weiterflog. Sechs Monate zuvor hatte Slavica ein neues Haus in Chelsea gekauft. »Warum hast du das getan?«, fragte er. »Ich mag dieses Haus nicht mehr«, antwortete sie und meinte damit ihr Haus am Chelsea Square. »Zu viele Treppen. Immer auf und ab. Wenn du alt wirst, schaffst du es nicht mehr.« Ecclestone war verblüfft. Als er seinen Koffer packte, schrie seine Frau: »Wenn du zurückkommst, bin ich vielleicht nicht mehr da.« Er hatte die gleiche Drohung schon so oft gehört, dass er sie ignorierte. Wegen ihrer Töchter, meinte er, wäre eine Scheidung unvorstellbar, aber in Wirklichkeit wurde sein Schicksal von Slavica diktiert. Ihr Einfluss auf sein Leben war zu stark, um unterschätzt zu werden.

Das letzte Rennen der Saison 2008 in São Paulo sorgte für ein aufregendes Finale. An der letzten Kurve überholte Lewis Hamilton einen Toyota, um auf den fünften Platz zu gelangen. Damit gewann er die Weltmeisterschaft um nur einen Punkt vor Felipe Massa, dem brasilianischen Ferrari-Fahrer. Ecclestone beglückwünschte Ron Dennis.

Während seines Aufenthaltes begegnete Ecclestone vielen alten Freunden, darunter Nelson Piquet senior. Während sie humorvoll miteinander plauderten, ahnte Ecclestone nicht, dass sein ehemaliger Fahrer Charlie Whiting, den technischen Direktor der FIA, mit dem er früher sieben Jahre lang zusammen bei Brabham gewesen war, beiseite genommen hatte. »Flavio ist ein Scheißkerl«, erklärte Piquet und informierte Whiting über das Komplott, das dem Unfall seines Sohnes in Singapur zugrunde gelegen hatte. Whiting, der ein zurückhaltender Mann war, warnte Piquet: »Wenn du jetzt etwas unternimmst, wird es Nelson junior schaden. Man wird ihn aus der Formel 1 ausschließen.« Obwohl Whiting versprochen hatte, strengste Verschwiegenheit zu bewahren, wiederholte er bald darauf die Anschuldigungen Piquets Mosley gegenüber. Mosley überlegte sich die Sache, entschied sich jedoch dafür, nichts zu unternehmen. Da Piquet junior einen Vertrag mit Briatore hatte, würde er keine Zeugenaussage machen, und die Daten von dem Unfallwagen waren nicht eindeutig. In Ermangelung weiterer Beweismaterials konnte man nichts machen.

Ausnahmsweise verriet Mosley Ecclestone nichts über den Fall. Lokalzeitungen berichteten vom Staunen Ecclestones, als er von Reportern erfuhr, Slavica sei in eine Wohnung gezogen, die einem Freund Petras gehörte, und habe die Scheidung beantragt. »Sie ist umgezogen«, behauptete Ecclestone, der nach einer Ausrede suchte, »weil es nebenan Bauarbeiten gibt und es im Haus nicht mehr auszuhalten ist. Sie kann den Lärm nicht ertragen. Ich weiß nicht, ob sie sich scheiden lassen will.« Während der nächsten Stunden versuchte er, seine Frau von Brasilien aus am Telefon dazu zu bringen, in das gemeinsame Haus zurückzukehren. »Ich habe immer geglaubt, wir würden wegen der beiden Mädchen zusammenbleiben«, erklärte er Katja Heim, einer guten Bekannten. »Ich hätte sie niemals verlassen. Ich wäre in dieser Ehe geblieben bis zu meinem Tod. Ich habe niemanden je im Stich gelassen.« Er erinnerte sich daran, wie Slavica von ihm in Monaco verlangt hatte, er sollte sich aus den Geschäften zurückziehen. »Sie hatte Recht«, sagte er reuevoll. Slavica weigerte sich, seine weiteren Anrufe entgegenzunehmen. Ecclestone fühlte sich gedemütigt, zumal eine Agentur eine Presseerklärung über ihre Absichten für sie herausgab.

Flavio Briatore hatte Mitleid mit Ecclestone. Er hörte sich die nicht enden wollenden Schuldzuweisungen an, die in solchen Situationen normal sind. Slavica, so gab der ungewohnt verletzliche 78-jährige zu, sei eine ausgezeichnete Sportlerin, besonders beim Tennis und Skifahren. »Ich bin kein Sportler, und mit 50 will sie ein neues Leben haben, bevor es zu spät ist.« Allmählich akzeptierte er, dass sie nicht mehr mit einem Arbeitssüchtigen zusammenleben konnte. »Sie möchte reisen, und ich mag es nicht«, sagte er. Sie hatte ein neues Gulfstream-Flugzeug für rund 70 Millionen Dollar gekauft und wollte mit Bekannten nach Indien fliegen, um den Dalai Lama zu besuchen. Der geistliche Führer, der Ecclestone unter den Besuchern erwartete, würde eine Überraschung erleben.

In London ließ der Schmerz des verlassenen Ehemanns bald nach. Er fand sich mit seinem neuen Leben ab. Mit voller Absicht ließ er sich auf eine lähmende Selbstanalyse nicht ein. »Wenn ich das täte, würde ich die Fassung verlieren. Ich habe so viel zu tun, dass ich darüber hinwegsehen kann.« »Wie geht es dir?«, fragte ihn John Coombs. »Ausgezeichnet, danke. Wenn ich jetzt am Morgen aufwache und es regnet, bin ich sicher, dass ich mir keine Vorwürfe anhören muss.«

Seine Töchter verlangten von ihm, er solle versuchen, sich mit Slavica zu versöhnen, damit sie Weihnachten als Familie feiern konnten. Also fuhr er nach Battersea Park, um Slavica zu einem Zeitpunkt abzufangen, an dem sie – wie er wusste – die Hunde draußen spazieren führte. Er parkte seinen Wagen so, dass er ihr den Weg versperrte, um sie zu einer Unterredung zu zwingen. Am Ende gab sie tatsächlich nach und stimmte einer gemeinsamen Weihnachtsfeier zu.

Als sie alle am zweiten Weihnachtstag in bester Laune auseinander gingen, glaubte Ecclestone, die Ehe wäre noch zu retten. Zu seinem Erstaunen erhielt er aber wenige Tage später den Brief eines Anwalts, der ihn davon in Kenntnis setzte, dass Slavica die Scheidung beantragt hatte. Natürlich stand die Frage im Mittelpunkt, was mit den rund drei Milliarden Dollar auf den Treuhandkontos der Familie geschehen sollte. Die Forderungen, die bei Helen Ward, der Anwältin Ecclestones, eingingen, waren besorgniserregend. »Das ist nicht Slavicas Stimme«, sagte Ecclestone, der den Einfluss eines geldgierigen Anwalts auf seine Noch-Ehefrau vermutete. Trotzdem wollte er keinen Streit. »Sagen Sie ihr, ich werde allem zustimmen, was sie für fair hält«, instruierte Ecclestone sie. »Es wird immer noch genug für jemanden in meinem Alter übrig bleiben.« Er stellte mit Bedauern fest, dass der Mann, der einst als der Spitzenverdiener in Großbritannien gefeiert worden war, jetzt wahrscheinlich der teuersten Scheidung in der britischen Geschichte zum Opfer fallen würde.

Wenn seine Ehe schon nicht mehr zu retten war, wollte er wenigstens seine Geschäfte schützen. Briatore war frustriert, dass Ecclestone die Zusammenarbeit mit der FOTA ablehnte. »Bernie verdient zu viel Geld«, sagte er zu Mosley und wiederhole damit den jüngsten Kommentar Montezemolos: »Bernie, du bist reich – also können wir jetzt die Formel 1 übernehmen.«

Die Bestätigung, dass Honda aus der Formel 1 aussteigen wollte, wurde durch die Erklärung von Mercedes über die Vorteile der Formel 1 aufgewogen. Ecclestone rief Montezemolo an. »Das Letzte, was du brauchst, Luca«, erklärte Ecclestone dem Ferrari-Chef, »ist, dass alle kommunistisch werden. Du solltest deine eigenen Interessen wahren.« Montezemolo lenkte ein, aber auch dies hatte seinen Preis. Ab Dezember 2008 erhielt Montezemolo 80 Millionen Dollar pro Jahr dafür, dass er sich abrupt von der FOTA trennte. Wie die Gage eines Stars für ein großes Filmprojekt erforderte der Status Ferraris eine außerordentliche Belohnung. »Wir haben Ferrari gekauft!« gluckste Ecclestone. »Wir haben die Loyalität Ferraris gekauft.« Briatore und die anderen Teamchefs wurden von der Geldgier Montezemolos überrascht. Da er Montezemolo in der Tasche hatte, konnte Ecclestone der Versuchung nicht widerstehen, sich für seine Demütigung im Juli in Maranello zu rächen: »Es ist schade«, erklärte er der *Times*, »dass er [Montezemolo] keinen Kontakt zu den Leuten hat, die im Gegensatz zu ihm das Unternehmen leiten, denn er fungiert nur als Pressesprecher.« Ecclestone glaubte, alles würde wieder seinen alten Gang gehen. Doch andere waren nicht bereit, erbitterte Feindschaften von Deals der altbekannten Art überspielen zu lassen.

Im Verlauf der letzten 30 Jahre war die Formel 1 durch viele Zerwürfnisse geplagt worden, aber nur wenige waren so giftig wie die Feindschaft zwischen Jackie Stewart und Ecclestone gewesen. Die Weigerung Mosleys, nach dem Sexskandal zurückzutreten, war, wie Stewart befand, »unerträglich«. Damit sei eine Grenze überschritten worden, behauptete Stewart, der den Abschied der autoritären »siamesischen Zwillinge« forderte. Ecclestone ignorierte Stewart, den er für einen Miesepeter hielt. Mosley weigerte sich ebenfalls, den Rückzug anzutreten. Er marschierte munter in die Schlacht hinein und freute sich über die Aussicht, Montezemolo, Briatore und Howett zu erledigen. Die Chancen einer Versöhnung rückten in weite Ferne.

Die Nachricht, die wachsende Finanzkrise habe es CVC ermöglicht, die eigene Verschuldung auf dem sekundären Markt zu 90 Prozent ihres Wertes zurückzukaufen und damit ihren Profit zu steigern, entfachte wieder einmal den Streit darüber, wer eigentlich der Besitzer des Rennsports war.

Ein wenig unüberlegt hatte ein CVC-Angestellter verraten, dass das Unternehmen rund 500 Millionen im Jahr durch seine Investition verdiente. Da man die Firma klugerweise offshore registriert hatte, war die ganze Summe steuerfrei. Wieder einmal sah sich Ecclestone einem Coup gegenüber, aber er war im Nachteil. CVC hatte nicht nur die eigene Autorität geschwächt, sondern die Riesengewinne von CVC stellten auch einen zusätzlichen Anreiz für die Teams dar, Mosley zu stürzen. Ecclestone begriff die Gefahr, konnte aber die eigene Verwundbarkeit nicht einschätzen.

12 GÖTTERDÄMMERUNG

Kurz vor Beginn der neuen Grand-Prix-Saison, am 18. März 2009, kamen Flavio Briatore, Ron Dennis und John Howett in Princes Gate an, um Ecclestone dazu zu überreden, das Concorde-Agreement von 2007 zu unterzeichnen und damit dem Krieg ein Ende zu setzen. Wenn er bei seiner Weigerung bliebe, so lautete ihre Mahnung, würden sich keine der Teams für die ganze 2010-Saison anmelden, sondern vielmehr an einer von der Spaltungspartei veranstalteten Reihe von Rennen teilnehmen. Alle drei waren von der Stichhaltigkeit ihrer Gründe überzeugt. Keiner kam auf den Gedanken, dass allein die Tatsache, dass sie im Büro Ecclestones erschienen, um ihm ein Ultimatum zu stellen, in seinen Augen ihre Schwäche bestätigte. Ecclestone betrachtete Howett – den »TÜV-Mann Toyotas« – mit Verachtung. Toyota hatte zwei Milliarden Dollar in die Formel 1 gesteckt, ohne auch nur ein einziges Rennen zu gewinnen. »Ich bin ja oft von Profis bedroht worden«, dachte er, »aber auf keinen Fall gehe ich vor diesem Amateur auf die Knie und lasse mir von ihm eine Kugel durch den Kopf jagen.«

»Wir müssen uns vor Mosley schützen«, erklärte Briatore und beschrieb die Ereignisse vom Vortag in Paris. Mosley hatte damit gedroht, den Teams eigenmächtig erhebliche Kostensenkungen und technische Änderungen aufzwingen, wenn jedes Team sich nicht sofort bereit erklärte, seine Jahresausgaben auf 42 Millionen Dollar einzuschränken. Das Gegenangebot der Teams bestand darin, ihre Kosten allmählich auf 150 Millionen, aber nicht weniger zu senken. »Max ist unmöglich«, sagte Briatore. »Er ist wie alle Anwälte. Er versteht die Probleme, aber er löst sie nicht. Stattdessen

359

macht er alles komplizierter.« Wenn man Mosley nicht in die Schranken weisen konnte, behauptete Briatore, sei die Spaltung unvermeidlich.

»Flavio«, dachte Ecclestone, »stellt die Sache als eine Intimfehde gegen Max dar.« Er griff zum Telefon und befahl: »Stornieren Sie die Frachtflugzeuge – es gibt kein Rennen.« Die Teams müssten innerhalb von elf Tagen für das erste Rennen nach Australien fliegen, und Ecclestone kämpfte mit harten Bandagen. Ein Schock war durch Ecclestones Besucher gefahren – rückblickend schöpfte Howett jedoch den Verdacht, dass der Anruf bloß eine Finte gewesen war. Am Ende des Gesprächs war vom »Stornieren« der Flüge keine Rede mehr, und Ecclestone zeigte sich umgänglicher, nur weigerte er sich nach wie vor, das Concorde-Agreement zu unterschreiben. »Mach dir keine Sorgen, mein Junge«, sagte er und berührte Howett an der Hand. »Ich bin auf eurer Seite.« Howett war verwirrt. Er konnte nicht entscheiden, ob Ecclestones Beziehung zu Mosley eine rein pragmatische war, oder ob sie tatsächlich an der Hüfte zusammengewachsen waren – nicht zuletzt, weil sie sich gegenseitig die Schuld dafür gaben, dass das Concorde-Agreement, das allein eine Spaltung verhindern konnte, immer noch nicht unterzeichnet worden war. Ecclestones Stärke, begriff Howett auf einmal, bestand darin, gleichzeitig auf drei Pferde zu setzen, sodass er für den Fall, dass das langsamste Pferd doch das Rennen gewann, noch immer im Vorteil war.

Zwei Monate später, nach der Teilnahme an drei Rennen in Asien, wurden alle Teams von Ecclestone am 15. Mai zu einem Treffen ins Heathrow Hilton eingeladen. Ecclestone machte sich Sorgen um das Verhalten Mosleys. Zehn Tage zuvor war dessen Sohn unter tragischen Umständen gestorben, und Mosley litt unter dem schmerzlichen Verlust. Aber »Bruder Mosley«, wie Ecclestone seinen Partner liebevoll nannte, weigerte sich, einem Kampf aus dem Wege zu gehen. »Ich ziehe die Samthandschuhe aus«, erklärte Mosley Ecclestone. Niemand, hatte er beschlossen, sollte ihm Befehle erteilen dürfen. Briatore kam als Erster an die Reihe. »Sie versuchen, die Formel 1 zu übernehmen«, sagte Mosley, der zutiefst bedauerte, dass Ecclestone Briatore zu einem der reichsten Männer im Motorsport gemacht hatte und dafür nichts als Opportunismus hatte einstecken müssen. »Seien Sie nicht so unhöflich«, gab Briatore zurück. Die Spannung nahm zu. Howett schlug vor, alle Teams sollten sich aus der Sitzung zurückziehen und gehen. Mosley reagierte mit tiefer Verachtung. In seinen Augen war der Toyota-Chef nur ein kleiner Gewerkschaftler, der Briatore zu einer Konfrontation anspornte. »Sie haben keine Ahnung davon, wie kompliziert es ist, die Geschäfte der Formel 1 zu führen«, informierte er Howett. Sein Angriff wurde durch eine Nachricht aus Paris unterbrochen. Montezemolo hatte eine Klage gegen die FIA vor den französischen Gerichten angestrengt. »Wir geben nicht nach«, insistierte Mosley. Das Manöver Montezemolos führte zu nichts. Vier Tage später trafen die Teams für das am 24. Mai stattfindende Rennen in Monaco ein. »Ich will keine Sitzungen mehr mit Mosley«, sagte Howett. »Wir vergrößern doch nur die Profite der Mineralwasser- und Keksfirmen.« Briatore war der gleichen Meinung. Ein Gipfeltreffen der Teams wurde für Freitag, den 22. Mai, auf seiner Jacht anberaumt.

Der Zorn gegen Mosley hatte sich indes verstärkt. Das neue Team von Ross Brawn, der das Honda-Team im März 2009 übernommen hatte, hatte bisher fast jedes Rennen gewonnen. Der ehemalige Ferrari-Designer hatte einen Doppeldiffusor am Heck des Wagens von Jenson Button angebracht, um die Bodenhaftung zu verstärken. Von seinen Rivalen unbemerkt hatte Brawn eine Neudeutung der Regeln in die Praxis umgesetzt. »Wir haben das für illegal gehalten«, protestierte Briatore, »aber bei Mosley weiß man nie. Er hat einfach zu viel Macht.« Ron Dennis war ebenfalls aufgebracht. Der Plan Mosleys, den kleinen Teams dabei zu helfen, die großen, zahlungskräftigeren zu schlagen, hatte Brawn auf McLarens Kosten begünstigt. Sogar Montezemolo war nach Monaco gereist, um am Showdown teilzunehmen. Trotz seiner Abmachung mit Ecclestone erklärte Montezemolo nun, dass die FOTA einstimmig die jüngsten Regeländerungen Mosleys ablehnte. Briatore ergriff das Wort. Die Teams, verkündete er, könnten mehr Geld verdienen, wenn sie die Formel 1 verließen. Sie vereinbarten, es am nächsten Tag im Automobilclub von Monaco auf eine Konfrontation mit Ecclestone und Mosley ankommen zu lassen.

Ecclestone befand sich in einer misslichen Lage. Er wohnte auf Briatores Jacht, und sein Gastgeber bedrängte ihn, sich gegen Mosley zu stellen. »Ich bin dein Freund«, sagte Briatore. »Ich werde nichts gegen dich unternehmen. Ich möchte, dass du dich uns anschließt. Hilf uns nur, Max loszuwerden.« Doch Ecclestone hatte allen Grund, die Loyalität Briatores anzuzweifeln. Er hatte von einem früheren Treffen Briatores mit Mackenzie in dessen Villa in der Nähe von St. Tropez erfahren, wobei jener dem CVC-Partner vorgeschlagen hatte, Ecclestone durch sich selbst als Chef ersetzen zu lassen. »Glauben Sie mir«, erklärte Ecclestone Mackenzie. »Was für Flavio gut ist, ist weder für Sie noch für die Teams gut.« Als Wilddieb, der zum Wildhüter geworden war, glaubte Ecclestone fest daran, dass Briatore seinen Balanceakt nicht sabotieren könnte, so lange er am Leben war, und was danach kam, war ihm egal.

»Ich habe Flavio unter Kontrolle«, beruhigte er Mackenzie. »Es gibt kein Problem.« »Was werden Sie unternehmen?« fragte Mackenzie. »Nichts. Es ist, als ob ein Mädchen Mike Tyson schlagen würde – völlig sinnlos, zurückzuschlagen.« »Im Leben kommt es vor allem auf das Timing an«, fuhr er fort. Beim Pokern mit den Teams ging es um hohe Einsätze. »Sie sollen ruhig unseren Standpunkt erraten und sich dann überlegen, ob sie damit zurechtkommen.« Briatore, glaubte er, würde niemals seine Drohung wahr machen.

Die Drohung Montezemolos war von anderer Art. Ecclestone war sich nicht sicher, ob der Italiener bluffte. Montezemolo hatte den Streit mächtig angeheizt, aber nach Ecclestones Ansicht würde er am Ende auf Granit beißen. Ecclestone wusste, wie vertrackt die ökonomische Situation des Motorsports war, und ihm war klar, dass eine Spaltung sie ihrer Grundlage berauben würde. Der FOTA mangelte es an Glaubwürdigkeit. »Ich arbeite für CVC«, erklärte Ecclestone Montezemolo, »und wenn du eine Spaltung herbeiführst, so verschwindet das ganze Geld der Fernsehsender. Keine Rennbahn und kein Fernsehsender wird einen Penny ausgeben müssen, um die Rennen zu zeigen.« Unterhaltung im Wert von einer Milliarde Dollar würde umsonst freigegeben werden.

Im Verlauf der letzten 60 Jahre hatte sich Ecclestone in der Kunst der Undurchschaubarkeit geübt. Als er Montezemolo und Briatore die Antwort gab, dass die Formel 1 wichtiger als die einzelnen Teams sei – was Briatore heftig bestritt – gab er im gleichen Atem zu, dass Mosley an den Problemen schuld sei. Indem er auf diese Art die Zukunft Mosleys aufs Spiel setzte, verstärkte er Briatores Ambitionen. Dessen Team hatte kläglich abgeschnitten, und er sah sich nach einer neuen Aufgabe um. Die Schwäche Mosleys, glaubte Briatore, beeinträchtigte die Autorität Ecclestones und bot ihm selbst die Chance, die Krone zu erringen.

An jenem Nachmittag gerieten in dem vornehmen Automobilclub von Monaco sogar die ältesten persönlichen Beziehungen in eine prekäre Lage. Howett war verdrießlich. Montezemolo schien wütend zu sein. Briatore war gereizt. Das Bündnis zwischen den beiden Italienern, meinte Ecclestone, sei nichts als eine Fassade. »Für Flavio ist es leicht, eine Pistole zu laden, damit herumzufuchteln und schließlich abzudrücken«, dachte er. »Er hat viel weniger zu verlieren als Luca.« Er war aber der Überzeugung, dass Montezemolo »niemals abdrücken würde«. Mosley geriet in Versuchung, wegen der erfolglosen Klage Ferraris vor Gericht in Paris und Montezemolos unerwartetem Rücktritt als Mitglied des Fiat-Vorstands einen Siegestanz aufzuführen. Er gab der Verlockung nach. »Dein Englisch ist miserabel«, sagte er Montezemolo laut ins Gesicht, »und du bist nicht mehr der Chef von Fiat.« Diese Bosheit erschreckte Mackenzie. Seine Banker hatten damit gedroht, seine Darlehen zurückzufordern und seine Firma zu schließen, wenn das Concorde-Agreement nicht unterzeichnet werden sollte, und er ärgerte sich darüber, dass die Lage von CVC Mosley anscheinend gleichgültig war. »Wenn CVC verschwindet«, sagte ihm Mosley, »macht mir das nichts aus. Ob ich mit Ihren Bankern oder mit Ihnen rede, ist mir einerlei.« Mackenzie wandte sich an Ecclestone um Hilfe. Angesichts dieser Wendung der Dinge musste Ecclestone die Möglichkeit in Rechnung stellen, dass Ferrari nicht bluffte, aber Mosley zeigte sich weniger kompromissbereit. Am 26. Mai schrieb er an Montezemolo mit der Einladung zu einer Aussprache und erklärte sich bereit, die obere Grenze für das Budget eines Teams auf 200 Millionen Dollar zu erhöhen. Im gleichen Schreiben legte er jedoch – um seine Autorität geltend zu machen – Juli statt Oktober als neuen Anmeldetermin für alle Teams fest, die 2010 unter seinen Bedingungen an Rennen teilnehmen wollten. Sollten sich die etablierten Teams nicht anmelden wollen, so habe er vor, die Formel-1-Rennen mit solchen Teams zu besetzen, die Ecclestone als »verkrüppelt« bezeichnete – zum Verlieren vorherbestimmt.

Drei Wochen später war Briatore noch immer zu aufgeregt, um sich eine Verschnaufpause zu gönnen. Die Drohung der führenden Teams, sich nicht für die Saison 2010 anzumelden, solange Ecclestone das Concorde-Agreement nicht unterschrieb, war noch immer aktuell. Auf dem Wege zum alljährlichen Rennen in Silverstone lud Briatore alle Teamchefs zu einem Treffen am Donnerstagabend, dem 18. Juni, in der Renault-Fabrik in Enstone in der Nähe der Rennstrecke ein – weil es dort einen Hubschrauberlandeplatz gab, so die angebliche Begründung. Alle wussten jedoch, dass es sich dabei um einen Showdown mit Ecclestone handelte.

Ecclestone und Mackenzie hatten sich äußerste Mühe gegeben, Zweifler davon zu überzeugen, sich nicht auf die Seite Briatores zu schlagen. Sie nahmen vor allem Ross Brawn ins Gebet, aus dessen Team der Weltmeister von 2009 hervorgehen würde und der dabei war, die Verträge mit seinem Team neu auszuhandeln. »Wenn es zu einer Spaltung kommt, wird dein ganzes Geschäft eingehen«, warnte Mackenzie Brawn, bevor dieser Princes Gate erreichte. Am Ende ihres Treffens willigte Brawn in eine Vereinbarung mit Mackenzie ein, Ecclestone die Treue zu halten. Bald darauf gab er Ecclestone die mündliche Versicherung, dass er nicht mit Briatore und der FOTA verhandeln würde. Brawn und Ecclestone gaben sich die Hand darauf. Sechs Stunden später um 23 Uhr 45 unterzeichnete Brawn das Abkommen der FOTA in Enstone. Martin Whitmarsh, Teamchef von McLaren, telefonierte sofort mit seinen Mitarbeitern. »Die Spaltung ist perfekt«, jubelte er. »Wir gründen eine neue Firma.« »Jetzt ist die Formel 1 nicht mehr zu retten«, sagte Dennis. Sie konnten nunmehr ohne Mosley und die FIA Rennen veranstalten. Der Gegenschlag fiel nicht minder heftig aus. »Die Teams sind verrückt«, sagte Mosley dem BBC-Fernsehen, »und der Allerverrückteste ist Flavio Briatore, der der nächste Bernie Ecclestone sein möchte.« »Brawn hat mich hintergangen«, behauptete Ecclestone.

John Howett war euphorisch. Er hatte am Freitag bemerkt, dass Ecclestone nicht wie gewohnt im Fahrerlager von Silverstone herumspazierte. »Bernie ist geschockt«, sagte er. »Er hat sich nicht aus seinem Wohnmobil herausgewagt. Seine Herrschaft ist zu Ende.« Am Samstagmorgen flog Ecclestone zusammen mit Briatore per Hubschrauber nach London, um Mackenzie im Hotel Connaught zu treffen. »Es ist wie in einem Tollhaus«, kommentierte Mackenzie, der darüber wütend war, dass zwei alte Männer 2,9 Milliarden Dollar aufs Spiel gesetzt hatten. »Wir brauchen ein Abkommen«, forderte er mit unerschütterlicher Höflichkeit. Ecclestone nickte zustimmend, und sagte bald darauf im Vertrauen zu Todt: »Flavio glaubt alles, was er in den Zeitungen über die eigenen Fähigkeiten liest.« »Aber du stehst ihm ja nahe«, sagte Todt, der durch das Eingeständnis Ecclestones überrascht war. »Am besten hält man sich die Feinde in der Nähe«, seufzte Ecclestone. Journalisten, die Ecclestone am frühen Sonntag im Fahrerlager beobachteten, stellten fest, dass er mitgenommen aussah. Nigel Roebuck von *Motor Sport* vertraute Ecclestone an: »Ich habe nicht mein ganzes Leben dafür geopfert, dies alles aufzubauen, um es jetzt in Trümmern zu sehen.« Nachdem Red Bull am Sonntagabend Brawns Siegeszug auf der Rennstrecke in Silverstone ein Ende gesetzt hatte – das Team hatte endlich einen Doppeldiffusor angebracht –, bestand Mackenzie darauf, dass die CVC-Investition nunmehr vom Rücktritt Mosleys abhinge. »Sie versuchen mit Absicht, das Geschäft zu zerstören«, hielt er Mosley wütend vor. »Es geht darum, Teams zu behalten, nicht sie zu verlieren.« »Nein, nein, nein!«, entgegnete Mosley, der den Kopf in die Hände vergraben hatte, weil niemand seine guten Absichten zu schätzen wusste.

»Du musst gehen«, erklärte Ecclestone Mosley am Mittwoch, dem 24. Juni. »Wenn diese Leute mich ständig zum Rücktritt auffordern, dann gehe ich nicht«, erwiderte Mosley. Weder Mackenzie noch Montezemolo waren jedoch bereit, eine Verzögerung zu akzeptieren. »Erst wenn Max zurückgetreten ist, werden die Teams das neue Concorde-Agreement unterzeichnen«, berichtete Montezemolo Mackenzie. Da beide Mosleys historischen Beitrag zur Formel 1 nicht mit sentimentalen Gefühlen betrachteten, wollten sie bei der Sitzung des Weltkongresses der FIA am kommenden Sonntag in Paris seinen Rücktritt verlangen. Ron Dennis klatschte vom Spielfeldrand vergnügt Beifall.

Ecclestone kam am Samstagabend in Paris an, fest entschlossen, der Karriere Mosleys ein Ende zu setzen. Unter lautstarken gegenseitigen Vorwürfen drohte Ecclestone: »Wenn du nicht gehst, platzt die FIA, und es gibt nichts mehr zu retten.« Mosley suchte nach Ausflüchten. »Wenn du nicht gehst, verklagt Mackenzie sowohl dich als auch die FIA«, fügte Ecclestone hinzu.

Montezemolo gab sich nicht mehr mit dem Rücktritt Mosleys zufrieden. »Max muss gehen, und Bernie muss auch gehen«, erklärte Montezemolo Mackenzie gegenüber, bevor er am Sonntagmorgen in Paris ankam. Mackenzie begnügte sich mit einer Zuschauerrolle, während die Lage Ecclestones immer prekärer wurde. Schließlich kam es am Sonntagabend zu einer Konfrontation zwischen Montezemolo, Ecclestone und Mosley. Montezemolo, dachte Mosley, trug ihm vor allem nach, dass er ihn für seine persönliche Unterstützung gegen Ecclestone in New York nicht belohnt hatte. Ecclestone selbst, so schloss Mosley, war unverbesserlich illoyal. Obwohl ihre enge Beziehung 40 Jahre lang gedauert hatte, lautete sein Urteil über Ecclestone, »er sei ein impulsiver, labiler, seltsamer Mensch, den ich noch immer nicht begreife.« Seine ausdruckslosen Augen konnten ihn auch nach so langer Zeit noch verunsichern. Am Ende aber hatte er der Beharrlichkeit der beiden Männer keinen Widerstand mehr entgegenzusetzen. Am Schluss der Sitzung des World Council lud Mosley Montezemolo und Ecclestone mit großem Widerwillen in sein Büro ein. Nach weiteren Auseinandersetzungen willigte er in einen würdevollen Abgang ein. Dann enthüllte er den Namen seines Erben.

Nachdem Jean Todt vier Jahre zuvor im letzten Augenblick sein Angebot, Nachfolger von Mosley zu werden, zurückgezogen hatte, hatten sich die beiden stillschweigend darauf geeinigt, dass Mosley für eine weitere Amtszeit kandidieren und Todt die Position im Jahr 2009 übernehmen sollte. Inzwischen stand die Beziehung zwischen Montezemolo und Todt kurz vor dem Bruch, und der Franzose freute sich darauf, nach Paris zu übersiedeln. »Die Teams werden Todt nicht akzeptieren«, versuchte Ecclestone Mosley klarzumachen, da er die bürokratischen Tendenzen eines Franzosen befürchtete. Noch schlimmer war die Aussicht darauf, dass die erhebliche Macht der FIA in die Hände eines Mannes geraten würde, auf den er keinen Einfluss ausüben konnte. »Die Teams sind nicht zur Abstimmung berechtigt«, erwiderte Mosley spitz. Er wusste, dass Ecclestone Änderungen am Bestehenden hasste und, um seinen Einfluss zu bewahren, immer noch Michel Boeri, den Grand-Prix-Chef von Monaco, favorisierte. Montezemolo, berichtete Ecclestone Mosley, sei ebenfalls gegen Todt. Als Todt davon erfuhr, war er schockiert, weil Montezemolo, der 16 Jahre lang mit ihm zusammengearbeitet hatte, ihm seine Unterstützung versprochen hatte. »An dem einen Tag«, beklagte sich Todt, dem Ecclestone vor kurzem eine Stelle bei der Formel 1 in London versprochen hatte, »gibt er sich als mein bester Freund aus und am nächsten spricht er gegen mich. Ich kann ihm nicht mehr trauen.« Montezemolo sagte zu Ecclestone, dass Boeri nicht tragbar sei. Ecclestone kapitulierte, obwohl er über das Ende einer 40-jährigen Partnerschaft zutiefst beunruhigt war. Da sein Widerstand sich als erfolglos erwiesen hatte, sagte er: »Ich unterstütze Jean.« Montezemolo flog nach Paris, um den Rücktritt Mosleys in aller Form entgegenzunehmen und die Nachfolge abzusegnen. »Sie wissen doch, dass ich Jude bin?«, fragte Todt Mosley. »Natürlich«, antwortete Mosley und zerstreute damit den Verdacht, dass er Antisemit war. Mackenzie war erleichtert. Endlich sei Frieden angebrochen, so glaubte er am Sonntagabend.

Montezemolo, der jetzt wusste, dass Mosley durch Todt, seinen ehemaligen Angestellten, ersetzt werden sollte und dass Ecclestones Position dadurch erheblich geschwächt war, schritt aus den FIA-Büros hinaus und steuerte die italienischen Fernsehkameras an. Bis zu diesem Zeitpunkt hatte Montezemolo Briatore erlaubt, in seinem Namen zu sprechen. Jetzt aber konnte er sich nicht mehr zurückhalten. »Ich habe den Diktator gestürzt«, verkündete er. Die Äußerung wurde sofort an Mosley weitergeleitet. Natürlich war er ein Diktator. Wie konnte man sonst den Motorsport regeln? Aber die Schadenfreude Montezemolos brachte den gedemütigten Wesir in Rage. Jahrelang hatte er Ferrari unterstützt, und Kritiker meinten, dass Schumacher seine zwei Weltmeisterschaften der Voreingenommenheit Mosleys verdankte. Trotzdem hatte Montezemolo mit krasser Undankbarkeit reagiert. »Ich trete nicht zurück«, erklärte Mosley Ecclestone. »Es ist mir völlig egal. Wenn die Scheißkerle es mit mir aufnehmen wollen, so werde ich gerne kämpfen. Ich werde mich zur Wiederwahl stellen, und ich werde gewinnen. Ich werde Flavio und Luca den Garaus machen.« Um es Montezemolo heimzuzahlen, setzte er sich mit dem gleichen italienischen Fernsehsender in Verbindung und bot ein sofortiges Interview an. »Luca ist lediglich eine *bella figura*«, spöttelte er, womit er sagen wollte, Montezemolo sei nichts als ein gut aussehender Schauspieler, »und niemand in Italien nimmt ihn für voll.« Ecclestone überlegte, ob sein Freund den Bezug zur Wirklichkeit verloren hatte, als das ganze Kartenhaus am Samstag, dem 4. Juli, erneut zusammenfiel.

Einige Wochen zuvor hatte Rachel Sylvester, eine angesehene politische Journalistin der *Times*, Ecclestone um ein Interview gebeten. Die Zeitung brachte jeden Samstag ein ausführliches Interview, und Ecclestone schien ihr als interessante Persönlichkeit gut dafür geeignet zu sein. Da Ecclestone keinen Presseberater hatte, hinterließ Sylvester wiederholt Nachrichten bei seiner Sekretärin, bis Ecclestone mitten in der Krise endlich in ein Interview einwilligte. In Anbetracht seiner guten Beziehungen zu Ed Gorman, dem Motorsportreporter, versprach die Einladung zu einem Gespräch mit der Zeitung der Oberschicht eine günstige Gelegenheit zu sein, seine ungebrochene Dominanz über die Formel 1 zu behaupten. Wie üblich zog er niemanden zu Rate. Sylvester kam in Princes Gate zusammen mit Alice Thomson an, einer gleichermaßen geschickten Journalistin. Beide Frauen waren attraktiv, klug und nahmen Ecclestone gleich für sich ein, obwohl weder die eine noch die andere je einem Formel-1-Rennen beigewohnt hatte. Auch hatten sie keine Ahnung davon, dass der Sport sich mitten in einer selbstzerstörerischen Krise befand und dass Ecclestone sich nach fünfmaligem Eigentümerwechsel nunmehr einer weiteren Herausforderung ausgesetzt sah. Ihr Interesse galt ausschließlich der Persönlichkeit eines 78-jährigen Milliardärs, der eine der gewinnträchtigsten Sportarten auf der Welt kontrollierte. Bis dahin hatte Ecclestone zahllose Interviews gegeben. Er blieb im Grunde ein ungebildeter Autohändler, der nie in seinem Leben ein Buch gelesen hatte. Da er wusste, dass sein undurchschaubares Äußeres einen ungünstigen Eindruck machen konnte, hatte er sich vorgenommen, seine Besucherinnen mit Charme zu entwaffnen. Weil sie jung und attraktiv waren, unterschätzte er sie.

Nur wenige, die in Ecclestones Büro im Erdgeschoss eintraten, blieben unbeeindruckt. Der Raum bot die Aussicht auf einen gepflegten Garten. Die mit Leder gepolsterten Möbel, die farbenprächtigen Andenken, die eingerahmten Aufnahmen, die Ecclestone mit der englischen Königin, Nelson Mandela, Pelé und Fangio zeigten, legten Zeugnis von seiner außerordentlichen 60-jährigen Karriere ab. Auf seinem eigenen Terrain hatte er keine Hemmungen, seine Ansichten – vor allem über die Politik – zum Besten zu geben. Der Erfolg der Formel 1, vertraute er seinen Gästen an, war einzig und allein seiner Diktatur zu verdanken. Nachdem er den Einmarsch in den Irak und in Afghanistan kritisiert hatte, bekundete er seine Skepsis gegenüber den westlichen Regierungen. »Sieht man sich die Demokratie genau an, so hat sie vielen Ländern – vor allem unserem eigenen – wenig genützt«, sagte er. Der Alleinherrscher über die Formel 1 gab seiner Bewunderung für starke Führungspersönlichkeiten wie Margaret Thatcher Ausdruck, die ohne Bedenken Entscheidungen träfen und »für Ordnung sorgten«. Auch machte er keinen Hehl aus seiner Geringschätzung von »Gordon [Brown] und Tony [Blair], die es allen jederzeit recht machen wollen«. Max Mosley, behauptete er, sei sein idealer Premierminister und würde »ganze Arbeit leisten«. Dieser Ansicht entsprach seine Begeisterung für Jeffrey Archer, den Romancier, der wegen Meineids ins Gefängnis gekommen war, den Ecclestone jedoch für das Amt des Oberbürgermeisters von London vorschlug. Im Verlauf des Gesprächs waren seine Ansichten überaus originell gewesen und schienen eine Diktatur gegenüber der Demokratie zu favorisieren. Also wurde er gefragt, ob er in der Geschichte »einen Lieblingsdiktator« nennen könne. Nach reiflicher Überlegung antwortete Ecclestone: »Dies mag schockierend klingen, gebe ich zu, aber Hitler war eine Herrschernatur und hatte enormes Durchsetzungsvermögen, und – abgesehen davon, dass er abgelenkt und dazu überredet wurde, Dinge zu tun, von denen ich keine Ahnung habe, ob er sie tun wollte oder nicht – konnte er viele Menschen kommandieren und war fähig, Dinge zu erledigen.« Er fuhr dann fort: »Am Ende hat er die Richtung verloren, also war er kein sehr guter Diktator. Entweder wusste er, was los war, und bestand auf seinem Willen, oder aber er ließ die anderen gewähren – so oder so war er kein Diktator.« Die beiden Journalistinnen, die wohl wussten, was für Sprengstoff in diesen Bemerkungen lag, verabschiedeten sich – hoch erfreut darüber, dass sie einige hervorragende Zitate gesammelt hatten. Ecclestone ahnte nicht, dass er damit den eigenen Kopf in die Schlinge gesteckt hatte.

Ecclestones wenig zusammenhängende Gedanken über Diktaturen und Hitler entsprachen zweifellos seinen Vorstellungen von Management. Sein autoritäres Gehabe, seine Schwindeleien und seine Fähigkeit, die Charakterschwächen seiner Feinde auszunutzen, hatten dafür gesorgt, dass die Formel 1 ein solcher Erfolg geworden war. Als er aber auf dieses Thema näher einging, hatte er allem Anschein nach bedenkenlos Partei für einen Massenmörder ergriffen. Schlimmer noch: er teilte die Meinung der Neonazis, dass Hitler nichts von den Verbrechen gewusst habe, die in seinem Namen begangen wurden. Eine mögliche Erklärung für solche Meinungsäußerungen war reine Nervosität: Weil er erkannte, dass die beiden Frauen sich nicht für die Formel 1 interessierten, griff er zu spektakulärem Humor, um ihre Aufmerksamkeit zu fesseln. Eine bessere Entschuldigung für seine historischen Verzerrungen war seine Unwissenheit: Da all sein Wissen über das Dritte Reich aus Hollywood kam, glaubte er womöglich an ein Fantasiebild des Führers, dessen strenges Regiment Deutschland dadurch aus dem Bankrott geführt hatte, dass es – wie die Regierung Thatchers in England – die deutsche Wirtschaft neu aufgebaut und das Selbstbewusstsein des deutschen Volks wieder gestärkt hatte. Im

Weltbild Ecclestones war nichts Schlimmes passiert, bis Bomben-flugzeuge der Luftwaffe im September 1940 über sein Elternhaus in Dartford geflogen waren. Die Wirklichkeit des Nazi-Regimes, sollten seine Bewunderer stets behaupten, überstieg sein Auffassungs-vermögen. Ecclestone konnte von Glück sagen, dass niemand die Nachricht verbreitete, dass sich unter seiner Sammlung von wert-vollen Oldtimern in Biggin Hill jenes glänzende Lancia-Astura-Kabriolett befand, in dem Hitler und Mussolini 1938 durch Rom gefahren waren. An den Wagen gelehnt standen gerahmte Auf-nahmen des Ereignisses. Mussolini hatte die Limousine Hitler geschenkt. Die Nuancen von Ecclestones Allgemeinbildung inte-ressierten jedoch niemanden an jenem Samstagmorgen. Bald nach Tagesanbruch sah Ecclestone seinen Fehler ein. Jede Radiosendung und jedes Nachrichtenprogramm im Fernsehen wiederholte seine befremdlichen Gedanken. Martin Sorrell, ein Mitglied des CVC-Beirats, sprach für die Mehrheit, als er Ecclestones Äußerungen als »widerwärtig« bezeichnete – ein Urteil, dem sich Mario Theis-sen, der BMW-Chef, sofort anschloss. Sorrell informierte die *Daily Mail*, dass Ecclestone vor dem nächsten Rennen, das am Nürburg-ring stattfinden sollte, entlassen würde. Ecclestone ließ sich durch die Hysterie Sorrells nicht aus der Fassung bringen. Kollateral-schäden hatten ihn selten beunruhigt. Im Verlauf des Wochenen-des erhielt er Anrufe von anderen berühmten Juden, darunter Phi-lip Green und Richard Desmond, die gerne bereit waren, öffentlich zu erklären, er sei kein Antisemit. Desmond machte den Vorschlag, ihm zwei Seiten des *Daily Express* zur Verfügung zu stellen, wenn er 250.000 Pfund für karitative Zwecke ausgab. Ecclestone lehnte ab. Er spendierte Wohlfahrtsorganisationen regelmäßig viel Geld, unterstützte sogar die Künste, obwohl er offen zugab: »Ich hasse das Theater.« Was ihn am meisten tröstete, war ein Anruf von Peter Mandelson. »Ich habe geglaubt, sie wollten über die Formel 1 reden«, erzählte er dem Labour-Politiker. »Sie hätten vorher mit mir reden sollen«, sagte Mandelson. »Ich hätte Ihnen gesagt, dass sie Sie reinlegen würden.« Ecclestone hatte ein anderes Fazit aus der Sache gezogen. Er wusste, dass die Reportage der Journalistinnen stimmte.

Montag früh rief er Sylvester an. »Ich habe anscheinend meine jüdischen Freunde in Verlegenheit gebracht«, gab er recht kleinlaut zu. »Warum schreiben Sie keinen Kommentar für uns?«, fragte Sylvester und legte ihm nahe, dass eine Klarstellung seinerseits den Schaden begrenzen könnte. Mit Hilfe einiger *Times*-Reporter verfasste Ecclestone eine zerknirschte Entschuldigung, ohne jedoch dabei seine Sympathie für die diktatorische Regierung Hitlers vollends zurückzunehmen. Trotz des Eklats flog er zum Großen Preis von Deutschland.

Die Formel-1-Chefs wussten nicht, dass Ecclestones Flugzeug über Köln hinweggeflogen und in Rom gelandet war. Er fuhr mit Donald Mackenzie zur Villa, die der Mutter Marco Piccininis gehörte. Von älteren Bediensteten durch Vorzimmer begleitet, wurden beide in den Speisesaal geführt, wo Luca Montezemolo sie erwartete. »Ich habe dir das hier mitgebracht«, sage Ecclestone und hielt ihm ein Päckchen hin. Montezemolo warf das ungeöffnete Geschenk beiseite und nahm Ecclestone während der nächsten zwei Stunden nicht zur Kenntnis. Er wandte sich direkt an Mackenzie. »Max muss gehen und Bernie auch.« »Wir werden bei CVC darüber entscheiden«, antwortete Mackenzie. Nach einer recht zwanglosen Mahlzeit – unterbrochen durch einen Anruf Montezemolos bei Mosley, in dem er seinen sofortigen Rücktritt verlangte – flogen Ecclestone und Mackenzie nach Köln ab. Flavio Briatore erwartete sie in einem heruntergekommenen Motel. In einem Souterrain mit grell purpurnen Wänden mussten Mackenzie und Sacha Woodward-Hill mit anhören, wie Briatore und John Howett Ecclestone wild beschimpften.

Das Szenarium im Fahrerlager vom Nürburgring sah nicht verheißungsvoller aus. Zwei alte Männer hatten anscheinend den Ruf der Formel 1 durch ihre Nazi-Sympathien in den Dreck gezogen. Keiner von beiden dachte auch nur daran, sich dafür zu entschuldigen. In Ecclestones Wohnmobil begrüßten er und Zimmermann einander wiederholt mit »Sieg Heil«. Als Niki Lauda auf einen Drink vorbeikam, spielte Zimmermann das Videoband von Laudas Unfall an derselben Rennbahn im Jahr 1976 ab. »Du blöder Österreicher«, rief Zimmermann. »Warum bist du nicht ausgestiegen?«

Bald nach dem Rennen am Nürburgring begegnete Mosley Nelson Piquet senior im Restaurant Rampoldi in Monaco, einem gemeinsamen Stammlokal. Unter Tränen erzählte der ehemalige Weltmeister von dem Missgeschick seines Sohns mit Briatore. Er beschuldigte Briatore, seinem Sohn die erforderliche Unterstützung versagt zu haben. Dieser war am Nürburgring auf dem 13. Platz gelandet, was praktisch sein bestes Ergebnis während der ganzen Saison darstellte. Im Lauf der Unterhaltung kamen sie unvermeidlich auf den vorsätzlichen Unfall in Singapur zu sprechen. »Wir können nichts ohne eine Aussage Ihres Sohns unternehmen«, sagte Mosley. »Er ist ganz in der Nähe«, sagte Piquet. »Ich kann ihn sofort hierher holen.« »Nein«, insistierte Mosley. »Er sollte seine Aussage durch einen Anwalt protokollieren lassen.« Dann fügte Mosley hinzu: »Kein Wort an Bernie, sonst erzählt er alles Flavio.«

»Die Warnung kommt leider zu spät«, antwortete Piquet.

Bereits zwei Monate vorher hatte Piquet seinem ehemaligen Arbeitgeber von der Verschwörung erzählt. Ecclestone schien überrascht zu sein. »Zunächst war ich entsetzt, dass irgendjemand es riskieren würde, Piquet umzubringen«, sagte Ecclestone, »und dann habe ich es nicht geglaubt. Es gab keinerlei Beweise, und die ganze Sache schien mir einfach ein bisschen dumm.« Er erteilte Piquet den schlichten Rat: »Wenn du es für wahr hältst, solltest du es Max berichten.«

Dass das Ergebnis mancher Rennen zwischen den Teams abgesprochen wurde, war für Ecclestone nichts Neues. Ken Tyrrell hatte Jackie Stewart, den damaligen Weltmeister, gebeten, bei seinem letzten Rennen 1973 auf einen Gewinn zu verzichten – dies wäre sein 100. Sieg gewesen –, und kurz vor dem Ziel seinen Teamkollegen François Cevert überholen zu lassen. »Ich werde es mir überlegen«, antwortete Stewart. Er hätte Tyrrell den Gefallen getan, aber die Sache wurde irrelevant, weil Cevert einem Unfall zum Opfer fiel. Bei Piquets Anschuldigung, das sah Ecclestone ein, ging es um etwas anderes, aber es wurde nicht mehr darüber gesprochen, bis Piquet junior am 26. Juli beim Großen Preis von Ungarn auf Platz 15 landete. Zum Entsetzen des Vaters entließ Briatore seinen Sohn. Der Vater marschierte direkt zum Wohnmobil Ecclestones. »Zuerst gibt Flavio Nelson schlechte Wagen, und jetzt setzt er ihn auch noch vor die Tür!« rief er. »Ich werde diesen Arsch fertigmachen.« »Keine wilden Drohungen«, antwortete Ecclestone. »Wenn du es tun willst, dann tu es einfach.« Ecclestone war darüber verärgert, dass Briatore bei der FOTA eine führende Rolle spielte, und hatte nicht mehr viel für seinen ehemaligen Freund übrig. »Ich habe ihm die ganze Zeit geholfen«, dachte er, »und jetzt will er mich verarschen.« Seit der peinlichen Konfrontation in dem Kölner Motel, berichtete Mackenzie Ecclestone, hatte Briatore ihn wiederholt angerufen, um sich als Nachfolgekandidat für Ecclestone in Erinnerung zu rufen.

Fünf Tage später und nach dreijähriger Verzögerung gaben Ecclestone und Mosley in Sachen Concorde-Agreement den Teams und Mackenzie nach. Den ganzen Juli lang hatte Mosley die neuen Bedingungen ausgehandelt, und am 1. August 2009 wurde das 253-seitige revidierte Abkommen von 2007, das 2012 auslaufen sollte, von Ecclestone und Mosley unterschrieben. Briatore freute sich über einen Teilerfolg, weil die Macht der FIA eingeschränkt war und die Jahresausgaben eines Teams nur auf ein nominelles Maximum von 200 Millionen beschränkt wurden. Renault und die anderen Teams konnten jetzt die verspäteten Auszahlungen von CVC entgegennehmen, und wenn Mosley gegangen war, bot sich eine Gelegenheit, den Status Ecclestones neu zu bestimmen. In seiner Zufriedenheit ließ Briatore jedoch außer Acht, dass er sich den Zorn Mosleys und Ecclestones zugezogen hatte.

Max Mosley hatte Flavio Briatore ins Visier genommen. Nelson Piquet junior hatte eine Aussage vor einem Anwalt und – auf Anregung Mosleys – auch vor einem ehemaligen Polizisten gemacht, der jetzt für die private Ermittlungsfirma Quest arbeitete. In beiden Statements hatte Piquet ausdrücklich darauf hingewiesen, dass Briatore in die Verschwörung in Singapur verwickelt gewesen war. In Anbetracht der jüngsten Eklats interessierte sich Mosley besonders für diese Krise, da sie wohl die letzte in seiner Karriere sein würde. Ecclestone neigte dagegen zu einer für ihn ungewöhnlichen Neutralität und versuchte die Verschwörung in einem möglichst günstigen Licht darzustellen. »Wenn Flavio nichts von dem Plan gewusst hat, hätte er davon wissen sollen«, sagte er. Mosley, der es genoss, dass Briatore in der Klemme saß, nahm eine Einladung zu einem Mittagessen bei Rampoldi mit seinem künftigen Opfer an. Der Italiener wies die Anschuldigungen Piquets nachdrücklich zurück. Er bezeichnete die Vorstellung, dass er Piquet erst in eine Verschwörung verwickeln und dann entlassen würde, als lächerlich. Außerdem habe Piquet während der Saison wiederholt Unfälle gebaut. Mosley nickte. »Nun ja, die Ereignisse dieses Sommers sind nicht von persönlicher, sondern von geschäftlicher Bedeutung«, sagte er.

Den ganzen August hindurch bereitete Mosley insgeheim eine formelle Anhörung vor, die am Ende des Monats beim belgischen Grand Prix in Spa stattfinden sollte. Die Ermittlungen Quests wurden von einer Anwaltskanzlei betreut. Am 30. August forderte Mosley unmittelbar nach dem einzigen Sieg Ferraris der Saison die leitenden Angestellten von Renault ohne Vorwarnung dazu auf, sich von einem Londoner Anwalt befragen zu lassen. Zur Enttäuschung Mosleys hatten die Quest-Ermittler noch immer keinen unabhängigen Beweis finden können, der die Anschuldigungen Piquets bestätigte, Briatore sei in die Verschwörung verwickelt. Während der Befragung durch den FIA-Anwalt beschuldigten die Zeugen von Renault Piquet solidarisch, dass er sich wegen seiner Entlassung rächen wolle. Dann kam Pat Symonds, Chefingenieur bei Renault, an die Reihe, der laut Piquet an der Verschwörung beteiligt gewesen war. Er gab zu, Zeuge einer Diskussion zwischen Piquet und Briatore gewesen zu sein. Als er direkt nach der Verschwörung gefragt wurde, antwortete Symonds: »Ich werde diese Frage nicht beantworten.« Mosley jubelte. »Wenn er gelogen hätte«, sagte Mosley, »hätten wir nichts in der Hand gehabt. Aber die Verweigerung einer Antwort ist Selbstbezichtigung.«

Bis zum Tagesende hatte Globo, der bedeutendste Fernsehsender Brasiliens, die Nachrichtensperre durchbrochen, die über die Verschwörung verhängt worden war. Auf der ganzen Welt wurde die Formel 1 als korrupt verurteilt. Dieser Sport, wiederholten die Kommentatoren, sei von skrupellosen Multimillionären in einen übel riechenden Sumpf geritten worden. Richard Williams schrieb im *Guardian*: »Wenn Mosley endlich im Oktober zurücktritt und Ecclestone auch seinen Abschied genommen hat, werden sie einen Sport ohne jede Integrität hinterlassen, dessen alte Werte durch einen oberflächlichen Wohlstand ersetzt wurden, der einen faulenden Kern nicht mehr verdecken kann.« Briatore, der nunmehr als Symbol der eingefleischten Unehrlichkeit der Formel 1 galt, wurde von Piquet als manipulativ und inhuman hingestellt: »Er hat mich einfach ausgenutzt, dann im Stich gelassen und dem Spott ausgesetzt … Meine Situation bei Renault wurde zum Alptraum.« Briatore verklagte daraufhin beide Piquets wegen »Erpressung und monströser Diffamierung«.

Auf die Empfehlung Ecclestones hin engagierte Renault Ali Malek QC, einen hochkarätigen Anwalt, um eine interne Untersuchung durchzuführen. Am Tag des Monza-Rennens, dem 13. September, erfuhr Mosley, dass Malek »Zeuge X«, den leitenden Ingenieur Renaults, Alan Permane, ausfindig gemacht habe. Dieser bestätigte, Briatore habe von der Verschwörung gewusst. Malek berichtete, dass Renault sich schuldig bekennen würde.

Mosley berief ein formelles FIA-Hearing für den 21. September in Paris ein. Allen Renault-Angestellten außer Briatore wurde Immunität gewährt. »Das ist ungerecht«, protestierte Briatore. Auch wenn er anfangs noch optimistisch war, irgendein Wunder werde ihn schon noch aus seiner verzweifelten Lage retten, brach die andauernde Empörung über sein Verhalten am Ende seinen Widerstand. Am 16. September nahm er von Renault Abschied, da die Firma ihm alle »moralische Verantwortung« für den strategischen Unfall auflud. Da sein Ruf nunmehr ruiniert war und seine Geschäfte darunter litten, dass die Banken ihre Darlehen zurückforderten, suchte Briatore Rat bei Ecclestone. »Sei deiner Religion treu«, sagte Ecclestone, »und lege eine Beichte ab. Sag: ›Ich habe den Unfall nicht bewerkstelligt, aber als Teamchef muss ich die Verantwortung dafür übernehmen.‹ Dann kann Max Milde walten lassen.« Die Idee der Reue war für Briatore wenig attraktiv. »Ich werde beim World Council dafür sorgen, dass alles gut ausgeht«, versicherte Ecclestone Briatore, aber seine Bemühungen blieben erfolglos. Mosley sah mit Genugtuung, wie der alte Strippenzieher beiseite geschoben wurde. Dies war Mosleys letzte Show, und niemand durfte sich einmischen. Seine Einstellung zum Mogeln war realistisch. Er wusste, dass alle bei der Formel 1 die Konkurrenz zu übertölpeln versuchten. »In der guten alten Zeit«, rief ihm Ecclestone ins Gedächtnis, »haben alle das Gewicht ihrer Wagen untertrieben und auf sonstige Art gemogelt.« Es kam darauf an, wie Ecclestone wohl wusste, nicht dabei ertappt zu werden. Doch das Beweismaterial sei diesmal überwältigend, meinte Mosley, und schloss Briatore für sein restliches Leben von der Teilnahme an der Formel 1 aus. »Ich habe ihn hart bestraft, weil ich die wütende Reaktion fürchtete, wenn ich das Gebäude verlasse, vor acht Mikrophone trete und die schwerstmögliche Strafe nicht verhängt habe.«

»Mosley ist klug, sehr gefährlich, überaus rachsüchtig und gemein«, sagte Briatore. »Er lächelt einen von vorne an und fällt einem in den Rücken.«

Ecclestone war schockiert. Ein lebenslänglicher Ausschluss, ließ er verkünden, »sei exzessiv und unnötig«. Wenn nur Briatore ein Geständnis abgelegt und sich entschuldigt hätte, wäre ihm das Schlimmste erspart geblieben. »Formel 1 braucht schillernde Persönlichkeiten, und Flav gehört zu diesem Menschenschlag.« Er plädierte dafür, Berufung einzulegen.

Montezemolo schloss sich diesem Engagement an, während Briatore darauf verwies, es handele sich um eine »bösartige Fortsetzung eines persönlichen Rachefeldzugs« Mosleys. Dessen zuversichtliche Erwartung, Briatore würde verlieren, sollte aber enttäuscht werden: Am 5. Januar 2010 gewann Briatore gegen die FIA. Nachdem Ecclestone und Montezemolo Druck auf ihn ausgeübt hatten, optierte Todt für einen Vergleich statt für eine weitere Berufung. In Anbetracht der Bereitschaft Briatores, seine persönliche Verantwortung für den vorsätzlichen Unfall »einzugestehen«, reduzierte Todt den Ausschluss auf drei Jahre.

Ecclestones Beziehung zu Briatore, vor allem sein Lob dieses Sonderlings als »eines wahren Freundes, auf den ich mich verlassen kann«, sorgten für allgemeine Irritation. Ecclestone gab sich stur. »Die Leute sagen, ich sollte Flavio meiden. Mir ist es egal. Wenn die

Leute meinen, ich sollte allen denen fernbleiben, die betrügen, dann gäbe es niemanden, mit dem ich reden könnte. Alle mogeln, und Flavio hätte sich nicht erwischen lassen dürfen und seine Schuld eingestehen sollen.« Seine Auffassung von Moral schockierte wiederum die Banker in der City. Mackenzie fürchtete, er hätte Ecclestone nicht vertrauen sollen. Nach »Spygate«, dem »Unfall«, den allzu bekannten Sympathien für die Nazis und jetzt seinem Mitgefühl für Briatore waren einige Sponsoren und Firmenchefs kurz davor, aus dem Sport auszusteigen. Die durch Formel 1 erzeugte Publicity war nur dann ertragreich, wenn es Sieger gab, und jetzt gab es zu viele Verlierer. Der Beirat von Toyota in Tokio war durch die Skandale zutiefst beunruhigt, durch die ständigen Misserfolge gedemütigt, durch Ecclestones Mangel an Respekt beleidigt und jetzt im Begriff, dem Beispiel Hondas, Fords und BMWs zu folgen und aus der Formel 1 auszusteigen. Obwohl die Formel 1 den Herstellern die günstigste Reklame sicherte, war es alles andere als leicht, eine Marke zu verkaufen, die nach acht Jahren und 139 Rennen nicht einmal den dritten Platz geschafft hatte. Howetts aggressives Engagement für eine Spaltung schlug auf ihn selbst zurück. Zu seinem Staunen kündigte sein Hauptquartier plötzlich den Ausstieg aus der Formel 1 an.

Ecclestone gab sich verächtlich. Seiner Ansicht nach hatte Toyota keinen positiven Beitrag zum Sport geleistet – im Gegenteil! Jetzt machte sich die Firma auf und davon, weil sie ständig verlor. Montezemolo und Mackenzie dagegen wurden durch den Ausstieg des weltgrößten Autoherstellers erschüttert. Sie befürchteten einen Mangel an hochqualifizierter Konkurrenz. Die Gefahr wuchs, als auch Renault die Entscheidung traf, nach dem Betrugsurteil auszusteigen. Ecclestone wandte sich sofort an Bernard Rey, der Briatore ersetzt hatte, und erklärte ihm, wie Renault durch die Zusammenarbeit mit Geni, einer luxemburgischen Geldwäscherei als Hauptinvestor, auf profitable Art weiter am Sport teilnehmen konnte. Und tatsächlich: Zu seiner Genugtuung blieb Renault bei der Formel 1.

Bis Anfang August fühlte sich sogar Ecclestone durch die Krise angeschlagen. Gegen seine Gewohnheit entschied er sich für eine erholsame Kreuzfahrt auf seiner Jacht an der Küste Kroatiens. Unter seinen Gästen waren David Merlini, ein Befreiungskünstler, und Tamas Rohonyi, ein alter Freund und Organisator des brasilianischen Grand Prix. Außerdem Fabiana Flosi, eine brasilianische Anwältin von nur 36 Jahren, die 15 Jahre lang für die Formel 1 in São Paulo gearbeitet hatte, und deren Zusammenarbeit Ecclestone seit langem schätzte.

Während die Jacht durch die adriatischen Inseln segelte, entwickelte sich eine Beziehung zwischen den beiden. Die attraktive, bescheidene Frau war die ruhige Gefährtin, die er nie zuvor gehabt hatte. In dieser entspannten Atmosphäre konnte Ecclestone über das Ende einer Ära nachdenken. Briatore und Howett waren weg, Williams hielt sich gerade noch über Wasser. Ron Dennis war befördert worden, aber erst nach einem bitteren Streit, in den Lewis Hamilton verwickelt gewesen war. Dennis hatte man als Teamchef durch Martin Whitmarsh ersetzt. Mercedes war der Skandale McLarens überdrüssig und erklärte die Absicht, die Beteiligung von 40 Prozent an der Firma zu verkaufen. Der Konzern wollte stattdessen die »Silver Arrows«, das eigene Team, erneut ins Leben rufen. Dieses war 1955 aus der Konkurrenz gezogen worden, nachdem sein Wagen in eine Zuschauermenge in Le Mans gerast war, wobei 96 Menschen getötet wurden. Mercedes hatte auch einen Anteil von Brawn gekauft, was das Argument Mosleys bestätigte, dass private Teams denjenigen der Autohersteller überlegen waren.

Das hektische Jahr Revue passieren lassend, musste Ecclestone das Fazit ziehen, dass sich vieles verändert hatte, während nur ein Faktor konstant geblieben war – nämlich er selbst. Da er niemandem – auch nicht seinen engsten Verbündeten – sein volles Vertrauen schenkte, hatte er wiederholte Anschläge überlebt. Viele, die noch im Paddock blieben, waren seine Feinde, doch blieb die Stimmung für den Rest der Saison ausnehmend ruhig. Mitte Oktober flog Ecclestone nach São Paulo. Das Rennen in Brasilien machte immer Spaß. Tamas Rohonyi war stets ein guter Gastgeber, und die Anwesenheit Fabiana Flosis war eine zusätzliche Attraktion. Enorme Schlangen begeisterter Fans hatten die ganze Nacht hindurch vor dem Interlagos-Stadion gewartet, um Karten für das Spektakel zu kaufen. Die Leidenschaft war extrem hoch. In einem hoch dramatischen Rennen gewann Jenson Button in einem Brawn die Weltmeisterschaft von 2009. Ecclestone bahnte sich einen Weg durch die Menge, um Ross Brawn persönlich zu gratulieren. »Was für ein fantastisches Rennen!« sprudelte es aus ihm hervor. »Was für eine fantastische Saison!«

13 PATE

Ein Jahr später war die Stimmung hektisch. »Komm mit, Flav«, drängte Bernie Ecclestone. »Ich muss los.« Er stand am 12. September 2010 im Eingang von Karl-Heinz Zimmermanns Wohnmobil in Monza und musste laut rufen, damit Flavio Briatore ihn bei dem Lärm der 22 Wagen hören konnte, die gerade ihren Platz in der Startaufstellung für das 14. Rennen der Saison einnahmen. Briatore zögerte. Laut seiner Vereinbarung mit der FIA war er von jeder professionellen Mitwirkung an der Formel 1 ausgeschlossen, aber Ecclestone hatte den diskreditierten Geschäftsmann nicht nur mit dem Hubschrauber von Mailand nach Monza geflogen, sondern ihn auch dazu ermutigt, sich im Fahrerlager aufzuhalten. Der Italiener war von verwunderten Blicken und gelegentlichen Jubelrufen der begeisterten Tifosi in ihren roten Hemden begrüßt worden. Wie ein heimkehrender Popstar genoss Briatore die Aufmerksamkeit, die ihm entgegen gestreckten Hände und die Ekstase der Fotografen. Jetzt sollte er die Zufluchtsstätte des sterilen Fahrerlagers verlassen und sich mit Ecclestone zu den Stars der Formel 1 in der Startaufstellung gesellen. Die Fernsehbilder des Hände schüttelnden Briatore würden um die Welt gehen. Berühmtheit, auch traurige, war nach Ecclestones Berechnung ein Garant für Klatsch in den Zeitungen.

»Das ist Bernies Spiel mit dem Rest der Welt«, sagte Lauda, der zusammen mit Zimmermann vor dem Fernseher saß. »Bernie weiß, dass Flavio aus der Formel 1 verbannt ist. Er benutzt ihn für seine eigenen Zwecke.« Um zu zeigen, dass er das Sagen hatte, machte es Ecclestone Spaß, Jean Todt zurechtzustutzen. »Seitdem er den Hut des Präsidenten trägt, hat sich sein Charakter verändert«, nörgelte Ecclestone, der Max Mosley schwer vermisste. Um Todts Aufgeblasenheit einen Stich zu versetzen, hatte Ecclestone sogar die Rennkommissare der FIA ihre Flagge erst mit Verspätung schwenken lassen. Am Vorabend seines 80. Geburtstags führte er Briatore herum, um sich selbst als unumstrittenen König der größten Show der Welt zu bestätigen.

Im heißen Sonnenschein schoben sich Ecclestone und Fabiana Flosi mit Briatore im Schlepptau durch die Menschenmenge zur Startaufstellung. Während der letzten Wochen war ihre Beziehung tiefer geworden. Heirat und sogar Kinder waren im Bereich des Möglichen. Während sie die Formel-1-Prominenz begrüßten und mit Lokalgrößen für Fotos posierten, die eine bemerkenswerte Ähnlichkeit mit den Sopranos und ihren Freunden aufwiesen, gingen sie auf Sebastian Vettels Wagen zu. »Keine Fahrfehler heute«, sagte Ecclestone, der befürchtete, dass der nach dem Rennen in Belgien als »Crash Kid« apostrophierte Vettel seine Torheit aus Spa wiederholen könnte. »Keine dummen Risiken«, wiederholte er. Er sprach mit einem Favoriten, dessen Chance auf die Weltmeisterschaft reduziert worden war. Der »kleine Schumi«, dessen Ausdrucksfähigkeit durch einen Helm mit heruntergelassenem Visier eingeschränkt war, blinzelte gehorsam. Ecclestone sprach mit keinem anderen Fahrer; sogar Michael Schumacher wurde von ihm ignoriert, obwohl er in seinem Wohnmobil längere Zeit mit ihm gesprochen hatte. Das Comeback des 41-jährigen und seine Sprüche von einer Neuauflage des Dream Teams mit Ross Brawn waren mit höflichem Spott bedacht worden. »In der nächsten Saison wird Schumi seinen eigenen Wagen bekommen«, sagte Ecclestone, der davon überzeugt war, der ehemalige Weltmeister sei so gut in Form, dass er 2011 ein ernsthafter Herausforderer sein würde.

Nicht weit entfernt umschmeichelte Briatore eine Reihe italienischer Minister, die Silvio Berlusconis Partei angehörten. »Es ist so, als wäre er aus dem Gefängnis entlassen worden«, sagte Ecclestone lächelnd. »Ich möchte, dass er mit so vielen Ministern wie möglich fotografiert wird.« Obwohl die Beschlagnahmung seiner Jacht nach dem Grand Prix in Monaco von Briatore mit einem Achselzucken als »bürokratischer Irrtum« abgetan wurde, war sein angeschlagener Ruf noch weiter in Mitleidenschaft gezogen worden. Unterlegenen war Ecclestone gerne behilflich. Während seines Sommerurlaubs mit Briatore auf Sardinien hatte er für die Investition seines Partners bei den Queens Park Rangers eine Bürgschaft hinterlegt. Ein paar Millionen Pfund zu verleihen war schmerzlos, aber die Aussicht, den brennenden Wunsch Briatores nach einer Rückkehr zur Formel 1 zu erfüllen, beschied er abschlägig.

Eine Sirene ertönte und wies warnend darauf hin, dass das Rennen in zwei Minuten starten würde. Hunderte von Technikern, Offiziellen und Sponsoren beeilten sich, die Rennstrecke zu räumen. Fernando Alonso, dazu ausersehen, den Ruhm Ferraris wieder aufzupolieren, konzentrierte sich in der Poleposition auf die erste Kurve. Wenn der Spanier gewinnen wollte, durfte er in dieser Kurve nicht den Kürzeren ziehen. Um diesen entscheidenden Moment mitzubekommen, wurde aus Ecclestones schnellem Gang zurück zu seinem Wohnmobil ein 100-Meter-Sprint. »Ich wette, Jumbo gewinnt«, sagte er zu Briatore, wobei er ihren Spitznamen für Lewis Hamilton benutzte. »Fernando wird gewinnen«, konterte Briatore, während sie sich vor dem Fernseher niederließen. »Es wird in der ersten Kurve durch den Gummi entschieden«, sagte Niki Lauda. Sekunden später übernahm Jenson Button in der kritischen Kurve die Führung, und Alonso folgte ihm. Eine Minute später berührte Hamiltons rechter Vorderreifen bei einem Überholversuch Felipe Massas Ferrari an der Seite, wodurch die Radaufhängung des McLaren brach. Damit war ein ehemaliger Weltmeister draußen, aber drei andere blieben in der knappsten Schlacht seit Jahren.

Nach den Stürmen und Skandalen der Saison 2009 hatte niemand vorausgesehen, dass 2010 die spannendste Auseinandersetzung seit Jahren bringen würde. Inmitten bösartiger Duelle zwischen rivalisierenden Teamgefährten wurde der Wettkampf durch geplatzte Reifen, defekte Motoren, versagende Bremsen und Kollisionen noch prickelnder, während die Kriegsführung genauso von Technik und strömendem Regen wie von Strategie und Verhaltenspsychologie abhing. Unerwartete Neuerungen bei der Radaufhängung, der Gewichtsverteilung und dem Abtriebniveau hatten die von den Teams beschäftigten Experten dazu veranlasst, geringfügige Vorteile zu erfinden.

Bei McLaren hatte ein 25-jähriger Aerodynamiker mit einem erstklassigen Abschluss aus Cambridge und einem Dr. phil. während der Saison ein Chaos verursacht, indem er den F-Schacht erfand. Bei einer Geschwindigkeit von 300 Stundenkilometern wird dabei mit Knie, Hand oder Ellbogen des Fahrers ein Loch im Cockpit abgedeckt, wodurch die Luft durch einen Kanal zum Heckflügel geführt wird und so einen Strömungsabriss bewirkt, der wiederum den aerodynamischen Abtrieb reduziert und eine höhere Geschwindigkeit ermöglicht. Auf der Strecke in Monza konnte auf diese Weise die Rundenzeit um eine halbe Sekunde verringert werden. Ständige Feineinstellungen, um Millisekunden einzusparen, bedeuteten den Unterschied zwischen Sieg und Niederlage. »Hier wird betrügerisch an Motoren manipuliert«, befand Briatore. »Passiert die ganze Zeit«, erwiderte Ecclestone, ohne das Gesicht zu verziehen.

Während seines Aufenthalts in Monza hatte Ecclestone keinen Hehl aus seiner Gewissheit gemacht, dass Briatore sich im vergangenen Jahr Donald Mackenzie als sein Nachfolger präsentiert hatte. Der zurückhaltende »Inhaber« des Sports war von Briatores Ehrgeiz verwirrt. Überrascht, Briatore in Monza zu treffen, vertraute er doch Ecclestones Urteil. Etwas früher am gleichen Tag hatte er ein Gespräch zwischen Ecclestone und Pasquale Lattuneddu, seinem sardischen Mann für alle Fälle, aufgeschnappt, das ihn als Paten der Formel 1 bestätigt hatte.

Mit der Ausnahme von Ferrari, McLaren und Red Bull standen die meisten Teams am Rande der Zahlungsunfähigkeit. Ohne das Geld der Royal Bank of Scotland würde Williams sich 2011 schwer tun, aber ohne Williams wären, wie Ecclestone wusste, die Traditionen der Formel 1 zum Untergang verurteilt. »Ich werde dir helfen, einen neuen Sponsor zu finden«, versicherte Ecclestone Frank Williams. Die Finanzen schienen das einzige Gesprächsthema zu sein. Nacheinander beharkten Luca Montezemolo und Norbert Haug von Mercedes Ecclestone und Mackenzie, weil sie mehr Geld haben wollten. »Wenn ich euch mehr Geld gebe, gebt ihr es doch sowieso nur aus«, konterte Ecclestone. Montezemolos Drohung, Ecclestone und CVC abzuschießen, wenn das Concorde-Agreement Ende 2012 auslief, wies Ecclestone harsch zurück: »Was hast du denn zu bieten? Du weißt, dass es keine alternative Rennserie geben wird. Das kaufen dir die Teams nicht ab.«

Man erwartete, dass zwei Teams aus der Formel 1 ausscheiden würden, aber Ecclestone konzentrierte sich auf Expansion. Seit er in Monza gelandet war, hatte ein Strom von Delegationen den Grasteppich überquert, um sein Wohnmobil zu betreten. Acht waren aus Bulgarien eingetroffen, zwei Männer aus Rom und sechs Männer, die die Stadt Sotschi am Schwarzen Meer repräsentierten, und alle meldeten nachdrücklich ihre Ansprüche auf ein Formel-1-Rennen an. Ecclestone musste keine Politiker mehr davon überzeugen, dass es in ihrem Interesse sei, die Rennen zu finanzieren und für das Privileg eine anständige Summe zu bezahlen. Den Bulgaren wurde eröffnet, sie hätten nicht genug Geld; den Römern wurde versichert, dass Ecclestone ein Rennen im Südosten der Stadt unterstützen würde, während den Russen ein Rennen zugesagt wurde, falls sie die erforderlichen Millionen zahlten. »Sie haben eine Nachricht geschickt, dass sie die Einzahlung vornehmen, sobald sie die persönliche Zustimmung Putins erhalten haben«, wurde Ecclestone von Sacha Woodward-Hill mitgeteilt. »Sie rechnen nicht mit Problemen.« Genau fünf Wochen später sollte Ecclestone von einem Tag auf den anderen nach Sotschi fliegen, um einen Siebenjahresvertrag über 40 Millionen Dollar pro Rennen zu unterschreiben; das erste Rennen würde 2014 stattfinden. Die Unterzeichnungszeremonie würde im Beisein Präsident Putins stattfinden, der zuvor ein 15-minütiges Privatgespräch mit Ecclestone geführt hatte. »Er spricht inzwischen ganz gut Englisch«, war Ecclestones Kommentar. Einen Monat später lud Putin Fotografen, die ihn dabei aufnehmen sollten, wie er einen Formel-1-Wagen testete, nach St. Petersburg ein.

Trotz Rezession stiegen die Einkünfte der Formel 1 weiter. Sacha Woodward-Hill erhielt Bankbürgschaften von allen Rennstrecken für das folgende Jahr. Der indische Veranstalter des Formel-1-Rennens in der Nähe von Neu-Delhi rief ebenfalls in Zimmermanns Wohnmobil an, um das 2011 anstehende Debüt des Subkontinents zu erörtern. Das Geld für ein neues Rennen in Austin, Texas, im Jahr 2012 war ebenfalls auf ein Bankkonto eingezahlt worden. Die europäischen Fans würden darunter leiden müssen, dass Ecclestones globale Ambitionen durchgesetzt wurden. »Zwei oder drei Rennstrecken werden ins Gras beißen müssen«, kündigte Ecclestone an, der sich auf Proteste aus Spanien, Ungarn, Belgien oder Deutschland gefasst machte. In diesem Selbstvertrauen wurde er durch den ständigen Strom von Besuchern unterschiedlicher Herkunft und Nationalität bestärkt, darunter Eric Schmidt, der Vorstandschef von Google, Emilio Botin, Gründer und Vorstandssprecher der Santander Bank, und Vittorio Colao, Geschäftsführer von Vodafone. Die weniger Berühmten kamen mit Geschenken – Wein, Schokolade, Bücher und eine 25.000 Dollar teure Uhr von Hublot, die für Formel-1-Fans entworfen worden war. Zwischen diesen Treffen eilte Ecclestone in Zimmermanns Bewirtungszelt und begrüßte Niki Lauda, Jackie Stewart, Salman bin Hamad al Chalifa, den Kronprinzen von Bahrain, und den Gitarristen Eric Clapton, die um einen Tisch herumsaßen. Der Rockmusiker war ein persönlicher Freund, während der Kronprinz nach dem Rennen zu einer Rebhuhnjagd nach Wiltshire fuhr. »Morgen Abend fliege ich im Anschluss an die Jagd nach Palo Alto, um Google zu besuchen«, erzählte der Prinz Clapton. An einem Nachbartisch erzählte Fabio Capello, der Cheftrainer der englischen Fußballnationalmannschaft, von seinen Sorgen mit Wayne Rooney, dem Stürmer von Manchester United. Draußen warteten Fans und Prominente auf die Chance, sich für ein Foto mit Ecclestone in Pose zu werfen. »Sie drücken an mir rum, als wäre ich schwul«, beklagte er sich.

Das Rennen wurde zu einer nervenzerreißenden Partie zwischen Button und Alonso. »Alles hängt von den Reifen ab«, sagte Lauda voraus. »Ferrari braucht weniger Gummi als McLaren, deshalb kommt es darauf an, wer als Erster die Reifen wechselt.« Selbst nachdem er Tausende von Rennen gesehen hatte, war Ecclestone ungewöhnlich fasziniert. Sekundenbruchteile auf der Rennstrecke und in den Boxen würden über den Ausgang des Rennens entscheiden. »Die Formel 1 ist wie eine große Bühne für ein Popkonzert«, sagte der Makler der Träume gern. »Im Lauf der Jahre kommen und gehen die Teams, wie die Stars kommen und gehen. Elvis ist gestorben. Trotzdem lebt der Rock'n'Roll. Wenn ich nicht mehr bin, wird das Gleiche passieren. Die Formel 1 wird weitergehen.« Seine Weigerung, einen nahtlosen Übergang zu arrangieren, verärgerte viele in der Formel-1-Bruderschaft. Er war verhasst als Führungspersönlichkeit, deren Erfolg davon abhing, sich nie festlegen zu lassen. Die Diktatur des Antihelden, der zwischen den Übel- und den Wohlriechenden vermittelte, hatte jeden Versuch eines Staatsstreichs im Keim erstickt. Sein unbesiegbares Selbstverständnis verhinderte, wie er hoffte, jede zukünftige Revolte. Sein persönliches Schicksal war sicherer denn je. Der von der FIA gekaufte »Mietvertrag« über 100 Jahre würde 2011 beginnen. »Ich wette, ich bin nicht mehr hier, wenn er ausläuft«, sagte er lachend. Er war auch sicher, dass er nicht von CVC verdrängt werden würde. Drei Jahre zuvor hatte Mackenzie das heikle Thema angeschnitten. »Ich will Ihren Ruhestand planen, wenn Sie 80 sind«, hatte der Finanzier gesagt. »Ich habe schlechte Nachrichten für Sie«, erwiderte Ecclestone. »Ich bin 81.«

Die Formel 1 zu leiten war, wie Mackenzie wusste, eher eine unternehmerische Aufgabe als eine für einen Manager, und niemand war ein besserer Geschäftemacher als er. »Wenn CVC mir jemand an die Seite stellt«, erklärte Ecclestone Mackenzie, »würde er entweder nichts taugen oder er würde abhauen. Und wenn er so gut ist, will ich ihn nicht neben mir haben. Ich habe nicht die Absicht zu gehen. Ich liebe es, mit dem Motorsport verbunden zu sein. Mir liegt jetzt mehr daran als früher.« Mackenzie ließ das Thema fallen. Die Formel 1 war eine fragile Konstruktion, die nach Ecclestones Weggang auseinanderzufallen drohte. Aber wenn Ecclestone für manche unersetzlich zu sein schien, konnte er sich mit dem Gedanken beruhigen, dass die Friedhöfe voll mit unersetzlichen Menschen waren.

Der Gedanke an Sterblichkeit war Ecclestone nicht fremd, aber kurz zuvor war er vom Tod seines lebenslangen Freundes Tony Morris tangiert worden, der an Krebs gestorben war. Bis zum Ende hatte er am Krankenbett des Buchmachers gesessen. Die Partnerschaft mit Fabiana Flosi stellte seine Lebenskraft wieder her. 45 Minuten vor dem Ende des Rennens verabschiedeten sich die beiden von ihren Gästen. Draußen jubelten Dutzende von begeisterten Fans, die zu arm waren, um Karten für das Rennen kaufen zu können, Ecclestone und Briatore zu, als sie zu dem Hubschrauber gingen. »Falls wir abstürzen, Ruggiero«, hatte Ecclestone den Geschäftsführer des brandneuen Augusta-Westland gebeten, »schick mir keine Rechnung.« Auf seinem Handy hörte Ecclestone, dass Alonso die Führung übernommen hatte, nachdem der McLaren als Erster einen Boxenstopp eingelegt hatte. Buttons Team hatte 4,2 Sekunden für den Reifenwechsel gebraucht, während Ferraris Mechaniker eine Runde später mit 3,4 Sekunden Wundertaten vollbrachten. Das Rad der Fortuna hatte sich blitzschnell gedreht.

Als der Hubschrauber auf dem Flughafen Linate landete, damit Ecclestone in seinen Falcon-Jet umsteigen konnte, schritt Alonso auf das Podium zu, um die Bewunderung von 100.000 entzückten Fans zu genießen, die sich auf der Rennstrecke drängten. Nur sieben Wochen zuvor hatten die Fans ihn in Hockenheim ausgebuht, weil Massa offensichtlich die Stallorder bekommen hatte, Alonso vorbeifahren und gewinnen zu lassen. Eddie Jordan hatte »Betrug« und »Diebstahl« geschimpft, und Alonso war gefragt worden, ob sein Sieg in Deutschland den gleichen Rang einnähme wie der in Singapur. Diese Buhrufe und Pfiffe wurden in Monza nun durch Raserei ersetzt. Nach einer schwachen Saison war Ferrari wieder im Rennen.

In der Fahrerwertung lag Mark Webber von Red Bull immer noch an erster Stelle, Hamilton war Zweiter und Alonso Dritter. Bei fünf noch ausstehenden Rennen machte die Unvorhersehbarkeit 2010 zu einer spannenden Saison. Auf dem Heimflug mit Briatore und Eric Clapton machte Ecclestone einen zufriedenen Eindruck. In einem schwachen Moment in der vergangenen Nacht hatte er gestanden: »Ich mache mir große Sorgen, dass nach mir alles den Bach runtergeht.« Aber in seinem Düsenflieger über den Alpen rechnete er definitiv mit weiteren 20 Jahren – mindestens.

14 ABU DHABI, SONNTAG, 14. NOVEMBER 2010

Bernie Ecclestone und Fabiana Flosi fuhren kurz vor zwölf Uhr in das Fahrerlager des Yas Marina Circuit. Wie üblich war sein Mercedes der einzige Wagen, der im Allerheiligsten zugelassen war. Während er durch die begeisterte Menge zu seinem Wohnmobil ging, war Ecclestone der Ansicht, dass Fernando Alonso Weltmeister werden würde, und er sagte allen, die ihn um seine Meinung baten: »Hamilton wird gewinnen, aber nicht die Weltmeisterschaft.« Mark Webbers Schicksal schien vorherbestimmt, weil er sich in der Startaufstellung nur den fünften Platz hatte sichern können. Der Joker war Sebastian Vettel, der im Qualifikationstraining am Tag zuvor mit dem Bruchteil einer Sekunde Vorsprung die Poleposition errungen hatte. Trotzdem waren die Aussichten für den 23-jährigen Deutschen zu schlecht, als dass Ecclestone über seine Chancen hätte spekulieren mögen. Selbst der unverbesserliche Spieler weigerte sich, gegen den gesunden Menschenverstand zu setzen, obwohl Vettel am vergangenen Sonntag in São Paulo gewonnen hatte.

Ecclestone war – für ihn ungewöhnlich – in São Paulo geblieben, um das Ende des Rennens zu sehen. Fabianas Familie und ihre Freunde waren zu Gast in seinem Wohnmobil, und er hatte sich bereit erklärt, das Ergebnis von Vettels Kampfansage abzuwarten. Während des Hubschrauberflugs zum Flughafen gratulierte er seinem jungen Protegé. »Alles sehr aufregend«, war das höchste der Gefühle. Es war kein Gedanke daran, dass sich dieser Erfolg sieben Tage später wiederholen könnte. Während des nächtlichen Non-Stop-Flugs in seinem Jet zurück über den Atlantik dachte er über die Permutationen des Finales von 19 Rennen in 18 Ländern nach. Zum ersten Mal in der Geschichte der Formel 1 hatten noch vier Fahrer die Chance, Weltmeister zu werden, und die Wagen würden bestimmt noch verbessert werden. Glücklicherweise würde die Spekulation über den Ausgang der Weltmeisterschaft für ein weltweites Medieninteresse sorgen. Der Herrscher Abu Dhabis, Scheich Chalifa bin Zayid Al Nahyan, würde sehr zufrieden sein, dass er einen Aufschlag dafür bezahlt hatte, das letzte Rennen der Saison veranstalten zu dürfen. Wieder einmal hatte die Formel 1 sich als das einzige Sportereignis erwiesen, das die Aufmerksamkeit der Welt auf die unwirtlichsten Schauplätze zu konzentrieren vermochte, nicht zuletzt auf Abu Dhabis Sandwüste, die für 40 Milliarden Dollar in eine Touristenattraktion umgewandelt wurde.

Am Sonntagmittag genoss Ecclestone seinen ersten Streit in Abu Dhabi. »Er nimmt mich immer zu den unangenehmen Besprechungen mit«, seufzte Donald Mackenzie, der Ecclestone hinaus in die Hitze folgte. Jean Todt hatte sich darüber beklagt, dass Ecclestone sich weigerte, dem FIA-Präsidenten ein eigenes Büro zur Verfügung zu stellen. Auf dem Namensschild vor Todts Büro stand: »FIA-Präsident & FOM-Präsident«. Zu Ecclestones Entzücken protestierte Todt: »Ich will mir nicht das Büro mit Ihnen teilen.« »Na gut, dann gebe ich Ihnen meine Hälfte«, sagte Ecclestone. Todt war nicht beschwichtigt. Er kannte Ecclestones Machtspielchen. »Ich habe Bernie gleich gesagt, dass er nie mit Todt zurechtkommen würde«, sagte Niki Lauda, während er Ecclestone zurück in sein Hauptquartier gehen sah. »Beides sind kleine Männer.«

Ecclestone wurde bereits vom spanischen König Juan Carlos erwartet. Außerdem war der Vorstandssprecher der Formel-1-Gesellschaft von Bahrain anwesend. Mr. Zayed al Zayani stand neben einem großen Holzkasten. Nachdem er den König von Spanien begrüßt und ihn gebeten hatte, zum Mittagessen Platz zu nehmen, ging Ecclestone auf den Araber zu. »Das ist ein Zeichen unserer Dankbarkeit für alles, was Sie für unser Königreich getan haben«, sagte der Scheich. Während Ecclestone das 1,20 Meter lange Krummschwert auspackte, schlug ihm der Scheich mit sanfter Stimme vor: »Vielleicht möchten Sie dieses Geschenk dazu benutzen, Ihre Probleme mit der FIA zu bereinigen.« Ecclestone schwenkte das glänzende Stück Metall über dem Kopf und erwiderte:»Das hier ist besser als Schokolade.«»Wir machen keine Schokolade in Bahrain«, sagte der Scheich mit ausdruckslosem Gesicht. Ecclestones Geschenk für ausgewählte Gäste war ein silbernes Lineal.

Am Esstisch wurde der Opernsänger Placido Domingo neben König Juan Carlos gesetzt. Der Tenor war gerade aus San Francisco angekommen, um zu sehen, wie Ferrari die Weltmeisterschaft gewann.»Wir gehen Luca und Alonso besuchen«, sagte Ecclestone. Die beiden gingen an Williams' Hauptquartier vorbei. Frank Williams saß draußen im Schatten. Drinnen war die Stimmung gedrückt. Das Team, das in den Rennen ohne Erfolg geblieben war und seine Hauptsponsoren verloren hatte, brauchte eine Neubelebung. Ecclestone winkte Williams zu. Das nächste Haus war das von McLaren. Ron Dennis bewirtete seine arabischen Investoren mit einem kalten Salat. Zu jedermanns Überraschung hatten McLarens Wagen den zweiten und dritten Platz in der Startaufstellung für das letzte Rennen errungen.»Alles entscheidet sich in der ersten Runde«, sagte Dennis voraus.»Es wird einen Unfall geben, und der wird die Weltmeisterschaft entscheiden.« In seinen kühnsten Träumen hoffte Dennis, dass es einen Zusammenstoß von Webber und Alonso geben und dass Vettels Motor wieder explodieren würde, sodass Hamilton ungehindert der karierten Flagge entgegen gleiten könnte. Er wusste, dass es McLarens Fehler gewesen war, sich auf den F-Schacht zu verlassen und nicht Adrian Neweys neue Bodenflügel zu kopieren, die den Abtrieb verstärkten. McLarens Erfolge zu Beginn der Saison waren von den schnelleren Red-Bull-Wagen mehr als ausgeglichen worden.

Ecclestone hatte vorher bereits seinem Nachbarn Red Bull einen Besuch abgestattet, mit dem er Dietrich Mateschitz bewusst überraschte. Der hochgewachsene Österreicher strahlte, als Ecclestone aus der lärmenden Menge auftauchte und auf den kleinen Tisch zukam, an dem der zurückhaltende Geschäftsmann mit seiner Frau saß.»Ich möchte mich bei Ihnen für all das bedanken, was Sie für die Formel 1 getan haben«, sagte Ecclestone und zog sich einen Hocker heran.»Es ist wunderbar.« Mateschitz hatte innerhalb der letzten sechs Jahre mindestens 700 Millionen Dollar ausgegeben, weil er hoffte, die großen Hersteller zu besiegen. Seine finanzielle Belohnung war groß gewesen, und er wurde von Richard Branson darum beneidet, der draußen gerade wie ein Geist vorüberging, ohne dass ihn auch nur einer der 100 herumschwirrenden Journalisten zur Kenntnis nahm. Ecclestone hatte sich über den Abenteurer schon vor längerer Zeit lustig gemacht.

Mit dem Tenor an seiner Seite erreichte er schließlich die fröhliche Menge vor dem Hauptquartier von Ferrari. Alle Blicke waren auf den Sänger gerichtet, alle Jubelrufe galten ihm. »Es ist richtig, dass Sie gekommen sind, um mit uns zu feiern«, sagte Italiens wichtigster Motorsportjournalist. Domingo lächelte. »Es ist ein großer Tag.«

»Ist Luca hier?«, fragte Ecclestone, sobald sie das Gebäude betreten hatten. »Er ist beschäftigt«, lautete die Antwort. »Sagen Sie ihm, er soll runterkommen. Eine Überraschung erwartet ihn.« Wenige Minuten später kam Montezemolo die Treppe hinunter und war begeistert angesichts des unerwarteten Besuchers. Alonso kam vorbei und dankte dem Maestro für seine guten Wünsche. Niemand bezweifelte, dass die Krone zum Greifen nah für ihn war. Außerhalb ihrer Hörweite erwähnte ein Gast, dass in der Wochenendausgabe der *Times* ein Artikel von Max Mosley erschienen war, in dem er Alonsos Sieg im Juli am Hockenheimring als »illegal« bezeichnete und vorhersagte, dass er im Fall eines Titelgewinns in Abu Dhabi als »Dieb« dastünde. Der an Kontroversen gewöhnte Spanier hatte die Beschuldigungen ignoriert. Er rechnete damit, von der dritten Position in der Startaufstellung das Rennen zu gewinnen und damit automatisch alle Kritiker zum Schweigen zu bringen.

Als sie die Party verließen, eilten Ecclestone und Domingo zurück in Ecclestones Hauptquartier. Mercedes hatten sie links liegen gelassen. Dieter Zetsche, der Vorstandsvorsitzende von Mercedes, war zum Rennen gekommen, konnte aber nur die Enttäuschung nach den massiven Investitionen seines Unternehmens zur Kenntnis nehmen. Seine Hoffnungen ruhten jetzt auf 2011 und auf dem neuen Wagen, der für Schumacher konstruiert werden sollte.

König Juan Carlos wartete. Um 16 Uhr 30 rechnete der spanische Monarch mit dem Eintreffen des Emirs von Abu Dhabi. Selbst er durfte nicht mit seinem Wagen ins Fahrerlager fahren. »Wir wollen nicht, dass Vettel in diesem Jahr gewinnt«, sagte Mackenzie und wies auf die kommerziellen Nachteile hin. »Und Alonso wollen wir auch nicht.« Die finanziellen Erklärungen des CVC-Direktors waren für sein Publikum zu anspruchsvoll. »Er ist hier«, verkündete Ecclestone. Der spanische König und seine neun Bodyguards gingen in die Hitze hinaus. Die Herrscher küssten sich und wurden von Ecclestone zur Startaufstellung geführt. »Das Rennen beginnt in 25 Minuten«, sagte er. Als er zu seinem Gebäude zurückkehrte, sagte Ecclestone zu Lauda: »Hamilton gewinnt das Rennen und Alonso die Weltmeisterschaft.« Der Österreicher pflichtete ihm bei. »Okay, Karl-Heinz, spielen wir unsere Partie zu Ende?«, fragte er und zeigte auf das Backgammonbrett. »Sie sind gestartet«, sagte Lauda. Während er ein Steak aß, setzte der Österreicher seinen laufenden Kommentar fort. Schumachers früher Unfall ließ Ecclestone wieder vor den Bildschirm eilen. Keiner sah voraus, dass die Entscheidungen der Teams – besonders Alonsos – zum Zeitpunkt des Reifenwechsels ihre Vorhersagen zunichte machen würden. »Es wird zu Problemen kommen«, sagte Lauda, als das Rennen zur Hälfte vorüber war und Alonso alle Hände voll zu tun hatte, sich von der zwölften Stelle nach vorne zu arbeiten, während Vettel in Führung lag. Sogar Lauda, der große Österreicher, konnte sich das Ergebnis nicht vorstellen. Hinter ihm stand Hermann Tilke, der Entwickler der Rennstrecke, der meinte, Alonso dürfte keine Schwierigkeit beim Überholen haben. In diesem Moment saß Ecclestone in der Nähe als schweigende Requisite neben Dmitri Kosak, dem russischen Vize-Ministerpräsidenten, der die Fragen eines russischen Fernsehteams beantwortete. Ecclestone nahm an, dass der Politiker die unmittelbar bevorstehende Ankunft der Formel 1 in Russland ankündigte. Sogar ein entscheidendes Rennen war kein Grund, das Geschäft zu unterbrechen.

»Wir brechen auf«, kündigte Ecclestone an, als die Russen gegangen waren. »Wir sehen das Ende am Flughafen.« Während der 20-minütigen Fahrt zum Flughafen rechnete Ecclestone damit, dass Alonso an die Spitze stürmen würde, um die Führung zu übernehmen. Die Nachricht, dass der Spanier immer noch an siebter Stelle hinter dem Renault Witali Petrows feststeckte, wurde schweigend zur Kenntnis genommen. Tilke hatte unrecht gehabt. Überholen hatte sich als unmöglich erwiesen. Ecclestone beobachtete Vettels Sieg ruhig. Das unvorhergesehene, beispiellose Ende einer einmaligen Saison hatte ihn sprachlos gemacht. »Er weint«, sagte Mackenzie, als er den jüngsten Formel-1-Champion über Funk aus seinem Wagen »unglaublich« sagen hörte. »Es wird für das Geschäft in Deutschland gut sein.« Langsam trat ein Lächeln auf Ecclestones bislang ausdrucksloses Gesicht. Noch bevor der neue Weltmeister aus seinem Wagen gehoben wurde, brauste Ecclestones Falcon-Jet die Startbahn hinunter und drehte sich für den Flug nach London in Richtung Iran. Fabiana bot Ecclestone und seinen Freunden ein Tablett mit Sandwiches an. Ecclestone nahm an, dass sich am Yas Marina Circuit chaotische Freudenszenen abspielten. Bei Ferrari würde sich Niedergeschlagenheit breitmachen, begleitet von Schuldzuweisungen. Nebenan würde das Red-Bull-Team feiern bis zum Morgengrauen, und darüber hinaus. Nach einiger Überlegung beschloss Ecclestone, Vettel mit seinem Satellitentelefon anzurufen. Zwangsläufig meldete sich Vettels Handy mit einer Ansage, die dazu einlud, eine Nachricht zu hinterlassen. Der Zirkusdirektor gab nur ein Wort von sich: »Bernie«, drückte auf den roten Knopf und steckte das Telefon zurück in seine Tasche.

ANMERKUNGEN

Ich lernte Bernie Ecclestone im Dezember 2009 kennen. Am Ende des Essens schlug er vor, mich beim Schreiben dieses Buchs zu unterstützen. Ich erwiderte, ich würde über sein Angebot nachdenken, aber falls ich es annähme, dürfe er mir weder inhaltliche Vorschriften machen, noch das Buch vor der Veröffentlichung lesen oder sie von seiner Zustimmung abhängig machen. Ich wäre allerdings damit einverstanden, Tatsachenbehauptungen und Meinungsäußerungen von ihm überprüfen zu lassen. Kurz darauf schickte ich ihm einen Brief, in dem ich diese Bedingungen als Grundlage unserer Beziehungen bestätigte.

Nach Februar 2010 traf ich mich regelmäßig mit Ecclestone in London und flog mit ihm zu mehreren Grand-Prix-Rennen. Während dieser Reisen führten wir endlose Gespräche. Meine Arbeitsmethode bestand darin, ihm und anderen Fakten zu entlocken, ihn mit den Ansichten seiner Kritiker zu konfrontieren und dazu aufzufordern, die Unstimmigkeiten zu erklären.

Ein wichtiger Beitrag Ecclestones war es, viele Menschen, die in seinem Privat- und seinem Berufsleben eine Rolle spielten, anzurufen und sie zu bitten, mit mir zu sprechen – deshalb hatte ich einen Einstieg, der einmalig war. Viele seiner Weggefährten, darunter Max Mosley, Ron Dennis und Niki Lauda, habe ich mehrfach getroffen. Sie alle fragten Ecclestone:»Was soll ich sagen?«»Die Wahrheit«, erwiderte er.»Macht euch um mich keine Sorgen.«

Aus diesem Grund stammen die meisten Zitate Ecclestones aus seinen Gesprächen mit mir. Die Äußerungen von Max Mosley und anderen entstammen ebenfalls aufgezeichneten Interviews. In aller Regel sind also die im Text angegebenen Sprecher Quelle der zitierten Information. Seltener wurden Aussagen aus Interviews verschiedener Medien zitiert.

ABKÜRZUNGEN

ACEA Association des Constructeurs Européens d'Automobiles
BRDC British Racing Drivers Club
EBU European Broadcasting Union (Europäische Rundfunk-
  union)
FIA Fédération Internationale de l'Automobile. Internationaler
  Dachverband mit der Fédération Internationale du Sport
  Automobile (FISA) als Unterorganisation, die mehrere Jahre
  für das sportliche Regelwerk etwa der Formel 1 verantwortlich
  war und 1993 aufgelöst wurde. In diesem Buch wird durch-
  weg von FIA geredet.
FOA Formula One Administration
FOCA Formula One Constructors Association (bis 1974 F1CA),
  der 1963 von Colin Chapman gegründete Verein, der es den
  britischen Teams ermöglichte, ihre Wagen gemeinsam zu den
  Rennen zu transportieren
FOH Formula One Holdings
FOM Formula One Management, früher Petara
FOPA Formula One Promotions and Administration war eine
  Firma Ecclestones, die von 1977 bis 1989 den Namen Motor
  Racing Developments (International) Ltd. trug.
FOTA Formula One Teams Association
GPMA Grand Prix Manufacturers Association
GPWC Grand Prix World Championship
WCR World Championship Racing, eine in Opposition zur
  FOCA gegründete Gruppe.

PERSONENREGISTER

SACH- UND ORTSREGISTER